Arno Klönne

Die deutsche Arbeiterbewegung

Geschichte – Ziele – Wirkungen

unter Mitarbeit von
Barbara Klaus
und Karl Theodor Stiller

Eugen Diederichs Verlag

Mit 8 Abbildungen und 40 Tabellen

CIP-Kurztitelaufnahme der Deutschen Bibliothek
Klönne, Arno:
Die deutsche Arbeiterbewegung: Geschichte, Ziele, Wirkungen
Arno Klönne. Unter Mitarb. von Barbara Klaus u. Karl Theodor Stiller.
– 2. Aufl. – Düsseldorf, Köln: Diederichs, 1981.
ISBN 3-424-00652-1

Zweite Auflage 1981
© 1980 by Eugen Diederichs Verlag, Düsseldorf · Köln
Umschlaggestaltung: Eberhart May, Meerbusch
Satz: Lichtsatz Heinrich Fanslau, Düsseldorf
Druck- und Bindearbeiten: Wagner, Nördlingen
ISBN 3-424-00652-1

Inhalt

Vorwort 13

I. *Bürgerliche Revolution und Arbeiterschaft in Deutschland* 17

Die Industrialisierung und ihre Folgen 18
Feudalsysteme in der Krise 20
Forderungen der Arbeiter 22
Die Rolle der Kommunisten 25
Rückzug des Bürgertums 28
Neue politische Fronten 31

II. *Verselbständigung der Arbeiterbewegung und Aufstieg der Sozialdemokratie* 35

Wirtschaftlicher und sozialer Wandel 35
Verbesserungen in der Lebenssituation der Arbeiter 37
Kampf um das Koalitionsrecht 38
Das Bewußtsein der Arbeiterschaft 39
Deutschland auf dem Weg zum nationalen Machtstaat 41
Die Gründerzeit der deutschen Arbeiterbewegung 44
Lassalle und Bismarck 45
Die Position der Eisenacher 47
Die Arbeiterbewegung und der Krieg 1870/71 49
Einigung der deutschen Sozialdemokratie 51

III. *Gegenstrategien des Obrigkeitsstaates: Sozialistengesetz und Sozialversicherung* 53

Expansion des deutschen Kapitalismus 53
Der Druck der sozialen Frage 54
Ein Gesetz gegen den Umsturz? 56
Staatliche Arbeiterwohlfahrtspolitik 58
Entliberalisierung der Liberalen 60

Radikalisierung der Sozialdemokratie? 62
Das Sozialistengesetz und seine Folgen 65

IV. Streikbewegungen und Herausbildung
gewerkschaftlicher Organisationen 69

Gewerkschaften und Sozialdemokratie 69
Sozialistengesetz und gewerkschaftliche Organisation 73
Aktionsformen und Zielsetzungen der Gewerkschaften 76
Trotz Verbot: Massenstreiks 78
Die soziale Basis der Gewerkschaften 82
Zentralisierung der »freien« Gewerkschaften 83
Christliche und liberale Gewerkschaftsverbände 86
Rückschläge beim Prozeß gewerkschaftlicher
Organisierung 87
Ein Resümee der Gründungsphase der
deutschen Gewerkschaftsbewegung 89

V. Industrielle Entwicklung, Lage der Arbeiterschaft
und Gewerkschaftspolitik 1890-1914 93

Bevölkerungsentwicklung und soziale Mobilität 94
Wirtschaftliche Konzentration und Rationalisierung 96
Abhängige Arbeit und Lebensniveau 98
Gewerkschaften als Massenorganisationen 100
Durchsetzung von Tarifverträgen 102
Erste Konzepte der Mitbestimmung 103
Gewerkschaftliche und staatliche Sozialpolitik 104
Formen des Kampfes der sozialen Klassen 106
Kontroversen um den Massenstreik 109

VI. Die Sozialdemokratie als Teil der
wilhelminischen Gesellschaft 113

Die Sozialdemokratie im Aufstieg 113
»Naturnotwendigkeit« des Sozialismus? 116
Stärke und Schwäche der deutschen Sozialdemokratie 119
»Revolutionäre« gegen »Reformisten«? 122
Die Sozialdemokratie als Staat im Staate 124

VII. Erster Weltkrieg, Burgfrieden und
»Kriegssozialismus« 127

Kapital und Arbeit auf derselben Seite der Front? 127
Die Anerkennung der Gewerkschaften durch Staat und Unternehmer 130
Arbeiterschaft und »Vaterländischer Hilfsdienst« 132
Strukturelle Folgen der Kriegswirtschaft 134
Die SPD und der »deutsche Sozialismus« 135
Ideen von 1914 und von 1789 137

VIII. Opposition in der Arbeiterschaft –
der Umsturz von innen 141

Kritik an der Burgfriedenspolitik 141
Spaltung der Sozialdemokratie 142
Die Bedeutung der Spartakus-Gruppe 143
Massenstreiks in der Arbeiterschaft 145
Der Beginn der Revolution 147
Ein »Umsturz von oben«? 149

IX. Sieg und Niederlage zugleich: die Arbeiterbewegung
in der Revolution 1918/19 153

Forderungen der Arbeiter- und Soldatenräte 154
Volksbewegung und demokratische Parteien 158
Vorstellungen von SPD, USPD und Linksradikalen 160
Die Herausbildung der KPD 162
Zwischen Marxismus und Utopismus 163
Die politische Differenzierung der
deutschen Arbeiterbewegung 1918/19 165
Die Politik der Revolutionsregierung 166
»Verrat an der Revolution«? 168

X. Der Konflikt um die Räte 171

Rätemacht oder Parlamentarismus 172
Kontroversen über Sozialisierung 176
Politische und soziale Erwartungen der Massen 178

Die »zweite Revolution« und ihr Scheitern 180
Debatten auf dem 2. Rätekongreß 183

XI. *Gewerkschaftliche Politik und betriebliche Bewegungen von der Revolution bis zum Kapp-Putsch* 187

Der Kampf um das Betriebsrätegesetz 188
Durchsetzung der Konzeption von SPD und
Gewerkschaftsführung 190
Die Politik der »Arbeitsgemeinschaft« 192
Organisationsentwicklung der Gewerkschaften nach
der Revolution 195
Ein Vorstoß der Reaktion 198
Generalstreik gegen den Kapp-Putsch 202
Die Bilanz der Revolutionszeit für die Arbeiterbewegung 204

XII. *Gespaltene Illusion – die Arbeiterbewegung von 1920 bis 1929* 207

Die Krisen des Jahres 1923 207
Langfristige Polarisierung in der Arbeiterbewegung 209
Die Entwicklung der KPD 210
Die »Bolschewisierung« des deutschen Kommunismus 213
Arbeiterradikalismus und SPD-Politik 217
Die Weimarer Republik – sozialdemokratisch geprägt? 220
Wirtschaftsentwicklung und Gewerkschaftspolitik 222
Stabilisierung des Kapitalismus? 223
Umschichtungen in der Arbeitnehmerschaft 225
»Verstaatlichung« sozialer Konflikte 226
Auf dem Weg zur Wirtschaftsdemokratie? 228
Das Ende des sozialen Kompromisses 229

XIII. *Die Krise und ihre Lösung – der Weg ins Dritte Reich* 231

Entwicklung einer faschistischen Massenbewegung 232
Sozial-ökonomische Gründe für den Aufstieg der NSDAP ... 235
Arbeiterschaft, Arbeiterparteien und Faschismus 237

XIV. Der ohnmächtige Antifaschismus –
  die Arbeiterorganisationen 1930-1933 241

Die SPD in der Endphase der Weimarer Republik 243
Gewerkschaften und Machtergreifung des NS 246
Anpassung an den »neuen Staat«? 250
Die KPD: »Hauptstoß gegen den Sozialfaschismus« 253
Nationale Demagogie der KPD 256
Illusionen nach der Machtergreifung 258

XV. Arbeiterschaft und Arbeiterwiderstand unter
  dem faschistischen Staat 261

Abbau der Vertretungsrechte der Arbeiterschaft 262
Die sozial-ökonomische Entwicklung unter dem Faschismus ... 264
Bewußtsein und Zusammensetzung der Arbeitnehmerschaft ... 266
Bedingungen und Perspektiven illegaler Arbeiterbewegung ... 268
Formen des Arbeiterwiderstandes 271
Die Arbeiterschaft und der Krieg 272
»Volksopposition« gegen den alltäglichen Faschismus 276
Das Ende des Faschismus – »Revolution von außen« 276

XVI. Arbeiterbewegung in Westdeutschland nach dem
  Zweiten Weltkrieg – das Scheitern des Antikapitalismus . 279

Nach 1945 – Chancen für eine »neue« Arbeiterbewegung? 280
Die Politik der Besatzungsmächte 285
Aktionseinheit der Linken? 287
Die Politik der KPD/SED 288
Kalter Krieg und deutsche Arbeiterbewegung 292
Das Desaster der KPD 294

XVII. SPD und Gewerkschaften auf dem Weg in die
  Bundesrepublik – Niederlagen der Reformer 297

Die SPD als Integrationspartei der Arbeiterbewegung 297
Unrealistische Erwartungen – illusionäre Hoffnungen 300

Arbeitnehmerpolitik neben der SPD 302
Zwiespältigkeiten sozialdemokratischer Politik 304
Die Neuorganisation der Gewerkschaften 306
Gewerkschaftliche Progammatik nach 1945 308
Arbeitnehmerinteressen und verfassungspolitische
Positionen 311
Sieg und Niederlage – Mitbestimmung
und Betriebsverfassung 313

XVIII. *Zur Entwicklung der Lebensverhältnisse und
zur Struktur der Arbeitnehmerschaft 1945-1952* 317

Erfolgsbedingungen der westdeutschen Wirtschaft 318
Die Lage der Arbeitnehmerschaft
in der Nachkriegszeit 320
Erfahrungen und gesellschaftliche Orientierungen 323

XIX. *Das Verhältnis von Kapital und Lohnarbeit
in der Gesellschaft der Bundesrepublik* 325

Koalitionsfreiheit und Tarifautonomie 325
Arbeitskampfrecht 327
Verbot »wilder« Streiks? 330
Umstrittene Aussperrung 331
Restriktive Bedingungen bei Arbeitskämpfen 332
Mitbestimmungsrechte für Gewerkschaften
und Arbeitnehmervertreter 334
Gewerkschaften und wirtschaftliche
Entscheidungsstrukturen 340

XX. *Arbeitnehmerpolitik zwischen Kooperation
und Konflikt* 345

»Wirtschaftswunder« und Arbeitnehmerbewußtsein 346
Die SPD auf dem Weg nach Godesberg 347
Innerparteiliche Veränderungen 350
Die SPD als Regierungspartei 352
Am Ende der Arbeiterbewegung? 354

Gewerkschaftspolitik nach 1952 357
Ökonomische Entwicklung und soziale
Konflikte seit 1966 360
Alte Fragen – neu gestellt 362

Schlußbemerkungen   365

Zeittafel   367

Anmerkungen   370

Literaturhinweise   377

Register   382

Vorwort

Alle entwickelten Industriegesellschaften sind wesentlich durch das Gegenüber von Kapital und abhängiger Arbeit geprägt und ihre Geschichte ist nicht zuletzt durch den Aufstieg der Arbeiterbewegung, durch deren jeweilige Wege und Fehlwege, Niederlagen und Erfolge bestimmt. Das gilt auch für unser Land. Freilich: Wie in keiner vergleichbaren Gesellschaft, in der die Arbeiterbewegung historisch ihren Platz hatte und die organisierte Vertretung der Interessen abhängig Arbeitender aktuell die politischen und sozialen Verhältnisse beeinflußt, ist in Deutschland bzw. in der Bundesrepublik die Vermittlung und Weitergabe historischer Erfahrungen der Arbeiterschaft und der Arbeiterbewegung durch die geschichtlichen Abläufe selbst abgebrochen, verdrängt oder erschwert worden.

Dieser »Geschichtsverlust« ist vor allem anderen durch den deutschen Faschismus bewirkt worden. Das Dritte Reich bedeutete nicht nur Verbot, Unterdrückung und Verfolgung der Organisationen der Arbeiterbewegung, sondern der NS-Staat war auch darauf aus, jede Erinnerung an den Prozeß der Emanzipation und Selbstorganisation der Arbeiterschaft aus dem historischen Bewußtsein auszulöschen. Diese beispiellose Repression blieb nicht ohne Resultat, und ihre Folgen für das Verständnis von Geschichte sind bis heute zu spüren.

Aber auch im Nachkriegsdeutschland waren die besonderen politischen Umstände jedem Versuch, die Geschichte der Arbeiterbewegung ohne diese oder jene Scheuklappen zu vergegenwärtigen, außerordentlich ungünstig. Die herrschende Politik in der Sowjetischen Besatzungszone und später in der DDR nahm für sich in Anspruch, den historischen Weg der Arbeiterbewegung in Deutschland erfolgreich zum Ziel gebracht zu haben; die (im einzelnen oft recht verdienstvolle) Aufarbeitung der Geschichte der Arbeiterbewegung war dort den aktuellen Zwecksetzungen der SED eindeutig unterworfen. In Westdeutschland erschien damit diese Thematik leicht als etwas »Fremdes«, als Vehikel der DDR-Propaganda. Im Zuge des Kalten Krieges fand die parteiliche Indienstnahme von Geschichte der Arbeiterbewegung durch die SED ihre Umkehrung, wiederum mit negativen Folgen, in einer langanhaltenden Abstinenz gegenüber dieser Thematik in der westdeutschen Vermittlung von Geschichte, vielfach bis in die SPD

hinein, der bei ihrem Weg zur »Volkspartei« die Erinnerung an die eigene Vergangenheit ohnehin nicht unbedingt nahe lag.
Seit etlichen Jahren sind gegenläufige Tendenzen der Geschichtsvermittlung erkennbar. Der Impuls, vergessene und verdrängte politische Entwicklungen aus der deutschen Vergangenheit wieder ans Licht zu holen, ist auch der Beschäftigung mit der historischen Arbeiterbewegung zugute gekommen. In der Fachwissenschaft wie in der schulischen und außerschulischen Bildung setzt so etwas wie eine Rückbesinnung auf die Erfahrungen der organisierten Arbeiterschaft ein.
Auch dabei bleiben Probleme: Der Umgang mit Geschichte ist wenig sinnvoll, wenn er nicht als Hilfe für politische Entscheidungen heute herangezogen wird, – aber hiermit verbindet sich auch die Versuchung, die Vergangenheit lediglich zur Legitimation dieser oder jener Politik-Konzepte der Gegenwart einzusetzen.
Das hier vorgelegte Buch geht von einer Stellungnahme für die historisch-politischen Chancen der Arbeiterbewegung aus, aber es dient nicht dem Versuch, den schwierigen, umwegigen, von Fehlern und Niederlagen keineswegs freien historischen Prozeß der Entwicklung von Arbeiterbewegung für ein Parteischema zurechtzubiegen.
Zu bedenken sind beim Thema dieses Buches auch Schwierigkeiten in der Methode. Die herrschende Form der Geschichtsschreibung in Deutschland war lange Zeit hindurch nicht nur in ihrem Inhalt, sondern auch in ihrer Vorgehensweise gewissermaßen »feudal« geprägt. Der preußisch-deutschen Überlieferung nach waren es Männer, die Geschichte machten, und diese galt fast ausschließlich als Folge »hochpolitischer«, vorwiegend dynastischer oder staats- und außenpolitischer Entscheidungen bzw., in idealistischer Abwandlung, als Gang der »richtigen« oder »falschen« Ideen durch das Weltgeschehen. Solche methodischen Blickverengungen haben auch die Geschichtsschreibung der Arbeiterbewegung nicht unbeeinflußt gelassen; mitunter finden sie sich noch heute, auch in scheinbar »linken« Veröffentlichungen hierzulande. Da erscheint dann die Geschichte der Arbeiterorganisationen als »Geisterschlacht« von Programmen und Theorien, wo Führer oder Führungsgruppen sich »an die Spitze des historischen Fortschritts stellen« – oder aber »Verrat üben«. Die Arbeiter, für die eine oder die andere »historische Mission« herbeizitiert, kommen in Wahrheit in solchen Geschichtsdarstellungen gar nicht vor, weder als Akteure, noch als Opfer.
In jüngster Zeit hat sich aus der Kritik an dieser Vorgehensweise eine alternative Form der Historiographie von Arbeiterbewegung entwickelt, der es in erster Linie auf die Erforschung und Darstellung von all-

täglichen sozialen Zuständen und Kämpfen der Arbeiterschaft ankommt. Diese Blickrichtung ist nützlich, wenn sie nicht ins andere Extrem umschlägt und vergißt, daß die Entwicklung der Arbeiterbewegung eben auch darin bestand, kollektive Handlungsmöglichkeiten zu finden und Organisationen hervorzubringen.

In diesem Buch ist, soweit die Quellen und Materialien dies hergeben, versucht worden, Arbeiterbewegung im Zusammenhang von Lebens- und Arbeitsverhältnissen, wirtschaftlichen Entwicklungen, gesellschaftlichem Bewußtsein, Organisationen und Konzeptionen, sozialen und politischen Aktionen zu schildern. Soweit es um historische »Schlüsselsituationen« geht, sind nach Möglichkeit in der Literatur vorfindbare andere Interpretationen, als der Verfasser selbst sie vertritt, kritisch herangezogen.

Um den Umfang des Buches nicht über Gebühr auszuweiten, mußte die Behandlung einiger wichtiger Sonderprobleme auf Andeutungen beschränkt bleiben: das betrifft etwa die Entwicklung der christlichen Arbeiterorganisationen und die anarcho-syndikalistische Variante der Arbeiterbewegung. Auch auf die Darstellung der Freizeit- und Kulturorganisationen der Arbeiterbewegung, der Arbeiterjugendbewegung und der Frauenbewegung im Kontext der Arbeiterorganisationen mußte aus diesem Grunde verzichtet werden. (Hingewiesen sei hier auf: H. Wunderer, Arbeitervereine und Arbeiterparteien – Kultur- und Massenorganisationen in der Arbeiterbewegung 1890-1933; Frankfurt 1980. P. v. Rüden (Hrsg.), Beiträge zur Kulturgeschichte der deutschen Arbeiterbewegung; Frankfurt 1979. E. Eberts, Arbeiterjugend 1904-1945, Frankfurt 1980). Was die Entwicklung nach 1945 angeht, so konnten die Vorgänge in der SBZ bzw. DDR nur insoweit berücksichtigt werden, als sie auf die hiesige Arbeiterbewegung einwirkten.

Schließlich sei auf einen vom Verfasser dieses Buches zusammengestellten, ergänzenden Dokumentenband zur Geschichte der Arbeiterschaft und der Arbeiterbewegung hingewiesen, der demnächst erscheinen wird.

I Bürgerliche Revolution und Arbeiterschaft in Deutschland 1848/49

Die ersten Ansätze einer Arbeiterbewegung, also einer selbstbewußten, öffentlich auftretenden und über kleine sozialistische Geheimbünde hinausreichenden Organisierung von Arbeitern, finden wir in der Geschichte Deutschlands im Zusammenhang mit der Revolution 1848/49, dem einzigen großangelegten Versuch des deutschen Bürgertums, wirtschaftliche und politische Einheit und Freiheit von unten her durchzusetzen. Dieser Versuch kam, verglichen mit Ländern wie England und Frankreich, spät. Während dort das Bürgertum den Nationalstaat, die Zentralisierung der politischen Gewalt, wirtschaftliche (Gewerbefreiheit) und politische Freiheiten (Pressefreiheit, Versammlungsfreiheit) längst hatte erkämpfen können, bestand in Deutschland das Feudalsystem weiter, existierten an die vierzig deutsche Einzelstaaten mit eigener Souveränität, eigenen Münz- und Zollsystemen, eigenem Gerichtswesen, oft noch ohne Gewerbefreiheit, mit engstirniger Zensur, Vereinigungsverboten und zumeist ohne wirkliche Mitbestimmungsrechte der bürgerlichen Mehrheit.

In der stickigen Luft der feudalen Kleinstaaterei konnten Wirtschaft, Wissenschaft und Technik sich nur schwer entfalten. Deutschland war, gemessen an den westeuropäischen Verhältnissen, ein zurückgebliebenes Land.

Immerhin gab es auch hier Anzeichen dafür, daß bürgerliche Interessen sich freien Raum verschaffen wollten. Das Hambacher Demokraten-Fest im Jahre 1832 ließ revolutionäre Grundstimmungen in Teilen des Kleinbürgertums und der anwachsenden Intelligenz deutlich werden; großbürgerliche Kreise drängten auf wirtschaftliche Reformen. Die deutschen Obrigkeitsstaaten machten solchen Bestrebungen einige Konzessionen. Vor allem in Südwestdeutschland wurde die Machtstellung der Fürsten oder Könige konstitutionell eingeschränkt; bürgerlich-parlamentarischen Vertretungen, allerdings nur »Besitz und Bildung« repräsentierend, wurden bescheidene Mitbestimmungsrechte verfassungsmäßig eingeräumt. Im nordwestdeutschen Raum, in dem Preußen den Ton angab, zeigten sich Fortschritte eher auf wirtschaftlicher Ebene; mit der Gründung des Deutschen Zollvereins im Jahre 1834 bildete sich ein größerer Binnenmarkt heraus, der eine Voraussetzung der Industrialisierung darstellte.

Viele Faktoren wirkten zusammen, um zu dieser Zeit die herkömmliche Wirtschaftsweise und die traditionellen sozialen Strukturen in einen Prozeß massiver Veränderungen hineinzuzwingen, der auch nach politischen Konsequenzen verlangte. Die rasch wachsende Bevölkerung (zwischen 1800 und 1850 stieg die Bevölkerungszahl in Deutschland von 23 auf 36 Millionen an), die Freisetzung von bisher in feudalagrarische Verhältnisse eingebundenen Teilen der Bevölkerung (Landflucht, Ost-West-Wanderung) und die ersten Folgen der Einführung von Maschinen, die handwerkliche Arbeit ersetzten, ließen Arbeitsmangel, Armut und soziale »Entwurzelung« zu einem Massenproblem werden. Die despotisch-bürokratischen Regierungsformen der meisten deutschen Einzelstaaten waren nicht geeignet, den sich anbahnenden wirtschaftlichen und sozialen Wandel politisch zu bewältigen. Handwerker und Gewerbetreibende, Bauern und frühe Industrieunternehmer drängten gleichermaßen darauf, daß die »alten Zöpfe«, sinnbildlich für das Feudalsystem gemeint, abgeschnitten, daß »Einheit und Freiheit«, also Nationalstaat und Bürgerrechte, auch in Deutschland hergestellt würden. Die Forderung nach »Freiheit« wurde dabei vor allem auch ökonomisch verstanden, als ungehinderte Entfaltung von Handel und Industrie, begünstigt durch »Einheit« im Sinne eines politisch gesicherten großen Wirtschaftsraumes.

Die Industrialisierung und ihre Folgen

Bürgerliche Interessen dieser Art schienen in der Zeit vor 1848 mit den Bedürfnissen der Unterschichten übereinzustimmen. Zwar existierte ein Industrieproletariat damals nur in Ansätzen, konzentriert auf einige Regionen, in denen sich die Industrialisierung schon früh entwickelt hatte; aber mindestens die Hälfte der Bevölkerung im Deutschland der 40er Jahre des vorigen Jahrhunderts lebte nicht bürgerlich-bäuerlich behäbig und gesichert, sondern knapp und dürftig, oft hart am Rande des Elends und in Krisenzeiten sofort von Armut bedroht. Zu diesen Unterschichten gehörten vor allem ehemals in der Landwirtschaft Beschäftigte, die dort keine Existenz mehr finden konnten, »überzählige« Bauernsöhne, arbeitslose Handwerksgesellen und vordem selbständige Handwerker, die durch die maschinelle Produktion verdrängt wurden. Aber auch Heimarbeiter, die vor der Industrialisierung einen erheblichen Teil der Produktion betrieben, wurden durch die Einführung von Maschinen in ihrer Existenz gefährdet.
Die Heimarbeit war kennzeichnend für den Übergang von der hand-

werklichen zur industriellen Produktion: hier wurde nicht mehr »auf eigene Rechnung« gearbeitet, aber auch noch nicht »für die Maschine«. In der Textilindustrie, die damals eine besonders wichtige Branche darstellte, waren um 1840 in Deutschland ca. 70 % der Arbeitskräfte als Heimarbeiter beschäftigt, oft ehemals selbständige Weber, die nun froh sein mußten, wenn sie noch einen Webstuhl besaßen, mit dem sie für einen Unternehmer arbeiten konnten.

Infolge des relativen Rückstandes der Industrialisierung dominierte in Deutschland zu dieser Zeit der mittlere Unternehmer, der selbst oft nur konkurrenzfähig bleiben konnte (in der Textilindustrie etwa gegenüber den leistungsfähigen englischen Fabriken), wenn er seine Arbeiter rücksichtslos ausbeutete. Die Konzentration der Produktion war noch gering, auch räumlich war ein Zusammenschluß der Arbeiter kaum möglich. Das Bewußtsein, daß die Arbeiterschaft ihre Interessen kollektiv vertreten müsse, war erst schwach entwickelt.

Die Arbeiterfamilie war vielfach auf den Mitverdienst von Frauen und Kindern angewiesen. Frauen- und Kinderarbeit war zu dieser Zeit noch nicht durch Gesetze eingeschränkt, sie wurde besonders gering bezahlt, und die Konkurrenz innerhalb der Arbeiterschaft war damit zusätzlich verschärft. Der Arbeitstag dauerte oft bis zu 14 oder 16 Stunden, Tarifverträge existierten nicht, bei schlechtem Auftragsstand sah sich der Arbeiter von einem Tag auf den anderen auf die Straße gesetzt. Das niedrige Lohnniveau trieb Teile der Arbeiterschaft in Hungersnot, sobald eine schlechte Ernte die Lebensmittelpreise ansteigen ließ. Unterstützung durch eigene Organisationen oder durch den Staat gab es nicht. Hinzu kam, daß das sog. Trucksystem noch weit verbreitet war, d. h., der Arbeiter wurde nicht durch Geld, sondern durch Waren (oft minderwertige) oder Gutscheine für den Einkauf oder Konsum in Geschäften oder Kneipen entlohnt, aus denen der Unternehmer zusätzlichen Gewinn zog. (Erst 1849 wurde in Preußen dieses Trucksystem mit der Novellierung der Gewerbeordnung verboten.) In den letzten Jahren vor 1848 staute sich unter den Arbeitern die Empörung gegen die unerträglichen wirtschaftlichen und sozialen Zustände mehr und mehr an und fand in Hungerrevolten ihren Ausdruck. Ein Signal, das auch von der bürgerlichen Öffentlichkeit nicht mehr übersehen werden konnte, war der Aufstand schlesischer Weber im Juli 1844.

Der Anlaß scheint zunächst zufällig: Ein schlesischer Textilfabrikant mit dem Namen Zwanziger hatte durch besonders hemmungslose Lohndrückerei den Zorn der Weber auf sich gezogen. Diesem Mann galt das berühmt gewordene Weberlied:

Hier im Ort ist das Gericht,
Viel schlimmer als die Femen,
Wo man nicht mehr ein Urteil spricht,
Das Leben schnell zu nehmen.

Hier wird der Mensch langsam gequält,
Hier ist die Folterkammer,
Hier werden Seufzer viel gezählt
Als Zeugen von dem Jammer ...

Als einer der ihren von der Ortspolizei ergriffen wurde, weil er beim Singen des Liedes ertappt worden war, zogen Arbeiter vor das Haus Zwanzigers, forderten Lohnerhöhungen und ein »Geschenk« und brachen, weil ihnen dies verweigert wurde, in das Haus ein, um Kontobücher und Schuldscheine zu vernichten. Wie wenig dieser Angriff dem wirtschaftlichen System, wie sehr er der Person galt, wird daran deutlich, daß dieselben Arbeiter nach einem Bericht Franz Mehrings anschließend zu einem anderen Fabrikanten zogen, der sie nicht so geschunden hatte, und diesem für ein kleines Geschenk noch ein Hoch ausbrachten. Aber die meisten Unternehmer, mit der Forderung nach höherem Lohn und einem Geschenk konfrontiert, riefen nach dem Büttel. Der Aufruhr setzte sich von Dorf zu Dorf fort, und am Ende waren etliche Tausend Weber daran beteiligt. Es wurden Maschinen zerstört, denen die Arbeiter die Schuld an der Verschlechterung ihrer Lage gaben. Der Aufstand wurde vom Militär blutig unterdrückt. Immerhin führte er dazu, daß bürgerliche Kreise die Notlage der Unterschichten zur Kenntnis nahmen. Vielfach wurde angenommen, daß eine politische Umwälzung, wie das Bürgertum sie anzielte, auch der Arbeiterschaft zugute kommen werde. Die Interessen verschiedener Klassen trafen sich in konkreten Forderungen, so vor allem in dem Begehren nach Koalitionsfreiheit. In der Tat verbot z. B. die für Preußen und die diesem verbundenen Länder geltende Gewerbeordnung von 1845 »Verabredungen« und Zusammenschlüsse der selbständigen Gewerbetreibenden (Unternehmer) ebenso wie die der Arbeiter, wobei freilich in der Praxis die Bestimmungen gegen die Arbeiter weit strenger gehandhabt wurden.

Feudalsysteme in der Krise

Mißernten der Jahre 1846/47 und der schlimme Winter von 1847 auf 48 taten ein übriges, um die Krise zu verschärfen. Die Feudalsysteme sahen sich dem Aufbegehren sowohl des Bürgertums als auch der Unterschichten und des beginnenden Industrieproletariats ausgesetzt. Dem Aufstand der schlesischen Weber waren verzweifelte Revolten von Arbeitern in anderen deutschen Gebieten gefolgt. Mit Beginn des Jahres 1848 entwickelte sich eine Welle von Petitionen, Volksversammlungen, propagandistischen Aktivitäten, die auch durch Verbot und Zensur nicht mehr eingedämmt werden konnte. Überall traten Forderungen nach Volksvertretung, Pressefreiheit, Versammlungs- und Vereinigungsfreiheit auf.

Zwischen den Vorstellungen der Bürger und denen der Arbeiter schien zu diesem Zeitpunkt kaum ein Unterschied oder gar ein Widerspruch zu bestehen. Als typisch kann hier ein Katalog von Forderungen gelten, der sich auf einem zeitgenössischen Flugblatt findet:

»Unbedingte Preßfreiheit.
Vollständige Religions-, Gewissens- und Lehrfreiheit.
Volkstümliche Rechtspflege mit Schwurgerichten.
Allgemeines deutsches Staatsbürgerrecht.
Gerechte Besteuerung nach dem Einkommen.
Wohlstand, Bildung und Unterricht für alle.
Schutz und Gewährleistung der Arbeit.
Ausgleichung des Mißverhältnisses von Kapital und Arbeit.
Volkstümliche und billige Staatsverwaltung.
Verantwortlichkeit aller Minister und Staatsbeamten.
Abschaffung aller Vorrechte.«

Die Demonstrationen und Kundgebungen in vielen Gebieten Deutschlands wurden noch heftiger, als die Nachricht von der Revolution in Frankreich eintraf. Unruhe schlug nun mancherorts in offenen Aufruhr um – die »heiße Märzenzeit« begann.

Die Obrigkeiten in den deutschen Mittelstaaten (Württemberg, Baden, Sachsen, Hannover), wo liberale Kräfte seit längerem geduldet wurden, machten Zugeständnisse an die Volksbewegung, beriefen liberale Politiker zu Ministern und sagten Ausweitung konstitutioneller Rechte zu. In den Zentren Preußens und Österreichs hingegen kam es zu Aufständen, Militäreinsatz und Barrikadenkämpfen. Auch hier siegte die Revolution. Metternich mußte abdanken, eine neue Regierung in Wien versprach bürgerliche Freiheiten; in Berlin wurde das Militär zum Abzug gezwungen, der preußische König mußte sich vor den gefallenen Barrikadenkämpfern verneigen und versprechen, sich mit der Bewegung für Freiheit und Einheit zu verbünden. Angehörige der

»unteren Klassen« waren die antreibenden und tragenden Kräfte in der Volkserhebung. Eduard Bernstein berichtet z. B., daß neunzig Prozent der in Berlin auf seiten des Volkes Gefallenen Handwerksgesellen und Arbeiter waren. Ende März 1848 hatte es den Anschein, als sei der Erfolg der Revolution in Deutschland gesichert. Überall hatten die Obrigkeiten Pressefreiheit, Versammlungs- und Vereinigungsfreiheit einräumen müssen; freie Wahlen und freiheitliche Verfassungen wurden angekündigt; liberale Politiker waren in die Ministerien eingerückt; das Vorparlament in der Paulskirche in Frankfurt am Main begann seine Arbeit für eine gesamtdeutsche Staatsverfassung. Überall entwickelte sich auch ein ungewohnt freies und reges öffentliches Leben mit neuen Zeitungen, vielen Flugblättern und Versammlungen. Ein innerer Zwiespalt war freilich von vornherein in dieser Volksbewegung angelegt. Die feudale Klasse war zwar von allen anderen Klassen gemeinsam angegriffen und zum Rückzug gezwungen worden, aber wem sollten die neu errungenen politischen Freiheiten gelten? Um es an einer zentralen Frage deutlich zu machen: Sollten die *freien* Wahlen, die man durchgesetzt hatte, auch *gleiche* Wahlen sein, mit dem gleichen Gewicht der Stimme für jedermann, ob arm oder reich? War es für das Bürgertum annehmbar, daß Leute aus den »niederen Klassen«, ohne Besitz und ohne Bildung, gleichermaßen über die Staatsgeschäfte mitbestimmen könnten wie z. B. Hausbesitzer, Grundeigentümer, Fabrikanten, selbständige Gewerbetreibende, Professoren, Geistliche?

Forderungen der Arbeiter

Die Revolution hatte sich zunächst auf der Bühne der Politik abgespielt. Aber nachdem sie dort die ersten Erfolge gezeigt hatte, wurde von ihr auch das alltägliche soziale Leben ergriffen. In den frühindustriellen Zentren verlangten die Arbeiter mehr Lohn und kürzere Arbeitszeit; in einigen Städten traten sie in den Streik, um ihren Wünschen Nachdruck zu geben. Bernstein berichtet:
»In einem Beruf nach dem andern erhoben nach den Märztagen die Arbeiter die Forderungen: Herabsetzung der Arbeitszeit und Erhöhung des Arbeitslohnes, bzw. Festsetzung eines Mindestlohnes. Die Geschäftslage war noch nicht besser geworden, sondern verschlechterte sich vorerst zusehends, trotzdem wurden unter dem Hochdruck der revolutionären Lage fast überall nach wenigen Tagen Arbeitseinstellung die Forderungen bewilligt oder wurde wenigstens ein Kom-

promiß geschlossen. Allerdings waren die Forderungen mäßig genug. Es ist für die damalige Lage der Arbeiter bezeichnend, daß der verlangte Normallohn sich selbst bei qualifizierten Arbeiten nirgends über 5 Taler die Woche erhob, daß die Stundenzahl pro Tag, auf welche die Arbeit verringert werden sollte, nirgends geringer war als zehn, und daß für Ueberstunden fast immer nur Bezahlung im Verhältnis des einfachen Tagelohnes verlangt wurde. Vor dem 18. März wurden 12, 14 und mehr Stunden gearbeitet und Überstunden meist überhaupt nicht bezahlt. Als die Maschinenfabrikanten ihren Arbeitern am 11. April 1848 einen Mindestlohn von 4 Talern die Woche bei zehnstündiger Normalarbeitszeit bewilligten, ward diese Festsetzung als eine große Errungenschaft betrachtet und mit einem gewaltigen Festessen gefeiert, an dem zwischen 3 bis 4000 Arbeiter teilnahmen und bei dem es an Hochs auf die Fabrikanten, die die Kosten auf sich genommen hatten, nicht fehlte.«[1]

Soziale Bewegungen der Arbeiter, Handwerksgesellen und oft auch kleiner Handwerksmeister verliefen in dieser Phase noch sporadisch, zersplittert und kaum organisiert. Ihr Aktionsfeld waren die Städte und »Industriedörfer«. Die Landbevölkerung, die damals noch die Mehrheit der Erwerbstätigen stellte, war auch in ihren abhängig arbeitenden Teilen an solchen Aktionen kaum beteiligt.

Diffus war zu dieser Zeit auch noch die Produktionsweise: Handwerksmäßige Heimarbeit stand neben dem Maschinenbetrieb, nahezu feudal-abhängige Lohnarbeit auf dem Lande neben der Fabrikarbeiterexistenz, der Industriekapitalismus war noch nicht die dominierende Wirtschaftsform.

Erste Strukturen einer kollektiven Vertretung von Arbeiterinteressen bildeten sich allerdings schon heraus. Mit der Gründung der Verbände der Zigarrenarbeiter und der Buchdrucker im Jahre 1848 entstanden die ersten gewerkschaftsähnlichen Organisationen in Deutschland. Sie zielten vor allem auf die Durchsetzung fester Arbeits- und Lohnvereinbarungen (Tarife) ab.

Die Anknüpfung an die Tradition der Handwerksgesellenvereine war hier stark; Buchdrucker wie Zigarrenarbeiter repräsentierten Berufe, in denen spezifische Qualifikationen benötigt wurden, wodurch auch bei Ausständen die Arbeiter vor Entlassungen einigermaßen geschützt waren.

Im April 1848 konstituierte sich in Berlin ein »Zentralkomitee für Arbeiter«.[2] Dieses stellte eine Art Programm auf, aus dem die politischen und sozialpolitischen Vorstellungen, wie sie damals im politisch aktiven Teil der Arbeiterschaft vorherrschten, gut deutlich werden:

»1. Bestimmung des Minimums des Arbeitslohnes und der Arbeitszeit durch Kommissionen von Arbeitern und Meistern oder Arbeitgebern.
2. Verbindung der Arbeiter zur Aufrechthaltung des festgesetzten Lohnes.
3. Aufhebung der indirekten Steuern, Einführung progressiver Einkommensteuern mit Steuerfreiheit derjenigen, die nur das Nötigste zum Leben haben.
4. Der Staat übernimmt den unentgeltlichen Unterricht und, wo es nötig ist, die unentgeltliche Erziehung der Jugend mit Berücksichtigung ihrer Fähigkeiten.
5. Unentgeltliche Volksbibliotheken.
6. Regelung der Zahl der Lehrlinge, welche ein Meister halten darf, durch Kommissionen von Meistern und Arbeitern.
7. Aufhebung aller für das Reisen der Arbeiter gegebenen Ausnahmegesetze, namentlich der in den Wanderbüchern ausgesprochenen.
8. Herabsetzung der Wählbarkeit für die preußische Kammer auf das 24. Jahr.
9. Beschäftigung der Arbeitslosen in Staatsanstalten, und zwar sorgt der Staat für eine ihren menschlichen Bedürfnissen angemessene Existenz.
10. Errichtung von Musterwerkstätten durch den Staat und Erweiterung der schon bestehenden öffentlichen Kunstanstalten zur Heranbildung tüchtiger Arbeiter.
11. Der Staat versorgt alle Hülflosen und also auch alle Invaliden der Arbeit.
12. Allgemeine Heimatsberechtigung und Freizügigkeit ...«

Das Komitee entfaltete unter der Leitung des Schriftsetzers Stephan Born eine rege Agitation und gab eine Zeitung unter dem Titel »Das Volk« heraus; örtliche Arbeitervereine und Arbeiterzeitungen ähnlicher Zielrichtung entstanden gleichzeitig auch in anderen Industriestädten. Auf Einladung des Berliner Komitees kam es im August 1848 dort zu einem ersten deutschen Arbeiterkongreß, auf dem 35 örtliche Arbeitervereine vertreten waren. Liest man das Manifest des Kongresses, so zeigt sich, daß hier kaum von weitgreifenden, »revolutionären« Dingen die Rede war, sondern vielmehr die Organisation der Arbeiter als der entscheidende Schritt zur Verbesserung der sozialen Verhältnisse propagiert wurde, als einzige Möglichkeit, dem Kapital und dem Staat gleichberechtigt gegenüberzutreten. Zu diesem Zweck gründete man als nationalen Zusammenschluß die »Allgemeine Arbeiter-Verbrüderung«, die durch ein Blatt gleichen Namens und durch Einberufung regionaler Arbeiterkongresse in weiten Teilen Deutschlands Initiativen für die selbständige Organisierung der Arbeiterschaft entwickelte, insbesondere auch Lohnkämpfe propagandistisch unterstützte.

Die Rolle der Kommunisten

Born, der in der »Arbeiterverbrüderung« führend mitwirkte, war übrigens vor der Revolution Mitglied im »Bund der Kommunisten« gewesen und hatte in Verbindung mit Karl Marx und Friedrich Engels gestanden. Der »Bund der Kommunisten« war eine kleine revolutionäre Gruppe der Vormärzzeit, zusammengesetzt vor allem aus Emigranten, und vor der Revolution zur illegalen Tätigkeit gezwungen. Aus dieser politischen Arbeit ging noch vor dem März 1848 das »Kommunistische Manifest« hervor, die erste, später weltbedeutende, damals aber nur in sehr geringer Zahl verbreitete Programmschrift der marxistischen Richtung in der Arbeiterbewegung. Marx und Engels beschrieben ihre Perspektive für die Revolution in Deutschland folgendermaßen:
»In Deutschland kämpft die kommunistische Partei, sobald die Bourgeoisie revolutionär auftritt, gemeinsam mit der Bourgeoisie gegen die absolute Monarchie, das feudale Grundeigentum und die Kleinbürger. Sie unterläßt aber keinen Augenblick, bei den Arbeitern ein möglichst klares Bewußtsein über den feindlichen Gegensatz zwischen Bourgeoisie und Proletariat herauszuarbeiten, damit die deutschen Arbeiter sogleich die gesellschaftlichen und politischen Bedingungen, welche die Bourgeoisie mit ihrer Herrschaft herbeiführen muß, als ebenso viele Waffen gegen die Bourgeoisie kehren können, damit nach dem Sturz der reaktionären Klassen in Deutschland sofort der Kampf gegen die Bourgeoisie selbst beginnt.«[3]
Mit anderen Worten: erst sollte gemeinsam mit dem Bürgertum das Feudalsystem geschlagen werden, gleich anschließend sollte die Arbeiterklasse Front gegen das Bürgertum machen.
Als Marx und Engels, wie manche anderen Radikaldemokraten und Sozialisten, nach Revolutionsausbruch aus der Emigration nach Deutschland zurückgekehrt waren, gründeten sie in Konsequenz dieser Konzeption die »Neue Rheinische Zeitung«, eines der interessantesten Blätter der Revolutionszeit. Die »Neue Rheinische Zeitung« vertrat die entschiedenste Position in der bürgerlich-demokratischen Bewegung; sie verstand sich keineswegs als Organ der Arbeiterbewegung und schon gar nicht als Arbeiterzeitung. Marx und Engels und ihre

Mitarbeiter versuchten, die bürgerliche Revolution sozusagen auf ihren eigenen Begriff zu bringen, um so die erste Station im oben geschilderten »Fahrplan der Revolution« zu erreichen. Allerdings war diese Rechnung offenbar ohne die Bürger – und auch ohne die Arbeiter gemacht. Die deutsche Bourgeoisie (soweit es sie überhaupt schon gab) war weder willens noch fähig, dem Feudalsystem die politische Macht zu entreißen, und radikal traten in der Revolutionsbewegung nur Teile des von Marx und Engels wenig geachteten Kleinbürgertums auf. Die Arbeiterschaft wiederum war längst noch nicht so weit, dem Feudalstaat und gleich darauf dem Bürgertum Paroli zu bieten. Arbeiter trugen gewiß wesentlich zum zeitweiligen Erfolg der bürgerlichen Revolutionsbewegung bei, hatten dann aber Mühe genug, erste – bescheidene – Ansätze einer eigenen organisierten Interessenvertretung herauszubilden und einige sozialpolitische und wirtschaftliche Minimalforderungen durchzusetzen, Errungenschaften, die mit dem Scheitern der bürgerlichen Revolution wieder dahinschwanden. Es darf auch nicht verkannt werden, daß gerade die wirtschaftlich besonders schlecht gestellten Teile der Arbeiterschaft verständlicherweise oft wenig Anteilnahme an »politischen Strategien« zeigten; die »Freßfreiheit«, so drückte es ein zeitgenössischer Beobachter aus, war ihnen wichtiger als die »Preßfreiheit«.

Entgegen der parteikommunistischen Geschichtslegende haben Marx und Engels weder mit dem »Kommunistischen Manifest« noch mit der »Neuen Rheinischen Zeitung« auf den Verlauf der Revolutionsbewegung und die Arbeiterbewegung um 1848/49 größeren Einfluß nehmen können. Für die politische und theoretische Bildung einer kleinen Gruppe radikaldemokratischer Intelligenz, die später in die Gründungszeit der Sozialdemokratie hineinwirkte, war die »Neue Rheinische Zeitung« zweifellos sehr wichtig; für die Arbeiterschaft aber gewann das Blatt selbst in seiner Schlußphase keine größere Bedeutung, als Marx und Engels, enttäuscht vom Gang der bürgerlichen Revolution, die Sache des Proletariats mehr zu Wort kommen ließen.

Nach dem Sieg der Reaktion mußten auch Marx und Engels aufs neue in die Emigration gehen. Sie versuchten dort, den Bund der Kommunisten zu reorganisieren und geheime politische Aktivitäten in Deutschland zu entwickeln. Der Versuch scheiterte durch die Verfolgungsmaßnahmen des preußischen Staates, mehr noch aber an der inneren Zerstrittenheit der deutschen Emigranten. Marx und Engels erkannten, daß die Zeit der revolutionären Bewegung vorerst vorbei war, daß ihre Hoffnungen sich nicht erfüllen ließen; sie wandten sich nun der Analyse der kapitalistischen Ökonomie zu.

Gesetzlich-revolutionäre Bourgeoisie-Grundsätze
des
Programmes vom 14. April.

1) Ist die Frankfurter National-Versammlung souverän, und sind alle ihre Beschlüsse bindend für Volk und Fürsten? — Ja! unbedenklich.
2) Kann sie die regierenden 37 Fürsten absetzen? — Nein! Nein! Nein!
3) Sie kann doch den Adel abschaffen sammt seinen Privilegien? — Auch nicht!
4) Warum nicht? — Das enthielte eine gewaltsame Umstürzung der bestehenden Verhältnisse.
5) Das Volk und seine Abgeordneten sind aber souverän! — Nicht doch! Man muß unterscheiden: die Fürsten sind von Gottes Gnaden, das Volk nur von Volkes Gnaden, und das göttliche Recht steht über dem menschlichen.
6) Stellen wir ganz Deutschland unter eine Obergewalt mit demokratischen Institutionen? — Allerdings! So nur erblüht das theure Vaterland zu Kraft und Einheit; und die nachkommenden Geschlechter werden es segnen.
7) Wie steht es aber dann mit den Siebenunddreißigern? Gibt das nicht Collision? — Ih! Jott bewahre! Es wird grundsätzlich zu Papier gebracht, daß die fatale Zersplitterung auf dem Wege gesetzmäßiger Entwickelung freiwillig gehoben werde.
8) Noch eins! Wollen wir die Einkommensteuer? — Ja wohl! prinzipiell; nicht aber für Churtrier.
9) Was soll aber aus der tapfern und armen Arbeiterklasse werden? — Die empfehlen wir dem Schutze des Himmels und dem Mitleide der Menschenfreunde. Vor Allem aber müssen die Ungeberdigen erzogen werden; denn sonst betrügen sie uns *) um die Frucht aller unserer Bestrebungen.
10) Wenn ihnen aber durch neue Einrichtungen nicht auf die Beine geholfen wird, so bleibt . . . . —

   Genug, genug! Nieder mit dem Pack,
   Das speculirt auf unsern Geldsack.
   Ich höre schon! Sie wollen pure Republik,
   Die aber weisen wir mit aller Macht zurück.
   Kurz! Wir lassen's beim Alten, **)
   Dann können Wir schalten und walten.

---

*) Im Ratskeller. (Anm. des Setzers.)
**) Heil dir im Siegerkranz! (Anm. des Setzers.)

Ein Flugblatt radikaler Demokraten aus dem Jahre 1849

Rückzug des Bürgertums

So wenig die Vision von der Ablösung der bürgerlichen durch die proletarische Revolution also den historischen Realitäten entsprach, so sehr spielte sie doch als Schreckensbild für Teile des Bürgertums eine hemmende, die revolutionäre Bewegung gewissermaßen entwaffnende Rolle. Tatsächlich war ja der Anlauf zur bürgerlichen Revolution in Deutschland – anders als in England oder Frankreich – so spät erfolgt, daß nun die nächste soziale Klasse mit ihren eigenen Forderungen sich zumindest am Horizont der Geschichte abzeichnete, und gegenüber dieser historischen »Drohung« der Arbeiterklasse geriet das Bürgertum in inneren Zwiespalt. Sollte es sich mit den Arbeitern verbünden, deren soziale und ökonomische Interessen ja nicht mit denen des Bürgertums übereinstimmten, um den Feudalismus endgültig entmachten zu können? Oder sollte es Schutz bei der politischen Gewalt des Obrigkeitsstaates suchen, um »in Ruhe und Ordnung« die eigenen wirtschaftlichen Interessen realisieren zu können? Was hier als bewußte historische Alternative formuliert ist, entschied sich in Wirklichkeit freilich eher hinter dem Rücken oder jedenfalls »unter« dem Bewußtsein der Beteiligten. Die oft beklagte »Halbherzigkeit« der bürgerlichen Revolution in Deutschland findet nicht zuletzt hier ihre Erklärung.[4]
Die Frankfurter Paulskirchenversammlung war die einzige nationale Repräsentation der demokratischen Bewegung in dem zersplitterten politischen Territorium Deutschlands, in dem es kein Zentrum gab (wie dies Paris für Frankreich darstellte) und in dem politische Zusammenhänge kaum irgendwo über die einzelne Region hinausgingen. Diese Nationalversammlung war in der Tat ein Honoratiorenparlament, es dominierten dort Beamte, Rechtsanwälte, Professoren, Geistliche. Ein paar Mittelständler waren vertreten, ein Bauer, kein Arbeiter – und übrigens auch kaum ein Fabrikant. Der einzige Sozialist in der Paulskirchenversammlung war Wilhelm Wolff. Eine Führung in den immer noch unentschiedenen Auseinandersetzungen zwischen Volksbewegung und Obrigkeitsstaaten war von diesem Parlament nicht zu erwarten. Die politische Gewalt war den Fürstenhäusern verblieben; Militär, Beamtenschaft und Polizei waren nach wie vor in ihrer Hand. Die Paulskirchenversammlung war gewiß nicht nur eine »Schwatzbude«, sie hat Positives zustandegebracht: Grundrechte wurden entworfen, ein demokratisches Wahlrecht konzipiert, ein Regierungssystem geplant. An Konzeptionen fehlte es nicht, manche davon wirken noch heute höchst fortschrittlich. Aber das Parlament hat es nie riskiert, sich zum einzig souveränen Ausdruck des politischen

Willens des Volkes zu erklären, es hat die Gesetzeskraft seiner Beschlüsse nie nachdrücklich geltend gemacht, kurzum: es hat die Machtfrage nie gestellt, vielleicht nicht einmal erkannt, bis es zu spät war, bis die Feudalherrschaften, das Militär und die Bürokratie sich wieder soweit erholt hatten, um nicht nur die radikaldemokratische, sondern auch die liberale Richtung der 48er Bewegung abzuhalftern. Es ist hier nicht der Platz, um den Ablauf, die Wendepunkte und das schließliche Scheitern der Revolutionsbewegung nachzuerzählen. Es sei nur darauf hingewiesen, daß in Wien und Berlin, in Dresden und Köln, in Baden und in der Pfalz und anderenorts kleine Leute noch für die in der Paulskirche entworfenen Grundrechte und die dort beschlossene Reichsverfassung auf die Barrikaden gingen, als die parlamentarischen Repräsentanten selbst schon ihren Anspruch aufgegeben und ihren untertänigen Frieden mit den Fürstenhäusern gemacht hatten. Der Rest des Paulskirchenparlaments, von Frankfurt nach Stuttgart ausgewichen, wurde am Ende von ein paar Soldaten auseinandergejagt. Erschreckt durch die Aussicht auf eine »rote Republik«, durch das Risiko also, die revolutionär erkämpften politischen Freiheiten könnten womöglich den Unterschichten zugute kommen, hatte die Mehrheit des Bürgertums die Revolution beendet, noch ehe sie richtig begonnen hatte; eben damit war der Sieg der Konterrevolution möglich geworden.

Mitte 1849 war die Machtfrage endgültig zugunsten der alten Herrschaftsgruppen geklärt. Revolutionäre wurden vors Standgericht gestellt, in die Gefängnisse eingeliefert oder in die Emigration verdrängt. Stück um Stück wurden die Errungenschaften der Revolutionszeit wieder rückgängig gemacht. Hunderttausende von Einwohnern verließen in den folgenden Jahren Deutschland und wanderten nach Übersee aus.
Die Zeit der Reaktion traf auch die Arbeiterschaft hart. Obwohl sich um 1848/49 ein wirtschaftlicher Aufschwung andeutete, der Anfang der 50er Jahre in eine Hochkonjunktur überging, wurden die in der Revolutionszeit erkämpften Lohnerhöhungen und Arbeitszeitverkürzungen wieder abgebaut. Die in der 48er Bewegung gebildeten Arbeitervereine wurden aufgelöst, die Arbeiterzeitungen verboten. Im Juli 1854 schließlich verpflichteten sich alle deutschen Regierungen, die noch bestehenden Arbeitervereine zu unterdrücken und die Neubildung solcher Vereine bei Strafe zu untersagen. Das Verbot galt auch für gewerkschaftliche Zusammenschlüsse. Das polizeistaatliche Klima ließ ohnehin selbständigen Regungen in der Arbeiterschaft keinen Atem mehr.

Theodor Fontane, gewiß kein »Revoluzzer«, beschrieb die Situation Ende 1849 in Berlin wie folgt:
»Der beschränkte Untertanenverstand ward wieder als Basis genommen, Hochmut und Grobheit, die Ecksteine und der Mörtel des alten Baues, stellten in Kürze aufs neue eine Herrlichkeit her, die, alles Frühere überragend, das Gendarmentum der dreißiger Jahre als armselige Stümperei erscheinen ließ.«
Die Revolutionsbewegung der Jahre 1848/49 blieb ohne politischen Erfolg. Dies bedeutet jedoch nicht, daß die damit einhergehende krisenhafte Erschütterung der gesellschaftlichen Verhältnisse ohne Folgen geblieben wäre. Die industriell-kapitalistische Entwicklung in Deutschland ist durch den Versuch einer bürgerlichen Revolution durchaus vorangetrieben worden, wirtschaftliche Energien sind freigesetzt worden. Nach dem Scheitern der Revolution hatte das deutsche Bürgertum seine politischen Ambitionen zurückgenommen, sich aber desto mehr auf das Geschäft konzentriert. Es entwickelte sich eine spezifisch deutsche Form des Zusammenlebens von Großbürgertum und Feudalschichten, eine Art Arbeitsteilung im Hinblick auf ökonomische und politische Macht. Das Ergebnis war die forcierte Industrialisierung im Obrigkeitsstaat.
Nach 1850 kam es zu einem raschen Aufschwung der Industrieproduktion, zum eigentlichen »Maschinenzeitalter« in Deutschland. Das Eisenbahnnetz wurde zügig ausgebaut, Aktiengesellschaften breiteten sich aus und stellten die Voraussetzungen für wirtschaftliche Konzentration, für den Weg zum Großbetrieb her. Massen von Arbeitern wurden neu in die industrielle Fertigung einbezogen, handwerkliche Arbeitsformen wurden reduziert. Dies alles geschah in einer Entwicklungsphase, in der die Machtverteilung nach einer gesellschaftlichen Krise vorerst unangefochten geklärt war: ökonomisch konnte das Großbürgertum ungehemmt seine Interessen verfolgen, politisch behielten die Feudalgruppen ihre angestammten Vorrechte. Für das gesellschaftliche Bewußtsein allerdings hatte diese Konstellation schwerwiegende Folgen. Das Betätigungsfeld, das nach 1848/49 dem deutschen Bürgertum eingeräumt wurde, ebenso die nationale Einheit, die 1871 durch den preußischen Obrigkeitsstaat hergestellt wurde, waren nicht selbsterkämpfte, das Selbstbewußtsein fundierende Errungenschaften, sondern vielmehr »Geschenke« der feudalen Gewalten. Franz Mehring schrieb über 1848 und die Folgen: »...deshalb ist der deutsche Bürger auch nie ein Freier geworden, sondern immer nur ein Freigelassener, dem die zerbrochene Kette bei jedem Schritt mit verräterischem Klirren nachschleift.«

Neue politische Fronten

Der Weg großer Teile des deutschen Bürgertums in den »Nationalliberalismus«, d. h. in die Anerkennung des keineswegs demokratischen, jedoch die eigenen ökonomischen Interessen mitvertretenden preußisch-deutschen Machtstaates der wilhelminischen Zeit war damit vorgezeichnet. Die nach 1863 neu sich organisierende und dann rasch ausbreitende deutsche Arbeiterbewegung hingegen übernahm gewissermaßen ersatzweise jene Forderungen nach einer bürgerlichen Demokratie, die das Bürgertum selbst weitgehend im Stich gelassen hatte. Es ergaben sich politische Fronten, die in den »älteren« westlichen Demokratien so nie bestanden hatten.

Weite Kreise des deutschen Bürgertums fürchteten und bekämpften die Arbeiterbewegung nicht allein um der gegensätzlichen sozialökonomischen Interessen willen, sondern auch deshalb, weil diese Bewegung auf die Durchsetzung einer demokratischen Gesellschaftsordnung und Staatsverfassung hin drängte. Nach 1871 galt die Sozialdemokratie als »umstürzlerisch«, weil sie politische Freiheiten anstrebte, die in der 48er Bewegung noch das Bürgertum selbst im Sinne gehabt hatte.

Diese Frontbildung nahm schon in der kurzen Zeit der Revolutionsbewegung ihren Anfang. Bezeichnend sind hierfür die beiden im folgenden vorgestellten Dokumente. Sie lassen erkennbar werden, wie mit dem Auslaufen der 48er Erhebung eine *politische* Differenzierung der zunächst gemeinsam vorgehenden Kräfte von Bürgertum und Arbeiterschaft Platz macht, die für den weiteren Verlauf der deutschen Geschichte schwerwiegende Folgen hatte.

Ende Mai 1849 schrieb der rheinische Eisen-Industrielle Friedrich Harkort, ein wirtschaftlich weitschauender, übrigens keineswegs unsozial gesonnener Mann, in einem Brief an seine Arbeiter:

»...Wenn ein Volk Mangel und Armuth schaffen will, so fange es nur Unruhen an, das Mittel ist sicherer als Wassersnoth und Feuersbrunst! Macht jeden Arbeiter fleißig und verständig, und ich bürge dafür, daß alle zu leben haben.
Die welche Euch verführen wollen, predigen den Haß gegen die Fürsten und die Pfaffen. Die Fürsten sind Menschen wie wir, allein es ist nicht fein, von ihren Fehlern mit Uebertreibung zu reden und die Tugenden zu verschweigen; solches geschieht aber von vielen undankbaren Gesellen, welche ihre Wohlthaten genossen haben. Wenn Ihr auf dem Throne säßet, täglich umlagert von Tausenden von Bitten und Beschwerden, Querköpfen, Augendienern und redlichen Leuten, Ihr

würdet bald inne werden, daß auch ein König saueres Brod ißt! Kein Regiment gedeihet, wo nicht einer befiehlt, das schaut Ihr täglich im eigenen Hause, in der Fabrik und in der Gemeinde, also sei es auch im Staate. Es kann und darf nicht Alles beim Alten bleiben, Vieles kann besser werden, wenn man es vernünftig angreift, nichts Unmögliches verlangt, und Jeder seine Schuldigkeit thut. Da spricht man viel von Proletariern ohne das Wort zu deuten. Einen Proletarier nenne ich den, welchen seine Eltern in der Jugend verwahrlost, nicht gewaschen, nicht gestriegelt, weder zum Guten erzogen noch zur Kirche und Schule angehalten haben. Er hat sein Handwerk nicht erlernt, heirathet ohne Brod und setzt seines Gleichen in die Welt, welche stets bereit sind, über anderer Leute Gut herzufallen, und den Krebsschaden der Kommunen bilden. Warum sorgen die Gemeinden selbst nicht besser für die Ausrottung dieser Zuchthauskandidaten? Ferner heiße ich Proletarier: Leute, die, von braven Eltern erzogen, durch die Verführung der großen Städte zu Grunde gegangen sind; Wüstlinge und Zecher, die den blauen Montag heiliger halten als den Sonntag; verlorene Söhne ohne Reue, denen Gesetz und Ordnung ein Gräuel ist. An den Innungen wäre es, solcher Schande des Gewerks vorzubeugen und Zucht und Sitte herzustellen, anstatt ihre Fahnen den Demokraten vorzutragen. Diese beiden Klassen bilden die ächten Hülfstruppen der Aufwiegler, bestehend aus verdorbenen Schreibern, schlechten Rechnungsführern, Haarspaltern und Doktoren ohne Kranke, Judenjungen, weggejagten Militairs und allen Taugenichtsen, die ohne Mühe zu Ehren und Ansehen gelangen wollen!! Sagt mir: Wer von Euch hätte wohl gedacht, daß Deutschland so reich sei an solch' sauberer Gesellschaft? Nicht aber rechne ich zu den Proletariern den braven Arbeiter, dem Gott durch die Kraft seiner Hände und den gesunden Menschenverstand ein Kapital verlieh, welches ihm Niemand rauben kann, es sei denn Krankheit oder Alter. Der wird schon durchkommen, wenn jene bösen Buben die Ruhe und öffentliche Wohlfahrt nicht stören...«

Für die Gegenposition seien Auszüge aus Artikeln des in Lemgo erscheinenden Wochenblattes »Der Volksfreund« zitiert, eine der Zeitungen, die in ihrer Region die Meinung der Demokratenclubs und der Arbeitervereine vertraten. »Der Volksfreund« schrieb im März 1850, kurz bevor er der Reaktion zum Opfer fiel:
»Das sind die beiden Hauptparteien, die seit unserer großen Revolution einander feindlich gegenüberstehen: die Constitutionellen und die Demokraten. Eine bloße Worterklärung genügt nicht, um die Verschiedenheit und den Widerspruch dieser Parteien hinreichend her-

vorzuheben, denn danach wäre ein Constitutioneller eigentlich weiter Nichts als ein Mann, der für den Staat eine Constitution, eine Verfassung wollte. Eine Verfassung wollen aber die Demokraten auch. Wir müssen den Begriff also wohl anders suchen, wir müssen ihn nehmen, wie er sich geschichtlich herausgebildet hat. Und da bezeichnet man als Demokraten diejenigen, welche wirklich und aufrichtig die Freiheit und Herrschaft des *ganzen* Volkes wollen, als Constitutionelle aber diejenigen, welche statt der Freiheit und Herrschaft des ganzen Volkes nur die Freiheit und Herrschaft *einer* Klasse wollen, und zwar der Besitzenden...«

Aus der Erfahrung, daß der Versuch, über die Klassen hinweg politische Freiheiten für alle als Bedingung auch des sozialen Fortschritts durchzusetzen, gescheitert war, zog nun »Der Volksfreund« die Konsequenz, daß nur die selbständige, auch politisch vom Bürgertum *getrennte* Organisation der Arbeiter weiterhelfen könne. In einem »Aufruf an die Arbeiter« schrieb das Blatt:

«Durch eure Arbeit erwerbt ihr dem Bourgeois den Besitz, und erhaltet durch euren Schweiß und eure Arbeit den Staat, in dem der Bourgeois alle Rechte hat und ihr vollkommen rechtlos seid. Euch hat man z. B. das allgemeine Wahlrecht genommen – weil ihr kein Vermögen besitzt..., könnt ihr keine Stimme im Staate haben, das kommt nur den Herren vom Gelde zu. Ja ihr Arbeiter, ihr seid die nützlichsten Glieder der Gesellschaft, die unentbehrlichsten, und dennoch seid ihr Sclaven – Sclaven des toten, sich spreitzenden Capitals, Sclaven des Capitals, das euch die Gesetze vorschreibt. Diesem Feinde gegenüber gibt es nur eine Waffe für euch, das ist die Vereinigung; nur durch die Vereinigung, die Association, könnt ihr euch dieser Tyrannei des Capitals entziehen.«

II Verselbständigung der Arbeiterbewegung und Aufstieg der Sozialdemokratie

Die Niederlage der revolutionären Bewegung in Deutschland 1848/49 hatte den ersten Ansätzen einer selbständigen Vertretung und Organisation von Arbeiterinteressen schon bald ein Ende gemacht. Die Zeit der Reaktion ab 1850 verdrängte aber zunächst nicht nur die Arbeitervereinigungen und die sozialistisch-kommunistischen Zirkel und Bünde, sondern sie ließ über ein Jahrzehnt hin auch kaum eine Chance, die heraufziehenden Probleme des Industriekapitalismus und des Gegensatzes von Kapital und Arbeit öffentlich zu diskutieren. Die »soziale Frage«, in der 48er Bewegung bereits bewußt geworden, schien in den Untergrund verschwunden. Die reale Entwicklung der Produktions- und Arbeitsverhältnisse beließ es hierbei jedoch nicht. Ab 1860 regten sich aufs neue Aktivitäten in der Arbeiterschaft, und die Zeit zwischen 1863 und 1875 wurde zur Gründungsperiode einer in sich geschlossenen, allen bürgerlichen politischen Richtungen klar entgegengesetzten Partei der Arbeiter in Deutschland in Gestalt der Sozialdemokratie.

Daß alle obrigkeitsstaatliche Repression die Herausbildung einer organisierten Arbeiterbewegung nicht verhindern konnte, hat seinen Grund in der damaligen Ökonomie, also in der Entfaltung einer industriekapitalistischen Produktionsweise, die eine Ausbreitung des industriellen Proletariats notwendig mit sich brachte.

Wirtschaftlicher und sozialer Wandel

Um den Prozeß des wirtschaftlichen und sozialen Wandels in diesem Zeitraum mit einigen Zahlen anzudeuten:
Zwischen 1851 und 1860 stieg die Industrieproduktion in Deutschland um mehr als das Doppelte an. Zu derselben Zeit verdoppelte sich auch die Roheisenproduktion, und die Förderung von Kohle machte einen Sprung von 7 Millionen Tonnen im Jahre 1850 auf 17 Millionen Tonnen im Jahre 1860. Das Eisenbahnnetz wurde von 5 800 km (1850) auf 11 100 km (1860) ausgebaut. Auch der Außenhandel Deutschlands konnte in dieser Phase verdoppelt werden.
Mit dem Ausbau der Industrie verbanden sich große Binnenwande-

rungen und – trotz einer hohen Quote von Auswanderungen, vor allem in die USA – Bevölkerungswachstum und erste Konzentrationsbewegungen der Arbeiterschaft in den sich entwickelnden Industriezentren. Der Aufstieg der Industrie im damaligen Deutschland war vor allem dem Einstieg in neue Produktionstechniken zu verdanken. Das Maschinenzeitalter nahm hier – anders als in England und Frankreich – seinen Beginn erst in den 50er Jahren. Die in Deutschland eingesetzten Dampfmaschinen hatten 1850 erst rund 260 000, 1860 aber bereits 850 000 Pferdestärken. Dabei veränderte sich in dieser Phase die Leistungsfähigkeit der einzelnen Maschine noch kaum; aber die Zahl der für die Produktion benutzten Maschinen stieg rasch an. Die handwerkliche Form der Herstellung von Gütern und der Arbeitsleistung wurde in Deutschland erst in diesen Jahren in großem Stil beiseite gedrängt. Während bis dahin in vielen Branchen keine unüberbrückbare Kluft zwischen Handwerksbetrieb und Fabrik lag, zeichnete sich nun die Entwicklung zum Großbetrieb ab, der sich, was Kapitaleinsatz und Zahl der Beschäftigten betrifft, vom handwerklichen Unternehmen eindeutig abhob. In der Eisen- und Stahlindustrie Preußens z. B. war die Zahl der Betriebe im Jahre 1860 eher niedriger als 1850, die Zahl der je Betrieb beschäftigten Arbeiter hingegen war im gleichen Zeitraum um mehr als das Doppelte angestiegen. Die Schwerindustrie wurde jetzt zum Motor der wirtschaftlichen Entwicklung, und der Ausbau des Eisenbahnnetzes brachte einerseits erhöhten Verbrauch an schwerindustriellen Produkten, andererseits einen größeren und schneller erreichbaren Markt für Industriegüter mit sich. Der Eisenbahnbau gab auch eine Art Initialzündung für das Vordringen von Aktiengesellschaften als Unternehmensform und, damit verbunden, für einen Aufschwung des Bankwesens. Das Kapital, das für den Ausbau zur Schwerindustrie eingesetzt werden mußte, war immer weniger von einem einzelnen Unternehmer aufzubringen. Der Schritt zur Anonymisierung des Kapitals war getan; damit und mit dem Übergang zur Maschine und zum Großbetrieb gingen auch die zünftlerischen oder patriarchalischen Züge im Arbeitsverhältnis zurück. Die hier angedeuteten Entwicklungstendenzen setzten sich in dem darauffolgenden Jahrzehnt noch massiver durch. Die Steigerung des gesamtwirtschaftlichen Produkts wurde nun aber nicht nur durch den Einsatz von mehr Maschinen und mehr Arbeitern zustande gebracht, sondern die Produktivität des einzelnen Arbeiters stieg jäh an; Arbeitsverfahren und Anforderungen an den Arbeiter wurden intensiviert. In der Roheisenproduktion z. B. steigerte sich damals die Arbeitsleistung je Beschäftigten binnen weniger Jahre um mehr als 50 Prozent. Die Gründe dafür waren: es wurden nicht nur mehr, sondern auch technisch weiterentwikkelte Maschinen eingesetzt; der Arbeitsvorgang wurde rationeller organisiert; dem einzelnen Arbeiter wurde mehr abverlangt.

Verbesserungen in der Lebenssituation der Arbeiter

Wenn die neuen Produktionsmethoden und die Intensivierung der Arbeitsleistung den dafür geeigneten Arbeiter finden wollten, dann waren Veränderungen in der Arbeits- und Lebenssituation der Industrieproletarier fällig. In der Tat kam es nun schrittweise zu Arbeitszeitverkürzungen: Während um 1850 im Bergbau und in der Industrie noch durchschnittlich 11 bis 14 Stunden pro Tag gearbeitet wurde, war die tägliche Arbeitszeit um 1870 auf 9 bis 12 Stunden reduziert. Auch die Reallöhne der Arbeiter in Deutschland stiegen in den 60er Jahren nach mehreren Jahrzehnten Stagnation oder Abbau durchweg wieder an, zum Teil erheblich. Und schließlich verlangten die technisch fortentwickelten Maschinen nach einer Schicht besser qualifizierter und »verständiger«, d. h. in gewissem Umfange allgemeingebildeter Industriearbeiter, wobei zum Teil an frühere Handwerksqualifikationen angeknüpft werden konnte.

Die neuen Anforderungen an den Industriearbeiter führten auch dazu, daß die Kinderarbeit allmählich verschwand und erste Arbeitsschutzbestimmungen zustande kamen; die Arbeitskraft war nun wertvoller geworden.

Freilich wäre es falsch, die Verbesserungen in der Lage der Arbeiterschaft in den Jahren ab 1860 als automatische Folge der Veränderungen in den Produktionsformen anzusehen. Auch in dieser Frühzeit des Industriekapitalismus in Deutschland und noch vor der Herausbildung einer organisierten Arbeiterbewegung großen Stils gab es vielfältige Formen des Engagements für die Interessen der Arbeiter. Im einzelnen mußte jeder Schritt zur Herabsetzung der Arbeitszeit, zur Anhebung der Löhne, zur Einschränkung der Kinderarbeit und zur Qualifizierung des Arbeiters durch berufliche und allgemeine Bildung den Unternehmern meist abgerungen werden. Dabei wirkten die Zuwendung zur »sozialen Frage« in der öffentlichen Meinung, arbeiterfreundliche Stimmen aus dem Bildungsbürgertum oder den Kirchen und spontane Interessenvertretung der Arbeiter selbst zusammen.

Nur zaghaft regte sich damals die Einsicht in die grundlegende Umwälzung der sozialen Verhältnisse durch den Industriekapitalismus;

vielfach herrschte noch die Meinung vor, man könne durch die eine oder andere Maßnahme sozialer Fürsorge oder durch staatliche bzw. genossenschaftliche Eingriffe den Konsequenzen der neuen Wirtschaftsweise entgehen und das vermeintliche Idyll einer Zunftgesellschaft wiederherstellen. Minderheiten waren es erst, die um diese Zeit begriffen, daß die ökonomische Entwicklung den Charakter der Unternehmen bzw. des Kapitals wie auch die Position des Arbeiters bzw. der Lohnarbeit aus traditionellen Strukturen regelrecht herausriß.

Kampf um das Koalitionsrecht

Auf den ersten Blick erscheint es als paradox, daß ausgerechnet die 60er Jahre, die eine bescheidene Verbesserung der Lage der Arbeiterschaft erbrachten, zugleich auch den historischen Boden für den Beginn des Organisierungsprozesses der Arbeiter bildeten. Hier ist als erstes zu bedenken, daß die extremen Notzustände und Arbeitszeitlängen, wie sie im vorhergehenden Zeitraum weithin vorherrschten, kaum den Atem für die Aktivität in Arbeitervereinen ließen. Zum zweiten bildete sich ja gerade in der Phase ab 1860 Industriearbeit als Lebenssituation von Bevölkerungsmassen heraus und ließ bei den Betroffenen allmählich das Bedürfnis nach einem gemeinsamen Versuch zur Lösung gemeinsamer Probleme heranreifen. Dabei standen dem allerlei objektive und subjektive Hindernisse im Wege.

Wie die Industrialisierung selbst, so hatte sich auch die Gewerbefreiheit in Deutschland erst relativ spät entwickeln können; Gewerbefreiheit aber war wiederum nicht ohne weiteres schon Koalitionsfreiheit. Die bis 1869 geltende »Allgemeine Gewerbordnung« aus dem Jahre 1845 verbot alle »Verabredungen« (also Koalitionen) sowohl der selbständigen Gewerbetreibenden als auch der gewerblichen und industriellen Arbeiter bei strengen Sanktionen. Während in Sachsen die Freiheit, Vereinigungen zu wirtschaftlichen und sozialen Zwecken zu bilden, bereits im Jahre 1861 zugestanden wurde, hob für das Gebiet Preußens und des gesamten Norddeutschen Bundes erst die Reichsgewerbeordnung des Jahres 1869 die generellen Koalitionsverbote auf. In § 152 der Reichsgewerbeordnung (RGO) hieß es: »Alle Verbote und Strafbestimmungen gegen Gewerbetreibende, gewerbliche Gehilfen, Gesellen oder Fabrikarbeiter wegen Verabredungen und Vereinigungen zum Behufe der Erlangung günstiger Lohn- und Arbeitsbedingungen, insbesondere mittels Einstellung der Arbeit oder Entlassung der Arbeiter werden aufgehoben.« Im Jahre 1872 wurde die RGO für das gesamte Gebiet des Deutschen Reiches geltendes Recht.

Dem Wortlaut nach schien damit der kollektiven, organisierten Interessenvertretung auch der Arbeiter mitsamt dem Mittel des Streiks volle Freiheit gegeben. Tatsächlich aber unterlagen die Bemühungen der Arbeiter, ihren Forderungen durch eine soziale Koalition und gemeinsame Arbeitsverweigerung Nachdruck zu geben, auch weiterhin vielerlei Restriktionen.
So war z. B. durch den § 153 der RGO die Betätigungsfreiheit von Arbeiterorganisationen bzw. Gewerkschaften gleich wieder eingeschränkt worden. Dort hieß es: »Wer andere durch Anwendung körperlichen Zwanges, durch Drohung, durch Ehrverletzung oder durch Verrufserklärung bestimmt oder zu bestimmen versucht, an solchen Verabredungen (wie in § 152 vorgesehen) teilzunehmen, oder ihnen Folge zu leisten, oder andere durch gleiche Mittel hindert oder zu hindern versucht, von solchen Verabredungen zurückzutreten, wird mit Gefängnis bis zu drei Monaten bestraft, sofern nach dem allgemeinen Strafgesetz nicht eine härtere Strafe eintritt.«
Von diesem Verbot der sogenannten »Verrufserklärung« haben Polizei, Staatsanwaltschaften und Gerichte in Deutschland in der Zeit der Gründung und Konsolidierung der Gewerkschaften regsten Gebrauch gemacht. Anhand dieser Bestimmung konnten Arbeiter, die nur das Wort »Streikbrecher« gebrauchten, mit wochenlangen Freiheitsstrafen belegt werden. Es gab Tausende von Verfahren und Verurteilungen dieser Art. Erst 1918 verschwand dieser Paragraph aus der Reichsgewerbeordnung.
Eine weitere Einschränkung der praktischen Koalitionsfreiheit lag in dem sogenannten Klassenkampfparagraphen (§ 130) des 1871 verabschiedeten Strafgesetzbuches. Dort hieß es recht dehnbar: »Wer in einer den öffentlichen Frieden gefährdenden Weise verschiedene Klassen der Bevölkerung zu Gewalttätigkeiten gegeneinander öffentlich aufreizt, wird mit Geldstrafe bis zu 600 Mark oder mit Gefängnis bis zu zwei Jahren bestraft.« Das Sozialistengesetz von 1878, von dem noch näher die Rede sein wird, brachte dann noch schärfere Eingriffsmöglichkeiten des Staates auch gegen die gewerkschaftliche Form der Arbeiterbewegung.

Das Bewußtsein der Arbeiterschaft

Bestrebungen nach kollektiver und organisierter Vertretung von Arbeiterinteressen hatten aber auch mit subjektiven Schwierigkeiten zu rechnen. Das industrielle Proletariat, das sich um 1860/70 in Deutschland herausbildete, war alles andere als in sich homogen. Unterschiedliche und teils konträre soziale Herkünfte, Traditionen und Lebensperspektiven trafen hier zusammen oder aufeinander. Da waren »überzählige« Bauernsöhne oder durch die Agrarreformen landlos gewordene Bauern; viele davon hatten ohne Erfolg versucht, sich im ländlichen Gewerbe eine Existenz zu schaffen und waren dann in die Städte und in die Industrie verdrängt worden. Da waren frühere Tagelöhner oder Landarbeiter, deren Eltern noch unter der Leibeigenschaft gelebt hatten. Da waren ruinierte Handwerksmeister und in die Industrie gezwungene Handwerksgesellen mit fachlicher Qualifikation. Da waren aber auch die Nachkommen der alten städtischen Unterschichten oder frühere Heimarbeiter und Manufakturarbeiter. Ein Teil des industriellen Proletariats lebte noch in überkommenen, oft agrarisch geprägten Verhaltensmustern; ein anderer Teil war jeder traditionellen Bindung ledig. Für bestimmte Schichten innerhalb der Arbeiterschaft bedeutete die Industriearbeit so etwas wie sozialer Aufstieg; für andere galt die Lohnarbeit in der Fabrik als Absinken aus einem früher höheren sozialen Status. Die einen empfanden das Leben als Arbeiter in der Stadt trotz aller Bedrängnisse wie eine Befreiung von der Enge der Vergangenheit; die anderen hofften auf die Rückkehr zu vorindustriell-handwerklichen Sicherheiten.

Die große Zuwanderung in die industriell-städtischen Gebiete brachte zeitweise ein Überangebot an Arbeitskräften und damit eine Verschärfung der Konkurrenz der Lohnarbeiter untereinander mit sich.

Der Grundgedanke, der Arbeiterkoalitionen entstehen ließ, war einfach, aber oft nur durch längere und bittere Erfahrungen mitvollziehbar: Der Unternehmer hatte den stärkeren Arm, er konnte den Lohn des Arbeiters niedrig halten, solange dieser als einzelner und in ungezügelter Konkurrenz mit anderen Arbeitern seine Arbeitskraft feilbot. Durch die Koalition der Arbeiter aber konnte das Konkurrenzverhältnis auf der Seite der Lohnarbeit reduziert, durch gemeinsame Lohnforderungen die Position gegenüber den Unternehmern gestärkt, der Lohn erhöht werden.

Die Durchsetzung von Lohnforderungen war allerdings nicht die einzige Zielperspektive, die am Beginn der Organisation von Arbeitern stand. Es ging auch um Verkürzung der Arbeitszeiten, um menschenwürdige Arbeitsplätze, um Schutz vor Arbeitsunfällen, um gegenseitige materielle Hilfe bei Arbeitsplatzverlust und Arbeitsplatzwechsel. Schon früh kam ferner der Gedanke auf, durch genossenschaftliche Organisation die Konsumbedingungen für Arbeiter zu verbessern oder gar die Produktion auf eine eigene, der Ausbeutung entzogene

Grundlage zu stellen. Und von selbstorganisierter, heute würde man sagen außerschulischer, Bildung erhoffte man sich soziale Emanzipation.
Wollte man kollektiv für solche Vorstellungen aktiv werden, dann hatte das einige Grundvoraussetzungen:
Die Arbeiter mußten sich frei organisieren und ihre Forderungen öffentlich vertreten können (uneingeschränktes Koalitionsrecht, Versammlungs- und Pressefreiheit);
sie mußten das Recht haben, durch Entzug ihrer Arbeitskraft ihren Forderungen Nachdruck zu verschaffen (Streikrecht);
sie mußten in ihren politischen Rechten den Besitz- und Bildungsbürgern gleichgestellt werden (allgemeines, gleiches Wahlrecht).
Mit diesen Stichworten ist der programmatische Horizont der beginnenden Arbeiterbewegung umrissen. Dabei war freilich strittig, welche der genannten Forderungen, welches der genannten Mittel und welche Form der Organisation am ehesten geeignet sein könnten, die Lage der Arbeiterschaft zu verbessern oder gar die »soziale Frage« zu lösen.

Deutschland auf dem Weg zum nationalen Machtstaat

Der industrielle Aufschwung in Deutschland in den 60er Jahren war aufs engste verknüpft mit der schrittweisen Herausbildung eines national geschlossenen Wirtschaftsraumes und schließlich der »Reichseinigung« 1871 unter der Führung des preußischen Staates. Für die damaligen politischen Verhältnisse bedeutete diese »Einigung« allerdings eine Spaltung, nämlich die wirtschaftliche und dann auch staatliche Verdrängung Österreichs aus dem gesamtdeutschen Verbund, die sogenannte »kleindeutsche« Lösung. Schon bis 1864 hatte Preußen im wirtschaftspolitischen Bündnis mit England und Frankreich den österreichischen Rivalen im innerdeutschen Handel in die Defensive bringen können. Bei der Entwicklung der Schwerindustrie hatte Preußen mit dem Ruhrgebiet, Oberschlesien und dem Saargebiet eine Vormachtstellung. Der Ausschluß Österreichs aus dem deutschen Zollverein und die Bindung des Zollvereins an Preußen führten dazu, daß auch die süddeutschen Mittelstaaten sich gezwungen sahen, den wirtschaftlichen Anschluß an Preußen zu suchen. Das Kapital, bis dahin nicht unbedingt in Preußen konzentriert, suchte seine Anlagen nun mehr und mehr in dem von Preußen beherrschten Wirtschaftsraum; der Ausbau des Transportsystems, technische Neuerungen und Intensivierung des Arbeitsprozesses verbanden sich mit dieser Kapitalkonzentration. Der Sieg Preußens in dem von Bismarck zielstrebig initiierten Krieg gegen Österreich im Jahre 1866 gab dieser Entwicklung den machtpolitischen Abschluß. Der militärische Erfolg Preußens war, wie H. Böhme schreibt, »auch ein Sieg des Talers über den Gulden«;[1] die Opposition in Süddeutschland gegen die preußische Vorherrschaft, gegen »Maulhalten, Steuerzahlen und Soldatwerden«, hatte nun wirtschaftlich und politisch keine realen Chancen mehr. Der 1867 gegründete »Norddeutsche Bund« hatte vor allem die Funktion, durch rechtliche und politische Vereinheitlichung dem Industrialisierungs- und Kapitalisierungsprozeß freie Bahnen zu schaffen; nach 1871 wurden dann die restlichen Gebiete des nun konstruierten Deutschen Reiches diesen bereits vorgeprägten Wirtschafts- und Sozialstrukturen einverleibt.

Der wirtschaftliche Erfolg Preußens entschärfte auch und beseitigte schließlich den Konflikt zwischen den politisch dominierenden Feudalgruppen und dem liberalen Großbürgertum.

Die besitzenden Schichten, die 1848/49 aus Furcht vor einem Überborden der revolutionären Bewegung weitgehend ein Bündnis mit den deutschen Obrigkeiten eingegangen waren, hatten sich im Laufe der 50er Jahre wieder stärker auf ihre eigenen Interessen besonnen. Der 1859 gegründete »Nationalverein« signalisierte ein Wiedererwachen liberaler Bewegungen, deren Ziele, wie schon 1848, die nationale (und damit auch ökonomische) Einheit und zugleich »Freiheit« im Sinne politischer Entscheidungsrechte des Bürgertums waren.

Die ersten Ansätze einer organisierten Arbeiterbewegung in Deutschland in den 60er Jahren waren mit bürgerlich-liberalen Strömungen und Organisationen auf komplizierte Weise verschränkt. Die Trennung der »proletarischen« von der »bürgerlichen Demokratie« in Deutschland, wie sie dann später in der Sozialdemokratie und den freien Gewerkschaften als vom politischen Bürgertum strikt abgegrenzten Massenorganisationen ihren Ausdruck fand, war um 1860 noch keineswegs eine historische Selbstverständlichkeit, wenngleich in den Fraktionierungen und im Scheitern der 48er Revolution bereits vorbereitet.

Die Vorstellung jedenfalls, der Industriekapitalismus mit seinem Gegenüber von Kapital und Lohnarbeit, von Bourgeoisie und Arbeiterklasse müsse zwangsläufig und umstandslos zu einer klaren Frontenbildung von bürgerlicher und sozialistischer »Partei« führen, wird der tatsächlichen geschichtlichen Entwicklung nicht gerecht.

Um das angedeutete Schema noch einmal zu differenzieren: In der deutschen Gesellschaft um 1860 ging es nicht nur um den Gegensatz von Bürgertum und Arbeiterschaft, sondern nach wie vor bildeten die Feudalgruppen eine dritte Kraft in der Gliederung der sozialökonomischen Kräfte. Innerhalb des Bürgertums wiederum stimmten großbürgerliche und kleinbürgerliche Interessen keineswegs überein, und auch die Arbeiterschaft umfaßte, wie schon skizziert, Gruppen oder Schichten mit recht unterschiedlichen sozialen Perspektiven. Von einer »bürgerlichen« Staatsform konnte zu dieser Zeit in Deutschland keine Rede sein, und auch der politisch-räumliche Rahmen der angestrebten Nation schien in der Konkurrenz »großdeutscher« und »kleindeutscher« Lösungsversuche noch ungeklärt.

Das gesellschaftliche Bewußtsein von Arbeiterschaft auf der einen, kleinem Bürgertum auf der anderen Seite konnte zu einer Zeit, in der nur eine Minorität der Arbeiter schon von der Arbeits- und Lebenssituation der Großen Industrie erfaßt war (1861 waren erst 14,3 % aller männlichen Arbeiter Preußens in Fabriken oder im Bergbau beschäftigt, die anderen lebten noch in handwerklich-kleinbetrieblichen oder agrarischen Produktionszusammenhängen), keine durchweg scharfen Trennlinien aufweisen.

Hinzu kam die Unterschiedlichkeit der sozialen und politischen Strukturen und Traditionen in den Regionen Deutschlands. In Süd- und Südwestdeutschland und teilweise auch in den Westprovinzen Preußens, denen die »Franzosenherrschaft« unter Napoleon etliche recht fortschrittliche Errungenschaften hinterlassen hatte, herrschte ein anderes politisches Klima und existierten auf einzelstaatlicher oder kommunaler Ebene mehr Volksfreiheiten als in anderen deutschen Gebieten.

Für die Vertretung der spezifischen sozialen Interessen der Arbeiterschaft schienen sich unter den besonderen politischen Verhältnissen Deutschlands damals, etwas verkürzt beschrieben, zwei Möglichkeiten anzubieten:

Entweder man suchte das Bündnis zumindest mit Teilen des Bürgertums, um sich den politischen Raum freizukämpfen, in dem dann der Konflikt sozialer Klassen überhaupt erst einmal offen ausgetragen werden könnte;

oder man ließ sich auf ein Bündnis mit dem Obrigkeitsstaat ein, um über diesen soziale Forderungen der Arbeiter gegen das widerstrebende Bürgertum von oben her durchzusetzen.

Beide Konzepte spielten in der Gründungsphase der deutschen Arbeiterbewegung zeitweise und je nach »Fraktion« eine Rolle; beide erwiesen sich allerdings als historisch erfolglos.

Die Gründerzeit der deutschen Arbeiterbewegung

Die ersten Ansätze einer besonderen politischen oder sozialen Organisation von Arbeitern und zur Verbesserung der Lage der Arbeiterschaft um 1860 in Deutschland waren durchweg integriert in das aufblühende Vereinswesen der verschiedenen Richtungen des Liberalismus. Liberale Politiker, so etwa Schulze-Delitzsch, initiierten oder förderten die Gründung von Arbeiterbildungsvereinen oder Arbeiter-Unterstützungsassoziationen im Rahmen der liberalen Bewegung. August Bebel gehörte zu jenen frühen Arbeiterpolitikern, die, aus dem Handwerk kommend, ihren Weg in Arbeiterbildungsvereinen der liberalen Partei begannen. 1865 wurde er Vorsitzender des Arbeiterbildungsvereins in Leipzig, 1867 für die (liberal-demokratische) Sächsische Volkspartei als Abgeordneter in den Reichstag des Norddeutschen Bundes gewählt, im gleichen Jahr übernahm er das Präsidium des »Vereinstages«, eines lockeren Zusammenschlusses der Arbeitervereine innerhalb der volksparteilich-liberalen Richtung, die besonders in Süddeutschland und in Sachsen ihr Terrain hatte. Die Zugehörigkeit zur liberalen Bewegung versuchte Bebel zunächst auch zu den Zeiten aufrechtzuerhalten, als er sich schon als Sozialist verstand und der von Marx inspirierten »Internationalen Arbeiterassociation« beigetreten war.

Einige Jahre vorher schon war an anderer Stelle die Entscheidung für eine organisatorisch und politisch vom Liberalismus separierte Arbeiterpartei gefallen. Wesentlichen Anteil hieran hatte Ferdinand Lassalle, ein – so würde man heute sagen – »bürgerlicher Linksintellektueller«, der an der revolutionären Bewegung 1848 teilgenommen und sich später in Verfolgung staatsphilosophischer Interessen mit der Arbeiterfrage auseinandergesetzt hatte. Einige lokale Arbeitervereine, die einen der (damals nicht seltenen) Arbeiterkongresse vorbereiteten, hatten sich an Lassalle mit der Bitte gewandt, sein Konzept für die Vertretung von Arbeiterinteressen zu unterbreiten. Dieser veröffentlichte als »Offenes Antwortschreiben« eine Broschüre, die den programmatischen Anstoß für die Gründung des »Allgemeinen Deutschen Arbeitervereins« (ADAV) im Mai 1863 in Leipzig gab; Lassalle wurde dort zum Präsidenten gewählt. Das Vereinsstatut räumte dem Präsidenten diktatorische Vollmachten ein. Den örtlichen Organisationen des ADAV, »Gemeinden« genannt, standen »Bevollmächtigte« vor, die nicht von den Mitgliedern gewählt, sondern vom Präsidenten ernannt waren; dieser selbst war auf eine Zeit von fünf Jahren bestellt. Der ADAV, 1863 mit etwa 1000 Mitgliedern gegründet, erreichte seinen

höchsten Mitgliederbestand Anfang der 70er Jahre mit rund 21 000 Vereinsgenossen.
Die für die damaligen Verhältnisse überraschend erfolgreiche Entwicklung dieser ersten Arbeiterpartei in Deutschland muß wohl darauf zurückgeführt werden, daß Lassalle es verstanden hatte, für die Lösung der sozialen Frage ein in sich geschlossenes und gewissermaßen suggestives Konzept anzubieten. Dieses enthielt im wesentlichen folgende Elemente:
Die Arbeiter müßten sich von jedem politischen Zusammengehen mit dem Bürgertum strikt und ein für allemal trennen. Konzessionen an die sozialen Interessen der Arbeiterschaft seien von seiten des Bürgertums schon deshalb nicht zu erwarten, weil ein »ehernes Lohngesetz« bei einem freien Spiel von Angebot und Nachfrage auf dem Arbeitsmarkt die Entlohnung der Arbeiter immer an das Minimum des für die physische Existenzerhaltung Notwendigen binde. Besserung sei nur zu erreichen, wenn die Arbeiter über die Gründung von Produktionsgenossenschaften sich selbst zu kollektiven Unternehmern machten. Diese Genossenschaften seien nur denkbar durch materielle und rechtliche Eingriffe des Staates zugunsten der Arbeiter. Staatshilfe für die Arbeiter wiederum sei nur zu erhoffen, wenn über die Durchsetzung des allgemeinen gleichen Wahlrechts staatliche Entscheidungen durch die Arbeiterrepräsentanten gesteuert werden könnten.

Lassalle und Bismarck

Es spricht vieles dafür, daß es Lassalle eigentlich mehr auf die Durchsetzung des allgemeinen gleichen Wahlrechts ankam als auf das Konzept der Produktionsgenossenschaften; letzteres war wohl eher dazu gedacht, den Arbeitern die Wahlrechtsforderung als den Angelpunkt jeder gesellschaftlichen Veränderung nahezubringen. Über die Veränderung des Wahlsystems erhoffte sich Lassalle vermutlich einen Antrieb in Richtung auf eine nationalstaatliche Lösung der deutschen Frage, wobei er in Preußen den vorwärtstreibenden Faktor sah. In die liberale Bewegung setzte er in dieser Hinsicht keine Erwartungen mehr. Bemerkenswerterweise attackierte er nur das Bürgertum, nicht die Feudalgruppen; Bismarck, zu dem er auch konspirative Beziehungen aufnahm, erschien ihm als ein Politiker, der objektiv den nationalen Fortschritt förderte. (Bismarck seinerseits nahm an dem Konzept des allgemeinen gleichen Wahlrechts aus taktischen Gründen Interesse, um die Liberalen das Fürchten zu lehren; mit demokratischen Zielvor-

stellungen hat er gewiß nichts im Sinne gehabt.) Von autoritären Denkmustern ließ sich Lassalle nicht nur in der eigenen Organisation leiten, deren Struktur er in seiner Ronsdorfer Rede vom Mai 1864 folgendermaßen nachzeichnete:
»Noch ein anderes höchst merkwürdiges Element unseres Erfolges habe ich zu erwähnen. Es ist dieser geschlossene Geist strengster Einheit und Disziplin, welcher in unserem Vereine herrscht... Wohin ich gekommen bin, überall habe ich von den Arbeitern Worte gehört, die sich in dem Satz zusammenfassen lassen: Wir müssen unserer aller Willen in einen einzigen Hammer zusammenschmieden und diesen Hammer in die Hände eines Mannes legen, zu dessen Intelligenz, Charakter und gutem Willen wir das nötige Zutrauen haben, damit er aufschlagen könne mit diesem Hammer!«
Autoritär war auch Lassalles Konzept vom Verhältnis zwischen Arbeiterschaft und Staat. G. Mayer veröffentlichte Jahrzehnte später einen Briefwechsel zwischen Lassalle und Bismarck, in dem der Präsident des ADAV u. a. geschrieben hatte:
»...wie wahr es ist, daß sich der Arbeiterstand instinktmäßig zur Diktatur geneigt fühlt, wenn er erst mit Recht davon überzeugt sein kann, daß dieselbe in seinem Interesse ausgeübt wird, und wie sehr er daher, wie ich Ihnen neulich schon sagte, geneigt sein würde, trotz aller republikanischen Gesinnungen – oder vielmehr gerade aufgrund derselben – in der Krone den natürlichen Träger der sozialen Diktatur, im Gegensatz zu dem Egoismus der bürgerlichen Gesellschaft zu sehen, wenn die Krone ihrerseits sich jemals zu dem – freilich sehr unwahrscheinlichen – Schritt entschließen könnte, eine wahrhaft revolutionäre und nationale Richtung einzuschlagen und sich aus dem Königtum der bevorrechteten Stände in ein soziales und revolutionäres Volkskönigtum umzuwandeln.«[2]
Wohl nicht zu Unrecht attestierte Bismarck später in der Reichstagsdebatte über das Sozialistengesetz 1878 Lassalle eine »sehr ausgeprägte nationale und monarchische Gesinnung« und fügte hinzu, zweifelhaft sei für Lassalle höchstens gewesen, ob das deutsche Kaisertum mit der Dynastie Hohenzollern oder mit der Dynastie Lassalle besser bedient sei...
Die Hoffnung Lassalles, den ADAV in kurzer Zeit zu einer Massenorganisation machen zu können, erfüllte sich nicht. Im historischen Rückblick ist der Lassalleschen Gründung aber zu attestieren, daß hier ein Organisationsimpuls zustandegebracht war, der sich unter den damaligen politischen Bedingungen und gemessen am Bewußtseinsstand der Arbeiterschaft als recht wirksam erwies, vor allem deshalb,

weil der ADAV ein ganz eindeutiges Konzept der Selbständigkeit von Arbeiterorganisationen gegenüber der liberalen Bewegung vertrat und damit auch diejenigen Arbeitervereine beeindruckte, die noch im Organisationszusammenhang liberaler Verbände oder Parteien standen. Die Ausrichtung des ADAV auf die persönlichen Führereigenschaften Lassalles führte nach dessen Tod (1864) zu ständigen Vereinskrisen und Spaltungen, da umstritten blieb, wer nun die Rolle Lassalles ausfüllen könne. Die zeitweilige Präsidentschaft des Johann Baptist von Schweitzer im ADAV, die in einem Teil der sozialdemokratischen und kommunistischen Literatur zur »Gründerzeit« der Partei als eine Phase absoluter politischer Fehler oder gar des »Verrats« an der Arbeiterbewegung ausgemalt wird, brachte in manchen Bereichen wohl eher Fortschritte. Unter von Schweitzer wurde, entgegen der Lassalleschen Theorie, vom ADAV der praktische Schritt zur gewerkschaftlichen Organisierung getan; von Schweitzer gründete auch die erste sozialdemokratische Parteizeitung und war publizistisch nicht ohne Erfolg bemüht, ökonomische und sozialpolitische Fragen zu einem zentralen Punkt der Diskussion in den Arbeitervereinen zu machen. In der von Lassalle festgelegten Linie hielt sich allerdings die nationalpolitische, auf die »fortschrittliche« Rolle Preußens fixierte Argumentation von Schweitzers.

Die Position der Eisenacher

Hier und in der Frage nach dem Verhältnis zu den bürgerlich-liberalen Kräften lagen zunächst auch die Kontroversen zwischen den »Lassalleanern« und dem Verband bzw. Vereinstag Deutscher Arbeitervereine (VDAV), der im Schoße der sächsischen und süddeutschen Volksparteien aufgewachsen war und dessen maßgebliche Repräsentanten August Bebel und Wilhelm Liebknecht bald als die eigentlichen Kontrahenten Lassalles und seiner Gefolgsleute dastanden. Beide waren erbitterte Gegner des preußischen Führungsanspruchs und der »kleindeutschen« Lösung. Anders als Lassalle setzten sie in den bestehenden, obrigkeitlich bestimmten Staat keinerlei Hoffnung, was die Berücksichtigung von Interessen der Arbeiterschaft oder gar die »Lösung« der sozialen Frage anging; die Durchsetzung demokratischer Verhältnisse, die Ablösung des Obrigkeitsstaates zugunsten eines »Volksstaates«, galt ihnen als Vorbedingung für jeden sozialen Fortschritt im Sinne der Arbeiterschaft. Anders als Lassalle hielten sie auch ein Zusammengehen mit liberal-demokratischen Teilen des Bürgertums für möglich und notwendig. Die autokratische Ausrichtung des ADAV durch Lassalle war ihnen unsympathisch; der VDAV bevorzugte lockere und der Willensbildung der Mitglieder und Einzelvereine freies Spiel gebende Organisationsformen.

In der »Hausgeschichtsschreibung« der deutschen Arbeiterbewegung findet sich für den Gegensatz der beiden Organisationsansätze vielfach – bei unterschiedlicher Bewertung – folgende Beschreibung: Die Lassalleaner (ADAV) seien »reformistisch« und unmarxistisch, die Richtung Bebel-Liebknecht (VDAV) hingegen sei »revolutionär« und »marxistisch« gewesen. In der westdeutschen Geschichtswissenschaft wurde lange Zeit eine andere Interpretation vertreten: Die Differenz zwischen den beiden Richtungen sei überhaupt nicht gesellschaftspolitisch motiviert, sondern allein durch den Kontrast zwischen »kleindeutscher« und »großdeutscher« Nationalpolitik bestimmt gewesen. Beide Erklärungsmuster sind in Frage zu stellen. Reformen mit dem Ziel der Emanzipation der Arbeiterklasse strebten Lassalleaner wie Eisenacher an. Zustimmung oder Gegnerschaft zur Marxschen Theorie konnte zum damaligen Zeitpunkt schon deshalb nicht der Springpunkt der Auseinandersetzung sein, weil diese selbst um 1863/68 weder hinreichend bekannt noch hinreichend »ausgereift« war, um eine solche Funktion haben zu können. An eine »revolutionäre« Lösung im Sinne des späteren kommunistischen Konzepts der »Diktatur des Proletariats« dachten weder Lassalle noch Bebel und Liebknecht. Aber auch die Gegenübersetzung von »großdeutsch« und »kleindeutsch« als rein nationalpolitischer Alternative in der damaligen Arbeiterbewegung trifft den Sachverhalt nicht, weil dabei verloren geht, daß sowohl für Lassalle als auch für Bebel und Liebknecht sich mit unterschiedlichen Vorstellungen über die Lösung der nationalen Frage unterschiedliche innergesellschaftliche Erfahrungen und Erwartungen verbanden, vor allem auch gegensätzliche Auffassungen über den Weg zur Lösung der sozialen Frage. Die Anhänger des ADAV kamen überwiegend aus Preußen bzw. aus den von Preußen dominierten Gebieten Deutschlands, wo der demokratisch nicht kontrollierte »starke Staat« die Szene beherrschte und im Bürgertum kaum noch linksliberale Bestrebungen existierten; die »Lassalleaner« meinten, über diesen Staat und mit Staatshilfe Interessen der Arbeiter mit kräftiger Hand und gewissermaßen von oben her durchsetzen zu können. Die Mitglieder des VDAV kamen überwiegend aus denjenigen deutschen Mittelstaaten, die wenigstens Ansätze bürgerlich-demokratischer Freiheiten kannten und in denen der entschiedene Flügel des Liberalismus noch Einfluß hatte. Hier erhoffte man sich nichts von einem preußischen Staatssozialismus, sondern wollte erst einmal freiheitliche politische Verhältnisse schaffen, unter denen dann eine soziale Bewegung in der Arbeiterschaft sich wirklich entfalten könnte.

Diese politische Perspektive trat deutlich hervor in den Beschlüssen des VDAV-Kongresses 1868 in Nürnberg. Hier fand sich eine Mehrheit für den Beitritt zur Internationalen Arbeiter-Assoziation (der »Ersten Internationale«), die zwar nicht »marxistisch«, aber doch in ihren Konzepten auch von Karl Marx mitgeprägt war und in der Arbeiterorganisationen und sozialistische Gruppen aus verschiedenen Ländern sich zusammengeschlossen hatten, die – bei allen anderen Unterschieden – in der Ablehnung eines Staatssozialismus und der Bejahung einer Arbeiteremanzipation »von unten her« einig waren.

Mit der zunehmenden Selbständigkeit der Arbeitervereine innerhalb der liberalen Volksparteien, dem Anschluß des VDAV an die Erste Internationale und dem Konkurrenzdruck der »Arbeiterpartei« der Lassalleaner wurde es auf seiten der Bebel-Liebknecht-Richtung schwieriger, das Konzept von der Arbeiterbewegung als einem Teil der liberalen Bewegung weiterhin aufrechtzuerhalten. Auf einem Kongreß in Eisenach im August 1869 erfolgte der letzte Schritt zur »Trennung von bürgerlicher und proletarischer Demokratie« in Deutschland: der VDAV, eine Reihe von Gewerkschaftsorganisationen und dem ADAV abtrünnig gewordene Lassalleaner gründeten die »Sozialdemokratische Arbeiterpartei«. Das in Eisenach beschlossene Programm übernahm Argumente, die den Statuten der Ersten Internationale entsprachen und in der bisherigen Linie des VDAV lagen, aber es knüpfte auch an Konzepte der Lassalleaner an, so etwa in der Betonung der Wahlrechtsfrage und in der Forderung nach Produktivgenossenschaften mit Staatshilfe. Man kann wohl unterstellen, daß die Anhänger des VDAV hier auch deshalb Konzessionen machten, weil sie weitere Lassalleaner zur SDAP herüberziehen wollten.

Die Arbeiterbewegung und der Krieg 1870/71

Der Krieg Deutschlands gegen Frankreich 1870/71 ließ die unterschiedlichen politischen Perspektiven von Lassalleanern und »Eisenachern«, aber auch die Meinungsverschiedenheiten in der SDAP noch einmal hervortreten. Von den sozialdemokratischen Abgeordneten verschiedener Organisationszugehörigkeit im Reichstag des Norddeutschen Bundes stimmten nur Bebel und Liebknecht nicht für die Bewilligung von Kriegskrediten. Teile der SDAP – so der Parteiaus-

schuß in Braunschweig – sprachen sich wie der gesamte ADAV für die Unterstützung der preußischen Kriegspolitik als einer defensiven Aktion aus, mit der Begründung, die »deutsche Nation« sei in diesem Falle »die beschimpfte, die angegriffene«. Bebel und Liebknecht hingegen erklärten im Reichstag, »als Sozial-Republikaner« seien sie »prinzipielle Gegner eines jeden dynastischen Krieges«. Sie warfen den Sozialdemokraten, auch der eigenen Partei, die diesen Krieg als »Verteidigungskrieg« akzeptierten, »nationalen Paroxismus« und »patriotischen Dusel« vor. Die sozialdemokratische Gegenseite meinte, Bebel und Liebknecht seien von »Partikularismus« und »blindem Haß« gegen Preußen besessen. Auch Marx und Engels nahmen zu diesem Zeitpunkt gegen die Argumentation Bebels und Liebknechts Stellung. Engels schrieb, man dürfe »den Antibismarckismus nicht zum alleinleitenden Prinzip erheben«; Bismarcks Politik erledige ungewollt »ein Stück von unserer Arbeit«. Marx schrieb im Juli 1870 an Engels: »Die Franzosen brauchen Prügel. Siegen die Preußen, so (ist) die Zentralisation der state power nützlich der Zentralisation der deutschen Arbeiterklasse. Das deutsche Übergewicht würde ferner den Schwerpunkt der westeuropäischen Arbeiterbewegung von Frankreich nach Deutschland verlegen, und man hat bloß die Bewegung von 1866 bis jetzt in beiden Ländern zu vergleichen, um zu sehn, daß die deutsche Arbeiterklasse theoretisch und organisatorisch der französischen überlegen ist. Ihr Übergewicht auf dem Welttheater über die französische wäre zugleich das Übergewicht unserer Theorie über die Proudhons.« Engels griff diesen Gedanken im August 1870 auf, indem er die Folgen einer preußischen Niederlage für die Arbeiterbewegung so kennzeichnete: »Unterliegt« Deutschland, »so ist der Bonapartismus auf Jahre befestigt und Deutschland auf Jahre, vielleicht auf Generationen, kaputt. Von einer selbständigen deutschen Arbeiterbewegung ist dann auch kein Rede mehr, der Kampf um Herstellung der nationalen Existenz absorbiert dann alles, und bestenfalls geraten die deutschen Arbeiter ins Schlepptau der französischen. Siegt Deutschland, so ist der französische Bonapartismus jedenfalls kaputt, der ewige Krakeel wegen Herstellung der deutschen Einheit endlich beseitigt, die deutschen Arbeiter können sich auf ganz anders nationalem Maßstab als bisher organisieren...«[3]
Zugleich gaben Marx und Engels den deutschen Sozialdemokraten allerdings den Rat, den »Unterschied zwischen den deutschnationalen Interessen (denen sie sich anschließen sollten – d. V.) und den dynastisch-preußischen dabei zu betonen«, auf einen »ehrenvollen Frieden« hinzuwirken, wenn in Frankreich Napoleon durch eine republi-

kanische Regierung abgelöst werde, und sich der Annexion von Elsaß und Lothringen zu widersetzen.
Solcherart taktische Rechnungen waren aber ohne den Wirt gemacht. Der Sturz Napoleons und die Ausrufung der Republik in Frankreich stimmten den preußischen Staat nicht friedlicher, Elsaß und Lothringen wurden annektiert, die Proteste der Sozialdemokraten blieben ohnmächtig.
Als Resultat des deutsch-französischen Krieges kam die »Reichseinigung« von oben her zustande, d. h., Kleindeutschland ging künftig sozusagen in Preußen auf. Marx stellte nun die düstere Prognose, daß die Einverleibung von Elsaß und Lothringen bereits den Keim des nächsten Krieges in sich trage...

Einigung der deutschen Sozialdemokratie

Der Ausgang des Krieges 1870/71 und die Gründung des Deutschen Reiches ließen innerhalb der sozialdemokratischen Organisationen alte Kontroversen hinfällig werden. Die Frage nach der »kleindeutschen« oder »großdeutschen« Lösung war nun historisch beantwortet. Die Frage nach der Möglichkeit eines Bündnisses mit dem Liberalismus erledigte sich insofern, als die liberalen Parteien in Deutschland nahezu restlos ins Lager des Siegers übergingen und die Bismarcksche Politik, der sie einst zum Teil heftig widerstrebt hatten, als die Erfüllung ihrer eigenen Träume von nationaler Einheit und Größe feierten. Die Zeit der Bismarck-Türme und Sedan-Feiern, die nun anbrach, ließ im deutschen Bürgertum keinen Raum mehr für freiheitliche Traditionen. Der Drang nach dem Titel des »Reserveoffiziers« symbolisierte die Unterwerfung der Bürger unter die Werte der feudalen Oberschichten – aus dem Liberalismus wurde der deutsche Nationalliberalismus.
Für die Sozialdemokratie hatte nun auch die Streitfrage nach dem Stellenwert der Wahlrechtsforderung zumindest auf der Reichsebene keine Aktualität mehr. Im Deutschen Reich wurde, nicht zuletzt auf Bismarcks Initiative hin, das allgemeine gleiche Wahlrecht eingeführt (mit Ausnahme der Frauen), für einen Reichstag allerdings, dem die entscheidenden politischen Rechte vorenthalten blieben. Daß diese Scheindemokratisierung nicht etwa Liberalität bedeutete, zeigte sich unter anderem daran, daß 1872 Bebel und Liebknecht der Hochverratsprozeß gemacht wurde.
Auch solche Repressionen des Staates wirkten, wie der Wegfall alter

Kontroversen, auf einen Zusammenschluß der verschiedenen Organisationsrichtungen der Sozialdemokratie hin.

Auf einem Kongreß im Februar 1875 in Gotha vereinigten sich der ADAV (mit rund 15000 Mitgliedern) und die SDAP (mit rund 9000 Mitgliedern) zur »Sozialistischen Arbeiterpartei Deutschlands«. Das dort beschlossene Parteiprogramm unterschied sich nicht wesentlich von dem Eisenacher Programm, es enthielt höchstens einige weitere Zugeständnisse an die Tradition der Lassalleaner, wie z. B. die Erwähnung des »ehernen Lohngesetzes«.

Marx und Engels kritisierten das neue Programm aufs heftigste, so etwa die Forderung nach Produktivgenossenschaften mit Staatshilfe (die allerdings auch schon im Eisenacher Programm stand, dessen angeblich »marxistischer« Charakter eher eine nachträgliche Stilisierung war). Engels prophezeite, die Einigung der Sozialdemokraten »auf dieser Basis (werde) kein Jahr dauern« und stellte klar, daß auch die Eisenacher keineswegs durch ihn und Marx »angeleitet« seien; Marx wies viele Forderungen des Gothaer Programms als utopistisch ab, so kurioserweise auch die nach dem Verbot der Kinderarbeit; ein solcher Akt, so meinte er, sei »unverträglich mit der Existenz der großen Industrie«.[4]

Die tatsächliche Entwicklung setzte diese und andere Prognosen von Marx und Engels ins Unrecht. Die organisatorische Einheit der Sozialdemokratie in Deutschland hielt von nun an auf lange Jahrzehnte stand; die deutsche sozialdemokratische Partei entwickelte sich zur stärksten parteipolitischen Formation im internationalen Sozialismus und später zur wähler- und mitgliederstärksten Partei im Deutschen Kaiserreich. Die politischen Bedingungen allerdings, unter denen die einige Sozialdemokratie zustandegekommen war und dann ihren Aufstieg nahm, waren andere, als Leute wie Bebel und Liebknecht sie einst erhofft hatten. Preußen-Deutschland war und blieb ein feudal-autoritäres Staatswesen, und eine Koalition von Arbeiterbewegung und Liberalismus hatte im Bürgertum keinen politischen Boden mehr.

III Gegenstrategien des Obrigkeitsstaates: Sozialistengesetz und Sozialversicherung

Die Herausbildung eines nationalen Machtstaates unter preußischer Führung, die Gründung des Norddeutschen Bundes mit einheitlichen Gewerbe- und Handelsgesetzen und einem einheitlichen Maß- und Münzsystem und mehr noch die »Reichseinigung« nach dem militärischen Erfolg gegen Frankreich verschafften dem Kapitalismus in Deutschland schubartig günstigere Entwicklungsmöglichkeiten. Der vollen Industrialisierung standen nun keine Hemmnisse mehr im Wege, ein einheitlicher innerdeutscher Markt war garantiert, und das politisch-militärische Gewicht des siegreichen preußisch-deutschen Staates gab dem Vordringen der deutschen Wirtschaft in den Welthandel wie auch Kapitalanlagen im Ausland eine massive Stütze. Das Deutsche Reich konnte nun in die Weltklasse der kapitalistischen Industrieländer aufsteigen.

Expansion des deutschen Kapitalismus

Ab 1870 drängte die Entwicklung der deutschen Industrie auf Expansion, Steigerung der Produktion und Intensivierung des Arbeitsprozesses. In der Roheisenproduktion z. B. stieg die Produktivität je Arbeiter in kurzer Zeit um das Fünffache an. Technische Fortschritte in den Produktionsmethoden verbanden sich mit einer raschen Konzentration des Kapitals, vor allem in der Schwerindustrie, der Produktionsmittelindustrie und in der Rüstungswirtschaft. Mitte der 70er Jahre lag auch der Höhepunkt der Eröffnung neuer Eisenbahnstrecken. Die Ausdehnung des Eisenbahnnetzes und die schnelle Vergrößerung der Handelsflotte förderten wiederum die weitere Industrialisierung, wobei die frühzeitige Übernahme der Verkehrs- und Transportbetriebe durch den Staat für die Entwicklung in Deutschland typisch ist. Die Entfaltung des deutschen Kapitalismus vollzog sich nicht etwa im staatsfreien Raum, sondern unter der Regie und mit Hilfe des Staates. Das ging hinunter bis auf die kommunale Ebene, wo Gemeinden und Städte eigene Unternehmen für Energieversorgung einrichteten. Ein Grund für diesen – verglichen mit anderen kapitalistischen Ländern – frühen Staatsinterventionismus in Deutschland liegt vermutlich darin, daß nationale Einheit und Industrialisierung in Deutschland erst relativ spät sich durchsetzten und nun die deutsche Wirtschaft in ihrem Bedürfnis nach rascher und nachholender Expansion auf die Förderung durch einen starken Staat setzte.

Das Vordringen von Aktiengesellschaften gegenüber den Inhaberfirmen und die Kapitalbeschaffung über Großbanken veränderten zu derselben Zeit das Bild der Unternehmensstruktur; sie waren ebenso Resultat wie andererseits Antriebsfaktor der Konzentration.

In Deutschland wurden allein von 1871 bis 1873 mehr als 500 Aktiengesellschaften mit einem Nominalkapital von insgesamt 2,9 Milliarden Mark neu gegründet. Die Spekulation in Wertpapieren griff überall um sich.

Gleichzeitig bildeten sich mächtige Bankunternehmen, die weitgehend bis heute führend geblieben sind, so die Deutsche Bank, die Commerz- und Diskontobank und die Dresdner Bank.

Diese sogenannte Gründerzeit blieb allerdings nicht ohne »Gründerkrise«. Die sprunghafte Ausdehnung der Kapazitäten, überhitzte Spekulationen (zum Teil durch die Reparationszahlungen aus Frankreich angeregt), Börsenkrach und weltwirtschaftliches Überangebot führten ab 1873 zu einer mehrjährigen und tiefgreifenden wirtschaftlichen Rezession, die aber den Prozeß der Hochindustrialisierung und Kapitalkonzentration längerfristig nicht aufhalten konnte.

In diesen Jahren nach 1871 konnte niemand mehr übersehen, daß sich nun auch in Deutschland der Industriekapitalismus mit Riesenschritten durchsetzte und die gesellschaftlichen Verhältnisse grundlegend veränderte. Es bedurfte nicht der Lektüre der Marxschen Schriften, um zu erkennen, daß die krasse Entgegensetzung von Kapital und Lohnarbeit zum herrschenden Prinzip von Wirtschaft und Sozialstruktur wurde.

Der Druck der sozialen Frage

Die Problemlage des industriellen Proletariats, die bereits vor der Reichseinigung deutlich geworden war und zu den Ansätzen einer organisierten Arbeiterbewegung geführt hatte, verschärfte sich in den Jahren nach 1871 ganz außerordentlich. Arbeitskräftemangel neugegründeter oder expandierender Industrien mitsamt der Massenzuwanderung von Arbeitern aus den agrarischen Gebieten und Arbeitslosigkeit wechselten einander ab. Die großen Wanderungsbewegungen hatten zusätzliche Wohnungsnot zur Folge. Mit der räumlichen Mobilität

Nr. 1. Berlin, den 1. August 1876. 1. Jahrgang.

Der Ambos

Organ der deutschen Schmiede.

Erscheint jeden Sonnabend.

Zu beziehen durch alle Post-Anstalten Deutschlands.

Abonnements-Preis: pro Quartal 1 M. 15 Pf. incl. Postzuschlag.

Inserate pr. 3gesp. Petitzeile 20 Pf.

In den Orten, wo sich 10 Abonnenten und darüber befinden, beziehen diese den „Ambos" am billigsten durch gemeinsame Bestellung bei der Expedition. Bei solchen Bestellungen kostet das einzelne Exemplar 1 Mark 30 Pf. pro Quartal.

„Der Ambos."

Wie kommt man dazu, dem Organ, das die Interessen der Arbeiter vertreten soll, den ominösen Namen „Ambos" zu geben? Sind wir Arbeiter und vor Allem wir Schmiede, nicht selb undenklichen Zeiten der Ambos gewesen, auf dem man Reichthümer zusammengeschmiedet von Morgens bevor der Tag graute bis hinein tief in die Nacht, wo der Feuerschein unserer Essen das Sternenlicht erbleichen machte? Haben wir nicht Alle die wuchtigen Schläge, die wir im Dienste Anderer führen mußten, gefühlt bis in das Mark unserer Knochen hinein?

Warum Ambos und nicht Hammer?

So werden vielleicht erstaunt viele unserer Leser fragen und ein mißbilligendes Urtheil über den Titel aussprechen und vielleicht, vom Titel auf den Inhalt schließend, sich von uns wenden wollen. Nun wohlan, allen Denen sei gesagt: mit vollem Vorbedacht geben wir unserem Organ den Titel:

„Ambos".

Das Organ, das für die Schmiede gegründet, es muß ein Ambos sein, auf dem wir unter dem geistigen Hammer der Kritik Alles verarbeiten werden, was unserem Streben nach leiblicher und geistiger Wohlfahrt hindernd in den Weg sich legt; was vom Alten gut und brauchbar befunden wird, das soll durch das Feuer edler Begeisterung und wo nöthig, durch die mächtigsten Hammerschläge von allen Schlacken gereinigt werden; aber auch unsere eigenen Fehler und Mängel werden wir auf den Ambos legen, um uns zu läutern und uns zu härten. Ja zu härten! Denn wie nach alter Sage jener Schmied in Thüringen einst rief, indem er das Eisen schmiedete: „Landgraf, werde hart!" so müssen auch wir rufen: „Arbeiter, werdet hart, damit Ihr fest wie Stahl, blitzend und schneidig im Kampfe Euren Drängern gegenüber stehen könnt!

Auf! an die Arbeit, Ihr Cyklopen des Jahrhunderts, das die Arbeit mehr als jedes seiner Vorgänger zum Sklaven des Kapitals gemacht, eilt frohen Muthes und rüstig heran zu unserem

„Ambos",

schlagt darauf, daß die Funken sprühen, und wahrlich, es gelingt uns noch

zu schmieden auf unserem Ambos

den letzten Nagel zum Sarge der Noth, zu sprengen die Ketten der Knechtschaft, unter denen die Arbeit seufzt!

Aufruf an sämmtliche Schmiedegesellen Deutschlands.

Kollegen!

Seit einer Reihe von Jahren schon sind unsere Verhältnisse schlechter und immer schlechter geworden und wir können jetzt wohl sagen, ohne zu übertreiben, daß unsere Lage eine unerträgliche geworden ist. Recht- und machtlos leben wir jetzt in den schmachvollsten Verhältnissen, welche eine mit Recht genannte Schmutz-Konkurrenz der Meister hervorgerufen hat, und zwar nur einzig allein dadurch, weil man wußte, daß man die unorganisirten Schmiede-Gesellen nach Belieben auspressen konnte gleich einer Citrone; erstens durch überlange Arbeitszeit, zweitens durch einen Lohn, welcher den jetzigen theueren Lebensbedürfnissen auch nicht annähernd entspricht. Jedoch der Wahrheit müssen wir auch konstatiren, daß es einige, aber nur wenige Meister giebt, welche den Zeitverhältnissen angemessen, ihren Gesellen einen entsprechenden Lohn zahlen.

Kollegen! Die Zeit, wo die alte Zunft noch regelnd in unsere Verhältnisse mit starker Hand eingriff, diese Zeit, sie ist bei der Geburt der freien Konkurrenz zu Grabe getragen worden, und weil wir es nicht verstanden haben, uns den neuen Zeitverhältnissen anzupassen, deshalb ist auch unsere Lage so schlecht. Wir, zu denen die anderen Korporationen in früheren Zeiten emporschauten, wir sind jetzt in unserer großen Mehrzahl auf einer Stufe der Erschlaffung (geistig und körperlich) angelangt, daß an

---

Erste Ausgabe der Zeitung der frühgewerkschaftlichen Organisation der Schmiede

und der Umstellung auf neue Arbeits- und Lebensverhältnisse in der Großen Industrie verband sich weithin die Auflösung überkommener Normen und sozialer Bindungen. Die Gründerzeit mit ihrem fiebrigen Tanz ums goldene Kalb ließ die besitzlosen Massen in den Industriegebieten ihre Armut nur noch stärker empfinden und an der »Ethik« des sich durchsetzenden Kapitalismus zweifeln. Elementare Ausbrüche des aufgestauten Zorns in der Arbeiterschaft blieben hilflos, zeigten aber an, daß der Druck der »sozialen Frage« gefährliche Ausmaße annahm. Weitgehend noch ohne gewerkschaftliche Organisation kam es in den 70er Jahren in Hunderten von Orten des Deutschen Reiches zu Streiks, die oft wochenlang dauerten und zum Teil Tausende von Arbeitern ergriffen. Neben Forderungen nach höheren Löhnen und kürzerer Arbeitszeit traten auch Proteste gegen die oft zuchthausartigen Fabrikordnungen und das Verlangen nach Selbstbestimmung der Arbeitsorganisation auf. Dem Obrigkeitsstaat schien es an der Zeit, einzugreifen, als die Arbeiterorganisationen und -vereine verschiedenster Richtung immer mehr Zulauf bekamen.

Ein Gesetz gegen den Umsturz?

Es traf alle Arbeiterorganisationen, die sozialdemokratischen, die gewerkschaftlichen und die christlichen, als die Mehrheit der demokratisch gewählten Volksvertretung des Deutschen Reiches ein Gesetz beschloß, das sämtliche Vereinigungen, Versammlungen und Veröffentlichungen verbot und unter Strafe stellte, die »durch sozialdemokratische, sozialistische oder kommunistische Bestrebungen den Umsturz der bestehenden Staats- oder Gesellschaftsordnung bezwecken« oder in denen solche »Bestrebungen in einer den öffentlichen Frieden, insbesondere die Eintracht der Bevölkerungsklassen gefährdenden Weise zu Tage treten«.
Am 19. Oktober 1878 hatte der Deutsche Reichstag nach sechswöchigen Verhandlungen mit 221 gegen 149 Stimmen diesem Sozialistengesetz, genauer: dem »Gesetz gegen die gemeingefährlichen Bestrebungen der Sozialdemokratie« zugestimmt. Gegen das Gesetz traten außer den sozialdemokratischen Abgeordneten die Fraktionen des Zentrums und der Fortschrittspartei sowie die Vertreter der Polen und Elsässer im Reichstag auf. Viermal wurde dieses Gesetz mit Zustimmung der Reichstagsmehrheit in seiner Gültigkeitsdauer verlängert. Im Januar 1890 schließlich fand sich keine Mehrheit für eine erneute Verlängerung, und das Gesetz trat im September des Jahres außer Kraft.

Den Anlaß und die Scheinlegitimation für das Sozialistengesetz boten Attentate auf den Kaiser im Mai und Juni 1878. Die Täter hatten weder mit der Sozialdemokratie noch mit irgendeiner anderen organisierten politischen Tätigkeit etwas zu schaffen, dennoch wurden die Anschläge propagandistisch der Arbeiterbewegung zugeschoben. Die Schuldkonstruktion war simpel genug; nach Auffassung der Reichsregierung bewiesen die Attentate nämlich, »wie leicht eine, jedes sittliche und rechtliche Gebot verachtende Gesinnung bis zu mörderischen Taten sich zu steigern vermag«. Der »eiserne« Kanzler ließ freilich keinen Zweifel an der wirklichen Motivation derjenigen, die das Gesetz vorlegten und durchbrachten: ein »Bedürfnis zur Bekämpfung derselben (der Sozialdemokratie, d. V.) hat in den Augen der Regierung jederzeit bestanden« – hieß es in Bismarcks Instruktion an das Reichskanzleramt.

Im Detail war das Gesetz so formuliert, daß es die Behörden ermächtigte, alles zu verbieten, was nur entfernt an organisierte Arbeiterbewegung erinnerte, mit einer Ausnahme: Sozialdemokraten durften als Individuen zu den Parlamenten kandidieren.

Im übrigen aber wurde von dem Gesetz durch Einzelverbote von Druckschriften, Versammlungen, Vereinen usw., durch Unterdrückung auch gewerkschaftlicher Organisationen, Ausweisungen und Aufenthaltsverbote und Verhängung des »Kleinen Belagerungszustandes« fleißig Gebrauch gemacht. Die große Hatz auf die »vaterlandslosen Gesellen« hatte begonnen...

Welche politischen Zwecke verfolgten die damals im Deutschen Reich herrschenden gesellschaftlichen Kräfte mit diesem Gesetz? In welchem Entwicklungsstand traf das Gesetz die Sozialdemokratie? Welche Kräftekonstellation machte es möglich, daß dieses Gesetz eine parlamentarische Mehrheit fand?

In der Geschichtsschreibung der Arbeiterbewegung selbst findet sich allgemein zunächst folgende Antwort auf diese Fragen: Mit dem Sozialistengesetz wollte Bismarck als Repräsentant des preußisch-deutschen Obrigkeitsstaates und seiner feudalen Eliten die Sozialdemokratie und die Arbeiterbewegung insgesamt politisch auslöschen, ehe sie zur wirklichen Massenbewegung und damit zur Gefahr für das bestehende Herrschaftssystem wurden oder werden konnten. Diese Interpretation ist nicht falsch, bedarf aber einer Differenzierung.

Da ist zuerst ein Mißverständnis beiseite zu räumen, das sich mitunter auch in »linken« historischen Darstellungen findet: Es war nicht so, daß um 1878 die Sozialdemokratie in Deutschland oder die deutsche Arbeiterbewegung insgesamt eine akute Bedrohung für den damaligen Staat oder auch nur für die bürgerliche Mehrheit im (ohnehin weitgehend machtlosen) Deutschen Reichstag dargestellt hätten. Die sozialdemokratische Partei war erst mit der Vereinigung in Gotha 1875 über den Stand von politischen Kleingruppen hinausgekommen, die gewerkschaftliche Organisation befand sich in ihren Anfängen, bei den Reichstagswahlen im Juli 1878 hatte die Sozialdemokratie ganze 437158 Wähler, das waren 7,6 % der abgegebenen Stimmen, für sich gewonnen. Dennoch war das Sozialistengesetz nicht etwa ein Kampf gegen einen Schemen, vielmehr zeigte Bismarck als der für diese Maßnahme unmittelbar Verantwortliche hier durchaus Weitblick, wenn schon nicht bei der Wahl des taktischen Mittels, so doch in der strategischen Einschätzung der gesellschaftlichen Entwicklungstendenzen. Das Sozialistengesetz war gewissermaßen ein Präventivschlag; es sollte eine soziale Bewegung in der Phase ihrer möglichen und wahrscheinlichen Entfaltung treffen und ein politisches Klima herbeiführen, in dem die Sozialdemokratie keine Chancen mehr hatte.

Die Gefährlichkeit der sich ausbreitenden Arbeiterbewegung wurde dabei von den Verursachern der Verfolgung offenbar nicht so sehr auf parlamentarisch-wahlpolitischer Ebene gesehen; anders wäre es unverständlich, daß die parlamentarische Kandidatur und Wahl von Sozialdemokraten unangetastet blieb. Der Zugriff des Staates galt wohl mehr der Herausbildung von Organisationsstrukturen zur Vertretung von Arbeiterinteressen überhaupt, gerade auch gewerkschaftlicher Art, sowie der Verbreitung von Gedanken, die die Hegemonie der feudalen oder bürgerlich-nationalistischen Ideologie in Frage stellen könnten. Sieht man sich die einzelnen Verfolgungsmaßnahmen im Laufe des Sozialistengesetzes an und die Versuche des Staates, auch »vor-politische« kollektive Aktivitäten der Arbeiterschaft zu unterdrücken, dann wird diese Zielrichtung der staatlichen Politik unter Bismarck recht deutlich. Wie wenig es beim Sozialistengesetz um eine »spontane Abwehrreaktion« oder um ein nur-parlamentarisches Kalkül ging, erweist sich auch in der Doppelstrategie des preußisch-deutschen Staates gegenüber der Arbeiterbewegung: Dem Sozialistengesetz zeitlich und politisch parallel lief der Aufbau des Sozialversicherungssystems.

Staatliche Arbeiterwohlfahrtspolitik

Mit den Gesetzeswerken von 1883 (Krankenversicherungsgesetz), 1884 (Unfallversicherungsgesetz) und 1889 (Alters- und Invalidenversicherung) sowie mit flankierenden Arbeitsschutzmaßnahmen konstruierte der wilhelminische Staat ein »soziales Netz« zumindest für

Teile der Arbeiterschaft und für extreme Notsituationen im Arbeiterschicksal, das damals (und lange noch) in kapitalistischen Gesellschaften sonst nicht zu finden war. Dabei ist die Interpretation, über solche staatlichen Maßnahmen sei letzten Endes das gesamtkapitalistische Interesse an der Reproduktion von Arbeitskraft realisiert worden, durchaus richtig, aber wenig aussagefähig; der wichtigere Teil der Sache liegt ja gerade dort, wo zu fragen ist, warum und mit welchen Folgen sich dieses »abstrakte« kapitalistische Interesse zum damaligen Zeitpunkt bereits in Deutschland konkretisierte und ein Moment staatlicher »Arbeiterpolitik« wurde.

Auch die Formel, Bismarck habe es eben gegenüber der erstarkenden Sozialdemokratie bzw. ihrem Arbeiteranhang mit Peitsche und Zuckerbrot zugleich versucht, ist nicht falsch, kann aber zu dem Mißverständnis verleiten, die spezifische, preußisch-deutsche »Sozialstaatlichkeit«, wie sie während des Sozialistengesetzes sich herausbildete, sei ohne reale Bedeutung für die Arbeiterklasse und die langfristige politische Orientierung der Arbeiter in Deutschland geblieben. Darüber wird noch weiter zu sprechen sein, festzuhalten ist hier, daß in der Kombination von polizeistaatlichen und sozialstaatlichen Mitteln, in der Gleichzeitigkeit von Repression und Integration eine ganz spezifische, in anderen kapitalistischen Ländern damals so nicht auftretende Form des Klassenkampfes von oben zu sehen ist, die für die weitere politische Entwicklung in Deutschland entscheidende Folgen hatte.

Ein Nebeneffekt der staatlichen Sozialgesetzgebung war übrigens, daß sie den politischen Abstand großer Teile des Bürgertums zur Arbeiterbewegung bzw. Sozialdemokratie forcierte, weil die Befürchtung aufkam, eine stärkere Sozialdemokratie werde den Staat in eine Lage bringen, wo er den sozialen Interessen der Arbeiterschaft »auf Kosten« des steuerkräftigen Bürgertums noch mehr Konzessionen machen müsse. (Daß diese Vorstellung wenig mit der politischen Herkunft und der Finanzierungsgrundlage der Sozialversicherung zu tun hatte, steht auf einem anderen Blatt.) Bismarck konnte dieser Effekt nur willkommen sein, denn die mit dem Sozialistengesetz verbundene Politik hatte für ihn ohnehin den zusätzlichen Zweck, politische Bündnismöglichkeiten zwischen der Arbeiterbewegung und dem aufgeschlossenen Teil des liberal-bürgerlichen Lagers zu durchkreuzen.

An dieser Stelle sind einige Hinweise auf die wirtschaftlich-politische »Konjunkturlage« vor dem Sozialistengesetz notwendig: Die fieberhaften Investitionen und Spekulationen der »Gründerzeit« nach dem deutsch-französischen Krieg (und den französischen Reparationszahlungen) hatten die Wirtschaft des Deutschen Reiches seit 1873 in eine

Krisensituation geraten lassen. Die Schwerindustrie litt unter Absatzmangel und Preisabfall, sie war darauf aus, durch Schutzzölle auf importierte Waren sich ausländische Konkurrenz vom Halse zu schaffen und erhöhte Preise auf dem Binnenmarkt zu sichern. Die politisch immer noch tonangebenden Großagrarier, früher eher freihändlerisch gesonnen, hatten Geschmack an Schutzzöllen auf importiertes Getreide und Vieh gewonnen, weil ihnen die Einfuhr billigerer Angebote aus den USA oder aus Rußland auf dem Inlandsmarkt lästig wurde. Seit Mitte der 70er Jahre trat Bismarck für eine Wendung vom Freihandel zum Schutzzoll ein. Mit den Interessen der Großgrundbesitzer war er durch Herkunft und Stand ohnehin ganz selbstverständlich verbunden, und der Schwerindustrie wirtschaftlich entgegenzukommen, erschien ihm aus politischen Gründen opportun, weil sich seiner Konzeption nach nur durch den »antiparlamentarischen Konsensus« (M. Stürmer) von Großagrariern, Schwerindustrie und staatlicher Bürokratie die bestehenden Herrschaftsverhältnisse gegen demokratische oder wenigstens parlamentarische Anwandlungen schützen ließen. Hinzu kam, daß Bismarck sich von Schutzzöllen auch größere staatliche Einnahmen versprach, vor allem solche, die nicht dem Budgetrecht der einzelnen Bundesstaaten oder des Reichstages unterlagen.

Die Schutzzollpolitik bedeutete einen erneuten Konflikt mit liberalen Kräften im Reichstag. Die liberale Fortschrittspartei, die vor allem Interessen der kleinen Unternehmer und Kaufleute und der freiberuflichen und arrivierten Angestellten oder Beamten vertrat, und der Teil der Nationalliberalen, dessen Hinterland das Handelsbürgertum und die exportinteressierte Fertigwarenindustrie waren, hatten nicht Schutzzölle und unkontrollierbare Staatseinnahmen, sondern Freihandel und Ausdehnung parlamentarischer Budgetrechte im Sinne. Zwar hatte der deutsche Liberalismus in der Vergangenheit zur Genüge politische Niederlagen hinnehmen müssen und die Dominanz der feudalen Staatseliten nicht erschüttern können, aber die eigenen wirtschaftlichen Interessen waren damit nicht verschwunden. Also mußte Bismarck daran gehen, die Opposition gegen den Übergang zur Schutzzollpolitik im Reichstag zu brechen und damit wieder einmal die aufmüpfigen Teile des Liberalismus in die Schranken zu verweisen.

Entliberalisierung der Liberalen

Der beste Weg hierzu schien, das »rote Gespenst« heraufzubeschwören und die Liberalen für die »Sicherung der gesellschaftlichen Ordnung« gegen die »gemeingefährliche Sozialdemokratie« in Pflicht zu nehmen. Als Mechanismus hierfür bot sich das Sozialistengesetz bzw. die Einvernahme der Liberalen für die Annahme dieses Gesetzes an, denn auf diese Weise konzentrierte sich die politische Auseinandersetzung und Frontenbildung auf die »Grundsatzfrage«, ob man den roten »Umsturz« heraufkommen lassen wolle (womit der Streit um die Schutzzölle in den Hintergrund rückte), und zugleich wurde dem freihändlerisch optierenden Teil der Liberalen jede politische Bündnismöglichkeit nach links hin entzogen. So kam denn auch im Jahre 1879 das Schutzzollgesetz im Reichstag im Windschatten des Sozialistengesetzes durch.

Die politischen Folgen der Zustimmung zum Sozialistengesetz wurden auf liberaler Seite durchaus zur Kenntnis genommen. Als Rechtfertigung kam eine Argumentationsfigur auf, die seitdem in ähnlichen Situationen und bei ähnlichen Entscheidungen ihre Dienste tat: »...solange wir im Kampfe gegen den sozialistischen Todfeind stehen, wird zum mindesten nicht auf den weiteren Ausbau des Rechtsstaates zu rechnen sein« – schrieb nach der Zustimmung zum Sozialistengesetz die Nationalliberale Parteikorrespondenz.

Die Gefahren, die eine ungehinderte Entwicklung der Arbeiterbewegung mit sich bringen würde, wurden dabei nicht etwa im Barrikadenbau, sondern realistischerweise in der Beeinträchtigung des Geschäftslebens vermutet; in der Begründung für die Notwendigkeit des Sozialistengesetzes wies auch die Reichsregierung dezent darauf hin, daß »... die Beunruhigung und Störung des öffentlichen Friedens, welche durch die sozialdemokratische Agitation hervorgerufen wird, eine gedeihliche Entwicklung auf wirtschaftlichem Gebiet« behindere.

Bismarck hatte schon 1876 bei der Argumentation für eine Änderung des Strafgesetzbuches, gegen die Sozialdemokratie gerichtet, den Liberalen zu verstehen gegeben, daß »sozialistische Umtriebe ... die Leute ... von fleißiger Arbeit, die früher den Deutschen ... eigentümlich war, abziehen ... und die Konkurrenzfähigkeit gegenüber den Fremden herabdrücken ...«, mit anderen Worten: daß die freie Existenz der Arbeiterbewegung dem deutschen Kapitalverwertungsinteresse schlecht bekommen könne.

Resümee: Vor dem Sozialistengesetz sah sich die politische Repräsentation bürgerlicher Interessen in einer Lage, wo sie zwischen dem Rechtsstaat und dem ungestörten Geschäftsgang wählen zu müssen glaubte; die Entscheidung fiel – damals wie in späteren Fällen – zugunsten des letzteren.

Es wäre zu kurz gegriffen, wollte man diese Option für eine selbstverständliche Konsequenz kapitalistischer Klassenverhältnisse halten. Es spricht vieles dafür, in der Geschichte anderer kapitalistischer Gesellschaften andere Entscheidungen auf bürgerlicher Seite zu vermuten. Allerdings geht diesen dann auch eine andere politisch-ökonomische Entwicklung voraus; die »Verinnerlichung« politischer Freiheiten und rechtstaatlicher Vorstellungen im Bürgertum etwa Frankreichs oder Englands, die der Demokratie auch in Krisenzeiten größere Chancen gibt, hängt damit zusammen, daß in diesen Gesellschaften der Nationalstaat und dessen politische Verfassung mitsamt ihren Grundrechten von »unten« her, d. h. historisch vom Bürgertum selbst und nicht ohne revolutionäre Anstrengungen erkämpft worden war, zu Zeiten freilich, wo die nächste soziale Klasse mit ihren Interessen, nämlich die Arbeiterklasse, sich noch kaum als politische Konkurrenz zum Bürgertum abzeichnete. In Deutschland war der späte und einzige Versuch einer bürgerlichen National- und Freiheitsbewegung, die Revolution 1848/49, gescheitert; der Nationalstaat war durch »Blut und Eisen«, im Wege der Durchsetzung einer Feudalmacht zustandegekommen und das politisch organisierte Bürgertum hatte sich dem »preußischen Weg zum Kapitalismus«, der Industrialisierung unter der Regie des militär-bürokratischen Obrigkeitsstaates mitsamt seiner Ideologie unterworfen. So kommt es zu der – gemessen an »älteren« bürgerlich-parlamentarischen Staaten – paradoxen Situation, daß in Deutschland zu Zeiten des Wilhelminismus allein die Sozialdemokratie als politische Ausformung von Arbeiterbewegung jene demokratischen Forderungen vertrat, die in anderen Ländern als durchaus bürgerliche Errungenschaften galten – und daß eben diese deutsche Sozialdemokratie (nicht nur) beim Sozialistengesetz mit Hilfe bürgerlicher politischer Repräsentanten aus der Legalität verdrängt werden sollte...

Radikalisierung der Sozialdemokratie?

Wir fragen weiter nach der Entwicklung, die die Arbeiterbewegung unter dem Sozialistengesetz nahm, nach den Erfolgen oder Niederlagen der Sozialdemokratie zwischen 1878 und 1890. In der Hausgeschichtsschreibung der SPD, aber auch, mit anderen politischen Konsequenzen, in der Historiographie der SED und der DKP erscheint die Zeit der illegalen Sozialdemokratie jener Epoche oft als »heroische« Phase, als unaufhaltsamer Aufstieg zur Massenorganisation, zur stärksten Säule der Arbeiterbewegung international und bestgeformten Partei in Deutschland, trotz aller staatlichen Verfolgung.

In der Tat ist es imponierend, wie rapide sich der Einfluß der deutschen Sozialdemokratie damals unter den Bedingungen illegaler Tätigkeit ausbreitete. Nimmt man die Reichstagswahlen als Gradmesser, so ergibt sich folgendes Bild: 550000 Stimmen erhielten die sozialdemokratischen Kandidaten bei der Wahl 1884, 763000 bei der Wahl 1887 und gar 1427000 bei der Wahl im Jahr 1890. Insofern war also die Rechnung, man könne der sozialdemokratischen Bewegung durch Sozialistengesetz und Sozialversicherungspolitik den Wind aus den Segeln nehmen, kläglich zusammengebrochen. Auch die sozialdemokratische Presse konnte sich noch unter dem Sozialistengesetz weiter ausbauen, und für die freien Gewerkschaften wurden die Jahre ab 1885 zu ihrer »Gründerzeit«, obwohl das Sozialistengesetz gerade auch gegen sie gerichtet war. Allerdings darf nicht unerwähnt bleiben, daß es nicht überall »heroisch« zuging. Die Mehrheit der sozialdemokratischen Reichstagsabgeordneten gab nach dem Erlaß des Sozialistengesetzes ein Flugblatt heraus, das eher quietistisch klang, mit dem Tenor: »Bleibet ruhig – weist die Versucher ab, die Euch zu geheimen Verbindungen oder Putschen reizen wollen – an unserer Gesetzlichkeit müssen unsere Feinde zugrunde gehen.« Nach einer Phase der Verwirrung bildete sich erst langsam wieder ein organisierter Zusammenhang heraus, und ohne die Wirksamkeit der aus der Emigration nach Deutschland hinein verbreiteten neuen Publizistik (vor allem der Zeitung »Sozialdemokrat«) wäre die politische Stabilisierung der Partei in der Illegalität wohl nur schwer gelungen. Es ging auch nicht ohne Kontroversen zwischen »Inland« und »Ausland« ab, und es kamen Fehleinschätzungen unterschiedlicher Art auf – von dem Konzept, sich auf die legalen Kandidaturen zu beschränken, bis zu der Auffassung, nun sei nur noch Gewalt gegen Gewalt am Platz. (Am Rande ist hier zu bemerken, daß die SPD bei der Machtergreifung der Faschisten in Deutschland kurzzeitig verständliche, aber illusionäre Parallelen zu ihren Möglichkeiten unter dem Sozialistengesetz zog: der Faschismus verfügte über andere Herrschaftsmittel als der wilhelminische Obrigkeitsstaat, der sich im Lichte der Erfahrungen nach 1933 eher idyllisch ausnahm.)

Ab 1880 entwickelte jedenfalls die Sozialdemokratie ihrerseits eine »Doppelstrategie«, das Nebeneinander von öffentlichem Auftreten, vor allem über Wahlkämpfe, und illegaler Aktivität. Entscheidend für die weitere Ausbreitung der Arbeiterbewegung war freilich, daß Industrialisierung, Proletarisierung und Herausbildung von Arbeiterbewußtsein sich durch die staatliche Politik nicht zum Halten bringen ließen und – weitgehend unabhängig von der sozialdemokratischen

Parteiarbeit – in großen Streikbewegungen ihren Ausdruck fanden. Die Massenausstände in den industriellen Zentren 1889/90 gaben schließlich dem Sozialistengesetz den letzten Stoß, erwiesen den Mißerfolg der Bismarckschen »Arbeiterpolitik« und signalisierten jene Front zwischen den Klassen, die dann die Sozialdemokratie zur Massenpartei werden ließ.

Welche längerfristige Prägung erfuhr die deutsche Sozialdemokratie durch die Zeit des Sozialistengesetzes? Wie wirkte sich ihre Entwicklung in dieser Phase auf den »Charakter« der Partei nach 1890 aus? In der DDR-offiziellen »Geschichte der deutschen Arbeiterbewegung« findet sich folgende Antwort: »Mit dem Sieg über den ›Eisernen Kanzler‹ und über das Sozialistengesetz hatten die deutsche Sozialdemokratie und die Arbeiterklasse (man beachte die Reihenfolge! d. V.) in einem klug und kühn geführten Kampf der preußisch-deutschen Militärmacht mit ihren ungeheuren Machtmitteln eine ernsthafte Niederlage beigebracht. Damit war die Sozialdemokratie Deutschlands... zur angesehensten und einflußreichsten Partei in der internationalen Arbeiterbewegung geworden... Die Partei hatte sich dank der unausgesetzten politischen und ideologisch-theoretischen Anleitung und Hilfe durch Karl Marx und Friedrich Engels unter Führung August Bebels und Wilhelm Liebknechts zu einer Massenpartei entwickelt, in der sich der Marxismus durchgesetzt hatte. Der Sieg über das Sozialistengesetz und die Durchsetzung des Marxismus waren auch die entscheidenden Gründe dafür, daß, wie Franz Mehring schrieb, die deutsche Arbeiterklasse am Ende des Sozialistengesetzes in den Schwerpunkt der historischen Entwicklung gerückt sei, aus dem sie keine Macht der Welt mehr verdrängen könne.«[1]

Eine in der Substanz gleichlaufende Interpretation findet sich auch heute in vielen anderen Darstellungen im Feld der SED oder DKP. Die Fragwürdigkeit dieser Einschätzung liegt auf der Hand: Wie will man, wenn man die SPD um 1890 so sieht, das Verhalten der Partei 1914 erklären? Wie will man erklären, daß es der SPD bis 1918 nicht gelungen war, die Herrschaftsverhältnisse in Preußen-Deutschland zu erschüttern, daß es politischer Bewegungen in der Arbeiterschaft im Gegensatz zur SPD (bzw. deren großer Mehrheit) und der militärischen Niederlage, also der »Revolution von außen her« bedurfte, um 1918 wenigstens die bürgerlich-parlamentarische Verfassung durchzusetzen? Hier wird, was die SED- oder DKP-Geschichtsschreibung angeht, die Grenze einer Methode deutlich, die Entwicklung der Arbeiterbewegung als Geschichte von Programmen und »Führern«, von »Entscheidungen« der Organisation für »richtige« oder »falsche« Ideen deutet.

K. Brandis hingegen, in gewisser Weise Protagonist der Interpretation der Geschichte der Sozialdemokratie unter und nach dem Sozialistengesetz, wie die »Neue Linke« und auch viele »bürgerliche« Historiker in der Bundesrepublik sie heute vertreten, kommt zu dem Resultat, die Zeit des Sozialistengesetzes habe in der Sozialdemokratie »eine Radikalisierung in der Ideologie und eine Verstärkung der opportunistischen Züge ihrer Praxis« ausgeprägt; der Ruf einer konsequenten klassenpolitischen Position, den die SPD vor 1900 in der internationalen Arbeiterbewegung in Anspruch nehmen konnte, sei sozusagen dem undemokratischen wilhelminischen Staat zu verdanken, der den deutschen Sozialdemokraten keine Gelegenheit gegeben habe, ihren in Wahrheit sozialpartnerschaftlichen Charakter schon damals durch politische Beteiligung an den Tag zu bringen.[2]

Diese Deutung ist geeignet, bei recht unterschiedlichen politischen Richtungen heute Befriedigung auszulösen: Wer einer sozialliberalen Politik historische Weihen verschaffen will wie auch derjenige, der untermalen möchte, daß politische Arbeit in der Sozialdemokratie noch niemals Sinn hatte, wird in der historischen »Tatbestandsaufnahme« hier auf seine Kosten kommen.

Der methodische Fehler bei Brandis und seinen verschiedenen Nachfolgern liegt darin, daß historische Arbeiterbewegung an einem Bild von »revolutionärer Politik« gemessen wird, das selbst nicht weiter ausgefüllt und schon gar nicht auf eine reale geschichtliche Situation (und ihre Möglichkeiten und Alternativen) bezogen ist.[3]

Das Sozialistengesetz und seine Folgen

Versuchen wir demgegenüber eine nüchterne Bilanz der Erfolge und der Probleme der Arbeiterbewegung unter und nach dem Sozialistengesetz:
Die Form politischer Aktivität, die die Sozialdemokratie zumindest nach einigen Jahren unter dem Sozialistengesetz entwickelt hatte, entsprach in ihrer Verschränkung parlamentarischen und außerparlamentarischen Vorgehens durchaus den situativ gegebenen Notwendigkeiten, eben dadurch war die Partei erst imstande, den (historisch keineswegs »zwangsläufigen«) Weg zur Massenorganisation zu gehen. Die besonderen Umstände (Zulassung parlamentarischer Tätigkeit) und der relativ unentwickelte Stand der Parteiorganisation führten allerdings zu einer problematischen Führungsposition der Parlamentarier bzw. der Parlamentsfraktion gegenüber der sozialdemokratischen Or-

ganisation, die seitdem ein Strukturmerkmal der SPD geblieben ist. Diese Priorität konnte sich (was nur auf den ersten Blick paradox erscheint) gerade auch deshalb herausbilden und verfestigen, weil im politischen System des Deutschen Reiches bis 1918 der praktische Handlungsraum des Parlaments begrenzt war auf Detailkorrekturen legislativer, vor allem sozialrechtlicher Art. Möglichkeiten und Grenzen parlamentarischer Politik im Hinblick auf gesellschaftliche Richtungsentscheidungen konnten so nicht erprobt – und von daher auch nicht bewußt werden.

Die spezifische Erfahrung staatlicher Repression, die die Sozialdemokratie unter dem Sozialistengesetz machte, hatte einen im Fortgang der historischen Entwicklung lähmenden Legalismus zur Folge. Einerseits war die Unterdrückung, die die Partei damals erlebte, nachhaltig genug, um das Bestreben zu wecken, jede Wiederholung derartiger Eingriffe zu vermeiden. Andererseits hatte man erlebt, daß der Staat auch unter dem Verbot allerlei Möglichkeiten der Aktivität beließ und den Aufschwung der sozialdemokratischen Bewegung nicht verhindern konnte. Daraus resultierte die Einstellung, man dürfe die herrschenden oder über die Gewaltmittel verfügenden politischen Kräfte nicht »provozieren«, dann werde es am Ende schon nicht so schlimm werden, – eine Verhaltenslinie, die den dann folgenden historischen Krisensituationen keineswegs mehr angemessen war.

Besonders fragwürdig wurde die im gleichen historischen Zusammenhang entwickelte Fixierung auf Wahlen und Wahlresultate als wichtigste Mittel politischer Auseinandersetzung. Es schien so, als sei der Fall des Sozialistengesetzes wie der Aufstieg der Sozialdemokratie zur Massenpartei der Tatsache zu verdanken, daß auch zwischen 1878 und 1890 sozialdemokratisch gewählt – und sozialdemokratisches Wählerpotential gewonnen werden konnte. Es wurde kaum erkannt (selbst bei den damaligen »Marxisten« nicht), daß beide Erfolge der Arbeiterbewegung mindestens so sehr auf die sozialen Kämpfe, die Massenstreiks und die zunehmende gewerkschaftliche Aktivität zurückzuführen waren.

Unter den besonderen Bedingungen des Sozialistengesetzes verlief der organisatorische Aufbau bzw. Wiederaufbau von Gewerkschaften und Partei gezwungenermaßen getrennt voneinander; daraus entwickelte sich eine langfristige »Arbeitsteilung« zwischen Partei und Gewerkschaften als Trennung von politischem und ökonomischem Kampf, die in dieser Weise bei kaum einer anderen nationalen Arbeiterbewegung zu finden war oder ist und für die gesellschaftlichen Machtverhältnisse hierzulande höchst negative Folgen hatte und hat; diese Trennung forcierte einerseits den Wahl- und Parlamentsfetischismus, andererseits die Fixierung der Gewerkschaften auf lohnpolitisch-sozialpolitische Forderungen. Darüber an anderer Stelle noch mehr.

Der andere Arm der Bismarckschen »Arbeiterpolitik«, nämlich die Sozialversicherungswerke, hatte zwar nicht den vom Obrigkeitsstaat erhofften aktuellen Erfolg, den Zuzug zur Sozialdemokratie zu stoppen, er gab aber sehr wohl das reale Fundament für eine ganz illusionäre Erwartung ab, die sich in der deutschen Arbeiterbewegung – wieder im Unterschied zu den meisten anderen nationalen Arbeiterbewegungen – dann nachhaltig verbreitete; diese lief darauf hinaus, daß der Staat (wenn man nur die parlamentarische Mehrheit hätte...) ebenso leicht Arbeiterinteressen wie Kapitalinteressen exekutieren könne. Die wilhelminische »Sozialstaatlichkeit« band ferner schon bald Arbeitervertreter in die halb-staatliche Administration ein und beschränkte damit zugleich die Operationsmöglichkeiten der Arbeiterorganisationen; sie bahnte eine »Verstaatlichung« sozialer Auseinandersetzungen auch bewußtseinsmäßig an, die in Zeiten gesellschaftlicher Krisen den Ruf nach dem »starken Staat« unterstützte.

Was die »Durchsetzung des Marxismus« in der Sozialdemokratie unter dem Sozialistengesetz angeht, so ist sicherlich anzunehmen, daß theoretische Kenntnisse weder so verbreitet waren, noch überall jene praktisch-politische Dimension enthielten, wie dies die SED- oder DKP-Geschichtsschreibung glauben machen will. Auch ist der Kritik zuzustimmen, daß »Marxismus« in der damaligen deutschen Sozialdemokratie vielfach als Integrationsideologie diente und in die fatale Hoffnung auf einen »naturgesetzlichen« Übergang zum Sozialismus absank. Andererseits muß festgehalten werden, daß selbst dieser »Marxismus« immerhin noch einen Zugang zu einem aufklärenden, analytischen Denken bot – im Gegensatz zu der damals gerade in Deutschland bis in die Reihen der Sozialisten hinein wirksamen »Zerstörung der Vernunft«, also den verschiedensten Spielarten des politischen Irrationalismus. Noch die größten Mißverständnisse des Marxismus boten Denkalternativen zu jenen vorfaschistischen Weltanschauungen, die bald auch in der Arbeiterschaft Verbreitung suchten.

Als historisch sehr problematisch erwies sich die Tatsache, daß die deutsche Sozialdemokratie einerseits soziale Vertretung der Arbeiterklasse war, andererseits in ihrem konkreten politischen Horizont weitgehend auf die Vertretung oder Stellvertretung bürgerlich-demokratischer Forderungen begrenzt war, ohne aber hierfür in den bürgerlichen Parteien selbst Bündnispartner zu finden; im Gegenteil, dem Bürgertum erschien die Sozialdemokratie als ein abgeschottetes, rotes

»Lager«. Die Zeit unter dem Sozialistengesetz hat zu dieser verqueren Konstellation wesentlich beigetragen. Die Verantwortung hierfür ist jedoch nicht der Sozialdemokratie anzulasten; das deutsche Bürgertum selbst war es, das allen demokratisch-liberalen Anwandlungen in seiner großen Mehrheit entsagt hatte. Das Zustandekommen des Sozialistengesetzes ist ein Beleg hierfür.

IV Streikbewegungen und Herausbildung gewerkschaftlicher Organisationen

Als auf die 48er Revolution eine Zeit der Reaktion folgte, waren damit auch die ersten Ansätze gewerkschaftlicher Tätigkeit zerstört. Neue gewerkschaftliche Organisationen entstanden wieder ab Mitte der 60er Jahre. Die europäische wirtschaftliche Krise um 1866 hatte den Arbeitern Senkung der Löhne, Arbeitslosigkeit und auf Grund von Mißernten Steigerung der Lebensmittelpreise gebracht. Hieraus resultierten Lohnforderungen, die bei ihrer Ablehnung zu Streiks führten. Diese Streiks, die zumeist ungünstig für die Ausständigen verliefen, forcierten die Frage nach gewerkschaftlicher Organisation. So wurden 1865 der Zigarrenarbeiter- und der Schneiderverband, 1866 der Allgemeine Deutsche Buchdruckerverband und 1868 der Allgemeine Deutsche Bäckerverein gegründet, die sich zunächst politisch neutral verhielten. Zahlenmäßig blieben diese Verbände noch ohne großes Gewicht. Parallel dazu verlief ab 1868 die Gründung von Gewerkschaften durch politische Parteien. Schweitzer, in der Nachfolge Lassalles, der Leiter des ADAV, gründete die sozialdemokratischen »Arbeiterschaften«, die Fortschrittspartei die Hirsch-Duncker-Gewerkvereine, und im Rahmen des Verbandstages der deutschen Arbeitervereine entstanden die Internationalen Gewerksgenossenschaften (Bebel – Liebknecht). Aus der später folgenden Vereinigung der Reste der »Lassalleanischen« Gewerkschaften und der Internationalen Gewerksgenossenschaften gingen im Zuge des Zusammenschlusses von Lassalleanern und Eisenachern die sozialistischen, »freien« Gewerkschaften hervor. Diese freien Gewerkschaften prägten entscheidend den Charakter der deutschen Gewerkschaftsbewegung.

Gewerkschaften und Sozialdemokratie

Die Parteien – in erster Linie die Sozialdemokraten – hatten sich um die Gründung von Gewerkschaften bemüht, als die eigentliche Basis der Gewerkschaften, die Fabrikarbeiter, in Deutschland noch eine unerhebliche Rolle spielten und das Industrieproletariat sich erst in Ansätzen entwickelt hatte. Gewerkschaftliche Organisationen bildeten sich also, ohne daß das Bedürfnis danach bei der Masse der Arbeiter bereits voll ausgeprägt war. So ist es zu erklären, daß die gewerkschaftliche Diskussion in diesem Zeitraum sich vor allem auf die Frage konzentrierte, welche Funktionen wirtschaftliche Kämpfe neben politischen Kämpfen überhaupt wahrnehmen könnten, und welches die richtige Beziehung zwischen Partei und Gewerkschaften sei. Zumeist wurde in den gewerkschaftlichen Diskussionen ein Abhängigkeitsverhältnis der Gewerkschaften von der Partei postuliert, so daß lange Zeit die Gewerkschaften als bloße »Rekrutenschulen« bzw. »Vorschulen der Partei« betrachtet wurden.

Am konsequentesten wurde diese Position von den Lassalleanern vertreten, die eine völlige Unterordnung der Gewerkschaften unter die Partei forderten. Die Etablierung der Lassalleanischen Gewerkschaften beschwor allerdings innerhalb der Partei infolge der damit verbundenen Diskrepanz zwischen Theorie und Praxis so schwere Konflikte herauf, daß die sozialdemokratischen »Arbeiterschaften« zum Teil schon bald daran zu Grunde gingen.

Theoretisch vertrat nämlich Schweitzer die Position Lassalles, der als Grundpfeiler aller ökonomischen Erkenntnisse das von ihm aufgestellte »eherne ökonomische Gesetz« bezeichnet hatte. Dieses »Gesetz« besagte, daß »der durchschnittliche Arbeitslohn immer auf den notwendigen Lebensunterhalt reduziert bleibt, der in einem Volke gewohnheitsmäßig zur Fristung der Existenz und zur Fortpflanzung nötig ist«.

Folgerichtig hatte Lassalle Koalitionen und Streiks abgelehnt, während Schweitzer zur Kenntnis nahm, daß Streiks stattfanden, beständig an Zahl, Umfang und Stärke zunahmen und Koalitionen ein elementares Bedürfnis der Arbeiter wurden. Mit einer eigenen Gewerkschaftskonzeption versuchte Schweitzer, diesen Widerspruch zu lösen. Im »Sozialdemokrat« schrieb er, daß »Streiks ökonomisch erfolglos sind, aber ein vorzügliches Mittel darstellen, die Arbeiterbewegung zum Ausdruck zu bringen und bis zu der Höhe zu fördern, wo die Arbeiterklasse für ihre eigentliche Klassenerkenntnis reif ist«. Für den 26./27. September 1868 riefen Schweitzer und Fritzsche, die nach dem Tod Lassalles den Allgemeinen Deutschen Arbeiterverein leiteten, zu einem Allgemeinen Deutschen Arbeiterkongreß in Berlin auf. Am Kongreß nahmen über 200 Delegierte aus 56 Berufszweigen und aus rund 105 Orten teil. Schweitzer legte auf diesem Kongreß ein Organisationsstatut vor, das eine strenge zentralistische Organisation für die »Arbeiterschaften« vorsah. Außerdem wurde der Lassalleanische Gewerkschaftsverband mit dem Allgemeinen Deutschen Arbeiterverein durch Personalunion in der Führung verbunden.

Die Mitgliedschaft in dem Verband der Arbeiterschaften, den Schweitzer 1869 nach Auflösung der Fachverbände und Vereinigung sämtlicher Berufsgruppen zu einem einheitlichen »Arbeiterunterstützungsverband« gegründet hatte, war von der Anerkennung der politischen Grundsätze des Allgemeinen Deutschen Arbeitervereins abhängig. Daraufhin traten eine Anzahl von Vereinen und Verbänden aus, und der Unterstützungsverband verlor schnell an Einfluß.
Die zweite sozialdemokratische Partei, die sich mit der Gründung von Gewerkschaften befaßte, war die der Eisenacher unter Liebknecht und Bebel.
1868 veröffentlichte Bebel ein Musterstatut für Gewerkschaften, das sich an die Gewerkschaftskonzeption von Marx anlehnte und die innerverbandliche Demokratie als Grundlage der Organisation betonte. Bebel kam es darauf an, für eigenständig bestehende gewerkschaftliche Ortsgruppen einen übergreifenden organisatorischen Rahmen zu schaffen.
Auch bei den Eisenachern gab es allerdings Gegner der Gewerkschaftsbewegung, wenngleich sie dort nicht das Übergewicht erlangten. Charakteristisch dafür waren die auf dem Stuttgarter Kongreß der Organisation 1870 eingebrachten Anträge, die eine ausgedehnte Propagandaarbeit gegen Streiks forderten. Noch weiter ging ein Antrag, Streiks als zu verwerfendes Mittel der sozialen Auseinandersetzung zu erklären. Der Kongreß verabschiedete dann aber allgemeine Resolutionen über die Notwendigkeit der Gewerkschaftsbewegung und über die Pflicht der Parteigenossen, auf eine Einigung mit den Gewerkschaften hinzuwirken.
Die gewerkschaftlichen Organisationen der Eisenacher machten zunächst wenig Fortschritte, und im allgemeinen wurde auch hier von Partei- und Gewerkschaftsmitgliedern die Funktion der Gewerkschaften unterschätzt. Die Partei setzte sich wenig für die gewerkschaftlichen Organisationen ein, sondern legte das Schwergewicht ihrer Arbeit auf parteipolitischen Zugewinn; die politischen Differenzen zwischen den Eisenachern und Lassalleanern übertrugen sich zusätzlich auf die Gewerkschaften und behinderten deren Entwicklung.
Im Mittelpunkt gewerkschaftlicher Forderungen standen Fragen der Arbeitszeit und des Lohnes. Aber auch die Diskussion über Arbeitsvermittlung und den Abschluß von Tarifverträgen (die Buchdrucker schlossen 1873 den ersten Tarifvertrag ab) wurde bereits geführt.
In den ersten Jahren des Entstehens der Gewerkschaften wurden sowohl bei den Eisenachern als auch bei den Lassalleanern heftige Diskussionen über das Genossenschaftswesen geführt.

Über Genossenschaften, die von Gewerkschaften gegründet werden sollten, könne – so meinte man – der Weg zum Sozialismus gehen, wobei im Bewußtsein der Mitglieder das Genossenschaftswesen vielfach als Wiederherstellung frühkapitalistischer Produktionsformen verstanden wurde. W. Schröder interpretiert dies so: »In diesen Illusionen reflektierte sich die soziale Basis der Gewerkschaftsorganisationen und auch der Eisenacher Partei, deren Mitglieder zum großen Teil proletarisierte Handwerksgesellen bzw. Arbeiter der Klein- und Mittelbetriebe waren,« und die zudem vielfach Industriezweigen angehörten, in denen die kleine Warenproduktion noch überwog.[1]
Die Gothaer Konferenz am 28./29. Mai 1875, an der sich Vertreter der beiden sozialdemokratischen, bisher gegnerischen Gewerkschaftsverbände und auch Vertreter von unabhängigen Gewerkschaften beteiligten, sollte die Zersplitterung der sozialdemokratischen Gewerkschaftsbewegung beenden und ein Konzept für ein einheitliches Vorgehen der Gewerkschaften ausarbeiten. Der Konferenz war der Einigungskongreß der beiden sozialdemokratischen Parteien vorangegangen.
In dem dort beschlossenen Gothaer Programm wurden die Gewerkschaften nicht einmal erwähnt. Friedrich Engels schrieb am 18. März 1875 an August Bebel über das Programm: »... ist von der Organisation der Arbeiterklasse als Klasse vermittels der Gewerksgenossenschaften gar keine Rede. Und das ist ein sehr wesentlicher Punkt, denn dies ist die eigentliche Klassenorganisation des Proletariats, in der es seine täglichen Kämpfe mit dem Kapital durchficht, in der es sich schult, und die heutzutage bei der schlimmsten Reaktion (wie jetzt in Paris) platterdings nicht mehr kaputtzumachen ist.
Bei der Wichtigkeit, die diese Organisation auch in Deutschland erreicht, wäre es unserer Ansicht nach unbedingt notwendig, ihrer im Programm zu gedenken und ihr womöglich einen Platz in der Organisation der Partei offenzulassen.«
An der dem Gothaer Kongreß folgenden Gewerkschaftskonferenz nahmen 40 Delegierte teil, die 12 Zentralverbände und einige lokale Organisationen vertraten. Die Beschlüsse der Konferenz zeigen deutlich die Unklarheit über die Funktion von Gewerkschaften. Der politisch folgenschwerste Beschluß lautete: »Die Konferenz erklärt: Es ist Pflicht der Gewerksgenossen, aus den Gewerkschaftsorganisationen die Politik fernzuhalten, dagegen sich der ›Sozialistischen Arbeiterpartei Deutschlands‹ anzuschließen, weil nur diese die politische und wirtschaftliche Stellung der Arbeiter in vollem Maße zu einer menschenwürdigen zu machen vermag.« Dieser Beschluß enthielt bereits die

Entscheidung für eine Aufgabentrennung zwischen Gewerkschaften und Partei, indem er die Gewerkschaften auf das rein ökonomische Gebiet verwies und sie so von der allgemeinen politischen Bewegung fernhielt, während der Partei der politische Kampf vorbehalten blieb.

Sozialistengesetz und gewerkschaftliche Organisation

Noch bevor die ersten Versuche einer Zusammenfassung gewerkschaftlicher Organisationen sich entfalten konnten, trat das »Gesetz gegen die gemeingefährlichen Bestrebungen der Sozialdemokratie« in Kraft und zerstörte bis auf wenige unbedeutende Ausnahmen die Ansätze einer Gewerkschaftsbewegung zunächst völlig.

Das Sozialistengesetz verbot mit den Organisationen der Sozialdemokraten auch alle Gewerkschaften, soweit sie »sozialistische Ziele« verfolgten. Die Unternehmer ergänzten die politische Unterdrückung durch Entlassungen und Aussperrungen sozialistischer Arbeiter; die immer noch andauernde wirtschaftliche Krise wurde dazu genutzt, politisch aktive Arbeiter aus den Betrieben zu verdrängen. Da über Städte und Bezirke der sogenannte kleine Belagerungszustand verhängt werden konnte, war es der Polizei möglich, willkürlich sozialdemokratische Arbeiter auszuweisen. Bereits am 28. November 1878 wurde über Berlin der kleine Belagerungszustand verhängt; 67 Sozialdemokraten erhielten sofort den Ausweisungsbefehl. Die Ausweisungen häuften sich, als 1880 über Altona und im folgenden Jahr auch über Leipzig der kleine Belagerungszustand verhängt wurde.

Zehn Tage vor Erlaß des Sozialistengesetzes hatte Bismarck vor dem Reichstag eine »sorgfältige loyale Handhabung« des Ausnahmegesetzes versprochen. Die Regierung werde jede Bestrebung fördern, welche »positiv auf die Verbesserung der Lage der Arbeiter gerichtet ist, also auch einen Verein, der sich den Zweck gesetzt hat, die Lage der Arbeiter zu bessern, den Arbeitern einen höheren Anteil an den Erträgnissen der Industrie zu gewähren und die Arbeitszeit nach Möglichkeit zu verkürzen«. Diese Ankündigung stand völlig im Gegensatz zu der darauf folgenden Praxis. Innerhalb weniger Wochen wurden alle Gewerkschaften (mit Ausnahme des Buchdruckerverbandes, der sich unter polizeiliche Aufsicht gestellt hatte, und einiger unbedeutender Verbände) verboten oder zur Selbstauflösung gedrängt, Kassenbestände und Mitgliederlisten wurden beschlagnahmt, Versammlungen und Zusammenkünfte untersagt. Dem Verbot verfielen auch fast sämtliche Gewerkschaftsblätter.

Das Sozialistengesetz hatte unmittelbare Auswirkungen auch auf die materielle Lage der Arbeiterklasse. Die Unternehmer verkürzten nun ungehemmt die sowieso geringen Löhne. »Als sich die Wirtschaftslage wieder normalisierte und die Geschäfte besser gingen, fehlte den Arbeitern der organisatorische Rückhalt, der ihren Lohnforderungen hätte größeren Nachdruck verleihen können. So diente das Sozialistengesetz niemandem mehr als der deutschen Unternehmerschaft. Sie konnte sich bei niedrigsten Löhnen jahrelang hindurch hoher Konjunkturgewinne erfreuen.«[2] Als Beleg für die innerbetriebliche Anwendung des Sozialistengesetzes mag folgendes Beispiel dienen. Die Direktion der Chemnitzer Aktienspinnerei erließ folgenden Aufruf: »... alle die, welche einem sozialistischen Verein angehören, und willens sein sollen, zu demselben zu steuern, deren Zeitungen zu lesen oder verbreiten, Versammlungen zu besuchen oder in sonstiger Weise die Zwecke der sozialdemokratischen Partei zu fördern suchen, werden ferner nicht mehr in unserer Fabrik beschäftigt werden können...«[3]
Insgesamt wurden von den Behörden bis 1890 über 800 Sozialisten aus ihren Wohnorten ausgewiesen, in zahlreichen Prozessen wurden gegen Sozialdemokraten über 600 Jahre Haftstrafe verhängt. Um den Verfolgungen der Polizei und Justiz zu entgehen, wanderten viele Arbeiter ins Ausland ab.
Mit der kaiserlichen Botschaft vom 17. November 1881, nach der »die Heilung der sozialen Schäden« nicht ausschließlich auf dem Wege der Repression sozialdemokratischer Organisationen, sondern gleichzeitig auf dem der »positiven Förderung des Wohls der Arbeiter zu suchen sein werde,« schlug der Staat eine zweite strategische Linie ein. Im Zeitraum von 1883 bis 1889 wurden, wie schon erwähnt, die Sozialversicherungsgesetze erlassen, die erheblich die Lage der Kranken, der Unfallgeschädigten und der wegen Invalidität oder Alter aus der Produktion ausgeschiedenen Arbeiter verbesserten. Das Krankenversicherungsgesetz von 1883 versicherte alle Arbeiter, ausgenommen die Landarbeiter, wobei $2/3$ der Versicherungsbeiträge von den Arbeitern und $1/3$ von den Unternehmern gezahlt wurden. 1884 folgte das Unfallversicherungsgesetz, das dem Arbeiter Versicherungsschutz zusicherte, der vom Unternehmer getragen wurde. 1889 folgte die Alters- und Invalidenversicherung, die halb von den Arbeitern und halb von den Unternehmern bestritten wurde. Die Altersrente erhielt, wer das 70. Lebensjahr erreicht hatte und 30 Jahre lang Beiträge eingezahlt hatte. Diese Sozialversicherungswerke wurden zu einem Zeitpunkt eingeführt, als mit den verschiedenen Nachwahlen zum Reichstag und mit

der Reichstagswahl von 1881 selbst der Beweis erbracht war, daß mit dem Sozialistengesetz allein weder das Organisationsbedürfnis noch die Organisationsansätze der Arbeiter vernichtet werden konten.
Bismarck erklärte offenherzig im Reichstag: »Wenn es keine Sozialdemokratie gäbe, und wenn nicht eine Menge Leute sich vor ihr fürchteten, würden die mäßigen Fortschritte, die wir überhaupt in der Sozialreform bisher gemacht haben, auch noch nicht existieren.«
Diese Gesetze hatten den Zweck, die Arbeiterklasse mit dem Staat zu versöhnen. Nachdem das Sozialistengesetz die selbständigen Organisationen der Arbeiter unterdrückt hatte und es den Arbeitern damit legal unmöglich geworden war, kollektiv für ihre Emanzipation zu kämpfen, dienten die Sozialversicherungswerke dazu, die Arbeiter in den Staat zu integrieren. Niekisch beschreibt treffend die Absicht des damaligen Staates: »Auch das Sozialistengesetz war nichts anderes als der übliche preußische Rückgriff auf die Gewalt gewesen; aber er fruchtete nichts. Die Industrialisierung Deutschlands vermehrte die Massen des Proletariats; es war ein Proletariat, in dem noch die Erbitterung über das erlittene Schicksal der Entwurzelung nachzitterte, und so war es nicht schwer, es für die Opposition zu gewinnen. Die Sozialdemokratie wuchs an. Die Reichstagswahlziffern belehrten den Kanzler von Fall zu Fall, daß die sozialistische Bewegung des eisernen Griffs seiner harten Faust spottete. Was sollte er tun? Er hatte das Bürgertum politisch niedergeworfen, es dann aber besänftigt, indem er dessen wirtschaftliche Interessen reichlich auf ihre Kosten kommen ließ. Das war eine Form der Klassenbestechung, die ihm besser glückte, als er angesichts der Erinnerung an 1848 hatte erhoffen dürfen. Sollte sich nicht auch die Arbeiterklasse bestechen lassen? Die deutsche Sozialgesetzgebung war ein Unternehmen großen Stils, der deutschen Arbeiterklasse die Unzufriedenheit, die oppositionelle Haltung, die revolutionäre Zielsetzung abzukaufen.
...Die sozialpolitische Demagogie war als Mittel gedacht, die unzufriedene proletarische Masse an das Interesse des preußischen Junkertums zu knüpfen.«[4]
Die Sozialversicherungswerke haben freilich ihren unmittelbaren Zweck, die Arbeiter für den Obrigkeitsstaat zu gewinnen, nicht erreicht. Die Glaubwürdigkeit der Erklärungen der staatlichen Organe und der Regierung, in denen diese sich als Interessenvertreter des Volkes anpriesen, wurde destruiert durch das ständige polizeilich-staatliche Eingreifen in die Lohnbewegung der Arbeiter, durch die Verbote von Arbeiterversammlungen, durch die Auflösung gewerkschaftlicher

Organisationen und durch andere Unterdrückungsmaßnahmen der staatlichen Behörden.
In demselben Zeitraum, in dem die Sozialversicherungsgesetze zustandekamen, wurde den Arbeitern etwas mehr organisatorische und publizistische Bewegungsfreiheit zugebilligt. In dieser Phase der sogenannten »milden Praxis« des Sozialistengesetzes, die bis 1886 dauerte, wurde es möglich, Arbeiterversammlungen zu wirtschaftlichen Fragen abzuhalten, gewerkschaftliche Organisationen und Hilfskassen neu zu gründen und etliche legale Arbeiterzeitungen herauszugeben.

Aktionsformen und Zielsetzungen der Gewerkschaften

Der sich anbahnende Wiederaufbau der gewerkschaftlichen Organisationen ging fast ausschließlich von den Handwerkern der Kleinbetriebe aus. Die ersten vorsichtigen Ansätze neuer gewerkschaftlicher Organisation begannen bereits Ende 1878, indem vereinzelt Fachblätter herausgegeben wurden, die sich allerdings nur mit beruflich-sozialen Fragen befassen konnten. Die Fachblätter dienten dazu, die Verbindung zu den ehemals bereits gewerkschaftlich Organisierten aufrecht zu erhalten und neues Interesse an kollektiver Vertretung zu wecken. 1878 erschien das »Schuhmacherfachblatt«, 1879 die »Tischlerzeitung«, der »Schiffbauerbote« und für die Tabakarbeiter »Der Gewerkschaftler«. Außerdem wurden herausgegeben die »Deutsche Buchbinderzeitung«, ein Fachorgan für die Maler »Die Mappe« und der »Korrespondent« für die Buchdrucker.
Das Unterstützungswesen wurde, im Vergleich zu anderen gewerkschaftlichen Aktivitäten wie Versammlungen, Gewerkschaftspresse, Lohnbewegungen und Streiks, weniger von den staatlichen Repressivmaßnahmen betroffen. So wurde von den Arbeitern vielfach versucht, über das Unterstützungswesen neue gewerkschaftliche Strukturen zu entwickeln. Die freien Hilfskassen, die fast alle nach dem Prinzip der Berufsgemeinschaft errichtet worden waren, hatten dabei große Bedeutung. Sie zeigten dem Arbeiter die Vorteile einer kollektiven Regelung ihrer Probleme und trugen erheblich dazu bei, den betreffenden Arbeitergruppen die Gemeinsamkeit der Interessen ins Bewußtsein zu bringen und sie so auf die gewerkschaftliche Organisation vorzubereiten.
In den Jahren 1881 und 1882 entwickelte sich eine Petitionsbewegung, die von Essener Bergleuten ausging, dann auf Berlin und andere Gegenden übergriff und durch Petitionen an den Kanzler bzw. den

Reichstag versuchte, eine gesetzliche Begrenzung der Arbeitszeit zu erreichen. Sie blieb ohne unmittelbaren Erfolg, hatte aber weitere Impulse in Richtung auf eine kollektive Vertretung von Arbeiterinteressen zur Folge.
Während der »milden Praxis« gelang es verschiedenen Fachvereinen, sich zu zentralisieren, also überregional zusammenzuschließen. 1884 bestanden bereits wieder 13 Zentralverbände. Zentralisiert hatten sich zunächst die Buchdrucker, denen dann die Hutmacher und Tischler folgten. Außerdem bildeten sich: Der deutsche Manufakturverein (Sitz Gera), der Zentralverband der Schneider und verwandten Berufsgenossen Deutschlands (Sitz Hamburg), der Verband der deutschen Steinmetzen (Sitz Berlin), der Unterstützungsverein der deutschen Schuhmacher (Sitz Nürnberg) und der Reise- und Unterstützungsverein der deutschen Tabakarbeiter. Die Verbände betonten den unterstützenden Charakter und vermieden jede Andeutung, die darauf schließen lassen konnte, daß es der Zweck des Vereins sei, die materielle Lage seiner Mitglieder kollektiv zu verändern. So hoffte man, den Behörden keine Handhabe zu geben, gegen die Vereine vorzugehen. Andere Vereine, wie der Zentralverband der Tischler, hatten sich allerdings auch zur Aufgabe gestellt, einen gemeinsamen Streikfonds einzurichten und Streiks systematisch zu organisieren und zu unterstützen. Dieser Plan schlug jedoch fehl. Zwar liefen genügend Anträge auf Bewilligung eines Streiks ein, häufig fehlte es jedoch an den erforderlichen Mitteln, um diese zu unterstützen. Wurden die Streiks dennoch durchgeführt und blieben erfolglos, so gab man in erster Linie der Verbandsleitung die Schuld daran. An diesem Streit drohte der Zentralverband sich schließlich aufzulösen, so daß die Streikunterstützung einer besonderen Kommission übertragen wurde, um den Verband nicht zu gefährden.
Trotz des Sozialistengesetzes war es also den Arbeitern gelungen, neue Ansätze gewerkschaftlicher Organisation aufzubauen. In Anbetracht der schwierigen Umstände war der 1886 erreichte Organisationsgrad – eine Zahl von 91 207 Mitgliedern, die in 35 Verbänden organisiert waren und 2351 örtliche Gruppen aufgebaut hatten – beachtlich.
Freilich war die große Mehrzahl der deutschen Arbeiter zu dieser Zeit noch unorganisiert. Um bei Streiks die Gesamtheit der ortsansässigen Berufsgenossen mit einzubeziehen, wurde die erste lokale Organisationsform, der Fachverein, erweitert. Die entscheidenden Beschlüsse über die Einstellung der Arbeit oder über die Aufstellung von Lohnforderungen wurden in vielen Orten grundsätzlich nur in öffentlichen Versammlungen aller Berufsgenossen oder in öffentlichen Arbeiter-

versammlungen gefaßt. In diesen Versammlungen wurde ein Streik-, Lohn- oder Agitationskomitee gewählt oder es wurden Vertrauensmänner eingesetzt. Diese wurden mit der Durchführung des Vorhabens beauftragt, wobei meist selbstverständlich war, daß auch organisierte Arbeiter in das Komitee gewählt wurden. Diese lockere Organisationsform bewährte sich besonders in Sachsen und Preußen. Die dort herrschenden strengen Vereinsgesetze und die Gefahr eines Eingreifens der Polizei wurden so umgangen. Diese Organisationsstruktur, die häufig länger als ursprünglich geplant bestehen blieb, diente teilweise als Ersatz für eine vorerst noch auf große Schwierigkeiten stoßende feste Organisationsform.

Trotz Verbot: Massenstreiks

Die teils spontanen, teils durch die Fachvereine organisierten Auseinandersetzungen nahmen im Verlauf der 80er Jahre immer mehr zu; trotz Sozialistengesetz und staatlicher Sozialpolitik lief eine Welle von Streiks durch die industriellen Zentren Deutschlands. Die Unterdrückung der organisierten Arbeiterbewegung war offenbar ebenso wenig gelungen wie die Integration der Arbeiterschaft in den Staat. Der preußische Innenminister von Puttkamer machte nun den Versuch, durch einen »Streikerlaß« (April 1886) alle kollektiven Kampfformen der Arbeiter zu illegalisieren.
Dieser Streikerlaß forderte ein verschärftes Vorgehen gegen Streikende und deren Führer, weil nach den Worten Puttkamers »hinter jedem Streik die Hydra der Revolution« lauere. Der Streikerlaß richtete sich eindeutig gegen das gesetzlich verankerte Koalitionsrecht der Arbeiter. Die Folgen des Streikerlasses für die Arbeiterbewegung beschreibt Schröder anschaulich: »Nach dem politischen Fiasko der ›milden Praxis‹ leitete der Streikerlaß Puttkamers eine Periode der verschärften Anwendung des Sozialistengesetzes ein. Der erste Schlag sollte die Gewerkschaftsbewegung treffen. Es hagelte Versammlungsverbote und Auflösungsverfügungen, Ausweisungen, Verhaftungen, Prozesse, Verurteilungen, Gefängnis- und Zuchthausstrafen, Maßregelungen und Aussperrungen. Polizeistaat und Unternehmer versuchten immer wieder, die Entwicklung und Kampfaktivität der Gewerkschaften zu unterbinden. Das Sozialistengesetz allein genügte ihnen nicht, es wurde mit den Paragraphen des preußischen Vereinsgesetzes von 1850, des Strafgesetzbuches, der Gewerbeordnung usw. verquickt. Stärker als zuvor schaltete sich die Klassenjustiz in die Unterdrückungsmaß-

Bekanntmachung.

Nachdem am 26. und 27. dſs. Mts. hier öffentliche Zuſammenrottungen ſtattgefunden haben, bei welchen den Executivbeamten in der rechtmäßigen Ausübung ihres Amtes mit vereinten Kräften durch Gewalt Widerſtand geleiſtet iſt, und da weitere dringende Gefahr für die öffentliche Sicherheit vorliegt, ſo wird auf Antrag des Herrn Regierungs-Präſidenten von Pilgrim hiermit der

Belagerungszuſtand

für den Stadtkreis Bielefeld und die Amts-Gemeinde Gadderbaum-Sandhagen auf Grund des Geſetzes vom 4. Juni 1851 proviſoriſch erklärt.

Mit dieſer Bekanntmachung geht die vollziehende Gewalt an mich, den Militär-Befehlshaber, über; ich ſetze die Artikel 29 und 30 der Verfaſſungsurkunde für die genannten Bezirke bis auf Weiteres außer Kraft, und ordne auf Grund des § 9 des bezeichneten Geſetzes zunächſt Folgendes an:

1. Jede Anſammlung von mehr als 6 Perſonen auf öffentlichen Straßen und Plätzen iſt verboten.
2. Die Fenſter an denjenigen Straßen, auf welchen trotz jenes Verbotes Anſammlungen von Menſchen ſtattfinden ſollten, ſind von eintretender Dunkelheit ab zu erleuchten.
3. Alle öffentlichen Wirthshäuſer ſind um 9 Uhr Abends für einheimiſche Gäſte zu ſchließen.
4. Das Tragen von Waffen und gefährlichen Werkzeugen iſt verboten.

Zugleich wird auf die in den §§ 8 und 9 des Geſetzes vom 4. Juni 1851 angedrohten ſchweren Strafen hiermit nachdrücklich aufmerkſam gemacht.

Bielefeld, den 28. März 1885.

Köppen,
Oberſt und Garniſon-Aelteſter.

Ein Beiſpiel der ſtaatlichen Politik unter dem Sozialiſtengeſetz

nahmen gegen die Arbeiterbewegung ein. Schließlich häuften sich die Versuche, die Gewerkschaften zu Versicherungsanstalten zu erklären und damit die polizeiliche Bestätigung und Kontrolle der Vorstände, Genehmigungspflicht der Ausgaben usw. durchzusetzen.«[5]
Trotz der gewaltsamen Unterdrückungsmaßnahmen wuchsen die Streikbewegungen weiter an. Das »Berliner Volksblatt« schrieb 1888: »Noch zu keiner Zeit gab es in Deutschland eine so große Zahl und so umfangreiche Arbeitseinstellungen wie jetzt, zehn Jahre nach Proklamierung des Sozialistengesetzes und zwei Jahre nach dem berühmten Streikerlaß.«
Nach einer amtlichen Statistik, die allerdings nur mit Vorbehalt als Annäherungswert zu gebrauchen ist, fanden in der Zeit von Januar 1889 bis April 1890 in Deutschland 1131 Arbeitsniederlegungen von jeweils mehr als 10 Arbeitern statt, an denen insgesamt 394 440 Arbeiter sich beteiligten. Schröder schätzt diese Zahl auf etwa 5 % der gewerblichen Arbeiter, wobei der größte Teil, 289 283 Arbeiter, auf Preußen entfiel. Von den 1131 gezählten Streiks konnten 187 mit vollem, 468 Streiks mit teilweisem Erfolg beendet werden; 426 Streiks blieben ohne Erfolg.[6]
Die Streiks hatten sich auf fast alle Industriezweige und Berufsgruppen ausgeweitet. Sie besaßen nicht mehr den beschränkt lokalen Charakter wie noch einige Jahre vorher und verdeutlichten, daß die Einsicht in die gemeinsame Lage und in die Notwendigkeit kollektiver Aktion sich mehr und mehr durchzusetzen begann. »Schon heute«, klagte der Berliner Polizeipräsident 1889, »können Streikende auf die Solidarität und Unterstützung der gesamten Arbeiterschaft rechnen, sofern es sich um sogenannte Abwehr- oder Prinzipienstreiks handelt.«
Einen Höhepunkt erreichte die soziale Bewegung in der Arbeiterschaft mit dem Streik im Bergbau 1889.
Unruhe zeigte sich bei den Bergarbeitern schon seit 1887. In den Monaten März und April 1889 kam es vielerorts zu Arbeiterversammlungen. Eine Versammlung in Essen verlangte: Lohnerhöhung um 15 %; Abschaffung der »Überarbeit« und Einführung der achtstündigen Schicht einschließlich Ein- und Ausfahrt u. a. m. Ähnliche Forderungen wurden in anderen Versammlungen beschlossen und unter allgemeiner Zustimmung der Arbeiterschaft den Grubenverwaltungen übermittelt. Als die Grubenverwaltungen nicht auf die Forderungen reagierten, begann am 1. Mai der Streik. Er beschränkte sich zunächst auf einzelne Zechen, breitete sich dann jedoch über das ganze Ruhrgebiet aus und erfaßte nach und nach, wenn auch nicht in dem gleichen Umfang wie im Ruhrgebiet, die Steinkohlenreviere an der Saar, in

Nieder- und Oberschlesien, bei Aachen und in Lothringen, in Zwickau, Lugau/Oelsnitz und Plauen in Sachsen. Insgesamt legten 150 000 Bergarbeiter die Arbeit nieder.

Die Unternehmerpresse rief nach der Staatsgewalt und am 5. Mai griff auf Verlangen des westfälischen Oberpräsidenten das Militär ein. Es gab Tote und Verwundete. Nun stieg die Zahl der Streikenden im Ruhrgebiet rapide an: Am 3. Mai streikten etwa 4000 bis 5000 Bergleute, am 6. Mai 35000, am 9. Mai bereits 70000 und am 13. Mai 100000. Bemerkenswert ist, daß diese riesige Streikwelle spontan zustandekam. Gerade im Ruhrgebiet gab es zu dieser Zeit noch kaum Ansätze von gewerkschaftlicher Organisation. Nachteilig wirkte sich die bisherige Unorganisiertheit der Bergarbeiter auf den Streik insofern aus, als jede Belegschaft eigene Versammlungen abhielt, mit teilweise einander widersprechenden Beschlüssen, und eine gemeinsame Streikleitung zunächst fehlte.

Materiell mußten die Streikenden eine teilweise Niederlage einstecken, aber das Selbstbewußtsein der Bergarbeiter war dennoch gestärkt. Organisatorisch war auf der Unternehmerseite der Zusammenschluß zu Streikversicherungskassen der Zechen das wichtigste Resultat; hier bahnte sich eine geschlossene Strategie der Unternehmer an.

Der Streik gab aber auch den entscheidenden Anstoß zur Herausbildung von Gewerkschaftsorganisationen für die bis dahin mit Ausnahme Sachsens nahezu völlig unorganisierten Bergarbeiter. Zunächst entstanden diese Organisationen, wie der »Alte Verband zur Wahrung und Förderung der bergmännischen Interessen in Rheinland und Westfalen«, auf regionaler Grundlage. Aber schon ein Jahr später wurde durch den Bergarbeitertag in Halle 1890 der Versuch unternommen, eine einheitliche Bergarbeitergewerkschaft zu schaffen.

Der Bergarbeiterstreik hatte endgültig das Scheitern der Bismarckschen »Arbeiterpolitik« gezeigt. Die spontanen Ausstände der Arbeiter hatten sich weder durch das Sozialistengesetz noch durch den Streikerlaß verhindern lassen.

Das Eingreifen des Militärs und die Maßnahmen gegen den Bergarbeiterstreik wurden von einem Teil der bürgerlichen Presse heftig kritisiert. Ein innenpolitischer Kurswechsel wurde 1890 offensichtlich notwendig. Bismarck mußte seinen Abschied einreichen, das Sozialistengesetz lief am 25. Februar aus und wurde nicht erneuert, der Kaiser kündigte am 4. Februar eine umfangreiche Arbeiterschutzgesetzgebung an, die dann u. a. in der Änderung der Reichsgewerbeordnung Ausdruck fand.

Die soziale Basis der Gewerkschaften

Gegen Ende des Sozialistengesetzes hatte sich die Gewerkschaftsbewegung entschieden weiter entwickelt und vergrößert.

Das Anwachsen der deutschen Gewerkschaften 1877-1890:

	1877	1886	1888	1889	1890
Fachverbände	36	35	40	41	59
Zweigvereine	1 266	2 351	2 007	2 226	3 305
Mitglieder	49 055	81 207	89 706	121 647	237 039
Fachblätter	16	—	31	34	45
Auflagenhöhe	37 025	—	70 555	90 492	148 689
Vermögen (in M)	—	456 415	398 484	482 600	812 609

Die qualifizierten Facharbeiter der Klein- und Mittelbetriebe waren zu dieser Zeit am besten organisiert; sie konnten an ehemalige Zunftgewohnheiten anknüpfen, und daher fiel ihnen die Organisation leichter. »Neben den qualifizierten Spezialarbeitern lag das Schwergewicht der Gewerkschaften 1890 bei den Gesellen handwerklicher Betriebe und vor allem in den Fabriken der Leichtindustrie und der Fertigwarenindustrie, soweit dort gelernte Arbeiter beschäftigt wurden. Die Maßregelung nach verlorenen Streiks war durchaus üblich, konnte aber die Organisation nicht entscheidend treffen, da die Gesellen und gelernten Arbeiter dieser Betriebe bei normaler Konjunktur überall neue Arbeit finden konnten und so oft den Gedanken der Organisation weitertrugen. Die Reiseunterstützung, neben der Streikunterstützung die weitaus am besten aufgebaute und fast allgemeine Unterstützungseinrichtung der Fachvereine, kam natürlich neben den wandernden Gesellen auch den durch Streiks arbeitslos gewordenen Kollegen zugute, die eine neue Arbeitsstelle an einem anderen Ort suchten.«[7]
In den Großbetrieben und bei den ungelernten Arbeitern hatten die Gewerkschaften zunächst noch wenig Einfluß. Der Industrieverband der Metallarbeiter, der einige Jahre später zur größten und in organisatorischen Fragen wegweisenden deutschen Gewerkschaft wurde, umfaßte um 1890 nur 6,9 % der Berufsangehörigen. Bei den Hilfsarbeitern im Baugewerbe und in der Holzindustrie lag der Anteil der Organisierten 1891 unter 2 %. Noch schwieriger war die gewerkschaftliche Organisation in Gewerben wie der Textilindustrie, wo Frauenarbeit und

Heimarbeit eine große Rolle spielten. 1891 umfaßte der neu gegründete Verband der Textilarbeiter nur 0,7 % der meist innerhalb kurzer Frist angelernten Arbeitskräfte dieser Industrie. Kaum organisiert waren die Arbeiter der neu entstandenen Industriezweige, der Landwirtschaft und die Ungelernten, Hilfsarbeiter und Arbeiterinnen. Die Arbeiter in den Großbetrieben waren besonders den Repressionen der eng zusammenarbeitenden Unternehmer gegen die Gewerkschaften ausgeliefert. Der häufige Wechsel der Beschäftigung, die spärliche Entlohnung sowie die Möglichkeit, die Arbeitsstellen streikender ungelernter Arbeiter mit Streikbrechern leicht neu zu besetzen, hatten die Versuche zur Organisation der weniger qualifizierten Arbeiter bis 1890 noch fast völlig scheitern lassen.

Das Sozialistengesetz hatte sowohl den Charakter der Gewerkschaften als auch den der Sozialdemokratie spezifisch geprägt. Die meisten gewerkschaftlichen Verbände waren um 1890 wirtschaftliche Kampforganisationen, allerdings mit einem starken Einschlag handwerklicher Traditionen. Bei der Renaissance gewerkschaftlicher Organisation in den 80er Jahren hatte sich deutlicher als zur Gründungszeit der Gewerkschaften ein spontaner und selbständiger Charakter der Gewerkschaftsbewegung gezeigt. Die Gewerkschaften vertraten nun bestimmter und bewußter ihre ökonomischen Interessen, wobei das Vorbild der englischen Gewerkschaften eine große Rolle spielte.

Mit der wachsenden Stärke gewerkschaftlicher Organisation wurde das Verhältnis zur Sozialdemokratie als Partei schwieriger; außerdem zeigten sich erste Konflikte zwischen einer auf Aktion drängenden Mitgliederschaft und Vorständen von Gewerkschaften, die dem Ausbau der Organisation den Vorrang gaben.

Für die Arbeiterbewegung war die »Maibewegung« oder der Kampf um die allgemeine Verkürzung der Arbeitszeit mit dem Endziel des Achtstundentags das Ereignis des Jahres 1890. Die Diskussion darüber wurde seit Mitte der 80er Jahre geführt. Konkrete Formen nahm sie an, als der Internationale Arbeiterkongreß 1889 in Paris vorschlug, den 1. Mai des kommenden Jahres als internationalen Tag der Arbeitsruhe zu bestimmen, um für die Forderung nach dem Achtstundentag in möglichst vielen Ländern zu demonstrieren.[8]

Zentralisierung der »freien« Gewerkschaften

Der Kampf der Arbeiter um das Koalitionsrecht im Zusammenhang mit der Maibewegung veranlaßte am 17.8.1890 die leitenden Vertrauens-

männer von 5 Branchen der Metallindustrie, einen Aufruf »an die Vorstände resp. Zentralkommissionen, Vertrauensmänner und sonstige Leiter sämtlicher Gewerkschaften Deutschlands« zu richten, »ob es nicht dringend notwendig sei, demnächst eine Konferenz sämtlicher Gewerkschaftsorganisationen einzuberufen ... Denn eine wirksame Verteidigung gegen die Angriffe des protzigen Unternehmertums wird nur durch ein einmütiges Handeln sämtlicher in Gewerkschaften organisierten deutschen Arbeiter möglich sein.« Als Zweck der Konferenz wurde angegeben: »Es sollen für die gewerkschaftlichen Organisationen gewisse Normen festgestellt und die Frage erörtert werden, ob nicht ein einheitliches Vorgehen bei Arbeitseinstellungen, Arbeitsausschüssen und ähnlichen Bewegungen durchführbar sei, in welcher Form sich die einzelnen Organisationen gegenseitig unterstützen könnten, um evtl. alle verfügbaren Kräfte auf einen Punkt zu konzentrieren.« Der Aufruf der Metallarbeiter hatte vielfach Anklang gefunden, so daß die Konferenz am 16. November 1890 in Berlin unter Teilnahme von 74 Delegierten aller Gewerkschaften zusammenkam.
Dort faßte man einen Beschluß, der sich für die Zentralisation aussprach: »Nach Erwägungen, daß die lokale Organisation nicht mehr den Produktionsverhältnissen entspreche und die wirtschaftliche Notlage der Arbeiter die Zusammenfassung aller Kräfte dringend erheische«, erklärte die Konferenz sich für die zentralistische Organisationsform und empfahl den Lokalvereinen, sich Zentralverbänden anzuschließen. Die Konferenz setzte eine Kommission ein, die bis zu einem allgemeinen Gewerkschaftskongreß folgende Aufgaben übernehmen sollte: »Die Kommission hat einen allgemeinen Gewerkschaftskongreß einzuberufen und eine Vorlage für die Organisation der deutschen Gewerkschaften auszuarbeiten. Ferner allen Angriffen der Unternehmer auf das Organisationsrecht der Arbeiter gleichviel welcher Branche, energisch entgegenzutreten bzw. jeden Widerstand der Einzelorganisationen tatkräftig zu unterstützen. Sodann für Organisierung der wirtschaftlich zu schwach gestellten Arbeiter einzutreten und deren Organisationen tatkräftig zu unterstützen, sowie die Agitation zur Verbreitung der Organisation in den unorganisierten Landesteilen zu leiten.«[9]
Die zentrale Kommission konstituierte sich unter dem Namen »Generalkommission der Gewerkschaften Deutschlands« und wählte zu ihrem Vorsitzenden Carl Legien. Der Sitz der Generalkommission war Hamburg als das stärkste gewerkschaftliche Zentrum: 1891 hatten von 61 deutschen Zentralverbänden 24 dort ihren Sitz.
Im September 1891 veröffentlichte die Generalkommission die erste

Gewerkschaftsstatistik. Die Erhebung ergab, daß 1890 53 Zentralvereine mit 227733 Mitgliedern und 5 Vertrauensmännerzentralisationen mit 73467 Mitgliedern bestanden; in den Lokalvereinen waren etwa 150000 Mitglieder organisiert.
Der erste zentrale Gewerkschaftskongreß tagte vom 14. bis 18. März 1892 in Halberstadt. Es waren 208 Delegierte anwesend, die 303519 Arbeiter vertraten.
In Halberstadt einigte man sich auf Organisationsformen, die dann bis in die Weimarer Republik hinein das Bild der freien Gewerkschaften in Deutschland bestimmten. Gegen eine ansehnliche Minderheit, die sogenannten »Lokalisten«, fiel die Entscheidung für Zentralverbände als durchgängiges Organisationsprinzip, d. h. alle Gewerkschaftsmitglieder der jeweiligen Branchen waren in einem Verband für das gesamte Deutsche Reich zusammengefaßt, und die »Generalkommission« gab die Dachorganisation für diese Verbände ab; örtlich wurden Gewerkschaftskartelle als Zusammenfassungen der lokalen Organisationen der Branchen-Zentralverbände gebildet.
Die Zusammenfassung nach Branchen bedeutete dabei noch nicht den gewerkschaftlichen »Industrieverband« im heutigen Sinne, wie er erst nach 1919 sich allmählich durchsetzte, sondern die Organisation nach Berufsgruppen, wobei die Metallarbeiter schon damals für das Industrieverbandsprinzip eintraten.
Die Opposition der »Lokalisten« gegen die in Halberstadt beschlossenen Organisationsformen war politisch motiviert. Man fürchtete dort, daß die Zentralisierung der Gewerkschaften diese noch eindeutiger auf rein wirtschaftliche Zielsetzungen fixieren und der sozialistischen Arbeiterbewegung entfremden werde. Bei den »Lokalisten« gab es Annäherungen an das Konzept der Syndikalisten in den romanischen Ländern, die eine Trennung zwischen »politischer« und »ökonomischer« Bewegung der Arbeiter ablehnten. Diese Minderheit von Halberstadt erhielt einen eigenen organisatorischen Zusammenhang aufrecht, die sogenannte »Freie Vereinigung«, die sich später von der Sozialdemokratie löste und schließlich 1918/19 in den deutschen Anarchosyndikalismus einmündete.
Die institutionelle Festigung und Straffung der sozialdemokratisch orientierten Gewerkschaften durch die Zentralverbände und die Generalkommission machte auch die Abgrenzung gegenüber den liberalen und christlichen Gewerkschaftsgruppen endgültig.

Christliche und liberale Gewerkschaftsverbände

Schon Ende der 60er Jahre hatten sich in Auseinandersetzung mit den Lassalleanern und später auch den Eisenachern liberale Gewerkschaftsorganisationen gebildet, die sich unter der Führung von Franz Duncker und Max Hirsch 1869 zum »Verband Deutscher Gewerkvereine« zusammenschlossen. Maßgeblich war hierbei die Ablehnung der sozialistischen Ideen; im Unterschied zu den »freien Gewerkschaften« lehnten die Hirsch-Dunckerschen Gewerkvereine aber auch jeden Eingriff des Staates in die Wirtschaft und in die Selbsthilfe der Arbeiter ab und übten größere Zurückhaltung gegenüber dem Streik als Mittel der Interessenvertretung.

Verhältnismäßig spät erst hatten sich christliche Gewerkschaftsorganisationen entwickelt, ausgehend von einer Konferenz christlicher Arbeiter in Mainz 1891. Allerdings konnte man hier auf das Organisationspotential der konfessionellen, insbesondere der katholischen Arbeitervereine zurückgreifen. Katholischerseits war Jahre hindurch umstritten, ob die Organisation in zwar christlich orientierten, aber doch interkonfessionellen Gewerkschaften mit dem Interesse der Kirche zu vereinbaren sei (sogenannter »Gewerkschaftsstreit«). Die Einsicht in die Notwendigkeit einer kollektiven Interessenvertretung gegenüber den Unternehmern setzte sich aber doch durch, zumal der Kirche dann auch die christlichen Gewerkschaften als eine brauchbare Möglichkeit erschienen, die Arbeiter vor dem Übergang in die freien Gewerkschaften und damit in das weltanschauliche Gehege der Sozialdemokratie zu bewahren.

Mit den liberalen und christlichen Gewerkschaften sind nicht zu verwechseln die sogenannten »gelben Arbeitervereine«, die zur gleichen Zeit aufkamen. Sie waren Gründungen der Unternehmer, gerichtet gegen die Sozialdemokratie und gegen alle gewerkschaftlichen Organisationen; die ideologische Grundlage bildete hier die Behauptung einer Interessenharmonie von Arbeitgebern und Arbeitnehmern, und praktisch ging es vor allem darum, Streikbrecher zu organisieren. Der Begriff »gelb« war aus Frankreich übernommen. Die Mitglieder »wirtschaftsfriedlicher« Vereine wählten dort als ihr Symbol die gelbe Ginsterblüte, während die sozialistischen und syndikalistischen Arbeiter die rote Heckenrose ansteckten.

Rückschläge beim Prozeß gewerkschaftlicher Organisierung

Die ökonomische Konjunktur und die Arbeitsmarktlage waren den Gewerkschaften gerade in den Jahren, in denen sie ihre dauerhaften Organisationsstrukturen fanden, nicht eben günstig. Lohnsenkungen und Arbeitslosigkeit breiteten sich aus. In dieser Situation ließ die Streikaktivität nach, und wo Streiks stattfanden, blieben sie vielfach ohne Erfolg.

Die Gewerkschaftsstatistik, die allerdings in den ersten Jahren unvollständig war, kam zu folgenden Ergebnissen über Streiks in Deutschland von 1891 bis 1896:[10]

Jahr	Streiks	Streikende	Erfolg	Resultat in % Teilerfolg	Niederlage
1891	226	38 536	30,7	38,4	24,3
1892	73	3 022	34,2	20,5	43,9
1893	116	9 356	44,0	21,6	32,7
1894	131	7 327	27,8	28,7	39,5
1895	204	14 032	45,0	15,4	38,6
1896	483	128 808	48,0	25,3	21,9

Die Generalkommission versuchte, wie in Beiträgen aus dem von ihr herausgegebenen »Correspondenzblatt« zum Ausdruck kommt, gegen Pessimismus und Mutlosigkeit, die sich in einzelnen Gewerkschaften breit machten, anzugehen. – So heißt es z. B. in einer Übersicht über die Streiks des Jahres 1892: »In diesen Kämpfen dreht es sich nicht um Augenblickserfolge, sondern in jedem, auch dem kleinsten Streik, handelt es sich darum, der Arbeiterklasse Bahn zu brechen auf ihrem Befreiungswege. Jeder Streik, jede Auflehnung gegen die Ausbeutung und Unterdrückung seitens des Kapitals, gleichviel ob sie im Augenblick von Erfolg begleitet ist oder nicht, wirkt dahin, daß die Arbeiter zum Selbstbewußtsein und zur Klassenerkenntnis kommen. In diesen Kämpfen der wirtschaftlich Schwachen gegen die wirtschaftlich Stärkeren gewinnt der Arbeiter die Festigkeit, die erforderlich sein wird, um die endgültige Befreiung der Arbeiterklasse von der Lohnsklaverei herbeiführen zu können ... Wo mit vollem Bewußtsein der Tragweite der Handlungen, wo mit Überlegung in einen Streik eingetreten wird, da sind dessen Wirkungen auf den Charakter der Arbeiter größer, als das Anhören zündender Reden.«[11]

Die Entwicklung des Organisationsgrades war in den einzelnen Branchen unterschiedlich.
Bis 1893 aber sank insgesamt die Mitgliederzahl der freien Gewerkschaften um rund 50000 Mitglieder. In der Sozialdemokratischen Partei breitete sich zu dieser Zeit die Meinung aus, die gewerkschaftliche Form der Organisation sei nach Aufhebung des Sozialistengesetzes ohne große Zukunftschancen. Spannungen zwischen der Partei und den Gewerkschaftsvorständen wurden häufiger.
Offensichtlich wurde die Gewerkschaftsbewegung von der Sozialdemokratie immer noch unterschätzt. Im Gegensatz zu den Gewerkschaften, die durch die wirtschaftliche Rezession keine Erfolge aufweisen konnten, sondern eher einen Rückschlag hinnehmen mußten, schienen die Wahlerfolge der Sozialdemokratie die Meinung zu bestätigen, daß nur der politische Kampf erfolgreich sein könne.»Da der politische Teil der ältere, festgefügtere Teil der Arbeiterbewegung war, der mit weithin sichtbaren Wahlerfolgen, Mandaten und Parlamentsaktionen aufwarten konnte, bildete sich dann jene Ideologie heraus, die die Gewerkschaftsbewegung unterschätzte oder gar nicht anerkannte, sie bestenfalls als die Rekrutenschule für die Partei betrachtete.«[12]
Karl Kautsky beurteilte die Gewerkschaftsbewegung allein danach, ob sie für die Partei eine Hilfsfunktion habe oder nicht. In Anlehnung an Friedrich Engels, der in einem Aufsatz den baldigen Zusammenbruch der bürgerlichen Gesellschaft vorausgesagt hatte, meinte Bebel in der Debatte des Kölner Parteitages der SPD 1893: »...Wenn das Kapital einmal allgemein eine solche Macht erobert hat wie bei Krupp und Stumm, in der Dortmunder-Union, in den Kohlen- und Eisenindustriebetrieben Rheinlands und Westfalens, dann ist es mit der gewerkschaftlichen Bewegung aus, dann hilft nur noch der politische Kampf.«
Die Skeptiker gegenüber der Gewerkschaftsbewegung, zu denen auch Clara Zetkin gehörte, führten an: »Mit der gewerkschaftlichen Bewegung geht es notwendig zurück in dem Maße, wie die Übermacht des Kapitalismus wächst.«
Demgegenüber wurde in dieser Debatte von Gewerkschaftssprechern argumentiert: »...die Zeit der Gewerkschaften ist noch nicht erfüllt; ihre Bedeutung ist nicht herabgemindert, sie sind notwendiger als je. ... Die Zugehörigkeit zur Gewerkschaft wird um so notwendiger, je mehr die Macht des Kapitals anwächst, um den einzelnen vor völliger Isolierung und Bedeutungslosigkeit zu schützen.«
Die Entwicklung in der deutschen Arbeiterbewegung ab Mitte der 90er

Jahre lieferte bald den Beweis dafür, daß der Rückgang der Gewerkschaften nur ein Zwischenspiel war.

Ein Resümee der Gründungsphase der deutschen Gewerkschaftsbewegung

Im zusammenfassenden Rückblick auf die Gründungsphase der Gewerkschaftsverbände in Deutschland ergibt sich folgender Eindruck: Die wirtschaftliche Entwicklung Deutschlands beim Start der Gewerkschaftsbewegung war gekennzeichnet durch relativ späte, dann aber im raschen Tempo verlaufende Industrialisierung, schnelle Konzentration des Kapitals und vergleichsweise frühe und umfangreiche Einschaltung des (autoritär orientierten) Staates in wirtschaftliche Abläufe.

Für die Entwicklung des Bewußtseins und der Organisations- und Aktionsformen der deutschen Arbeiterklasse hatte dies zur Folge: Es blieb keine Zeit für einen längeren »Lernprozeß« der Einübung in selbständige, von Kampferfahrungen und vom Selbstbewußtsein der Masse der Arbeiter getragene kollektive Handlungsstrukturen.

Die Anfänge der deutschen Gewerkschaftsorganisation vor 1875 standen stark im Zeichen der Gründung »von oben her«, das heißt: durch die – damals rivalisierenden – sozialdemokratischen Parteiorganisationen und in Abhängigkeit von diesen. Dabei wurde der Stellenwert gewerkschaftlicher Organisation von der Sozialdemokratie zu dieser Zeit relativ gering eingeschätzt.

Die Streikbewegungen Anfang der 70er Jahre forcierten dann allerdings die Diskussion über eine handlungsfähige gewerkschaftliche Organisation.

Die Einigung der sozialdemokratischen Parteirichtungen stellte eine Voraussetzung für die Einigung auch der Gewerkschaftsorganisationen her; das Gothaer Programm war freilich immer noch durch eine Unterschätzung (d. h. Nichtbehandlung) der Bedeutung der Gewerkschaften bestimmt, dies auch im Zusammenhang der Übernahme lassalleanischer Positionen. Bis zum Erlaß des Sozialistengesetzes gelang es nicht, die Gewerkschaften wesentlich auszubauen.

Das Sozialistengesetz zerschlug zunächst die vorhandenen Ansätze gewerkschaftlicher Organisation, noch bevor diese sich wirklich entfalten konnten. Der Kapitalseite ermöglichte das Sozialistengesetz, das Lohnniveau der Arbeiterschaft niedrig zu halten.

Die Kombination von repressiven Maßnahmen (Sozialistengesetz) gegen die Arbeiterorganisationen und gleichzeitigen sozialpolitischen Reformen (Sozialversicherungswerke) zugunsten der Arbeiter stellte den Versuch des preußisch-deutschen Obrigkeitsstaates dar, die weitere Entwicklung der Arbeiterbewegung zu verhindern und die anwachsende Industriearbeiterschaft in das gesellschaftspolitische System zu integrieren.

Diese »Doppelstrategie« des Staates gegenüber der Arbeiterbewegung blieb aber insofern erfolglos, als sich auch unter dem Sozialistengesetz und trotz Sozialversicherungswerken Arbeitskämpfe ausweiteten und Gewerkschaftsorganisationen neu entwickelten.

Der direkt wenig erfolgreiche Bergarbeiterstreik 1889 stärkte das Selbstbewußtsein der Arbeiterschaft, erwies endgültig den Mißerfolg des Sozialistengesetzes und trug zu dessen Nicht-Verlängerung bei. Als Massenstreik nichtorganisierter Arbeiter zeigte dieser Arbeitskampf die Zunahme spontaner Kampfbereitschaft an, machte zugleich aber die Nachteile eines nichtorganisierten Vorgehens deutlich und stellte einen weiteren Impuls zur Festigung gewerkschaftlicher Organisation dar.

Am Ende des Sozialistengesetzes stand die Ausweitung gewerkschaftlicher Organisation; sozialstrukturell dominierten hierbei handwerklich orientierte Teile der Arbeiterschaft; das Organisationsprinzip des (Fach-) Berufsverbandes herrschte vor.

Unter dem Sozialistengesetz hatte sich ein spezifisches Verhältnis von Gewerkschaften und Sozialdemokratie herausgebildet, das die (zunächst erzwungene) politische Neutralität der Gewerkschaften zum Dauerprinzip werden ließ. Zugleich fixierte sich die Sozialdemokratie (wiederum zunächst durch die Umstände genötigt) auf Wahlerfolge und damit auf den parlamentarischen Weg der Politik; es entwickelte sich keine Perspektive politischer Massenkämpfe, die eine Verbindung von Partei- und Gewerkschaftsaktivitäten versucht hätte.

Es verfestigte sich die Vorstellung von der strikten »Arbeitsteilung« zwischen wirtschaftlichem Kampf (Gewerkschaften) und politischem Kampf (Partei), was die Gewerkschaften im Ergebnis stärker auf den Boden der bestehenden, obrigkeitlich geprägten Gesellschaft rücken ließ.

Langfristige Folgen hatte die – gemessen am Entwicklungsstand der gewerkschaftlichen Bewegung – frühzeitige Zentralisation und organisatorische Perfektionierung der Gewerkschaftsverbände. Zwar wurde so das rasche Anwachsen der Gewerkschaften ab Ende der 90er Jahre erleichtert, andererseits kamen aber die Massen der Industriearbeiter, als sie sich dann organisierten, in eine bereits vorgegebene, wenig be-

einflußbare politische und organisatorische Struktur. Die damit leicht sich verbindende Gewöhnung an eine innergewerkschaftliche Autorität, die in gewissem Sinne ein Spiegelbild der feudal-militärischen und zugleich bürokratischen Verhaltensmuster des Wilhelminismus war, leistete der Einstellung Vorschub, die Bestimmung von Zielen und Aktivitäten der Gewerkschaftsbewegung an »Funktionsträger« zu delegieren. Die organisatorische Straffung der deutschen Gewerkschaften bei noch geringem Organisationsgrad war insofern zweischneidig: »Die Zentralisierungstendenzen waren einerseits historisch fortschrittlich, andererseits waren sie mit Abhängigkeit, Passivität und Objektcharakter der Mitglieder verbunden.«[13]
Zwiespältig waren auch die Konsequenzen des frühzeitigen und vergleichsweise höchst intensiven sozialpolitischen Engagements des wilhelminischen Staates. Die staatlich eingeführten Sozialversicherungswerke, die Arbeitsschutzgesetze und die gesetzliche Einführung von (wenn auch bescheidenen) Vertretungsrechten der Arbeiter in den Betrieben waren ebensosehr auf den »interventionistischen« Charakter des preußisch-deutschen Staates wie auf die Aktivitäten der Arbeiterbewegung zurückzuführen. Sie hatten zur Folge, daß den deutschen Arbeitern in vielen Bereichen mehr Rechte und mehr Sicherheiten eingeräumt wurden, als dies zur damaligen Zeit in den meisten anderen kapitalistischen Ländern der Fall war; gleichzeitig entwickelte sich damit aber eine Orientierung der Gewerkschaften auf den Staat, die in Krisenzeiten die Versuchung mit sich brachte, auf diktatorische Lösungen dieser oder jener Art – und nicht auf die freie Auseinandersetzung der sozialen und ökonomischen Kontrahenten zu setzen.

V Industrielle Entwicklung, Lage der Arbeiterschaft und Gewerkschaftspolitik 1890-1914

In der Zeit zwischen der Aufhebung des Sozialistengesetzes und dem Beginn des Ersten Weltkrieges wurden die verschiedenen Formationen der organisierten Arbeiterbewegung in Deutschland zu gesellschaftlichen Institutionen mit Massenanhang und zu einem Faktor, der – sei es integriert oder sei es oppositionell – die Gesellschaft des Wilhelminischen Deutschland wesentlich mitprägte.

Der Aufstieg der Arbeiterbewegung war Teil einer nahezu stürmischen Zunahme der Wirtschaftskraft und des Bevölkerungspotentials des Deutschen Reiches in den Jahrzehnten vor 1914, eines Aufschwunges, der freilich, was die ökonomische und soziale Entwicklung betraf, keineswegs krisenfrei verlief. Rund 68 Millionen Einwohner betrug im Jahre 1914 die Bevölkerungszahl Deutschlands – das waren 60 Prozent mehr als bei der Reichsgründung 1871. Zwei Drittel dieser Deutschen lebten nun in Städten, viele davon schon im großstädtischen Milieu. Wachstum allenthalben – in rapidem Tempo war Deutschland zum bevölkerungsstärksten, produktionsstärksten und reichsten Land Europas geworden, hatte Frankreich aus seinem traditionellen Rang verdrängt und war als zweitgrößte Industriemacht der Welt (hinter den USA) und zweitgrößte Handelsmacht der Welt (hinter England) in die Spitzenklasse der damaligen Industriestaaten aufgerückt. Zwischen den 80er Jahren und dem Jahre 1913 stieg die Kohleförderung in Deutschland um 290 %, die Roheisenerzeugung um 390 %, die Stahlerzeugung um 1300 % an. Bei der Stahlerzeugung profitierte Deutschland von der raschen Umsetzung neuer technischer Möglichkeiten in Produktionsverfahren; es überholte in diesen Jahrzehnten England als das klassische Industrieland Europas in allen Bereichen der Montanindustrie, ausgenommen die Kohleförderung, wo der englische Produktionszuwachs aber weit unter dem deutschen lag. Vormachtstellungen in Europa eroberte sich die deutsche Wirtschaft damals auch in den neuen Industriebereichen, also der chemischen und der Elektroindustrie.

Die Entwicklungs- und Wettbewerbsvorteile der deutschen Wirtschaft vor Ausbruch des Ersten Weltkriegs gegenüber den anderen europäischen Industriestaaten lassen sich durch die Begriffe »Konzentration« und »Organisation« andeuten. Die Bildung von Monopolen und

Trusts in den neuen Industriezweigen, von Kartellen in der Schwerindustrie, engste Bank-Industrieverflechtungen im Zeichen der Durchsetzung einiger Großbanken, verbandliche Organisation auch der Mittel- und Kleinindustrie und des Handels, staatliche Bereitstellung oder Regie infrastruktureller Vorleistungen oder Dienstleistungen (Transport), – das waren die charakteristischen und durchschlagenden Qualitäten des »preußischen Wegs zum Kapitalismus«.

Der Ausbau des Eisenbahnnetzes und der Aufbau einer großen Handelsflotte (von etwa 1 Million Tonnen im Jahre 1871 auf 3 Millionen Tonnen im Jahre 1911) kamen der Organisation des Güterabsatzes auf dem Binnen- und auf dem Weltmarkt zugute. In Anlehnung an Vorbilder aus den USA wurde die deutsche Produktion standardisiert, rationalisiert und intensiviert; die Produktivität je Arbeiter stieg steil an.

Bevölkerungsentwicklung und soziale Mobilität

Der Aufstieg des Deutschen Reiches zur führenden Industriemacht Europas hatte seine Bedingungen auch in der Bevölkerungsentwicklung und in der Verlagerung des Arbeitspotentials von der Landwirtschaft in die Industrie; die industrielle Entwicklung selbst forcierte wiederum die räumliche Mobilität und die Umschichtungen in der Erwerbstätigkeit.

Allein zwischen 1871 und 1910 war die Bevölkerung von 39,4 auf 62,9 Millionen angewachsen, wobei eine hohe Geburtenrate, ein rasches Nachlassen der Auswanderungsquote ab 1890 und später auch die Zuwanderung aus anderen Ländern zusammenwirkten.

Bevölkerungszunahme, Strukturveränderungen und Umstellung von Produktionsmethoden hatten auf dem Lande einen Überschuß an Arbeitspotential zur Folge. Um 1875 war im Deutschen Reich immerhin noch fast die Hälfte der gesamten Beschäftigtenzahl im Agrarsektor zu finden, und selbst 1890 lagen die Wertschöpfungen in der Landwirtschaft und in der Industrie noch in der gleichen Höhe. Bis zum ersten Weltkrieg vollzogen sich hier massive Wandlungen; zunächst ging der Anteil der im Agrarsektor Beschäftigten stetig und deutlich zurück (er betrug um 1914 nur noch etwa 30 %), sodann überflügelte die industrielle Wertschöpfung rasch die agrarische. Die Intensivierung der landwirtschaftlichen Arbeitsverfahren und die Bevölkerungsexplosion auf dem Dorfe hatten die Arbeitskräfte bereit- oder freigestellt, die die enorm expandierende Industrie benötigte.

Mit dem Industrieaufbau verbanden sich riesige Wanderungsbewegungen, die zugleich Verstädterung bedeuteten. Die Zentren der Zuwanderung waren der Berliner Raum und das Rhein-Ruhr-Gebiet, die bis 1890 noch vorwiegend aus dem eigenen Umfeld neue Arbeitskräfte rekrutiert hatten (z. B. Zuzug vom ländlichen Westfalen ins Ruhrgebiet), danach aber in großem Umfange Zuwanderer aus den ost- und süddeutschen Agrar- und Handwerksbereichen anzogen und die Bevölkerungsschwerpunkte sowohl des gesamten Deutschen Reiches als auch des Landes Preußen nach Westen verlegten. Auch der Nordwesten (Raum Hamburg-Bremen) verzeichnete Zuwanderung, allerdings in weniger spektakulärem Umfange; der mitteldeutsch-sächsische Raum, bis dahin ein Schwerpunkt der Industrie, blieb nach 1890 vergleichsweise zurück. Dies hängt mit den Umschichtungen innerhalb der Wirtschaftsbereiche zusammen; die Textil- und Bekleidungsbranche trat ihren bis dahin führenden Rang an die Schwerindustrie, den Maschinenbau und die Chemie- und Elektroindustrie ab. Der Trend zur Verstädterung, der den Wandel der Sozialstruktur in dieser Phase ausdrückt, stellte sich in den einzelnen Regionen Deutschlands je nach Industrialisierungsgrad recht unterschiedlich dar. Im Süden und Osten (ohne den Berliner Raum) des Deutschen Reiches lebten 1910 rund 65 % der Bevölkerung in Gemeinden unter 5000 Einwohnern; im Westen hingegen nur 40 %. Im Gesamtgebiet Deutschlands stieg der Anteil der großstädtischen Bevölkerung (Städte über 100000) von 4,8 % im Jahre 1871 auf 21,3 % im Jahre 1910 an.

Verteilung der Bevölkerung Deutschlands nach Gemeindegrößenklassen

Jahr	1852	1871	1880	1890	1900	1910
Gemeindegrößenklasse						
bis unter 2000	67,3	63,9	59,2	53,0	46,2	40,0
2000 bis 5000	13,1	12,4	11,9	19,1	11,5	11,3
5000 bis 10000	6,2	6,3	6,6	19,1	7,1	7,6
10000 bis 20000	4,8	4,9	5,4	6,0	6,3	6,5
20000 bis 50000	3,5	3,6	4,8	6,9	7,3	7,9
50000 bis 100000	2,5	4,1	3,3	2,9	4,5	5,4
100000 u. darüber	2,6	4,8	8,8	12,1	17,1	21,3

(Quelle: W. G. Hoffmann, Das Wachstum der deutschen Wirtschaft; Berlin 1965)

Die Bevölkerungszunahme in den industriell-städtischen Gebieten bedeutete damals vor allem Anwachsen der Arbeiterschaft. Allein zwischen 1882 und 1907 nahm die Zahl der Arbeiter im Deutschen Reich um mehr als 6 Millionen zu, was im wesentlichen den Industriebetrieben zugute kam; der Anteil der Arbeiter in der Landwirtschaft und in der handwerklichen Produktion nahm in demselben Zeitraum deutlich ab. Von 1887 bis 1914 verdoppelte sich die Zahl der Industriearbeiter.

Wirtschaftliche Konzentration und Rationalisierung

Ebenso charakteristisch für diese Phase der wirtschaftlichen Entwicklung in Deutschland ist die immer stärkere Konzentration der Produktion und damit der Arbeiter in den Großbetrieben:

Zahl der Betriebe und der Beschäftigten nach Größenklassen 1882, 1895 und 1907

Jahr	1 bis 5 Arbeitern	Betriebe mit 6 bis 50 Arbeitern	51 bis 1000 Arbeitern	Mehr als 1000 Arbeitern
1882				
Betriebe	2 882 768	112 715	9 847	127
Arbeiter	4 335 822	1 391 720	1 400 087	213 160
1895				
Betriebe	2 934 723	191 301	18 701	252
Arbeiter	4 770 669	2 454 333	2 595 536	448 731
1907				
Betriebe	3 124 198	267 410	31 501	506
Arbeiter	5 353 576	3 644 415	4 395 380	954 645

Derselbe Entwicklungstrend wird sichtbar, wenn man den Blick auf eine der damaligen Schlüsselindustrien richtet:

Konzentration im Rheinisch-Westfälischen Steinkohlenbergbau 1850 bis 1910

Jahr	Zahl der Zechen	Förderung pro Zeche	Arbeiter pro Zeche
1850	198	9 900 t	62
1860	278	15 500 t	103
1870	214	54 100 t	235
1880	193	115 900 t	426
1890	175	203 000 t	729
1900	170	353 600 t	1 345
1910	166	538 000 t	2 131

(Angaben nach J. Kuczynski)

Die um die Jahrhundertwende in der deutschen Industrie zügig betriebene Rationalisierung der Arbeitsverfahren und der Organisation der Produktion führte zu einer veränderten Zusammensetzung der Arbeiterschaft und zum Wandel der bis dahin vorherrschenden inneren Differenzierung derselben.

Wissenschaftliche Studien, die damals unter der Anleitung Max Webers vom Verein für Sozialpolitik durchgeführt wurden, ließen folgende Konsequenzen der großindustriellen Produktionsweise erkennen: Abnahme des Anteils der »gelernten« Arbeiter; Vordringen der Gruppe der »Angelernten«; Zunahme der Frauenarbeit in einigen großindustriellen Branchen; rascher Verschleiß der Arbeitskraft, Bevorzugung jüngerer Arbeiter oder Arbeiterinnen.

Die Facharbeiter, oft noch durch handwerkliche Ausbildung geprägt, versuchten in der Phase der Rationalisierung der ungewohnten Monotonie der Arbeitsvorgänge und der Entwertung ihrer Qualifikationen durch häufigen Stellenwechsel zu entkommen.

Die Fluktuation gerade dieser Arbeitergruppe war in den Großbetrieben ungewöhnlich hoch. Für einen Teil der Arbeiterschaft bedeutete die Anpassung an die Arbeitssituation in der rationalisierten Industrie keine geringere Umstellung als einst die Gewöhnung an die Arbeit mit Maschinen.

Eine zeitgenössische Untersuchung zitierte Äußerungen von Arbeitern. Ein Metallarbeiter: »Ich muß mich zwingen, Interesse an meiner Arbeit zu finden und kann es doch nicht. Ein Fisch kann nicht in der Luft leben, weil er durch Kiemen atmet. Und meine Seele kann bei einer Arbeitsmethode nicht leben, wo sich nichts zum Denken bietet. Ich wehre mich mächtig gegen diese Vergewaltigung und weil mein sittlicher Mensch noch Kraft besitzt, wird der Körper überwältigt. Meine Hände stehen noch viele Minuten unwillkürlich still. Mir graut vor jedem neuen Arbeitstage und wenn ich morgens die Arbeit aufnehme, kann ich mir kaum vorstellen, zehn Stunden diese Marter zu ertragen. Ich verlasse darum, muß die Arbeit verlassen. An jeder neuen Arbeitsstätte findet der Geist wenigstens zunächst Anregung: das gehe einige Wochen und der gequälte Zustand beginnt von neuem. Und doch ich muß, hören Sie, ich muß sie zeitweilig verlassen, weil die monotone Arbeit mich zermürbt ...«[1]

Abhängige Arbeit und Lebensniveau

Die größere Belastung im Arbeitsprozeß durch Intensivierung und Monotonisierung der Produktionsverfahren wurde für das Bewußtsein der davon Betroffenen allerdings wohl weitgehend aufgefangen durch die Arbeitsmarktsituation und die Lohnentwicklung im Zeitraum bis 1914. Die Arbeitslosenquote bei Industriearbeitern war verhältnismäßig gering; die Löhne stiegen relativ stetig an. Auch die Lebenshaltungskosten kletterten freilich immer höher, nicht zuletzt durch den Wegfall ländlicher Selbstversorgungsmöglichkeiten und die höheren Mieten beim Wechsel von den Agrargebieten in die industriell-städtischen Bereiche. Dennoch ist eine Anhebung des Lebensstandards für breite Massen der Arbeiterschaft zwischen 1890 und 1914 unverkennbar.[2]

Prozent der Arbeitslosigkeit unter industriellen Arbeitern, 1887 bis 1914

Jahr	Prozent	Jahr	Prozent	Jahr	Prozent	Jahr	Prozent
1887	0,2	1894	3,1	1901	6,7	1909	2,8
1888	3,8	1895	2,8	1902	2,9		
1889	0,2	1896	0,6	1903	2,7	1910	1,9
		1897	1,2	1904	2,1	1911	1,9
1890	2,3	1898	0,4	1905	1,6	1912	2,0
1891	3,9	1899	1,2	1906	1,2	1913	2,9
1892	6,3			1907	1,6	1914	3,2
1893	2,8	1900	2,0	1908	2,9		

Die Durchsetzung der »Großen Industrie« in der Zeit vor 1914 brachte nicht nur die Ausweitung der Industriearbeiterschaft, sondern auch schon ansatzweise den Anstieg einer neuen Gruppe von abhängig Arbeitenden mit sich, nämlich der Angestellten. Zwar gab es zumindest bis 1911 noch keine eindeutige arbeitsrechtliche Abgrenzung zwischen Arbeitern und Angestellten, aber man kann doch davon ausgehen, daß erhebliche Teile der damaligen Angestelltenschaft gegenüber den Arbeitern durch höheres Einkommen, größere Arbeitsplatzsicherheit und bessere Arbeitssituation (wenig Handarbeit) privilegiert waren. Es kann angenommen werden, daß in der Gruppe der Angestellten gerade auch »Mittelschichtenangehörige« Platz fanden, die ihre wirtschaftliche Selbständigkeit nicht mehr hatten halten können.

Entwicklung der Lebenshaltungskosten und der Reallöhne bei Arbeitern

Jahr	Lebens-haltungs-kosten	Real-lohn	Jahr	Lebens-haltungs-kosten	Real-lohn	Jahr	Lebens-haltungs-kosten	Real-lohn
1870	83	77	1885	91	89	1900	100	100
1871	90	74	1886	89	91	1901	98	101
1872	94	79	1887	89	92	1902	98	102
1873	104	78	1888	91	93	1903	99	102
1874	108	79	1889	95	93	1904	100	103
1875	99	87				1905	99	107
1876	99	83	1890	98	92	1906	98	113
1877	100	80	1891	100	91	1907	101	114
1878	95	83	1892	99	92	1908	101	114
1879	93	83	1893	97	93	1909	100	117
			1894	96	94			
1880	99	79	1895	95	95	1910	99	120
1881	100	78	1896	94	98	1911	99	124
1882	98	82	1897	96	97	1912	97	130
1883	98	82	1898	99	96	1913	101	130
1884	93	87	1899	99	99	1914	102	130

(Zahlen nach J. Kuczynski)

Die Zahl der Angestellten stieg im Deutschen Reich von 1882 bis 1907 auf etwa das Dreifache. Beschäftigung fanden sie nicht nur im Bereich der Dienstleistungen, sondern auch in der Industrie und im Bergbau. Während das Verhältnis von Arbeitern zu Angestellten in den produzierenden Betrieben (außer dem Handwerk) 1882 bei 14:1 lag, hatte es sich bis 1907 auf 8:1 verschoben.

Versucht man, sich ein Gesamtbild von der sozial-ökonomischen Lage und dem Bewußtsein der Arbeiter (und Angestellten) in den Jahrzehnten vor dem 1. Weltkrieg zu machen, so besteht jedenfalls kein Anlaß, eine objektive oder subjektive Homogenität der Arbeiterschaft oder gar aller abhängig Arbeitenden anzunehmen.

Denn auch innerhalb der Periode der Hochindustrialisierung blieben manche alten Differenzierungen innerhalb der Arbeiterschaft bestehen und neue kamen hinzu, was Arbeits- und Einkommenssituation, Lebensumstände, soziale Herkunft und vorgestellte soziale Zukunft betrifft.

Gewerkschaften als Massenorganisationen

Entgegen den Befürchtungen sozialdemokratischer Politiker und Theoretiker, die zu Beginn der 90er Jahre gemeint hatten, die Entwicklung der Gewerkschaften habe ihren Höhepunkt schon hinter sich, wuchsen die verschiedenen Gewerkschaftsorganisationen ab 1896 rasch zu Riesenverbänden an. Stärkster Teil der deutschen Gewerkschaftsbewegung war und blieb der Zusammenschluß der Freien Verbände in der »Generalkommission«; die Christlichen und die Hirsch-Dunckerschen Verbände lagen ihnen gegenüber weit zurück. Der Mitgliederzuwachs der Freien Gewerkschaften:

1900	680 427
1905	1 344 803
1910	2 017 298
1913	2 573 718

Die Christlichen Gewerkschaften hatten 1913 immerhin 343 000 Mitglieder, die Hirsch-Dunckerschen Gewerkschaftsverbände 107 000. Dank ihres glänzenden Aufstiegs gewannen die Freien Gewerkschaften immer mehr Selbständigkeit gegenüber der Sozialdemokratischen Partei. Dabei hat sicherlich auch das Gefühl innerhalb der Arbeiterschaft mitgewirkt, daß auf dem politisch-parlamentarischen Weg die eigenen materiellen und sozialen Interessen nur zum Teil und auch nur auf längere Sicht durchsetzbar seien. In der praktischen Auseinandersetzung um Verkürzung der Arbeitszeiten, Anhebung des Lohnniveaus und betriebliche Rechte der Arbeiter, aber auch durch den Ausbau der gewerkschaftlichen Unterstützungskassen (die wiederum durch den Mitgliederzuwachs gestärkt wurden), durch die von den Gewerkschaften unterstützten Genossenschaften und die soziale Hilfe und Beratung in den örtlichen Arbeitersekretariaten breitete sich in der Arbeiterschaft das Vertrauen in die Gewerkschaften mehr und mehr aus, und der »wirtschaftliche« Zweig der Arbeiterbewegung wurde nun mindestens so wichtig genommen wie der »politische«, also die Partei. Auch innerhalb der SPD, insbesondere in den parlamentarischen Vertretungen, nahmen Gewerkschaftsfunktionäre zunehmend Einfluß.

Der Schwerpunkt der gewerkschaftlichen Tätigkeit lag damals in Deutschland in dem Bemühen, die kollektive Vertretungsmacht der Arbeiter gegenüber Arbeitgebern und Staat faktisch und rechtlich auszubauen. Dies bedeutete in erster Linie: Durchsetzung des Systems der

Tarifverträge und Ausbau der Positionen der Gewerkschaftsvertreter in den Gewerbegerichten, den Gremien der Sozialversicherungswerke und möglichst auch in den Betrieben. Damit verband sich die ständige Forderung nach Fortschritten in der staatlichen Sozialgesetzgebung und im Arbeitsrecht.[3]

Der 6. Kongreß der Freien Gewerkschaften Deutschlands (Hamburg 1908) umriß die sozialpolitischen Vorstellungen der Gewerkschaftsbewegung wie folgt:

»*Insbesondere fordert der Kongreß:*
I. Zur Sicherung der Rechtsverhältnisse:
1. Arbeiterkammern; 2. volle Koalitionsfreiheit für alle gegen Lohn oder Gehalt beschäftigte Personen; 3. zwingendes Recht für alle zum Schutze der Arbeiter erlassenen Gesetzesbestimmungen, damit sie nicht durch Verträge aufgehoben werden können; 4. eine gesetzliche Grundlage für kollektive Arbeitsverträge (Tarifverträge); 5. Verbot des Trucksystems in allen Formen.
II. Zum Schutze von Leben und Gesundheit:
1. Festsetzung eines höchstens acht Stunden betragenden Normalarbeitstages; 2. Verbot der Erwerbsarbeit für Kinder unter 14 Jahren; 3. Verbot der Nachtarbeit, außer für solche Arbeiten, die ihrer Natur nach aus technischen Gründen oder aus Gründen der öffentlichen Wohlfahrt des nachts getan werden müssen; 4. eine ununterbrochene Ruhepause von mindestens 36 Stunden in der Woche für jeden Arbeiter; 5. durchgreifende gewerbliche Hygiene; Erlaß von wirksamen Krankheitsverhütungsvorschriften; 6. Unfallverhütung; unter Beteiligung der Arbeiter an der Kontrolle.
III. Zur Bewahrung vor Versinken in Pauperismus:
1. Vereinheitlichung und Ausdehnung der Arbeiterversicherung unter der Selbstverwaltung der Versicherten. a) Entschädigungsbeträge bei den bestehenden Versicherungszweigen in der Höhe, daß die Kranken, Verunglückten und Invaliden vor Not geschützt sind; b) Schaffung einer Mutterschaftsversicherung; c) Schaffung einer Arbeitslosenversicherung; d) Witwen- und Waisenversorgung.«

Charakteristisch für die Entwicklung der Gewerkschaftsbewegung in Deutschland vor 1914 war, daß hier – anders als bei den Gewerkschaftsorganisationen der meisten anderen kapitalistischen Länder – nicht die rechtlich ungebundene Auseinandersetzung mit der Kapitalseite im Mittelpunkt der Aktivitäten stand, sondern vielmehr das Bestreben, über das Arbeitsrecht, über die staatliche Gesetzgebung und über die Anerkennung der Gewerkschaften als Tarifkontrahenten seitens der Arbeitgeber die eigene Position auszubauen.

Durchsetzung von Tarifverträgen

Dabei war in den Jahren vor 1900 auch in der deutschen Gewerkschaftsbewegung noch durchaus umstritten, ob der kollektive Abschluß von Arbeitsverträgen, also der Tarifvertrag zwischen Arbeitgebern und Gewerkschaften, dem Interesse der Arbeiterschaft dienlich sei. Innergewerkschaftliche Gegner des Tarifvertragssystems argumentierten, daß auf diese Weise die Arbeiterschaft sich selbst Bindungen auferlege (z. B. durch die Laufzeit der Verträge) und überdies das selbständige Engagement der Arbeiter in den Klassenauseinandersetzungen geschwächt werde. Die Anhänger des Tarifvertragswesens konnten darauf hinweisen, daß die Unternehmer sich damals nur zögernd und nur unter Druck auf solche kollektiven Regelungen einließen; dies lasse erkennen, wie sehr Tarifverträge zum Vorteil der Arbeiter sich auswirkten. Nach längeren Auseinandersetzungen beschloß dann der 3. Kongreß der Freien Gewerkschaften (Frankfurt 1899): »Tarifliche Vereinbarungen, welche die Lohn- und Arbeitsbedingungen für eine bestimmte Zeit regeln, sind als Beweis der Gleichberechtigung der Arbeiter seitens der Unternehmer bei Festsetzung der Arbeitsbedingungen zu erachten und in den Berufen erstrebenswert, in welchen sowohl eine starke Organisation der Unternehmer, wie auch der Arbeiter vorhanden ist, welche eine Gewähr für Aufrechterhaltung und Durchführung des Vereinbarten bieten. Dauer und Umfang der jeweiligen Vereinbarungen lassen sich nicht schematisieren, sondern hängen von der Eigenart des betreffenden Berufes ab.«

In der Folgezeit dehnte sich der Wirkungsbereich von Tarifverträgen rasch aus. Schon 1912 war für rund 2 Millionen Beschäftigte das Arbeitsverhältnis durch kollektive Vereinbarungen zwischen Gewerkschaften und Arbeitgebern geregelt.

Entwicklung des Tarifvertragssystems:

Bestand Ende	Tarifverträge	für Betriebe	mit beschäftigten Personen
1907	5 324	111 050	974 564
1908	5 671	120 401	1 026 435
1909	6 578	137 214	1 107 478
1910	8 298	173 727	1 361 086
1911	10 520	183 232	1 552 827
1912	12 437	208 307	1 999 579

Die Meinungsverschiedenheiten in dieser Frage auf seiten der Gewerkschaften waren damit aber noch nicht beendet. Kontrovers war vor allem, ob eine gesetzliche Regelung des Tarifvertragssystems und möglicherweise eine Einschaltung des Staates in die Überwachung von Verträgen oder eine staatliche Schlichtung von Streitigkeiten über die Auslegung von Tarifen anzustreben seien. Für die Juristen war dies übrigens ein schwieriges Feld, weil das geltende Recht damals noch ganz auf dem Individualprinzip beruhte, also kollektive Verträge nicht kannte. Das Gewerbegerichtsgesetz von 1890 sah immerhin schon Einigungsämter vor, die auf Antrag beider Tarifparteien und in paritätischer Besetzung tätig wurden, allerdings nur unverbindliche Schiedssprüche fällen konnten. Seine endgültige Form fand das Tarifvertragswesen erst zu Beginn der Weimarer Republik.

Erste Konzepte der Mitbestimmung

Umstritten war innerhalb der Gewerkschaften zeitweise auch, ob eine gesetzlich anerkannte Vertretung in Betriebsausschüssen und in Wirtschaftskammern für die Arbeiterschaft zu wünschen sei. Auch hier setzte sich bereits vor 1914 der Standpunkt durch, daß solche institutionalisierten Vertretungsrechte für die Arbeiter bzw. die Gewerkschaften die »Gleichberechtigung« von Unternehmern und Arbeiterschaft herbeiführen könnten und deshalb erstrebenswert seien. Der 5. Kongreß der Freien Gewerkschaften (Köln 1905) stellte die Forderung nach gesetzlich gesicherter Vertretung der Arbeiterschaft in paritätisch zu besetzenden wirtschaftlichen Selbstverwaltungskammern auf, die an die Stelle der (einseitig von der Unternehmerseite her bestückten) Industrie- und Handels- bzw. Handwerkskammern treten sollten. Im Kern finden wir hier die Konzeption der »Mitbestimmung«, wie sie heute noch von den DGB-Gewerkschaften vertreten wird.
Der wilhelminische Staat machte solchen Vorstellungen erste (und noch sehr eingeschränkte) Zugeständnisse mit der Verordnung über die Einführung von Arbeiterausschüssen in den preußischen Bergwerken im Jahre 1905; Andeutungen in dieser Richtung enthielt auch bereits die »Botschaft« des Kaisers an die Arbeiter im Jahre 1890, in der »für die Pflege des Friedens zwischen Arbeitgebern und Arbeitnehmern« gesetzlich bestimmte Formen der Beteiligung von Arbeitervertretern an Beratungen mit Unternehmern und Regierungsorganen für erwägenswert erklärt wurden.
Im Unterschied zu anderen kapitalistischen Gesellschaften innerhalb

der damaligen Entwicklungsphase gab es also in Deutschland schon früh die Tendenz zu einer »Institutionalisierung« – und das hieß zugleich: zur staatlichen Regulierung und »Verrechtlichung« – des Konfliktes zwischen Kapital und Lohnarbeit, wobei der Staat sich bei derartigen Maßnahmen gewiß auch unter dem Eindruck der ständig anwachsenden Organisationsstärke der Gewerkschaften befand und darauf aus war, die Arbeiterschaft schon aus Gründen nationaler Geschlossenheit bei künftigen internationalen Krisen oder Kriegen hinter sich zu bringen. Die Industriellen und ihre Verbände sperrten sich hingegen in der Zeit vor 1914 überwiegend noch gegen alle Formen einer Kooperation mit den Gewerkschaften; erst während des 1. Weltkrieges setzte sich hier das Konzept der Politik »Arbeitsgemeinschaft« mit den Gewerkschaftsverbänden durch. Soweit es um das Verhalten der Gewerkschaften geht, findet sich in der einschlägigen Literatur mitunter der Vorwurf, in der »Gleichberechtigungspolitik« der freien Gewerkschaften in Deutschland offenbare sich der frühzeitige »Verrat an den revolutionären Prinzipien des Proletariats«. Diese Argumentation verkennt, daß von einer in diesem Sinne »revolutionären« Einstellung der deutschen Gewerkschaften und auch der Masse der Arbeiter in Deutschland um 1900 keine Rede sein kann; auch in anderen kapitalistischen Ländern waren damals revolutionäre Strömungen in den Gewerkschaftsbewegungen durchaus in der Minderheit. Die Differenz in der Entwicklung der deutschen und derjenigen der meisten Gewerkschaften in anderen Ländern damals liegt vielmehr darin, daß nur in Deutschland in der oben geschilderten Weise eine Tendenz sich durchsetzte, das Feld der autonomen Auseinandersetzung zwischen Kapital und Lohnarbeit soweit wie möglich einzugrenzen zugunsten staatlich-gesetzlicher Intervention und rechtlich institutionalisierter Kooperation.

Gewerkschaftliche und staatliche Sozialpolitik

Kennzeichnend für die besondere Entwicklung der Gewerkschaften in Deutschland vor 1914 ist ferner der zügige Aufbau eines umfangreichen Unterstützungswesens für die Gewerkschaftsmitglieder, das sowohl der materiellen Hilfe bei Streiks oder Aussperrungen bzw. Entlassungen als auch dem individuellen Rechtsschutz, der Hilfe bei Arbeitsplatzwechsel, der Arbeitslosen-, Kranken- und Invalidenunterstützung und Beihilfen in Not- und Sterbefällen galt.

Soweit es nicht um materielle Hilfen zu Kampfzwecken ging, hatte sich auch das Unterstützungswesen nur gegen innergewerkschaftliche Vorbehalte und Kritik durchsetzen können. Man befürchtete, daß auf diese Weise die Beweglichkeit und Kampffähigkeit der Gewerkschaften gemindert und das Bewußtsein der Gewerkschaftsmitglieder auf ein »Rentnerniveau« absinken werde; zudem wurde gesagt, daß es nicht Aufgabe der Gewerkschaften sein könne, dem Kapital oder dem Staat Sozialkosten zu ersparen. Dem wurde entgegengehalten, daß durch solche Unterstützungen die Bindung der Mitglieder an die Gewerkschaften gestärkt, die Fluktuation in der Gewerkschaftszugehörigkeit vermindert und die Standfestigkeit des einzelnen gewerkschaftlich organisierten Arbeiters gegenüber dem Unternehmer auch materiell gefördert werden könnten; außerdem bilde sich gerade über das Unterstützungswesen die Gewerkschaft als »Solidargemeinschaft« heraus. Diese Argumente wogen offensichtlich schwerer als die der Kritiker; hinzu kam die Anziehungskraft des unmittelbaren materiellen Effekts solcher Unterstützungssysteme.

In dem Zeitraum von 1891 bis 1914 zahlten die Freien Gewerkschaften Deutschlands insgesamt 389,9 Millionen Mark an Unterstützungen aus. Davon entfielen 143,5 Millionen Mark auf Streikunterstützung, 91 Millionen Mark auf die Krankenhilfe, 89,5 Millionen Mark auf Arbeitslosenunterstützung.

Erhebliche materielle Bedeutung für Teile der Arbeiterschaft hatten auch die »Konsumvereine« (Genossenschaften), die in enger Verbindung mit den Freien Gewerkschaften standen, jedoch eindeutiger noch als diese ihre parteipolitische Unabhängigkeit betonten und sich auch nicht als Instrument der Klassenauseinandersetzung verstanden wissen wollten. Im Jahre 1911 waren im »Zentralverband deutscher Konsumvereine« 1142 lokale Konsumgenossenschaften mit 1,3 Millionen Mitgliedern und 335 Millionen Mark Umsatz zusammengeschlossen.

Insgesamt ergibt sich so für die Gewerkschaften in Deutschland vor 1914 das Bild einer mitgliederstarken, organisatorisch erfolgreichen, in der Durchdringung der Arbeiterschaft und der Gesellschaft mit ihren vielfältigen Aktivitäten imponierenden Bewegung, die wesentlich dazu beigetragen hat, die sozial-ökonomische Lage, das durchschnittliche Lebensniveau und die Existenzabsicherung weiter Teile der deutschen Arbeiterschaft vor 1914 alltäglich erfahrbar anzuheben. Auch in diesem Zusammenhang ist noch einmal auf den Ausbau der Schutzbestimmungen für das Arbeitsverhältnis und den Arbeitsprozeß hinzuweisen, so u. a. durch die Novellierung der Reichsgewerbeordnung, und vor allem auf den damals international einmaligen Umfang der Sozialversicherung in Deutschland, die nahezu für die Gesamtheit der Industriearbeiter und dann auch der Landarbeiter bis dahin nicht gekannte materielle Hilfe in Notfällen bot.

Einen Eindruck vom Geltungs- und Anwendungsbereich dieser Versicherungssysteme (und damit auch von den Erfahrungen, die sich hiermit für Millionen von Arbeitern verbanden) geben die folgenden Zahlen:

Mitglieder der Sozialversicherung, 1890 bis 1913

Jahr	Unfallversicherung	Kranken-versicherung	Alters- u. Invaliden-versicherung
1890	13,7	6,6	—
1895	18,4	7,5	11,8
1900	18,9	9,5	—
1905	18,7	11,9	13,9
1910	24,2	14,0	15,7
1913	25,8	14,6	16,3

Aus der Sozialversicherung Unterstützte, 1900

Krankenversicherung	4 023 421*)
Unfallversicherung	594 889*)
Alters- und Invalidenversicherung	862 218*)
insgesamt	5 480 528*)

*) Fälle, nicht Personen.
(nach: Statistisches Jahrbuch für das Deutsche Reich)

Formen des Kampfes der sozialen Klassen

Wenn demnach die Entwicklung vor 1914 für die Arbeiterschaft alles andere als »Verelendung« bedeutete, so darf dabei allerdings nicht vergessen werden, daß dem Anstieg des Lebensniveau eine – trotz einiger Rezessionen – insgesamt außergewöhnlich lange Phase wirtschaftlicher Prosperität und eine erhebliche Intensivierung der Arbeitsanforderungen zugrundelagen.

Die Krisen der Gründerzeit hatten keineswegs, wie mancher sozialdemokratische Politiker damals angenommen hatte, zum »Zusammenbruch« des Wirtschaftssystems geführt. Der deutsche Kapitalismus hatte sich als sehr lebens- und entwicklungsfähig erwiesen, er hatte im internationalen Vergleich mächtige Schritte voran gemacht und auch diejenigen, deren Arbeitskraft dieses »Wunder« zuwegegebracht hatte, konnten ihre Lage verbessern. Gerade in Deutschland hatte sich unter der Regie des Staates die Entwicklung hin zum »organisierten« Kapitalismus vollzogen, und auch die Gewerkschaften waren zu einem nicht mehr wegzudenkenden Teil des wirtschaftlich-sozialen Systems geworden, organisatorisch und quantitativ stärker als irgendeine andere Gewerkschaftsbewegung in der Welt. Dennoch wäre es falsch, sich die Jahrzehnte vor dem ersten Weltkrieg als eine für die Arbeiter und die Gewerkschaften problemlose, »goldene« Zeit vorzustellen.

Da war zunächst einmal die für die Gewerkschaften sehr nachhaltige Erfahrung, daß auch nach der Aufhebung des Sozialistengesetzes der Obrigkeitsstaat von dem Gedanken, notfalls die Arbeiterorganisationen wieder zu illegalisieren oder gar das Koalitionsrecht faktisch wieder zurückzunehmen, keineswegs abgekommen war. Ein überdeutliches Signal hierfür waren Reden des Kaisers 1897 in Bielefeld und 1898 in Bad Oeynhausen, wo Seine Majestät zum »Schutze der nationalen Arbeit« jedem schwerste Strafen androhte, der »einen deutschen Arbeiter, der willig ist, seine Arbeit zu vollführen, daran hindert oder gar zu einem Streik anreizt.« Die sogenannte »Zuchthausvorlage« der Reichsregierung im Jahre 1899 setzte diese Drohung dann in einen Gesetzentwurf um, wonach jede Streikinitiative mit Freiheitsstrafen, bei »Rädelsführern« sogar mit jahrelangem Zuchthaus bestraft werden sollte.

Eine Welle von öffentlichem Protest und die Besonnenheit der Reichstagsmehrheit ließen diesen Entwurf, der von einem Teil der Unternehmer angeregt worden war, nicht zum Zuge kommen; hier war der Bogen offensichtlich überspannt worden. Es blieb aber als Drohung die Möglichkeit, daß der Staat erneut das Koalitionsrecht wieder einschränken könnte, und gerade für die deutschen Gewerkschaften mit ihrer stark institutionalisierten Tätigkeitsform und ihren materiellen Grundlagen mußte der Gedanke an Verlust der Legalität naheliegenderweise erschreckend und wohl auch im Sinne des Staates disziplinierend wirken. Die zweite Erfahrung, die die Gewerkschaftsbewegung dann machen mußte, war die, daß nun die Unternehmerschaft dazu überging, von ihren eigenen Machtmitteln verschärften Gebrauch zu machen und sich zu diesem Zweck straff zu organisieren. Die antreibende Kraft war hierbei der »Centralverband deutscher Industrieller«, in dem sich vor allem Unternehmer der Schwerindustrie, des Bergbaus, der Großchemie und des Maschinenbaus organisiert hatten. Unter Hinweis auf die Notwendigkeit, den Streikbewegungen eine geschlossene Front der Unternehmen entgegenzustellen, wurde 1904 die »Hauptstelle deutscher Arbeitgeberverbände« und der »Verein deutscher Arbeitgeberverbände« gegründet. Schon im folgenden Jahr bildeten diese beiden Organisationen eine Art Kartell, und 1913 schließlich verschmolzen sie zur »Vereinigung deutscher Arbeitgeberverbände«, womit eine zentrale und das Feld beherrschende Vertretung der Unternehmerseite gegenüber der Arbeiterschaft und den Gewerkschaften sich etabliert hatte. Die Strategie der Unternehmerverbände lief vor allem darauf hinaus, den Streik der Arbeiter als Kampfmittel unwirksam zu machen. Diesem Zweck dienten Streikversicherungen bzw. Streikentschädigungsgesellschaften, schwarze Listen, hilfsweise Übernahme von Lieferaufträgen und vor allem die planmäßige Organisation von großräumigen Aussperrungen als Reaktion auf Einzelstreiks. Hinzu trat ein weitverzweigtes System von Maßregelungen gegen in Streikbewegungen aktive Arbeiter; die meist obrigkeitsstaatlich orientierten Justiz- und Verwaltungsstellen gingen den Unternehmerinteressen durch extensive und sozial einseitige Auslegung der Gesetze und Polizeiverordnungen und des Vereins- und Gewerberechts zur Hand.

Die Zentralisation und das materielle Gewicht der Unternehmerschaft drängten in den Jahren vor 1914 die Gewerkschaften zumindest im Feld der Arbeitskämpfe in die Defensive. Allein von 1909 auf 1910 verzehnfachte sich die Zahl der Aussperrungen und diese erfaßten in einem Sprung Hunderttausende von Arbeitern: 36 870 Ausgesperrte wurden für 1909, für 1910 bereits 314 988 gezählt. Die Gewerkschaften mußten zu dieser Zeit durchweg Millionen Mark von Streikgeldern jährlich zahlen, oft genug ohne einen Streikerfolg erzielen zu können. Die offensive Taktik der Unternehmer war auch darauf berechnet, die Kassen der Gewerkschaften zu sprengen.

Bei den großen Streikbewegungen im Crimmitschauer Textilgebiet 1903/04, im Ruhrbergbau 1905/06 und in den Hamburger Werften 1910 zeigten die Gewerkschaften bereits eher Zurückhaltung als Initiative, die Unternehmer machten einige der Auseinandersetzungen zu regelrechten Kraftproben, und die Ergebnisse der Streikbewegungen blieben gering oder waren negativ.

Grenzen der gewerkschaftlichen Politik vor 1914 zeigten sich auch darin, daß die Durchsetzung von Tarifverträgen im wesentlichen nur in der weiterverarbeitenden Industrie und in den noch eher handwerklich produzierenden Betrieben gelang, während die Großindustrien

(Bergbau, Eisen- und Stahlerzeugung, Maschinenbau u. ä.) es überwiegend ablehnten, die Gewerkschaften durch Abschluß von Tarifverträgen »gesellschaftsfähig« zu machen und stattdessen, gestützt auf ihre Überlegenheit im Produktionsprozeß und ihre straffe Organisation, weiterhin den »Herr-im-Hause«-Standpunkt vertraten. Aus diesem Zusammenhang (und aus der traditionell handwerklichen bzw. am Facharbeiterbewußtsein anknüpfenden Orientierung vieler gewerkschaftlicher Verbände) wird auch erklärlich, daß die Schwerpunkte der gewerkschaftlichen Organisation und der höhere Organisationsgrad nicht im Bereich der Schwerindustrien lagen. Mittel- und Norddeutschland blieben auch vor dem 1. Weltkrieg Zentren der Gewerkschaftsbewegung; im Ruhrgebiet, in Oberschlesien, an der Saar und in Elsaß-Lothringen, also in den Stahl- und Bergbaubetrieben, war der gewerkschaftliche Einfluß verhältnismäßig gering. Bis 1910 hatte z. B. die Metallarbeitergewerkschaft von rund 70 000 Krupparbeitern nicht mehr als 3 300 bei sich organisiert. Unterschiedliche sozialkulturelle Bedingungen spielten hier allerdings auch eine Rolle; die schwerindustriell geprägten Industrieregionen hatten in der Arbeiterschaft einen hohen Anteil von Katholiken, was angesichts der sozialdemokratisch-liberalen oder freidenkerischen weltanschaulichen Färbung der Freien Gewerkschaften für diese die Mitgliederwerbung schwierig machte. Gerade in den großindustriellen, von der gewerkschaftlichen Organisation noch nicht so sehr erfaßten Gebieten entwickelten sich zwischen 1900 und 1914 spontane Streiks oder Rebellionen von Arbeitern. Die Unternehmerschaft setzte hiergegen die schärfsten Mittel ein; ganz allgemein spitzten sich in den letzten Jahren vor dem 1. Weltkrieg die sozialen Auseinandersetzungen zu, und es zeigte sich wieder deutlicher, daß auch der organisierte Kapitalismus deutscher Provenienz nicht gerade ein industriegesellschaftliches Idyll war. Die Lohnentwicklung fiel allmählich zurück; allem Anschein nach wurde der Spielraum ökonomischer Zugeständnisse an die Arbeiterschaft geringer.

Kontroversen um den Massenstreik

Die Verschärfung im Kampf der Klassen war nicht der Politik der Gewerkschaften zuzuschreiben. Diese hatten sich gerade nach 1900 auf einen Kurs festgelegt, der nicht »provozieren« wollte, sondern auf langsame sozialpolitische und arbeitsrechtliche Verbesserungen setzte. Ein Indiz hierfür war die Kontroverse um den Massenstreik.[4] Angeregt durch politisch gerichtete, zum Teil erfolgreiche große Streikbe-

wegungen in anderen Ländern, im Zusammenhang mit der Auseinandersetzung um das Wahlrecht und angesichts der immer wiederkehrenden Angriffe auf das Koalitionsrecht hatte sich in der Sozialdemokratie eine Debatte über den Massenstreik als Kampfmittel entwickelt. Der 5. Kongreß der Freien Gewerkschaften Deutschlands (Köln, Mai 1905) griff in diese Diskussion ein; es wurde gegen wenige Stimmen folgende Stellungnahme beschlossen:
»Der fünfte deutsche Gewerkschaftskongreß erachtet es als eine unabweisbare Pflicht der Gewerkschaften, daß sie die Verbesserung aller Gesetze, auf denen ihre Existenz beruht und ohne die sie nicht in der Lage sind, ihre Aufgaben zu erfüllen, nach besten Kräften fördern und alle Versuche, die bestehenden Volksrechte zu beschneiden, mit aller Entschiedenheit bekämpfen.
Auch die Taktik für etwa notwendige Kämpfe solcher Art hat sich genauso wie jede andere Taktik nach den jeweiligen Verhältnissen zu richten.
Der Kongreß hält daher auch alle Versuche, durch die Propagierung des politischen Massenstreiks eine bestimmte Taktik festlegen zu wollen, für verwerflich; er empfiehlt der organisierten Arbeiterschaft, solchen Versuchen energisch entgegenzutreten.
Den Generalstreik, wie er von Anarchisten und Leuten ohne jegliche Erfahrung auf dem Gebiete des wirtschaftlichen Kampfes vertreten wird, hält der Kongreß für undiskutabel; er warnt die Arbeiterschaft, sich durch die Aufnahme und Verbreitung solcher Ideen von der täglichen Kleinarbeit zur Stärkung der Arbeiterorganisationen halten zu lassen.«
Ausschlaggebend für den Gewerkschaftskongreß war die Argumentation des Vorsitzenden der Bauarbeitergewerkschaft, Theodor Bömelburg, der dem Erhalt und Ausbau der gewerkschaftlichen Organisation absolute Priorität gab und jede Erwägung anderer Mittel der politischen und sozialen Auseinandersetzung verwarf. Nur indem die Gewerkschaften stärker und stärker würden, könne man künftigen (nicht näher charakterisierten) Kämpfen gefaßt entgegensehen, – wobei offen blieb, was denn in einem solchen Fall als Kampfmittel einzusetzen sei.
Noch im gleichen Jahr, auf dem Parteitag im September 1905 in Jena, widersprach die SPD auf Antrag Bebels dem Gewerkschaftskongreß. Hier hieß es:
»In Erwägung aber, daß namentlich das allgemeine, gleiche, direkte und geheime Wahlrecht die Voraussetzung für eine normale politische Fortentwicklung der Gemeinwesen ist, wie es die volle Koalitionsfreiheit für die wirtschaftliche Hebung der Arbeiterklasse ist, in weiterer

Erwägung, daß die Arbeiterklasse durch ihre stetig wachsende Zahl, ihre Intelligenz und ihre Arbeit für das wirtschaftliche und soziale Leben des ganzen Volkes, sowie durch die materiellen und physischen Opfer, die sie für die militärische Verteidigung des Landes zu tragen hat, den Hauptfaktor in der modernen Gesellschaft bildet, muß sie nicht nur die Erhaltung, sondern auch die Erweiterung des allgemeinen, gleichen, direkten und geheimen Wahlrechts für alle Vertretungskörper im Sinne des sozialdemokratischen Programms und die Sicherung der vollen Koalitionsfreiheit fordern.

Demgemäß erklärt der Parteitag, daß es namentlich im Falle eines Anschlages auf das allgemeine, gleiche, direkte und geheime Wahlrecht oder das Koalitionsrecht die Pflicht der gesamten Arbeiterklasse ist, jedes geeignet erscheinende Mittel zur Abwehr nachdrücklich anzuwenden.

Als eines der wirksamsten Kampfmittel, um ein solches politisches Verbrechen an der Arbeiterklasse abzuwehren oder um sich ein wichtiges Grundrecht für ihre Befreiung zu erobern, betrachtet gegebenen Falles der Parteitag die umfassende Anwendung der Massenarbeitseinstellung.«

Die schon seit Jahren im Verhältnis von Freien Gewerkschaften und Sozialdemokratie eingetretene Verschiebung der Kräfteverhältnisse erwies sich darin, daß der SPD-Parteitag des nächsten Jahres diesen Beschluß zum Massenstreik faktisch zurücknahm. Es wurde nämlich ein Abkommen zwischen der Generalkommission der Freien Gewerkschaften und dem Parteivorstand der SPD bestätigt, wonach die Entscheidung für einen Massenstreik abhängig zu machen sei von der Zustimmung der Generalkommission. Wie diese über solche Aktionen dachte, war kein Geheimnis.

Es wäre ganz unsinnig, die Stellungnahme des Gewerkschaftskongresses und die Position der Gewerkschaftsvorstände in dieser Frage einem persönlichen Opportunismus, sozusagen der »Feigheit« der Gewerkschaftsführer anzulasten.

Die Führung der Gewerkschaften folgte vielmehr einem politischen Konzept, in dem für Massenkämpfe kein Platz war, und sie konnte sich hierin einer Zustimmung von seiten einer Mehrheit der Gewerkschaftsmitglieder sicher sein. Dieses Konzept lief auf eine Art von Korporativismus im Industriekapitalismus hinaus. Im »Correspondenzblatt« der Generalkommission wurde eine solche Perspektive damals so umschrieben:

»Die Schäden des sozialen Krieges können zum großen Teil durch Anerkennung der Gewerkschaften, durch gemeinsame korporative Rege-

lung des Arbeitsverhältnisses und Einsetzung gemeinsamer Einigungsinstanzen erspart werden.«
Ähnlich begründete Carl Legien, der Vorsitzende der Generalkommission, auch die Nützlichkeit von Tarifvereinbarungen:
»Der Unternehmer kann ... seine Dispositionen treffen, ohne fürchten zu müssen, daß diese durch eine Arbeitseinstellung über den Haufen geworfen werden. Für die Arbeiter ergibt sich ... der Vorteil, daß sie für die Dauer der Vertragsperiode ihre Kräfte nicht in Einzelkämpfen schwächen brauchen.«[5]
Auf seiten der führenden Unternehmergruppen fand eine solche Vorstellung erst später, nämlich im Verlauf des 1. Weltkrieges, Zustimmung.

VI Die Sozialdemokratie als Teil der wilhelminischen Gesellschaft

Als das Sozialistengesetz ausgelaufen war, hatte sich die deutsche Sozialdemokratie auf ihrem Parteitag in Erfurt 1891 ein Programm gegeben, das in seinem praktischen Teil radikaldemokratische Forderungen sowie sozialpolitische Postulate speziell der Arbeiterschaft vertrat; in seinem analytischen Teil prognostizierte es, daß der Klassenkampf zwischen den beiden »feindlichen Heerlagern«, zwischen Bourgeoisie und Proletariat, immer schroffer und erbitterter werden und zu seinem »naturnotwendigen« Ende gelangen müsse, »der Abschaffung der Klassenherrschaft und der Klassen selbst«.

Entgegen einer weitverbreiteten Interpretation, wonach der praktische und der analytische Teil des Programms von Erfurt im Widerspruch zueinander stünden, läßt sich eine solche gedankliche Differenz im Text selbst eigentlich nicht finden; wohl aber muß man feststellen, daß im Programm keinerlei Andeutung darüber zu finden war, wie denn die Inbesitznahme der politischen Macht und die Umwandlung der kapitalistischen Warenproduktion in eine sozialistische Produktion vonstatten gehen könnten.

Auf dem Parteitag traten bei der großen Mehrheit solche Fragen nicht auf; mit der kleinen Opposition der sogenannten »Jungen« (einer Oppositionsströmung, die später zum Teil in die anarchistisch-syndikalistische Richtung abschwenkte) waren die erprobten Kämpen der Partei rasch fertiggeworden.

Die Sozialdemokratie im Aufstieg

Gewiß nicht wegen des Programms, aber doch immerhin mit diesem Programm nahm die SPD nach Erfurt einen imponierenden Aufstieg, der sie binnen etlicher Jahre zur mitglieder- und wählerstärksten deutschen Partei und zur organisatorisch mächtigsten Säule der internationalen Arbeiterbewegung machte.
Sehen wir uns zunächst die Entwicklung der Stimmen für die Sozialdemokratie bei den Reichstagswahlen vor 1914 und den Zuwachs an Mitgliedern der Partei von 1905 (vorher gibt es keine exakten Zahlen) bis 1914 an:

Stimmen für die Sozialdemokratie bei den Reichstagswahlen

Jahr	Mill.	Prozent der abgegebenen Stimmen	Abgeordnete
1893	1,79	23	44
1898	2,11	27	56
1903	3,01	32	81
1907	3,26	29	43
1912	4,25	35	110

Mitgliederzahlen der SPD

	gesamt	weibl. Mitgl.
1905/06	384 327	
1906/07	530 466	
1907/08	587 336	29 458
1908/09	633 309	62 259
1909/10	720 038	82 642
1910/11	836 529	107 693
1911/12	970 112	130 371
1912/13	982 850	141 115
1913/14	1 085 905	174 754

Das Wachstum der Sozialdemokratischen Partei und der ihr verbundenen Organisationen wird noch deutlicher, wenn man folgende Zahlen hinzuzieht:
Die Parteiorganisation der SPD verfügte vor Ausbruch des 1. Weltkrieges über 4100 bezahlte Funktionäre und 11000 Parteiangestellte; ungefähr 13000 Sozialdemokraten waren zu diesem Zeitpunkt als Abgeordnete in den Parlamenten tätig, vom Reichstag bis zu den Gemeinderäten. Die Partei hatte im gleichen Jahr rund 80 Tageszeitungen und ein umfangreiches Verlagswesen in Besitz. Der sozialdemokratische Arbeiter-Turn- und Sportbund zählte 1913 fast 190000, der Arbeitersängerbund etwa 100000, der Arbeiterradfahrbund »Solidarität« 160000 Mitglieder.
Daneben existierten weitere Organisationen in Anlehnung an die Sozialdemokratie, so etwa die Arbeiterjugendvereine. Ungeachtet ihrer politischen Unabhängigkeit waren auch die Freien Gewerkschaften (mit 2,5 Millionen Mitgliedern im Jahre 1913) und die ihnen nahestehenden Konsumgenossenschaften (mit etwa 1,4 Millionen Mitgliedern

Der Sozialismus erweckt das Proletariat aus seinem politischen Schlaf
Symbolisches Bild von Walter Crane

Eine zeitgenössische Graphik demonstriert die Siegeszuversicht der Sozialdemokratie in ihrer Aufstiegsphase

zur selben Zeit) der »Sonderkultur« der damaligen Sozialdemokratie
zuzurechnen. In den Gremien und Verwaltungskörperschaften der
Sozialversicherung, im Beisitz der Gewerbegerichte und der kommunalen Arbeitsnachweise (einer Vorform der Arbeitsämter) waren 1910
etwa 100000 freigewerkschaftliche Vertreter meist ehrenamtlich tätig.
Die Partei, die Gewerkschaften und Genossenschaften, die sozialdemokratischen Freizeitverbände, die parteieigene Presse – all das ergab
in der Summe einen »Staat im Staate«, ein eigenes, in sich geschlossenes
Milieu, das die sozialen Beziehungen vieler Genossen völlig bestimmte. Den Kern dieses Milieus bildeten die ehrenamtlichen Funktionäre
vor Ort. Sie waren es zumeist auch, die schon relativ früh zur Sozialdemokratie gestoßen waren, oft noch unter dem Sozialistengesetz, und
nun den Glanz »heroischer Zeiten« in den Organisationsalltag der Sozialdemokratie als Massenverband einbrachten. Ihrer unermüdlichen
Agitation und lokalen Kleinarbeit meist sozialpolitischer Art vor allem
war der Aufstieg der Partei nach 1891 zu verdanken.[1]

»Naturnotwendigkeit« des Sozialismus?

Man kann wohl annehmen, daß die Masse der Anhänger der Sozialdemokratie in der Zeit zwischen 1891 und 1914 nicht etwa durch eine
festumrissene Ideologie oder Programmatik geprägt war, sondern sich
eher von der Erfahrung leiten ließ, daß eine Vertretung von Arbeiterinteressen nur von dieser Partei erwartet werden konnte. Nicht die großen theoretischen Debatten und Entwürfe zogen die Arbeiter an die
Sozialdemokratie heran, sondern der Pragmatismus der Partei ließ es
(soweit nicht katholisch-konfessionelle Bindungen in eine alternative
Form von Arbeitervereinen und Gewerkschaften hineinführten) für
viele Arbeiter zur kulturellen Selbstverständlichkeit werden, das eigene Interesse bei der Sozialdemokratie für gut aufgehoben zu halten.
Das Versprechen, die bürgerliche Gesellschaft und der Kapitalismus
würden in einem riesigen Kladderadatsch zusammenbrechen und dem
Sozialismus Platz machen, gab dem eine feiertägliche Weihe, und der
unaufhaltsame Anstieg der sozialdemokratischen Wählerstimmen und
Mitgliederzahlen schien die »Naturnotwendigkeit« des Sieges der Partei zu bestätigen. Gerade in der Zeit um die Jahrhundertwende breitete
sich Optimismus aus. Bebel hatte auf dem Erfurter Parteitag 1891 die
Prognose gestellt: »Ja ich bin überzeugt, die Verwirklichung unserer
letzten Ziele ist so nahe, daß wenige in diesem Saale sind, die diesen Tag
nicht erleben werden.«

Wie diese »letzten Ziele« sich näherhin ausnehmen könnten, darüber gab es freilich wenig konkrete Vorstellungen, kaum auch darüber, auf welchem Wege denn der bestehende Staat zugunsten eines sozialdemokratischen »Zukunftsstaates« abgelöst werden könnte.
Der alte Friedrich Engels hatte im Jahre 1895 die »gesetzmäßige« Politik der deutschen Sozialdemokratie als die beste Methode für den Erfolg der Arbeiterbewegung legitimiert; zwar hatten die sozialdemokratischen Redakteure des Textes in Deutschland dem Autor einige aggressivere Sätze gestrichen, aber authentisch war doch für den Leser der Eindruck, daß Engels sich den Sozialismus in Deutschland über den weiteren Wahlerfolg der Sozialdemokraten erhoffte.
Es war das Verdienst Eduard Bernsteins, des ehemaligen Redakteurs der illegalen Zeitung der Sozialdemokratie unter dem Sozialistengesetz, ein wenig Unruhe in die programmatische Selbstzufriedenheit der Partei hineinzutragen.[2] Dieser sogenannte »Revisionismusstreit« nahm seinen Ausgang von der durchaus realistischen Feststellung Bernsteins, daß die revolutionär anmutende, den Zusammenbruch der bürgerlichen Gesellschaft erwartende »Theorie« der SPD und die tägliche politische Praxis derselben Partei nicht allzuviel miteinander zu tun hätten. Bernstein empfahl eine Revision der Theorie der Partei, mit folgender Begründung:
»... Ich bin der Anschauung entgegengetreten, daß wir vor einem in Bälde zu erwartenden Zusammenbruch der bürgerlichen Gesellschaft stehen und daß die Sozialdemokratie ihre Taktik durch die Aussicht auf eine solche bevorstehende große soziale Katastrophe bestimmen bzw. von ihr abhängig machen soll. Das halte ich in vollem Umfange aufrecht.
Die Anhänger dieser Katastrophentheorie stützen sich im wesentlichen auf die Ausführungen des Kommunistischen Manifestes. In jeder Hinsicht mit Unrecht...
Die Zuspitzung der gesellschaftlichen Verhältnisse hat sich nicht in der Weise vollzogen, wie sie das Manifest schildert. Es ist nicht nur nutzlos, es ist auch die größte Torheit, sich dies zu verheimlichen. Die Zahl der Besitzenden ist nicht kleiner, sondern größer geworden. Die enorme Vermehrung des gesellschaftlichen Reichtums wird nicht von einer zusammenschrumpfenden Zahl von Kapitalmagnaten, sondern von einer wachsenden Zahl von Kapitalisten aller Grade begleitet. Die Mittelschichten ändern ihren Charakter, aber sie verschwinden nicht aus der gesellschaftlichen Stufenleiter.
Politisch sehen wir das Privilegium der kapitalistischen Bourgeoisie in allen vorgeschrittenen Ländern Schritt für Schritt demokratischen Ein-

richtungen weichen. Unter dem Einfluß dieser und getrieben von der sich immer kräftiger regenden Arbeiterbewegung hat eine gesellschaftliche Gegenaktion gegen die ausbeuterischen Tendenzen des Kapitals eingesetzt, die zwar heute noch sehr zaghaft und tastend vorgeht, aber doch da ist und immer mehr Gebiete des Wirtschaftslebens ihrem Einfluß unterzieht. Fabrikgesetzgebung, die Demokratisierung der Gemeindeverwaltungen und die Erweiterung ihres Arbeitsgebiets, die Befreiung des Gewerkschafts- und Genossenschaftswesens von allen gesetzlichen Hemmungen, Berücksichtigung der Arbeiterorganisationen bei allen von öffentlichen Behörden vergebenen Arbeiten kennzeichnen diese Stufe der Entwicklung...«
(Bernstein in einem Brief an den SPD-Parteitag 1898)
Der Vorstoß Bernsteins löste für einige Jahre Diskussionen in der Presse der Partei, in Parteikongressen u. ä. aus. Hier wurde mit ihrer Artikelserie zum Thema »Sozialreform oder Revolution« Rosa Luxemburg zum ersten Mal zur Wortführerin der Linken in der deutschen Sozialdemokratie. Die Auseinandersetzungen konzentrierten sich dann aber nicht so sehr auf die Frage nach der Reformierbarkeit des Kapitalismus, sondern mehr auf die Klärung, ob innerhalb des bürgerlichen Parlamentarismus die Sozialdemokratie sich an Regierungskoalitionen beteiligen oder das Budget mitverantworten dürfe. Die Entscheidung fiel für eine »intransigente Opposition«, der Parteitag der SPD 1903 in Dresden beschloß gegen wenige Stimmen folgende »Resolution gegen den Revisionismus«:
»...Der Parteitag verurteilt auf das entschiedenste die revisionistischen Bestrebungen, unsere bisherige bewährte und sieggekrönte, auf dem Klassenkampf beruhende Taktik in dem Sinne zu ändern, daß an Stelle der Eroberung der politischen Macht durch Überwindung unserer Gegner eine Politik des Entgegenkommens an die bestehende Ordnung der Dinge tritt.
Die Folge einer derartigen revisionistischen Taktik wäre, daß aus einer Partei, die auf die möglichst rasche Umwandlung der bestehenden bürgerlichen in die sozialistische Gesellschaftsordnung hinarbeitet, also im besten Sinne des Wortes revolutionär ist, eine Partei wird, die sich mit der Reformierung der bürgerlichen Gesellschaft begnügt.
Daher ist der Parteitag im Gegensatz zu den in der Partei vorhandenen revisionistischen Bestrebungen der Überzeugung, daß die Klassengegensätze sich nicht abschwächen, sondern stetig verschärfen, und erklärt:
1. daß die Partei die Verantwortlichkeit ablehnt für die auf der kapitalistischen Produktionsweise beruhenden politischen und wirtschaftli-

chen Zustände und daß sie deshalb jede Bewilligung von Mitteln verweigert, welche geeignet sind, die herrschende Klasse an der Regierung zu erhalten;
2. daß die Sozialdemokratie, gemäß der Resolution Kautsky des Internationalen Sozialistenkongresses zu Paris im Jahre 1900, einen Anteil an der Regierungsgewalt innerhalb der bürgerlichen Gesellschaft nicht erstreben kann.
Der Parteitag verurteilt ferner jedes Bestreben, die vorhandenen, stets wachsenden Klassengegensätze zu vertuschen, um eine Anlehnung an bürgerliche Parteien zu erleichtern...«

Stärke und Schwäche der deutschen Sozialdemokratie

Ein Jahr später, auf dem Kongreß der (seit 1889 bestehenden) Zweiten Internationale, eines Dachverbandes der sozialistischen bzw. sozialdemokratischen Parteien der verschiedenen Länder, in dem die deutsche Sozialdemokratie das stärkste Kontingent stellte, kam es über dieselbe Frage zu einer Kontroverse zwischen August Bebel und Jean Jaurès, dem Vertreter der französischen Sozialisten. Jaurès warf den deutschen Sozialdemokraten vor, weder eine revolutionäre, noch eine parlamentarische Strategie zu haben:
»... Ich sagte, daß der wesentliche Fehler der Dresdner Resolution... (Vorlage der SPD, d. V.) der sei, daß sie die Aktionsvorschriften oder vielmehr die Notwendigkeiten des Abwartens, die sich zur Stunde der deutschen Sozialdemokratie aufdrängen, zu verallgemeinern sucht. Und ich sagte, daß die zwei Handhaben, durch welche das Proletariat auf die politische und soziale Umwelt stärker einwirken kann, ihr heute fehlen. Erstens (fehlt ihr) die revolutionäre Tradition des Proletariats. Es hat im deutschen Proletariat Beispiele bewunderungswürdiger Hingebung gegeben. Aber es hat in seiner Geschichte keine revolutionäre Tradition. Es hat sich das allgemeine Wahlrecht nicht auf den Barrikaden erobert. Es hat es von oben bekommen. Und wenn man nicht daran denken kann, es denen zu entreißen, die es sich selbst erobert haben, weil sie es leicht zurückerobern können, kann man dagegen wohl daran denken, von oben zu nehmen, was man von oben gegeben hat. Und ihr könnt keine Sicherheit dagegen geben, ihr, die ihr gesehen habt, wie euer rotes Königreich, euer sozialistisches Königreich Sachsen die Fortnahme des allgemeinen Wahlrechts ohne Widerstand über sich ergehen ließ... (lebhafter Beifall).
Und ebensowenig, wie ihr die Mittel revolutionärer Aktion, wie ihr die

Kraft habt, welche euch eine revolutionäre Tradition des Proletariats geben würde, habt ihr, das wißt ihr wohl, die parlamentarische Kraft. Selbst wenn ihr die Mehrheit im Reichstag wäret, wäre euer Land das einzige, wo ihr, wo der Sozialismus nicht der Herr wäre, selbst wenn er die Mehrheit hätte. Denn euer Parlament ist nur ein halbes Parlament. Ein Parlament ist kein Parlament, wenn es nicht die Exekutivgewalt, die Regierungsgewalt in der Hand hat, wenn seine Beschlüsse nur Wünsche sind, die die Reichsbehörden willkürlich kassieren können. Und so steht ihr, ihr wißt es, ihr fühlt es wohl, vor einer schwierigen Lage...
Ihr wißt also nicht, welchen Weg zu wählen. Man erwartete von euch, am Morgen nach jenem großen Sieg, eine Kampfparole, ein Aktionsprogramm, eine Taktik. Ihr habt die Tatsachen geprüft, befühlt, belauert – aber die Geister waren noch nicht reif. Und da habt ihr vor eurem eigenen Proletariat, vor dem internationalen Proletariat, eure Ohnmacht, zu handeln, hinter die Intransigenz theoretischer Formeln verhüllt, die euer ausgezeichneter Genosse Kautsky euch bis an sein Lebensende liefern wird (Beifall und Heiterkeit)...«
(Protokoll des Internationalen Sozialistenkongresses, Amsterdam 1904)
Diese Kritik eines französischen Sozialisten an den politischen Verhältnissen und am Verhalten der Sozialdemokratie in Deutschland dürfte in vielem zutreffend gewesen sein. Die Politik der SPD wies damals eine Fülle innerer Widersprüche auf. Zwar hatte die große Mehrheit der Delegierten auf den Parteitagen wie auch der Parteirepräsentanten in den einzelnen Regionen und in den Fraktionen sich hinter die Zurückweisung des Revisionismus gestellt. Tatsächlich aber betrieb die SPD im wilhelminischen Staat auf vielen Ebenen genau die Politik der »Mitverantwortung« bzw. der »konstruktiven Opposition«, die Bernstein programmatisch im Sinne hatte. Das gilt für die Ausschußtätigkeit im Deutschen Reichstag, für die parlamentarische Mitarbeit in einigen Ländern (vor allem in Südwestdeutschland, wo dem Parlamentarismus allerdings auch mehr Entscheidungsspielraum eingeräumt war), für viele Kommunalparlamente und vor allem für das gesamte System der vor-staatlichen öffentlichen Verwaltung (Sozialversicherungswerke usw.). Überall waren hier Sozialdemokraten an der praktischen Politik durchaus auf dem Boden »der bestehenden Ordnung« oder der »Reformierung der bürgerlichen Gesellschaft« beteiligt. Die große Mehrheit der Partei bestand insofern aus »praktischen Revisionisten«, auch wenn sie programmatischen Revisionismus verwarf. Diese Zwiespältigkeit war nicht überall so zynisch wie bei dem führen-

den SPD-Politiker Ignaz Auer, der zu Bernstein bemerkt hatte: »Lieber Ede, so etwas beschließt man nicht, so etwas sagt man nicht, so etwas tut man.« Weiter verbreitet war wohl eine Einstellung, die den geschilderten Widerspruch nicht wirklich zur Kenntnis nahm und die zudem für die verheißungsvollen Formeln der bisherigen Parteiprogrammatik echte Anhänglichkeit empfand. Man wollte gewiß nicht, wie auch Karl Kautsky als Theoretiker der Partei beteuert hatte, »eine Revolution machen«, – aber man hoffte doch darauf, daß diese historisch-zwangsläufig und eben deshalb schmerzlos geschehen werde, was auch immer »Revolution« sein mochte.
Hinzu kam, daß die angestammte Parteiprogrammatik mit ihrer Kampfansage an die »bürgerliche Gesellschaft« eine besondere Funktion für jenen Typus von Arbeiterbewegung hatte, den die Vorkriegssozialdemokratie darstellte, – nämlich als klar abgrenzende weltanschauliche Stütze für die vielfältig organisierte sozialdemokratische Sonderkultur, insofern (und nicht so sehr im Sinne eines Kompromisses zwischen verschiedenen Richtungen der Partei) in der Tat als Integrationsideologie.
Auf der Ebene der eigentlichen politischen Entscheidungen im Gesamtstaat aber war eine »Mitverantwortung« ohnehin nicht möglich, so daß hier der »revolutionäre« Standpunkt der SPD auch als Mangel an Gelegenheit interpretiert werden kann. Denn anders als in Frankreich, England und den USA hatte das Parlament des Deutschen Reiches keine wirkliche politische Macht, und die Sozialdemokraten galten nach wie vor als »Reichsfeinde«, über denen die Drohung eines neuen Sozialistengesetzes stets in der Schwebe blieb. In Preußen als dem wichtigsten Teilstaat in Deutschland galt immer noch das Dreiklassenwahlrecht; in Sachsen, in Hamburg und Lübeck wurden sogar die bis dahin relativ fortschrittlichen Wahlsysteme in reaktionärer Richtung verändert.
Eine Demokratisierung der politischen Verfassung Deutschlands hätte den Sozialdemokraten nur gelingen können, wenn sie dafür Bundesgenossen im Lager der Liberalen oder des Zentrums gefunden hätten. Dort waren aber nur Minderheiten zu einer solchen Politik bereit, – wobei man wiederum zurückfragen kann, ob eine weniger verbalradikale Sozialdemokratie vielleicht eher auf Bündnisse zur Mitte hin hätte rechnen können.
Ein anderer Weg, die obrigkeitsstaatliche Struktur des politischen Entscheidungssystems im damaligen Deutschland zu erschüttern, hätte im Einsatz außerparlamentarischer Mittel, etwa des politischen Streiks liegen können. Es gab regionale oder spontane Ansätze solcher Bewe-

gungen in der Wahlrechtsfrage 1906 in Hamburg und 1910 in Preußen. Übrigens war es neben Rosa Luxemburg Eduard Bernstein, der zeitweise für solche Kampfbewegungen eintrat. Die Mehrheit der Partei blieb solchen Versuchen gegenüber ablehnend. Die Fixierung auf Wahlkämpfe und Organisationsausbau als Methoden sozialdemokratischer Politik war dafür wohl ausschlaggebend; zudem hätte eine außerparlamentarische Auseinandersetzung leicht in eine Kraftprobe mit dem Staat hineinführen können, mit dem Risiko der Illegalisierung der Partei. Das Schwergewicht der Sozialdemokratie als »Institution« ließ es kaum noch zu, solche Gefahren auf sich zu nehmen. Hier ist am Rande auch auf die Rolle der hauptamtlichen Funktionäre von Partei und Gewerkschaften zu verweisen, der damals sogenannten Partei- oder Gewerkschafts»beamten«, einer Gruppe, die im Aufstiegsprozeß der Arbeiterorganisationen absolut und relativ mitangewachsen war. Für diese hauptamtlichen Funktionäre war der organisatorische Erfolg, die Ausdehnung und Festigung von Partei und Gewerkschaften verbunden mit dem individuellen sozialen Aufstieg, mit einer besser bezahlten, beachteten und sinnvollen Berufstätigkeit. So wenig überzeugend es ist, im Gruppeninteresse dieser »Arbeiterbürokratie« den Grund für einen »Revolutionsverzicht« der deutschen Sozialdemokratie zu identifizieren, so sehr ist doch die Annahme plausibel, daß gerade diese Gruppe wenig Neigung zeigte, den Bestand der legalen Organisation durch »direkte Aktionen« aufs Spiel zu setzen, andererseits war aber wiederum das Funktionieren der Organisationsmaschinerie »Sozialdemokratie« weitgehend auf den »Parteibeamten« angewiesen.

»Revolutionäre« gegen »Reformisten«?

In einem Teil der sich selbst als »links« verstehenden Literatur zur Geschichte der deutschen Arbeiterbewegung stellt man die Entwicklung der Vorkriegssozialdemokratie so dar, als sei eine revolutionär-marxistische Massenpartei durch den »Opportunismus« einiger Führer und mancher Funktionäre und durch die falschen theoretischen Ideen einiger Parteiintellektueller in einen »Sumpf« des konzeptionellen Revisionismus und des praktischen Reformismus geraten. Mitunter liest sich diese Interpretation so, als hätte alles anders kommen können, wenn der »alte Revolutionär« Bebel länger gelebt und die Partei geführt – oder wenn die jungen Revolutionäre Rosa Luxemburg und Karl Liebknecht rechtzeitig sich entschlossen hätten, den Arbeitern eine neue, radikale Partei anzubieten ... Solcherart Geschichtsschreibung gehört ins Reich der Märchen und Legenden. Der dominierende Kurs der SPD vor 1914 war ohne Zweifel gedeckt durch die emotionale Zustimmung der Mehrheit der Mitglieder und Anhänger der Partei. Die eigentümliche Kombination von vager Revolutionserwartung, die eigentlich eher Erwartung eines Zusammenbruchs, insofern also eine Art historischer Fatalismus war, mit erfolgreicher sozialpolitischer Reformpraxis auf vielen Ebenen der Gesellschaft, die Verbindung von Immobilismus zumindest im Terrain der gesamtstaatlichen Machtpolitik mit einem bis dahin nie gekannten Organisationserfolg der Sozialdemokratie, – dieser politische Charakter der SPD war nicht dem »Verrat« irgendwelcher Führer oder den gedanklichen Fehlern irgendwelcher Theoretiker zuzuschreiben, sondern er war angelegt in der gesamten Entwicklung der Sozialdemokratie unter den spezifischen gesellschaftlichen Verhältnissen des Deutschen Reiches. Gewiß verkörperte Bebel einen anderen Typ des Parteipolitikers als später etwa Friedrich Ebert; Bebel war ein radikal gesonnener Volkstribun, dem die Verwaltermentalität seiner Nachfolger in der Parteiführung fremd war. Aber die Radikalität Bebels bezog sich nicht zuletzt auf die Einheit der Partei, und gerade er war es, der dieser Einheit zuliebe auf Disziplin pochte und den Parteigenossen ein Verhalten nahelegte, das dem des preußischen Heeres nicht ganz unähnlich war. Die entschiedene Linke in der Vorkriegssozialdemokratie wiederum war alles andere als eine in sich geschlossene, zu allem fähige Fraktion; Rosa Luxemburg z. B. hätte vor 1914 den Gedanken an eine Parteineugründung höchstens für einen unangebrachten Scherz gehalten, ganz abgesehen davon, daß ihr bei einer solchen Initiative niemand gefolgt wäre. Selbst die in der Literatur vielfach behauptete Auffächerung der Sozialdemokratie in Deutschland ab etwa 1910 in eine »radikale Linke«, in ein (halb)»marxistisches Zentrum« und eine »revisionistische Rechte« gibt kein vollständiges oder überzeugendes Bild der innerparteilichen Richtungen und Orientierungen. Eher zutreffend ist hier wohl die Feststellung, daß es in der SPD vor 1914 folgende Strömungen gab: eine sozialrevolutionäre Linke; eine republikanisch-antimilitaristische Linke; eine auf die Verbindung von Organisationspartei und Massenaktion hoffende »marxistische« Richtung; eine sozial-liberale, entschieden demokratische Richtung; eine gewerkschaftlich-sozialpolitisch orientierte, an politischen Systemalternativen wenig interessierte Mehrheit; eine staatssozialistisch, »national« eingestimmte Richtung. Die vergleichsweise offene innerparteiliche Diskussion (wie sie zumindest bis 1905/1906 in der SPD überwog) darf dabei nicht so interpretiert werden, als sei die Masse der Mitglieder der Partei von theoretischen Kontroversen berührt worden. Das von Kautsky geleitete theoretisch-politische Organ der damaligen Sozialdemokratie, das ihr den Ruf einer marxistisch versierten Partei einbrachte, nämlich die »Neue Zeit«, hatte 1913 nicht mehr als rund 10 000 Bezieher; im gleichen Jahr brachte es das sozialdemokratische Witzblatt »Der wahre Jacob« immerhin auf 370 000 Bezieher. Eine Inhaltsanalyse der meisten Massenorgane der SPD – wie übrigens auch der Wahlagitation – läßt nur den Schluß zu, daß Marxismus oder eine aktive Revolutionsbereitschaft hier kaum eine Rolle gespielt haben.

Die Sozialdemokratie als Staat im Staate

Die Schranken in der Weltwirtschaft, auf die der Expansionsdrang der florierenden deutschen Industrie mehr und mehr stieß, und die Erfahrung, daß der Konflikt zwischen Kapital- oder Besitzinteressen und Arbeiterschaft trotz aller Institutionalisierung per Sozialdemokratie und Gewerkschaften nicht gebändigt war, sondern (wie die spontanen Streikbewegungen zeigten) eher nach neuen Ausdrucksformen suchte, hatten nach der Jahrhundertwende zu einer sich radikalisierenden nationalistischen und antisozialistischen Sammlung von Schwerindustrie, Großgrundbesitz, Rechtsliberalen und chauvinistisch gesonnenen Mittelstands- oder Kleinbürgerverbänden geführt, deren innergesellschaftliche Strategie sich nun vor allem auch auf den Einbruch in die Arbeiterschaft richtete. Der 1891 gegründete »Alldeutsche Verband«, der 1898 gegründete »Flottenverein« und schließlich der 1904 ins Leben gerufene »Reichsverband gegen die Sozialdemokratie« waren die Frontorganisationen dieses Bündnisses. Ihr Interesse richtete sich darauf, einem imperialistischen Zugriff Deutschlands nach außen den Rücken frei zu machen, also die Arbeiterschaft entweder für eine solche Politik zu gewinnen, oder durch den Übergang von einem autoritären zum totalitären politischen System jede soziale und politische Opposition zu unterdrücken. Die Agitation aus dieser Richtung blieb offensichtlich nicht ohne einigen Erfolg auch im Wählerpotential der Sozialdemokratie. Die sogenannten »Hottentottenwahlen« im Jahre 1907, bei denen der Wahlkampf von rechts her unter der Parole der »nationalen Unzuverlässigkeit« der SPD geführt wurde, brachten der Partei einen erheblichen Rückschlag, ebenso die preußischen Landtagswahlen im Jahre 1910. In der Kolonial- und Wehrpolitik machte die SPD nun dem Druck von rechts her Zugeständnisse; sie war bemüht, ihren Patriotismus nachzuweisen. Zumindest die Verhaltensmuster der Sozialdemokratie, die in gewissem Sinne den Obrigkeitsstaat unter anderem Vorzeichen abbildeten, also die (wie Erich Mühsam sagte) »bismarxistischen« Züge der Partei, waren wenig geeignet, der schon in den Jahren vor 1914 sich ausbreitenden Begeisterung für einen starken Staat und eine machtpolitische Expansion Deutschlands bewußtseinsmäßig entgegenzuwirken.

Ein theoretischer Sympathisant der SPD, der Soziologe Johann Plenge, hat damals diesen Effekt zustimmend wie folgt beschrieben: »Im Großbetrieb und in den Interessenvertretungen, in den Vereinen der organisierten Arbeiter, sogar im Staat selbst bildet sich dieser neue Typ der Organisatoren mit weitem gesellschaftlichem Blickfeld und mit disziplinierter Tatkraft. Offiziere und Unteroffiziere der Arbeitsarmee, deren Kunst es ist, daß sie befehlen und anordnen können und sich in eine Organisation einzupassen verstehen.« Auf diesem Verhaltensmuster, so meinte Plenge, beruhe die Zukunft der sozialen Ordnung, ja des Sozialismus.[3] Und hatte nicht selbst Bebel – halb scherzhaft, halb ernsthaft – darauf hingewiesen, daß die Sozialdemokratie als Organisation die beste Vorschule für das deutsche Militär sei?[4]

Als im August 1914 der Erste Weltkrieg ausbrach, schlug damit auch die Schicksalsstunde der alten Sozialdemokratie. Was danach kam, war eine andere Welt, war die Spaltung der Partei, die langanhaltende Trennung der Arbeiterbewegung in zwei einander bekämpfende Linien, war auch das Ende des sozialen und wirtschaftlichen Optimismus. Mit dem Jahre 1914 gingen in der Tat in Europa die Lichter aus, auch für die Arbeiterbewegung, wie sie im 19. Jahrhundert ihren Aufstieg genommen und ihre Gestalt gewonnen hatte.

Aber das Jahr 1914 war in der Entwicklung der deutschen Sozialdemokratie und der ihr nahestehenden Gewerkschaften keine absolute Zäsur, kein unerwarteter Bruch. Als die sozialdemokratische Reichstagsfraktion am 4. August 1914 ohne Gegenstimme die Kriegskredite für den deutschen Imperialismus billigte, als dann fast ausnahmslos auch die sozialdemokratische Arbeiterschaft sich in den Taumel nationaler Gemeinsamkeit und deutscher Siegesgewißheit einreihte, da war dies keine unerklärliche Wende. Das politische Verhalten der deutschen Sozialdemokratie im August 1914 war angelegt in der Entwicklung und in der Struktur der Partei vor 1914.

VII Erster Weltkrieg, Burgfrieden und »Kriegssozialismus«

Der Ausbruch des Ersten Weltkrieges hatte die deutsche Arbeiterbewegung gewissermaßen unvorbereitet getroffen. Zwar hatte die Sozialdemokratie in ihren Kundgebungen und Publikationen oft genug dem Militarismus Absagen erteilt und die Schrecknisse eines »Weltenbrandes« vor Augen geführt. Aber die eigene Propaganda wurde offenbar nicht sehr ernst genommen, denn es gab keinerlei Konzepte der Partei für den Fall eines in den Krieg der Völker umschlagenden internationalen Konflikts. Auch in dieser Sache war das Verhalten der sozialdemokratischen Politiker eher durch Fatalismus bestimmt.
In der Zweiten Internationalen, dem Zusammenschluß der europäischen sozialistischen Parteien, wurden zwar Resolutionen gegen den Krieg verabschiedet, aber Pläne, wie man sich bei einem Kriegsausbruch verhalten wolle, wurden nicht gemacht. Diese Einstellung der SPD – allgemeine Proklamationen gegen den Krieg, keine konkreten Vorstellungen, wie man praktisch dem Krieg begegnen könne – kam in ihrem Verhalten im August 1914 zum Tragen: Im Juli noch, als der Ausbruch eines Kriegs vermeidbar erschien und die deutsche Regierung und der Kaiser als kriegsunwillig eingeschätzt wurden, veröffentlichte der SPD-Parteivorstand einen Aufruf, in dem alle Parteimitglieder aufgefordert wurden, »in Massenversammlungen den unerschütterlichen Friedenswillen des klassenbewußten Proletariats zum Ausdruck zu bringen«. Dieser Aufruf hatte auch durchaus Wirkungen: Zwischen dem 26. und 30. Juli nahmen fast eine halbe Million Menschen an sozialdemokratischen Friedenskundgebungen teil. Am 4. August jedoch, als der Krieg gegen Rußland und Frankreich feststand, konnte auch die Reichstagsfraktion der SPD nicht umhin, »die eherne Tatsache des Krieges« anzuerkennen und die für den Krieg notwendigen Kredite zu bewilligen, wobei ein zwei Tage alter Beschluß der Gewerkschaften eine nicht unwesentliche Rolle spielte.

Kapital und Arbeit auf derselben Seite der Front?

Einen Tag nach der Kriegserklärung Deutschlands an Rußland, am 2. August 1914, hatte die Vorständekonferenz der deutschen Gewerkschaftsverbände beschlossen, alle Lohnkämpfe abzubrechen und jede Streikunterstützung einzustellen; desweiteren sicherte sie der Reichsregierung ihre Unterstützung zu bei der Vermittlung von Arbeitskräften zur Einbringung der Winterernte und bei der Behandlung des Arbeitslosenproblems. Mit diesem Beschluß wurde die Politik des »Burgfriedens« etabliert, nachdem von seiten der Regierung versichert worden war, die Arbeit der gewerkschaftlichen Organisationen in keiner Weise behindern oder einschränken zu wollen.

»Burgfrieden« bedeutete also für die deutschen Gewerkschaften die Unterstützung der Kriegführung durch Kooperation mit dem Staat und Stillhalten gegenüber den Arbeitgebern bei gleichzeitiger Garantie der eigenen Weiterexistenz.

Eine solche Politik war nichts grundlegend Neues. Gewerkschaftsvertreter arbeiteten bereits seit Jahren eng mit Regierungsstellen und staatlichen Behörden zusammen, und die Gewerkschaftsleitungen zogen ohne Zweifel bei Lohnforderungen eine Politik des Verhandelns mit den Arbeitgebern dem Einsatz des Streiks als gewerkschaftlichem Kampfmittel vor. Aber die ganze Tragweite dieser gewerkschaftlichen Praxis konnte erst in einer solchen politisch außergewöhnlichen Situation wie der des Kriegsausbruchs zum Ausdruck kommen, da jetzt nur die Wahl zwischen zwei Extremen möglich schien: uneingeschränkte Unterstützung der Kriegführung Deutschlands oder völlige Opposition mit dem Risiko der Verfolgung und Zerschlagung der Organisation durch die staatlichen Organe. Die Gewerkschaften »entschieden« sich für den ersten Weg, denn was die Gewerkschaftsführung in der »Stunde der Gefahr« vor allem bewegte, war die Sorge um die Erhaltung der Organisation.

Mit dem Kriegsausbruch veränderten sich die Rahmenbedingungen der deutschen Gesellschaft: ihr gesamtes wirtschaftliches, politisches und sonstiges Leben hatte sich nun auszurichten auf die Führung des nationalen Krieges.

Entsprechend der Politik der Gewerkschaften vor dem Krieg, die die soziale Lage der Arbeiter im Rahmen des Bestehenden verbessern wollte, ohne dessen Grundlagen praktisch in Frage zu stellen, gingen die Gewerkschaften nun dazu über, im Rahmen der Kriegswirtschaft und des Belagerungszustandes sich einzurichten und ihre Aufgaben wahrzunehmen. Ausdruck dieser Einstellung waren die Beschlüsse der Vorstände vom 2. und 17. August 1914; letzterer hatte die Einstellung jeder Lohnbewegung, nicht nur der Streikaktivitäten, zum Inhalt.

Darüber hinaus glaubte die Gewerkschaftsführung, daß die deutsche Arbeiterschaft durchaus ein Interesse an dem erfolgreichen Verlauf

und Ausgang des Krieges habe, da bei einer positiven Entwicklung der deutschen Wirtschaft mit und nach dem Krieg sich auch die materielle Lage des deutschen Arbeiters bessern würde. Bezeichnend hierfür ist folgende Äußerung einer Gewerkschaftszeitung:
»Es wäre ein verhängnisvoller Irrtum, wollte man annehmen, nur für die Kapitalistenklasse habe der Kampf auf dem Weltmarkt Bedeutung. Dies wäre ebenso falsch, als wenn man meinte, der gegenwärtige Krieg sei eine Sache, die nur die herrschenden und besitzenden Klassen angehe. Jedes Volk, als Ganzes betrachtet, ist nun einmal ein soziales Gebilde, in dem das Wohl des einen Teils von dem des andern abhängig ist... Aus diesem Grunde hat die deutsche Arbeiterklasse alle Veranlassung, in jedem Falle ihren eigenen Vorteil zu wahren und sich nicht beiseite schieben zu lassen. Besonders bei dem Kampfe auf dem Weltmarkt kommt es wesentlich darauf an, daß die Arbeiter Deutschlands ihre Sache vertreten, die allerdings in gewisser Beziehung mit dem Allgemeinwohl unseres Landes zusammenfällt. Es kann dem deutschen Proletarier nicht gleichgültig sein, welchen Ausgang dieser Kampf nimmt, ob er für Deutschland günstig oder ungünstig verläuft.«[1]
Konsequenz dieser Vorstellung, die zunächst in der Organisation kaum auf Opposition stieße, war, die Gewerkschaftsarbeit auf die Verbreitung dieser Argumentation sowie die praktische Kooperation mit Regierung und Unternehmern zu konzentrieren. Ersteres geschah vor allem mit den Mitteln der Gewerkschaftspresse, deren Redakteure vielfach den »Burgfrieden« als Beginn des »Kriegssozialismus« propagierten:
»Eine neue Zeit ist angebrochen, andere Menschen hat der Krieg in kurzer Zeit aus uns allen gemacht. Das gilt unterschiedslos für hoch und niedrig, für arm und reich, für Privatpersonen und Staatsmänner. Solidarität und Hilfeleistung aus unverschuldeter, bitterer Not, die wir den Arbeitern als unvergängliche Richtschnur ihres Handels eingeimpft und von den Reichen so oft vergeblich gefordert haben, ist über Nacht Gemeingut eines großen und leistungsfähigen Volkes geworden. Sozialismus, wohin wir blicken! Es ist freilich nicht aus besserer Einsicht, sondern aus der Geschichte ehernem Muß geboren worden.«[2]
Eine sozialdemokratische Tageszeitung verkündete gar, so wie die preußischen Siege im Krieg 1866 den Schulmeistern zu verdanken gewesen seien, so die Siege des Jahres 1914 den Gewerkschaftsbeamten.

Die Anerkennung der Gewerkschaften durch Staat und Unternehmer

Die Kooperation mit der Regierung, zu dieser Zeit vor allem mit den Militärbehörden, erschien als notwendig, da diese die geschäftsführenden Organe der kriegführenden Nation waren. Dabei ist festzuhalten, daß etwa ab 1916 sich die oberste Heeresleitung (OHL) der Generäle Ludendorff und Hindenburg zur geheimen »obersten Zentrale« des deutschen Staates entwickelte, von der auch die Regierung abhängig war. Überdies standen die einzelnen Gebiete Deutschlands seit der Verhängung des Belagerungszustandes im August 1914 unter der Herrschaft der jeweiligen regionalen »Generalkommandos«. Um die Materialversorgung der deutschen Armeen zu gewährleisten, mußte das Militär die Organisation der deutschen Kriegswirtschaft übernehmen. »Als wichtigster Abnehmer einer zunehmend auf Kriegsbedarf sich umstellenden Produktion, immer stärker auch als Unternehmer und Mitunternehmer, mit Hilfe der Mittel traditioneller, aber erweiterter Wirtschafts- und Finanzpolitik sowie in seiner Rolle als Gesetzgeber und Administrator suspendierte der Staat partiell die bisher vorherrschenden privatwirtschaftlichen Marktmechanismen, und zwar in einem immer größeren Ausmaß und mit einer sukzessive ansteigenden Intensität.«[3]

Dies geschah durch die Einrichtung von Abteilungen beim Kriegsministerium, die 1916 zum selbständigen Kriegsamt zusammengefaßt wurden. In diesen Abteilungen mußten die beiden Hauptinteressengruppen der Wirtschaft vertreten sein: Unternehmer und Arbeiter. Anders ließ sich der »Zusammenhang zwischen sozialer Integration und Konfliktbewältigung einerseits und militärisch-außenpolitischer Stärke andererseits« nicht herstellen. Daher wurden die Gewerkschaftsleitungen als offizielle Vertreter der Arbeiterschaft anerkannt und zur Mitarbeit herangezogen.

Das erste Problem, das der Krieg den Gewerkschaften stellte, war die rapide anwachsende Arbeitslosigkeit, bedingt durch die Umstellung der Wirtschaft auf die Kriegsproduktion, die vorwiegend in bestimmten Branchen stattfand. Die übrigen Wirtschaftszweige mußten ihre Produktion sehr weit zurückschrauben, da der übernationale Markt zusammengebrochen war und die Nachfrage auf dem deutschen Markt rapide zurückging. Nach der Statistik des »Reichsarbeitsblattes« betrug im Juli 1914 die Arbeitslosigkeit 2,7 %. Sie stieg im ersten Kriegsmonat auf 22,7 %, darin kommt wohl der Umfang der Massenentlassungen zum Ausdruck, nicht aber die volle Höhe der Einschränkung der Produktion, denn die Zahl der Kurzarbeiter ist nicht berücksichtigt. Was dies für die Arbeiterschaft bedeutete, kann man ermessen, wenn man bedenkt, daß die schlimmsten Krisenmonate der Vorkriegszeit nie mehr als 4,8 % Arbeitslosigkeit aufwiesen. Die Gewerkschaften waren gezwungen, Arbeitslosenunterstützung in Höhe von 21,5 Millionen Mark zu zahlen, da der Staat eine wirksame Hilfe in dieser Sache nicht für nötig hielt.

Daß die Gewerkschaften nicht daran dachten, gegenüber dem Staat und den Unternehmern unüberhörbare Forderungen nach anderen Lösungen des Problems zu stellen, sondern sich damit begnügten, »das Ihrige« zur Vermeidung sozialer Unruhen zu tun, zeigt, wie sehr sie sich als Teil einer nationalen Gemeinschaft begriffen, die ihre Kräfte zum »Kampfe auf dem Weltmarkt« mobilisieren müsse.

1915 entstand mit dem »Kriegsausschuß für die Metallbetriebe Groß-Berlins« eine der ersten institutionalisierten Formen der Kooperation von Gewerkschaften, Militärbehörden und Unternehmern. Der Ausschuß war eine Reaktion auf das Verhalten der Berliner Metallarbeiter, die entgegen dem Beschluß der Gewerkschaftsvorstände vom August 1914 in »wilden« Aktionen Lohnerhöhungen oder Verbesserungen der Arbeitsbedingungen forderten und, wenn dem nicht stattgegeben wurde, die Konkurrenz der Unternehmer um qualifizierte Arbeitskräfte ausnutzten und in andere Betriebe abwanderten. Die Militärbehörden hatten deshalb verfügt, daß die Arbeiter bei der Einstellung in einen neuen Betrieb einen von dem alten Arbeitgeber ausgestellten sogenannten »Abkehrschein« vorzuweisen hatten. Damit wurde praktisch die Freizügigkeit der Arbeiter aufgehoben.

Die Gewerkschaft, hier der Metallarbeiterverband Berlins, schritt ein und erreichte in Verhandlungen die Einrichtung des Kriegsausschusses, der über Beschwerden von Arbeitnehmerseite, Erteilung von Abkehrscheinen u. a. entschied. Er war paritätisch von Gewerkschaftern und Unternehmern besetzt und stand unter dem Vorsitz eines Vertreters des zuständigen Generalkommandos. Die Gewerkschaftsführer erblickten in diesem Kriegsausschuß einen großen Erfolg für die Gewerkschaften und für die Arbeiterschaft. Sie wurden vom Kriegsministerium anerkannt und durften gemeinsam mit Vertretern der Unternehmer, ob diese wollten oder nicht, über die Wahrung der Interessen der Arbeiter verhandeln und entscheiden. Sie hofften aber auch, mit Hilfe dieses Ausschusses die »wilden« Streiks, die die Autorität der Organisation untergruben, eindämmen zu können.

Die Konstruktion dieses Ausschusses wurde sehr schnell als Muster der Kooperation der drei maßgeblichen Institutionen des Kriegswirtschaftslebens angesehen und fand überregionale Verbreitung.

Arbeiterschaft und »Vaterländischer Hilfsdienst«

Ende 1916 wurde das sogenannte »Hindenburg-Programm« für die Erzeugung von Heeresbedarf aufgestellt und zu seiner Durchführung das Kriegsamt geschaffen. Dieses Programm zur Steigerung und Sicherung der Kriegsproduktion war eine Reaktion auf die Entwicklung, die der Krieg genommen hatte: der von der deutschen Heeresleitung verfolgte »Schlieffenplan«, der eine Blitzoffensive an der Westfront mit rascher Niederlage des Gegners vorsah, war fehlgeschlagen und hatte dazu geführt, daß es an dieser Front zu einem Stellungskrieg und riesigen Materialschlachten kam.

Ein Ziel des Programms mußte die Sicherstellung der knappen und wertvollen Arbeitskräfte, vor allem der qualifizierten Arbeiter, sein. Zu diesem Zweck entwarf das Kriegsamt »unter tätiger Mitwirkung der Gewerkschaftsführer« ein Gesetz, das den Arbeitszwang für alle Männer zwischen dem 16. und dem 60. Lebensjahr vorsah. Dieser Arbeitszwang erhielt den Namen »Vaterländischer Hilfsdienst«. Das Gesetz wurde am 2. 12. 1916 gegen die Stimmen eines kleinen Teils der SPD-Fraktion im Reichstag angenommen.

Die Intentionen des Gesetzes widersprachen der Burgfriedenspolitik der Gewerkschaften in keiner Weise, da es ja »nur« die notwendigen Eingriffe in die Rechte der Arbeiter zur Weiterführung des Krieges vorsah. Durch ihre Mitarbeit erreichten die Verbandsleitungen eine Reihe von Zugeständnissen: nach dem Beispiel des Berliner Kriegsausschusses saßen in den für die Durchführung des Gesetzes zuständigen Kommissionen gleichberechtigt mit den Arbeitgebern Arbeitnehmervertreter, die von den Gewerkschaften gestellt werden konnten. Des weiteren waren durch das Gesetz sogenannte »ständige Arbeiterausschüsse« in den Betrieben vorgesehen, denen es oblag, »das gute Einvernehmen innerhalb der Arbeiterschaft des Betriebes und zwischen der Arbeiterschaft und dem Arbeitgeber zu fördern«. Bei trotzdem entstehenden Streitigkeiten konnten die Parteien eine staatliche Schlichtungsstelle anrufen. Auch diese Einrichtung erschien den Gewerkschaftsleitungen durchaus als Fortschritt, da beide Parteien, Arbeiter und Kapitaleigentümer, gleiche Rechte hatten und von den Staatsstellen gleichermaßen anerkannt waren; es ist offensichtlich, daß der Staat und seine Behörden hier von den Gewerkschaftsführern als »neutrale« Instanz begriffen wurden.

Man kann im Ergebnis durchaus sagen, daß die Zustimmung der Gewerkschaften wie auch der SPD zu diesem Gesetz durch Zugeständnisse des Staates »erkauft« wurde. Das allerdings darf nicht zu der Annahme verleiten, das »Gesetz über den vaterländischen Hilfsdienst« sei ein Beispiel für staatliche Maßnahmen, »die den Interessen der herrschenden Klasse – und nicht nur, wie so oft, deren einzelner Teile – zuwiderliefen« (Kocka). Zwar erfolgte durch die Bildung der Arbeiterausschüsse und Kommissionen eine partielle Beschränkung der betrieblichen Machtposition der Unternehmer, aber doch nur als taktisches Zugeständnis zur Förderung der Bereitschaft der Arbeitervertreter, dem staatlichen Zwang auf die Arbeiter zum Einsatz ihrer Arbeitskraft zuzustimmen. Dieser Zwang aber bedeutete die Aufhebung grundsätzlicher Freiheiten der Lohnabhängigen, wie z. B. der freien Wahl des Arbeitsplatzes, des Kampfes um Arbeitsbedingungen oder der Freizügigkeit. Daß selbst die dafür einzuräumenden Konzessionen den Unternehmern nur durch den Nachdruck staatlicher und militärischer Behörden abgerungen werden konnte, ist weniger ein Zeichen für die Verletzung von Interessen der Kapitalseite, als vielmehr ein Indiz für den aggressiven, unnachgiebigen Charakter der damaligen deutschen Unternehmerschaft.

Der Glaube an die Möglichkeit einer einvernehmlichen Zusammenarbeit von Arbeitnehmern und Arbeitgebern im Interesse des nationalen Wirtschaftslebens kam auch in dem Bemühen der Gewerkschaftsführer zum Ausdruck, eine Arbeitsgemeinschaft mit den Unternehmerverbänden ins Leben zu rufen. Bereits im November 1914 richtete die »Generalkommission der Gewerkschaften Deutschlands« eine Anfrage an die »Vereinigung der deutschen Arbeitgeberverbände«, inwieweit diese bereit sei, »auf die ihnen angeschlossenen Unternehmerorganisationen dahin einzuwirken, daß, soweit es noch nicht geschehen ist, ein Zusammenarbeiten mit den zuständigen Arbeiterorganisationen angestrebt und durchgeführt wird«.[4]

Als Begründung wurde die Notwendigkeit der »Hebung des Wirtschaftslebens« angegeben: »die wirtschaftliche Rüstung der kriegführenden Staaten ist für den Ausgang des Weltkrieges von ebenso großer Bedeutung wie die militärische Rüstung. Es gilt deshalb, das Wirtschaftsleben Deutschlands unter allen Umständen zu sichern und auf eine möglichst gesunde Basis zu stellen.« Die Einrichtung einer gemeinsamen Arbeitsgemeinschaft hatte im November 1914 bereits einige regionale und branchenspezifische Vorbilder, die in dem Brief der Generalkommission auch angeführt wurden. Die Mehrzahl der deutschen Unternehmer aber hielt solch eine Einrichtung für überflüssig – bis zum Herbst 1918.

Welch grundlegende Bedeutung die Leitungen der gewerkschaftlichen Organisationen der Politik des Burgfriedens beimaßen, die sie als die einzig richtige und mögliche Linie der deutschen Arbeiterbewegung im Krieg ansahen, kommt zutage in ihrem Bemühen, die SPD als die Partei der Arbeiterschaft ebenfalls auf diese Politik einzuschwören. Ihr Engagement galt zugleich dem Versuch, die politische Organisation der Arbeiter unter Aufrechterhaltung der Politik des Interessenausgleichs im Sinne einer erfolgreichen Kriegführung als Einheit zu erhalten, um der Gefahr einer möglichen Alternative innerhalb oder außerhalb der Partei entgegenzuarbeiten.

Strukturelle Folgen der Kriegswirtschaft

Die von den Gewerkschaftsrepräsentanten praktizierte Politik der Kooperation mit den politisch und ökonomisch Herrschenden konnte nun allerdings nur dann von Erfolg sein, wenn sie in der Lage war, die materiellen Interessen der Mitglieder der Gewerkschaftsorganisationen und der Arbeiterschaft überhaupt zur Geltung zu bringen. Tatsächlich brachte aber die Kriegswirtschaft für große Teile der Arbeiterbevölkerung massive Verschlechterungen der Lebensverhältnisse mit sich. Es wurde schon auf die kriegsbedingte zeitweilige Arbeitslosigkeit in einigen Branchen 1914/15 hingewiesen; die Umstellung vieler Arbeitskräfte auf neue Produktionsbereiche führte dann zu einer rapiden Steigerung der Arbeitsunfallrate. Hierfür war gewiß auch der Masseneinsatz neuer Arbeitskräfte (Frauen, Jugendliche) verantwortlich. Die Lebensmittelversorgung war gerade für die Unterschichten katastrophal; Warenverknappung und Schleichhandel machten alle nominellen Lohnerhöhungen zur Farce. Die Veränderungen in der Struktur der Arbeiterbevölkerung durch den Krieg und die Kriegswirtschaft hatten nachhaltige Wirkungen auch auf die gewerkschaftlichen Organisationen.

Zunächst verloren diese mit Kriegsbeginn über 1,5 Millionen Mitglieder, die zur Armee eingezogen worden waren. Ab 1916 setzte dann wieder ein Anstieg der Mitgliederzahlen ein, wobei sich der Mitgliederbestand von knapp 1 Million (1916) auf 1,6 Millionen (1918) erhöhte.

Aber die neuen Mitglieder waren nicht wie die verlorenen durch die traditionelle Handlungs- und Denkweise der Gewerkschaften bestimmt, sondern durch die Erfahrungen ihrer äußerst schlechten Lage im Krieg. P. v. Oertzen beschreibt die Umschichtungen in den Gewerkschaften wie folgt: »Der Typ des durch Großstadt, Großbetrieb und mechanisierte Massenfertigung geprägten Industrieproletariers hat den durch alte Gesellentraditionen beeinflußten berufsstolzen Industriehandwerker in den Hindergrund treten lassen. Lokale und berufliche Verwurzelung, zünftiges Zusammengehörigkeitsgefühl und Verbandstreue, Bindung an herkömmliche Praktiken und Autoritäten sind gelockert oder sogar gelöst. Im Verhältnis der Gewerkschaften zueinander drängen die modernen Industriezweige und großstädtischen Organisationen die anderen zurück; der Kern der altorganisierten, in der Erfahrung regelmäßiger und bewährter Gewerkschaftsarbeit aufgewachsenen, nüchternen und verbandsstolzen Arbeiter handwerklicher Prägung befindet sich in seinen eigenen Organisationen in der Minderheit und wird selbst durch die um ihn herum sich vollziehenden sozialen Prozesse verändert. Der alte Gewerkschaftertyp behält seinen Stützpunkt vor allem in der Schicht der Verbandsbeamten und – damit zusammenhängend – hauptsächlich in den klein- und mittelbetrieblich strukturierten Branchen ... und den klein- und mittelstädtischen Organisationen.«[5]

Auch Feldmann, Kolb und Rürup heben zwei Momente der Strukturveränderungen in der Arbeiterschaft besonders hervor: erstens wurde »das Moment der psychischen und politischen Labilität beträchtlich (erhöht)«, und zweitens schuf »die plötzliche Ballung von Arbeitermassen in riesigen Industriebetrieben, unter Zerstörung der bisherigen sozialen, auch politischen Bindungen... zwangsläufig einen geistigen Nährboden für Radikalisierung und Massenaktionen«.[6]

Bevor wir diesem Gedanken weiter nachgehen und die Entwicklung einer Opposition von Massen der Arbeiterschaft gegen den Krieg und seine sozialen Folgen untersuchen, nehmen wir noch einmal die innere Entwicklung der Sozialdemokratie nach 1914 in den Blick. Wie wurde hier auf den politischen und sozialen Prozeß des Ersten Weltkrieges reagiert, nachdem der Taumel der Augusttage 1914 vorüber war?

Die SPD und der »deutsche Sozialismus«

Als am 4. August 1914 die Reichstagsfraktion der deutschen Sozialdemokratie erstmals und ausnahmslos den Kriegskrediten zustimmte, ließen sich die Führer der Partei – wie auch die Masse der sozialdemokratisch orientierten Arbeiter – noch von dem Gefühl leiten, daß es sich hier um einen Verteidigungsakt handele, der zu einem raschen militärischen Erfolg führen werde. Tatsächlich trafen beide Mutmaßungen nicht zu. Schon bald nach Kriegsbeginn meldeten sich »vaterländische« Kreise und Verbände mit offenen Formulierungen expansiver

Kriegsziele zu Wort: Annexion Belgiens und etlicher Regionen Frankreichs, aus strategischen und wirtschaftlichen Gründen; ein Kolonialreich für Deutschland; Einverleibung agrarischer Gebiete auf Kosten Rußlands; Ansiedlung »deutschstämmiger« Bevölkerung dort; Verdrängung der jüdischen Bevölkerungsgruppen aus solchen Regionen. So lauteten z. B. die Forderungen für den »Siegfrieden«, wie sie bereits Ende August 1914 der Alldeutsche Verband vorlegte. Ein solches Programm entsprach zu dieser Zeit auch im großen und ganzen den Vorstellungen der politisch-militärisch und ökonomisch herrschenden Gruppen in Deutschland. Allerdings war schon rasch klar geworden, daß sich ein militärischer Erfolg für das Deutsche Reich nicht im ersten Anlauf erreichen ließ. Staat und Wirtschaft stellten sich auf eine länger andauernde Kriegführung und damit auf die »Anspannung aller materiellen Kräfte« Deutschlands ein, – eine Formulierung, in der kaum sichtbar wird, daß es in der Realität um Tod, Elend, Hunger und Arbeitshetze für Massen der Bevölkerung, gerade auch der Arbeiterschaft, ging.

Die Kriegswirtschaft trieb eine politisch-ökonomische Struktur auf die Spitze, die in dem spezifischen Verhältnis von Wirtschaft und Staat in Preußen-Deutschland ohnehin angelegt war. Die mit der Kriegsdauer unumgänglich werdende bürokratische Bewirtschaftung von Rohstoffen, Arbeitskräften und Lebensmitteln sowie der absolute Vorrang der Produktion von Kriegsgütern, schließlich die Einordnung der wirtschaftlichen Verbände (Arbeitgeber wie Gewerkschaften) in die Kriegswirtschafts- und Sozialverwaltung, ließen nun in Deutschland endgültig einen besonderen Gesellschaftstyp sich durchsetzen, nämlich einen »durchstaatlichten«, organisierten Kapitalismus.

Ein eklatanter Widerspruch von antimilitaristischen Programmen und praktischem Einschwenken in die nationale Kriegspsychose ist 1914 auch bei weiten Teilen der sozialistischen Organisationen anderer Länder festzustellen, ebenso ein weiter Abstand zwischen klassenkämpferischen (wenngleich bei vielen Sozialisten anderer Länder weniger »marxistisch« klingenden) Theorien und der realen Kooperation mit der Kapitalseite gerade in der Situation des Krieges. Spezifisch für die Entwicklung der Sozialdemokratie und der Gewerkschaften bzw. ihrer Mehrheiten in Deutschland im Ersten Weltkrieg war aber, daß hier (und nur hier!) die Arbeiterorganisationen sozusagen Bestandteil der Kriegsmaschinerie selbst wurden, – daß in enger Zusammenarbeit von Sozialdemokratie (einschließlich der Freien Gewerkschaften), Unternehmerschaft und staatlichen Machteliten ein neuartiges politisches System sich herausbildete und von der Sozialdemokratie als

»Kriegssozialismus«, als nahezu »revolutionärer« gesellschaftlicher Fortschritt gefeiert und ideologisch herausgestellt wurde. Prominente Funktionäre der Sozialdemokratie und der Gewerkschaften ordneten sich der Kriegsverwaltungswirtschaft nicht nur ein, sondern sahen in ihr – theoretisch unterstützt von sozialdemokratisch orientierten Intellektuellen – den Übergang zum »deutschen Sozialismus«.

Es handelt sich hier um ein Kapitel aus der Geschichte der deutschen Arbeiterorganisationen und zugleich aus der Vorgeschichte des Nationalsozialismus, das vielfach aus dem Bewußtsein verdrängt ist; es soll deshalb wenigstens kurz in Erinnerung gerufen werden.[7]

Ideen von 1914 und die von 1789

Der Sozialdemokrat Paul Lensch war es, der in der SPD-Zeitung »Frankfurter Volksstimme« das kriegswirtschaftliche System erstmals als »Kriegssozialismus« bezeichnete. Lensch hielt sich lange Zeit hindurch für einen »Marxisten«, und gleich ihm waren damals viele Anhänger der Marxschen Lehren (oder was sie dafür hielten) von der staatlich-bürokratischen Organisation der Wirtschaft in Deutschland fasziniert (was übrigens auch für Lenin und Trotzki gilt), wenngleich sie deren Zielsetzungen durch sozialistisch-proletarische abgelöst sich wünschten. Bei Parteigängern der deutschen Sozialdemokratie verschwammen aber vielfach Methoden und Ziele in eins und die Militarisierung des Wirtschaftslebens galt ihnen als gemeinwirtschaftlich oder sozialistisch schon deshalb, weil sie den verachteten »Individualismus« auslöschte. Dies stieß auf Gegenliebe bei früheren Gegnern der Sozialdemokratie. Hans von Seeckt, ein Generalstabsoffizier, der später Chef der Reichswehr wurde, schrieb 1915: »Zwei Dinge sind meines Erachtens ganz unausbleiblich: ein starkes Anwachsen der Staatsidee und damit der Macht des Staates, also verstärkter Staatssozialismus, nachdem das Volk zur Armee wurde ...«

Bei den sozialdemokratischen Befürwortern des »Kriegssozialismus« setzte sich mehr und mehr der Gedanke durch, daß hier eine spezifisch deutsche Form des Sozialismus sich herausbilde. Der bekannte SPD-Politiker Konrad Haenisch schrieb 1916 »Zur Lage der Partei«: »...daß wir in einem ungeheuren Prozeß der Umorganisierung unseres ganzen Wirtschaftslebens uns mitten drin befinden, steht ganz außer Frage. Und ebenso unzweifelhaft ist es, daß sich dieser Prozeß der Umorganisierung *in der Richtung auf den Sozialismus hin* bewegt.

Selbst bürgerliche Nationalökonomen von Ruf und führende Blätter der Großbourgeoisie vom Range der »Kölnischen Zeitung« haben das unumwunden zugeben müssen. Mögen Brotkarten und Milchkarten, Fettkarten und Höchstpreise aller Art, mögen Einrichtungen wie die riesige Rohstoffabteilung des Kriegsministeriums in der Hedemannstraße in Berlin, mögen die zentralen und lokalen Preisbestimmungskommissionen noch so ausschließlich im Interesse der siegreichen Durchführung dieses Krieges ins Leben gerufen worden sein, und mag man an ihrer Wirksamkeit mit vollem Recht noch so vieles auszusetzen haben: es gehört doch *eine kaum glaubliche Engstirnigkeit* dazu, in dem allen nicht zum mindesten Meilensteine auf dem Wege zum Sozialismus zu erkennen! Die Anarchie des privatkapitalistischen Erzeugungs- und Verteilungssystems, die ganze unorganisierte Produktion von Waren für einen unbekannten und unbestimmten Markt: das alles hat in den Stürmen und Wettern dieses Weltkrieges schmählich Bankrott gemacht. Und die Ironie der Geschichte hat es gefügt, daß gerade die ausgesprochensten Vertreter des bürgerlichen Herrschaftssystems, die Militärbehörden, die ersten sein mußten, die in der Not der Stunde zu Maßnahmen gezwungen waren, die ganz dem Arsenal der sozialistischen Gedankenwelt entstammten. Alle diese kriegswirtschaftlichen Maßnahmen sind nun einmal getroffen worden, *nichts kann sie mehr aus der Welt schaffen.* Niemand vermag später mehr aufzutreten und zu sagen: *Es geht nicht* – denn alle Welt weiß jetzt, daß es in den Jahren des Weltkrieges eben gegangen ist. Mit rein kapitalistischen Wirtschaftsgrundsätzen wäre in dieser Kriegszeit Deutschland geradewegs in den Abgrund hinein gesegelt. *Sozialistische Gesellschaftsprinzipien* waren es, die allein das Vaterland vor dem Schlimmsten bewahrten. Das Wort sie sollen lassen stahn! Und wenn es trotzdem durchaus noch nicht so geht, wie es gehen sollte, wenn es trotzdem noch an allen Ekken und Enden hapert: nun wohl, so liegt das eben nur daran, daß unser ganzes Wirtschaftsleben noch lange nicht genug durchorganisiert ist, daß wir *erst ganz schwache, zaghafte Ansätze von Sozialismus* haben...

So erwachsen der sozialdemokratischen Arbeiterbewegung in diesem Augenblick *Aufgaben von ungeheurer Bedeutung.* Und niemals waren die Vorbedingungen günstiger dafür, daß unsere Bewegung wirklich eine Massenbewegung, wirklich eine Bewegung *des ganzen deutschen Volkes* werde! Vorbei ist die Zeit, *in der sie* um ihre bloße Existenz zu ringen hatte; hinter uns liegt auch die Zeit, in der sie um Einfluß und Geltung auf diesem oder jenem Teilgebiet des öffentlichen Lebens schwer ringen mußte. Der Krieg hat die deutsche Sozialdemokratie

unerwartet in die große geschichtliche Situation hineingebracht, in der sie, wenn auch unter wesentlich anderen Bedingungen als wir uns das vielfach vorgestellt hatten, *den großen Kampf für die Verwirklichung ihrer allumfassenden Grundsätze und Ziele auf der ganzen Linie aufnehmen muß!* Auch dem blödesten Auge leuchtet heute die Heilsamkeit und Notwendigkeit des Sozialismus ein. Mit einem Schlage zerstoben ist das dumme und bösartige Gerede von der Vaterlandslosigkeit, der Sozialdemokratie, das bisher so viele Millionen vor uns zurückschrecken ließ...«
Der Sozialdemokrat Anton Fendrich fand für die hier gemeinte Entwicklung die Formel:»Um in der Zeit der schwersten Prüfung der Nation bestehen zu können, mußte der Sozialismus national, die Regierung der Nation aber auch sozialistisch empfinden und handeln lernen...« (1915).
Fendrichs Parteigenosse Lensch hob die strukturelle Parallele zwischen Sozialdemokratie und Heer hervor:»Sie (die Sozialdemokratie) ist auf unverbrüchliche Haltung der Disziplin ebenso angewiesen wie die Heeresleitung« (1916).
Johann Plenge, Professor an der Universität Münster, setzte in einem gleichnamigen Buch»die Idee von 1789 und 1914« gegeneinander; die »Volksgenossenschaft des nationalen Sozialismus« aus dem Geiste »der deutschen Organisation« löse nun welthistorisch die französischen Freiheitsideale der Revolution von 1789 ab. Der damals ebenfalls der Sozialdemokratie verbundene Soziologe Werner Sombart ergänzte die Front mit einem Buch»Händler und Helden« (1915), in dem er einen sozialistisch-heroischen»deutschen Staatsgedanken« der»händlerisch«-liberalen Zivilisation Englands entgegenhielt. Nicht wenige Sozialdemokraten schlossen sich nun auch, solchen»Ideen von 1914« folgend, den Annexionsbestrebungen an. Der SPD-Reichstagsabgeordnete Cohen-Reuß z. B. äußerte 1916:»Denn auch die Eroberungen anderer Gebiete und die Aufsaugung fremder Völker kann unter Umständen ein wirtschaftlicher und geschichtlicher Fortschritt sein. Durchaus unrichtig wäre es, Eroberungen aus sozialistischen Grundsätzen von vornherein abzulehnen.«
Der Kriegssozialismus, wie er in der SPD und in den Freien Gewerkschaften dominierte, blieb nicht ohne Opposition in der Arbeiterschaft und in diesen Organisationen selbst. Den Beginn machte Karl Liebknecht, als er im Dezember 1914 erstmals und damals noch als einziger Reichstagsabgeordneter der SPD gegen die neuen Kriegskredite stimmte.

VIII Opposition in der Arbeiterschaft – der Umsturz von innen

Der Ausbruch des Krieges und die mit ihm verbundenen Fragestellungen für die Organisationen hatten aufgedeckt, was in der Entwicklung der deutschen Arbeiterbewegung seit 1875 nicht wirklich zum Ausbruch gekommen war: daß es in ihr Strömungen und Gruppen gab, deren Vorstellungen über die Ziele und Mittel sozialistischer Politik sich grundsätzlich voneinander unterschieden. Ihre organisatorische Einheit, die sie bis 1914 gewahrt hatte, mußte sich in dem Augenblick als fiktiv erweisen, in dem sie gezwungen war, sich für oder gegen eine bestimmte politische Praxis unter den Bedingungen eines Weltkrieges zu entscheiden. Dies wurde vor allem in den Auseinandersetzungen um die von der Partei- und Gewerkschaftsmehrheit konstituierte Politik des Burgfriedens mit dem deutschen Staat und der herrschenden Klasse Deutschlands deutlich. Hier war der Punkt erreicht, an dem SPD- und Gewerkschaftsmitglieder, die an der sozialistischen Zielvorstellung festzuhalten gedachten, diese ihre Theorie nicht mehr mit der Praxis der Gesamtpartei vereinbaren konnten und gezwungen waren, eigene Wege zu gehen.

Kritik an der Burgfriedenspolitik

Die Sozialdemokratie stand schon einige Monate nach dem August 1914 im Zeichen innerer Auseinandersetzungen um die Frage der Unterstützung des Krieges, vor allem auch um die Bewilligung der Kriegskredite.
Die Gruppen in der Partei, die nach wie vor an der theoretischen Programmatik der Sozialdemokratie, wie sie auch in den Beschlüssen der Zweiten Internationale zum Ausdruck gekommen war, festhielten und jede Unterstützung des Krieges als »Verrat an den elementarsten Grundsätzen des internationalen Sozialismus, an den Lebensinteressen der Arbeiterklasse, an allen demokratischen Interessen der Völker« (Spartakusbund) betrachteten, versuchten entweder, eigene Organisationen aufzubauen oder massiv auf die Partei und ihre Mitglieder im Sinne einer Opposition gegen den Burgfrieden Einfluß zu nehmen. Wichtigste Gruppe in dieser Richtung war der »Spartakusbund«, wie

seit 1916 ein kleiner Teil der SPD-Mitglieder genannt wurde, der sich um die Führer der SPD-Linken R. Luxemburg, K. Liebknecht, F. Mehring und C. Zetkin scharte, ferner die »Internationalen Sozialisten Deutschlands« (ISD). Eine andere, weitaus größere Gruppe in der Partei kritisierte die Politik des 4. August nicht so prinzipiell, sondern unterschied sich von der Mehrheit des Parteivorstandes und der Reichstagsfraktion in der Frage, inwieweit der Krieg als Verteidigungs- oder Angriffs- und Eroberungskrieg anzusehen sei. Kautsky, Bernstein und Haase veröffentlichten im Juni 1915 einen Artikel über den Krieg in der »Leipziger Volkszeitung«, in dem als »das Gebot der Stunde« (so der Titel) ein Frieden »auf der Grundlage freier Vereinbarung« für notwendig erklärt wurde. Diese Vorstellungen wurden später konkretisiert: sofortiger Waffenstillstand, Einleitung von Friedensverhandlungen, Frieden ohne Annexionen, keine Kriegsentschädigungen. Seit dem Dezember 1915 stimmte eine Minderheit von 20 SPD-Reichstagsabgeordneten offen gegen die Kriegskredite. Vier Monate später wurden diese Dissidenten – nachdem Liebknecht bereits seine Fraktionsrechte genommen worden waren – aus der Fraktion ausgeschlossen, da sie »die gemeinsam gefaßten Beschlüsse gröblich mißachten und öffentlich durchkreuzen«. Die Ausgeschlossenen waren gezwungen, sich als selbständige Fraktion, als »Sozialdemokratische Arbeitsgemeinschaft« (SAG) zu konstituieren.

War den Oppositionellen in der Fraktion bisher jede offizielle Möglichkeit verwehrt worden, öffentlich ihre Haltung zu äußern, so versuchte die Mehrheit (von Parteivorstand und Reichstagsfraktion) jetzt, sie völlig mundtot zu machen. Sie bediente sich dabei recht rigoroser Mittel, etwa um sozialdemokratische Zeitungen, die den Standpunkt der Minderheit vertraten, unter ihren Einfluß zu bekommen.

Spaltung der Sozialdemokratie

Der endgültige Bruch zwischen SAG und SPD vollzog sich im Januar 1917: nach der Durchführung einer Reichskonferenz der Opposition, an der auch der Spartakusbund und die ISD teilnahmen, verfügte der Parteiausschuß den Ausschluß. H. Krause meint: »Trotz gegenteiliger Beteuerungen wollte die Führung der Sozialdemokratischen Partei (oder jedenfalls ein einflußreicher Teil dieser Führung) die lästige und störende, die Partei gegenüber der Regierung in Verruf bringende Opposition los sein; sie steuerte eindeutig auf die Parteispaltung hin.«[1] So wurde die Opposition gezwungen, Ostern 1917 die USPD (Unabhängige Sozialdemokratische Partei Deutschlands) als organisatorische Plattform aller Sozialdemokraten zwischen Spartakusbund und SPD zu gründen. Der neuen Partei gehörten zu einem Teil die vor dem Krieg als »Zentristen« und »Revisionisten« bezeichneten SPD-Gruppierungen an, wie schon an der Mitgliedschaft von K. Kautsky, E. Bernstein und H. Haase deutlich wird. Aber auch Sozialdemokraten, die den Spartakusbund von »links« her kritisierten oder keinen Kontakt zu ihm finden konnten, wurden USPD-Mitglieder.

Die USPD war insofern keine programmatisch geschlossene Partei; gemeinsam war ihren Trägern die Ablehnung der Anpassung der »alten« Partei (nun »Mehrheitssozialdemokratie« genannt) an die Kriegspolitik und an die Annexionsbestrebungen. Die USPD forderte eine rasche Beendigung des Krieges, Abschaffung der Zensur, Koalitions- und Versammlungsfreiheit, Streikrecht, Amnestie für die politischen Gefangenen (Tausende von Kriegsgegner waren verurteilt, darunter R. Luxemburg und K. Liebknecht) und die Durchsetzung eines allgemeinen und gleichen Wahlrechts.

Die Spartakus-Gruppe schloß sich erst nach einigem Zögern der USPD an, weil sie im Grunde noch immer auf eine Erneuerung der alten Partei hoffte; die »Internationalen Sozialisten«, deren Anhang stärker als der der Spartakus-Gruppe war und die auch mehr Arbeiter bei sich organisiert hatten, gingen nicht zur USPD, weil sie sich von einer Sozialdemokratischen Partei überhaupt nichts mehr erwarteten.

Einigen Rückhalt hatte die sozialistische Linke im kriegsgegnerischen Teil der Arbeiterjugendvereine, der sich um die in der Schweiz erscheinende Zeitschrift »Jugend-Internationale« (redigiert von Willy Münzenberg) sammelte.

Nicht ohne Einfluß auf die Radikalisierung der linken Gruppen in der deutschen Arbeiterbewegung waren auch die internationalen Konferenzen von sozialistischen Parteien oder innerparteilichen Fraktionen, die sich gegen die »Nationalisierung« der Arbeiterparteien wandten (Zimmerwald 1915, Kienthal 1916). Hier lagen auch die ersten Ansätze der späteren Kommunistischen Internationale.

Die Bedeutung der Spartakus-Gruppe

Die parteikommunistische Geschichtsschreibung hat lange Zeit später die Entwicklung in der deutschen Arbeiterbewegung so hingestellt, als sei die Spartakus-Gruppe von vornherein und zielstrebig auf eine neuzugründende Kommunistische Partei hingesteuert und habe durch ihre theoretische und organisatorische Geschlossenheit das deutsche Proletariat planmäßig in die Novemberrevolution hineingeführt. Diese Version dient eher dem propagandistischen Nachweis der vermeintlichen »historischen Kraft« einer »marxistischen Lehre« und einer Kaderorganisation, als der Erhellung geschichtlicher Realität. Die Spartakus-Gruppe hatte durchaus kein klares Konzept vom weiteren Verlauf der revolutionären und organisatorischen Entwicklung; ihr Einfluß war viel zu begrenzt, als daß sie das Proletariat hätte »führen« können. Der persönliche und publizistische Einsatz der kleinen Gruppe von sozialistischen Intellektuellen und Arbeiterfunktionären im »Spartakus« war ein wichtiger Bezugspunkt der in der Arbeiterschaft selbst und weitgehend spontan sich entwickelnden Opposition gegen den Krieg und gegen den Obrigkeitsstaat, der diesen Krieg führte, – nicht weniger aber auch nicht mehr, wobei insbesondere Karl Liebknechts Auftreten weithin Zeichen setzte. Wahrscheinlich war als organisatorischer Rückhalt noch wichtiger die mehrheitlich »revisionistisch-reformistische« USPD, die einfach durch ihre (wenn auch unfreiwillig zustandegekommene) Existenz dem Widerstand in der Arbeiterschaft Auftrieb gab.

Einen organisierten Anhaltspunkt für die Arbeiteropposition bildeten daneben innerverbandliche linke »Fraktionen« in einigen Gewerkschaften, die aus dem Protest gegen die Burgfriedenspolitik der Gewerkschaftsvorstände heraus entstanden waren und vor allem im Metallarbeiterverband Boden gewinnen konnten; hier lag auch die unmittelbare Verbindung zum Milieu der Betriebsarbeiter vor, die den politischen Linksgruppen oft abging. Allerdings gab es politische Kontinuitäten. Es spricht vieles dafür, daß die Zentren der SPD-Linken vor 1914, also vor allem Berlin, Leipzig, Stuttgart, Duisburg, Bremen, zugleich Zentren der Gewerkschaftsopposition im Krieg bildeten und daß die Opposition im Berliner Metallarbeiter-Verband zum Teil auf lokalistisch-syndikalistischen Traditionen beruhte.

Nicht die schlechte Ernährung, nicht die strapaziösen Arbeitsbedingungen standen im Mittelpunkt des ersten Massenstreiks, sondern die Parole: »Freiheit für Liebknecht! Nieder mit dem Krieg!« Unter dieser Parole streikten am 28. Juni 1916 55000 Arbeiter der Metallindustrie in Berlin. Dieser Streik war der erste unmittelbar politische Massenstreik in der Geschichte der deutschen Arbeiterbewegung.

Die Vorgeschichte dieses Streiks begann mit Aufrufen des Spartakusbundes zu einer 1. Mai-Kundgebung in Berlin. Die Gewerkschaften und die SPD hatten seit dem Burgfriedensschluß die Maifeier nicht mehr stattfinden lassen. Dem Spartakusaufruf folgten einige Tausend Menschen, die sich auf dem Potsdamer Platz versammelten und »Nieder mit dem Krieg! Nieder mit der Regierung!« riefen. Die Polizei, genau so zahlreich wie die Demonstranten, trieb diese auseinander und verhaftete den anwesenden Liebknecht. Als Liebknecht der Prozeß gemacht wurde, riefen die Obleute in den Berliner Metallbetrieben zum Streik auf – mit großem Erfolg, obwohl die Gewerkschaftsvorstände sich gegen diese Aktion stellten.

Massenstreiks in der Arbeiterschaft

Schon bald kamen neue Streiks auf, diesmal als Reaktion auf die materielle Notlage der Arbeiterbevölkerung.
Der Winter 1916/17 hatte gezeigt, daß die Lebensmittelversorgung der arbeitenden Bevölkerung in den Städten nicht mehr gewährleistet war. Nach dem Hauptnahrungsmittel der Zeit wurde der Winter »Kohlrübenwinter« genannt. Die Getreideernte von 1916 war äußerst schlecht gewesen, so daß die Militärbehörde eine Senkung der Brotrationen in Aussicht stellen mußte. Hinzu kamen die Auswirkungen des im Dezember verabschiedeten Hilfsdienstgesetzes, mit dem wesentliche soziale Rechte der Arbeiter außer Kraft gesetzt worden waren. Andererseits hatten die Wahlen der »Arbeiterausschüsse« nach diesem Gesetz, auch wenn sie von den Arbeitgebern stark behindert wurden, in den Betrieben eine organisierende Wirkung. Die Belegschaften schufen sich ansatzweise funktionierende Organe zur Artikulation ihrer Interessen.
Gleichzeitig kamen die ersten Meldungen über den Sturz der Zarenherrschaft in Rußland. Obwohl sie äußerst spärlich waren, kann man doch davon ausgehen, daß diese Ereignisse teilweise die Funktion eines Signals hatten, welches zeigte, daß eine Veränderung der politischen Strukturen durch die Aktion der Massen möglich war. In den Führungskreisen der oppositionellen Bewegung ging die Diskussion mehr und mehr um die Frage, »ob es genüge, den Kampf nur für die Beendigung des Krieges zu führen, oder ob es möglich sei, auch in Deutschland den Sturz der Monarchie zu erkämpfen«.[2]
Die Massenbewegungen in der deutschen Arbeiterschaft gegen den Krieg und die faktische Militärdiktatur erreichten im Januar 1918 ihren Höhepunkt. Der erste Streik 1916 war der symbolhafte Protest einer politisch bewußten Gruppe innerhalb der Arbeiterschaft gewesen. Die Streikwelle 1917 war unmittelbar Ausdruck der sozialen Unzufrieden-

heit, in ihrer politischen Zielsetzung zum Teil noch begrenzt. Die Bewegung im Januar 1918, an der sich über eine Million Arbeiter und Arbeiterinnen in ganz Deutschland beteiligten, war in Anbetracht ihrer Ausdehnung, ihrer Massenbasis, ihrer inneren Organisation und ihrer Zielsetzung der höchste Ausdruck der Opposition gegen die bestehenden Verhältnisse. Der Historiker A. Rosenberg schreibt: »Es war eine ungeheure Massenerhebung gegen die Militärdiktatur und gegen General Ludendorff. Wäre Deutschland damals von einem wirklichen Staatsmann regiert worden, so hätte er erkannt, daß die Machthaber auf einem Pulverfaß saßen. Wer bürgte dafür, daß die Soldaten des deutschen Milizheeres die Ansichten der streikenden Million nicht teilten? Wie wollte man mitten im Kriege eine solche Volksbewegung einfach mit der militärischen Disziplin niederwerfen? Wenn die Regierung einen solchen Sieg für den Augenblick erfechten konnte, welche Bürgschaften bot er für die Zukunft? Der Januarstreik zeigte, daß der deutsche Staatsorganismus todkrank war.«[3]

Dies war eine Bewegung, die ohne die traditionellen Organisationen der Arbeiter verlief; diese hatten sich durch ihre Unterstützung der Kriegspolitik ihren Einfluß selbst genommen. So mußten sich die Streikenden selbständig machen und sich ihre eigenen Organisationsansätze schaffen, ohne die die Führung solch einer Massenaktion nicht möglich gewesen wäre.

Der Ursprung dieser Bewegung, in der soziale und politische Zielsetzungen zusammengingen, enthielt viele Momente, die schon vorher aufgetreten waren, jetzt aber zusammenwirkten und verstärkt wurden. Der Krieg dauerte bereits dreieinhalb Jahre, ein Ende durch einen Friedensschluß war nicht abzusehen. Im Gegenteil, in den deutsch-russischen Friedensverhandlungen von Brest-Litowsk, die von der deutschen Bevölkerung als Zeichen eines baldigen Kriegsendes begrüßt worden waren, wurde bald deutlich, daß die Militärführung nicht gewillt war, den Krieg aufzugeben.

Eine Friedensresolution des Reichstags, getragen von SPD, Zentrum und Nationalliberalen, war wirkungslos geblieben und hatte so nur die Ohnmacht des Parlaments offenbart.

Die Lebensbedingungen verschlechterten sich immer mehr. Vielfach waren die Arbeiter gezwungen, ihre Lebensmittel auf dem Schwarzmarkt zu horrenden Preisen zu kaufen, da die Rationen zu knapp bemessen waren und oft nicht rechtzeitig ausgegeben wurden. In den Betrieben wurden trotz der immer schlechteren Versorgung die Länge der Arbeitszeit und die Arbeitsanforderungen im vollen Umfang aufrechterhalten. In vielen Betrieben wurde die Belegschaft vom Unter-

nehmer daran gehindert, die vom Hilfsdienstgesetz vorgeschriebenen Ausschüsse zu wählen, welche bei den Streiks 1917 sich als ein mögliches Instrument der Opposition erwiesen hatten.
Hinzu kamen die Vorbilder der russischen Revolution und der österreichischen Massenstreikbewegung Anfang 1918. Sie förderten in der Arbeiterschaft die Bereitschaft, auch in Deutschland für sofortigen Friedensschluß und Demokratisierung aktiv zu werden.

Der Beginn der Revolution

Am 28. Januar traten die Arbeiter in Hamburg, Kiel, Nürnberg und Berlin in den Streik. In der Hauptstadt war der Streikbeschluß auf der Branchenversammlung der Dreher gefaßt worden, zu der alle Berliner Großbetriebe ihre Vertreter geschickt hatten. Am Tag des Streikbeginns versammelten sich die Delegierten von 400 000 Arbeitern im Gewerkschaftshaus.

Während der Delegiertenversammlung zogen die Belegschaften in die Streiklokale und wählten eine Streikleitung für ihre Betriebe. Am nächsten Tag war die Zahl der Ausständigen in Berlin auf 500 000 angewachsen. Im übrigen Land streikten jetzt auch die Arbeiter in Leipzig, Braunschweig, Köln, Breslau, München, Mannheim, Magdeburg, Halle, Bochum, Dortmund und anderen Städten. Im Berliner Aktionsausschuß wurde beschlossen, eine Delegation von 4 Abgeordneten und 5 Arbeitern mit dem Innenministerium verhandeln zu lassen. Der Minister war nur bereit, mit den Abgeordneten zu verhandeln; dies wurde von den betrieblichen Obleuten abgelehnt. Inzwischen ging die Polizei gegen die Streikenden vor; Streikversammlungen und -komitees wurden verboten. Trotz Androhung des verschärften Belagerungszustandes fanden am 30. Januar Massendemonstrationen statt. Am 31. Januar trat in Berlin der verschärfte Belagerungszustand in Kraft. Diese Maßnahme und die Mahnungen des Oberbefehlshabers verfehlten ihren Zweck. Gewaltige Arbeitermassen stauten sich in den Straßen, besonders da, wo öffentliche Versammlungen stattfinden sollten. Die Polizei war durch 5000 Unteroffiziere des Heeres aufgefüllt worden. Beritten und zu Fuß versuchte sie, der Masse Herr zu werden. Es gelang ihr nicht. Hatte sie einen Platz oder eine Straße »gesäubert«, staute sich die Masse an anderen Orten.
Währenddessen hatten die SPD-Mitglieder im Aktionsausschuß ein Angebot des Innenministers unterbreitet, zwei Mitglieder der Generalkommission der freien Gewerkschaften, Schmidt und Baur, als Ver-

treter der Berliner Arbeiterschaft zu empfangen. Die SPD-Vertreter argumentierten, nur so ließe sich eine Niederlage der Arbeiter verhindern. Die Arbeitervertreter dachten anders: »Um keinen Preis durfte der Generalkommission die Möglichkeit geboten werden, als ›Retter in der Not‹ zu erscheinen. Es hatte einen langen, harten und zähen Kampf gekostet, um der Generalkommission das Vertrauen der Masse zu entziehen. Der gewaltige Massenstreik, auf die die ›berufenen‹ Gewerkschaftsführer nicht den geringsten Einfluß ausübten, war der beste Beweis für den Erfolg der letzten Jahre.«[4]

Am vierten Februar wurde der Streik abgebrochen. Die Parole zum Abbruch wurde von den Obleuten am 3. Februar ausgegeben und ohne Murren befolgt. Die Arbeiter fühlten sich nicht geschlagen, sondern als Kämpfer, die den Rückzug antreten, um mit stärkerer Kraft vorzustoßen.

Hier lag praktisch der Beginn der Revolution in Deutschland; durch die Erfahrungen des Streiks wurde den Arbeitern klar, daß nur der Umsturz des politischen Systems zur Durchsetzung ihrer Forderungen übrig blieb. Zudem hatten sie Erfahrungen gesammelt, wie eine selbständige Bewegung organisiert werden konnte. Durch die Wahl der Streikleitungen und der Aktionsausschüsse hatten sie das vorweggenommen, was später als »Rätedemokratie« in die Geschichte der Novemberrevolution eingehen sollte. Die Belegschaft des einzelnen Betriebes war die Basis der Organisation. Hier wurde der betriebliche »Arbeiterrat« gewählt, der die Belegschaft in der Versammlung aller Betriebsräte der Stadt vertrat. Diese Versammlung wählte sich ein Führungsgremium, das die Aktionen der Arbeiter leitete. Die Hinzuziehung der Parteienvertreter im Januar 1918 sollte die Spaltung in der Arbeiterbewegung verhindern; sie stellte außerdem die unmittelbare

Streikbewegungen in Deutschland 1914-1918:

	Streiks	Zahl der Streikenden
Januar bis Juli 1914	1 199	94 014
August 1914	0	0
September bis Dezember 1914	24	1 126
1915	141	12 866
1916	240	124 188
1917	562	651 461
1918	773	1 304 248

Verbindung von politischer und sozialer Bewegung dar. Den entscheidenden Einfluß jedoch besaßen die Arbeitervertreter.
Was sich in den Massenaktionen im Januar 1918 angedeutet hatte, blieb, trotz der Unterdrückung des Streiks selbst, in den Monaten danach als Drohung wirksam, nämlich die Umwälzung der politischen Strukturen Deutschlands durch eine selbständige demokratische Bewegung, getragen in der Hauptsache von aktiven Teilen der Industriearbeiterschaft.[5] »Frieden, Freiheit und Brot«, die Parolen der Januaraktionen, wurden zu Forderungen, die in immer größeren Kreisen der Bevölkerung Anklang fanden. Die militärische Lage Deutschlands bot keinen Grund mehr, dem offiziellen Zweckoptimismus zu folgen: Nachdem im März und April die von der OHL geplante »entscheidende« Großoffensive an der Westfront mangels Material und Soldaten ohne Erfolg blieb, gingen die in vielfacher Hinsicht überlegenen Entente-Truppen im Juli zur Gegenoffensive über und drängten die deutschen Armeen langsam zurück.

Ein »Umsturz von oben«?

Der Zusammenbruch des bisherigen politischen Systems in Deutschland kann noch vor dem November 1918 datiert werden. Die Sieges- und Annexionshoffnungen der traditionellen Führungsgruppen des Deutschen Reiches waren durch die militärische Situation ebenso zerbrochen wie die »kriegssozialistischen« Ambitionen der SPD- und Gewerkschaftsführung durch die politische Entwicklung sich verflüchtigt hatten. Ein Systemwechsel war offenbar nicht mehr zu vermeiden, es sei denn, man hätte der Verzweiflungsstrategie der »Vaterlandspartei« und eines Teil des Offizierskorps folgen wollen, die zur »nationalen Verteidigung« aufrufen wollten.
Es setzten nun Versuche aus verschiedenen politischen Richtungen und mit unterschiedlichen, teils gegensätzlichen politischen Motivationen ein, die aber auf ein und denselben konkreten Schritt hinausliefen: Das Deutsche Reich sollte eine andere politische Verfassung (die einer konstitutionell-parlamentarischen Monarchie) erhalten und eine neue Regierung sollte Friedensverhandlungen einleiten.
Bereits im August hatte Ludendorff als faktischer Chef der militärisch-politischen Führung des Reiches die militärische Niederlage intern als unvermeidlich zugegeben und darauf gedrängt, durch Friedensangebote und Zugeständnisse an die Parteien der Mitte sowie an die Sozialdemokratie die Unruhe in der Bevölkerung einzudämmen.

Man kann wohl annehmen, daß hier auch die Kalkulation mitspielte, durch eine neue Regierungsform bei den Alliierten mehr Entgegenkommen finden und zugleich die politische Verantwortlichkeit für die Niederlage den Mitte-Links-Parteien zuschieben zu können; die Bedingungen für eine spätere Rückkehr der politischen Rechten an die Macht stellten sich damit möglicherweise günstiger dar, als wenn diese selbst die Rechnung für den verlorenen Krieg hätte entgegennehmen müssen.

Noch vor dem November 1918 fanden sich auch die Spitzenorganisationen der Unternehmer dazu bereit, nun ihre sozialen Kontrahenten in aller Form anzuerkennen und eine »Zentralarbeitsgemeinschaft« mit den Gewerkschaftsverbänden zu bilden. Die Anerkennung des Tarifvertragssystems und der achtstündigen Arbeitszeit pro Tag waren Teil dieses Agreements. Auch hier stand die Absicht dahinter, der Proteststimmung in der Bevölkerung ein Stück entgegenzukommen und damit einer sich weiter radikalisierenden Bewegung das Wasser abzugraben.

In der Literatur findet sich zum Teil die Meinung, die Veränderung des politisch-sozialen Systems in Deutschland 1918 sei insofern lediglich eine »Revolution von oben« gewesen. Diese Formel verfehlt aber den wirklichen historischen Ablauf. Denn erstens waren ja die Parlamentarisierung und Konstitutionalisierung von oben, um die es sich handelte, nicht nur durch die militärische Niederlage, sondern ebensosehr durch den Druck der Massenaktionen erzwungen und darauf gerichtet, einer sich anbahnenden »Revolution von unten« zuvorzukommen. Zweitens waren es nicht nur die alten Machtgruppen politischer und ökonomischer Art, die jetzt aus taktischen Gründen den Systemwechsel einleiteten; die Initiative lag auch bei den Parteien der »Friedensresolution«, also dem Zentrum, der Fortschrittspartei und der Mehrheitssozialdemokratie, die, als ihr nationalistisch-expansiver Rausch dahin war, die Stunde gekommen sahen, eine gemäßigt-demokratische, sozialpolitisch aufgeschlossene, parlamentarische Regierungsform durchzusetzen, wobei sie den Fortbestand der Monarchie selbst durchaus zu tolerieren gedachten.

Ein erheblicher Teil der Bevölkerung, auch des vom Obrigkeitsstaat und vom Krieg enttäuschten Bürgertums, war zweifellos geneigt, einen solchen Wechsel mitzuvollziehen.

So wurde denn am 3. Oktober 1918 unter dem Prinzen Max von Baden eine neue, von den Parteien der »Friedensresolution« getragene Regierung gebildet und am 28. Oktober das Deutsche Reich in einen parlamentarisch verfaßten Staat umgewandelt. In die neue Regierung wurde der stellvertretende Vorsitzende der Freien Gewerkschaften als Leiter des Reichsarbeitsamtes mit einem umfassenden sozialpolitischen Programm einbezogen.

Will man die für die Arbeiterbewegung wichtigsten Ergebnisse der politischen Entwicklung vom August 1914 bis zum Oktober 1918 knapp zusammenfassen, so ergibt sich folgendes Bild: Bei Ausbruch des 1. Weltkrieges erwiesen sich die Organisationen der deutschen Arbeiterbewegung als unfähig, dem Chauvinismus eine Alternative entgegenzustellen. Vorbehaltloser als die sozialistisch-sozialdemokratischen Parteien oder Verbände der anderen am Krieg beteiligten Länder ordneten sie sich organisatorisch und ideologisch der nationalen Kriegspolitik ein und werteten die militärisch-bürokratischen Herrschaftsstrukturen dieser Zeit teilweise sogar als »Kriegssozialismus« auf. Damit war der Anfang der politischen Aufspaltung der Sozialdemokratie gemacht. In der Arbeiterschaft selbst entwickelte sich im Verlauf des Krieges zunehmend eine selbständige, von den traditionellen Organisationen nicht unterstützte Oppositionsbewegung; diese stand in Verbindung mit politischen Gruppen, die sich aus Protest gegen den Kurs der Partei von der SPD getrennt hatten. Trotz der eindeutigen Kritik an den »alten« Organisationen handelte es sich aber noch nicht um zwei scharf voneinander getrennte und feindliche »Lager« innerhalb der Arbeiterbewegung: die Arbeiteropposition blieb in den Gewerkschaften; es blieb auch der Kontakt zur Mehrheitssozialdemokratie. In ihrer Gesamtheit gewann die Arbeiterbewegung im Jahre 1918 eine Schlüsselrolle für die weitere politische Entwicklung in Deutschland; außerparlamentarisch lag die Initiative bei den Massenaktionen der Arbeiter und bei der »Parlamentarisierung von oben« ging nichts mehr ohne die SPD.

IX Sieg und Niederlage zugleich: die Arbeiterbewegung in der Revolution 1918/19

Obwohl im Oktober 1918 die neue Regierung des Prinzen Max von Baden der ihr zugedachten Aufgabe durchaus nachkam und die erforderlichen Schritte zu Friedensverhandlungen und Verfassungsänderungen unternahm, konnte sie doch nicht verhindern, daß Anfang November die von den herrschenden Kreisen gefürchtete Massenbewegung gegen den Krieg, gegen die Monarchie und für eine Demokratisierung ausbrach und sich schnell über alle Gebiete Deutschlands ausbreitete. Ende Oktober verweigerten die Matrosen der in Kiel und Wilhelmshaven liegenden Hochseeflotte ihren Offizieren den Gehorsam, als die Kriegsschiffe zu einem Einsatz in den Ärmelkanal auslaufen sollten. Nachdem die Marineleitung dieser Befehlsverweigerung durch Massenverhaftungen und Disziplinarverfahren zu begegnen versuchte, verließen die Matrosen ihre Schiffe, wählten an Land Soldatenräte und übernahmen in den Hafenstädten die Befehlsgewalt. Den Offizieren wurden die Waffen und Rangzeichen abgenommen. Einen Tag später traten die Werftarbeiter in den Streik und wählten Arbeiterräte, die sich an die Seite der Soldaten stellten. Diese erfolgreiche Revolte war der Anstoß für die sich über das ganze Land verbreitende »Novemberrevolution«, die in wenigen Tagen die 22 deutschen Monarchen und Fürsten und die staatlichen Behörden entmachtete und durch die Bildung lokaler Räte die faktische politische und militärische Gewalt in die Hände der Arbeiter und Soldaten legte, die die aktiven Träger des Umsturzes waren.

Am 9. November brach die Revolution auch in Berlin aus: Massen von Arbeitern der Stadt traten in den Streik und gingen auf die Straße. Der größte Teil der dort stationierten Truppen schloß sich den riesigen Demonstrationszügen an, der Rest wurde entwaffnet. Noch am gleichen Tag fanden Verhandlungen zwischen SPD und USPD statt, aus denen eine paritätisch besetzte neue Regierung hervorging. Die Regierung Max von Badens hatte kurz zuvor die »Regierungsgewalt« in die Hände der SPD gelegt.

Einen Tag später fand eine Vollversammlung der Berliner Arbeiter- und Soldatenräte statt, in der ein »Vollzugsrat« gewählt und die sechsköpfige sozialdemokratische Regierung als »Rat der Volksbeauftragten« bestätigt wurde. Der Vollzugsrat bestand je zur Hälfte aus Arbeitern und Soldaten, je sechs der Arbeiter gehörten der SPD bzw. USPD an. Die Arbeitervertreter der USPD wurden vom Kreis der Obleute um R. Müller gestellt.

Forderungen der Arbeiter- und Soldatenräte

Die Forderungen, die von den Arbeiter- und Soldatenräten in Kiel bzw. Berlin erhoben wurden, waren unterschiedlich: während die Berliner Räte auf ihrer ersten Vollversammlung eine Resolution des Mitgliedes des Kreises der Obleute und USPD-Mannes Däumig annahmen, in der die sozialistische Republik, sofortiger Friede, die Vergesellschaftung der Produktionsmittel und Solidarität mit der russischen Revolution verlangt wurden, stellte der Soldatenrat Kiel folgende 14 Forderungen:

»*1. Freilassung sämtlicher Inhaftierten und politischen Gefangenen.*
2. Vollständige Rede- und Pressefreiheit.
3. Aufhebung der Briefzensur.
4. Sachgemäße Behandlung der Mannschaften durch Vorgesetzte.
5. Straffreie Rückkehr sämtlicher Kameraden an Bord und in die Kasernen.
6. Die Ausfahrt der Flotte hat unter allen Umständen zu unterbleiben.
7. Jegliche Schutzmaßnahmen mit Blutvergießen haben zu unterbleiben.
8. Zurückziehung sämtlicher nicht zur Garnison gehöriger Truppen.
9. Alle Maßnahmen zum Schutze des Privateigentums werden sofort vom Soldatenrat festgesetzt.
10. Es gibt außer Dienst keine Vorgesetzten mehr.
11. Unbeschränkte politische Freiheit jedes Mannes von Beendigung des Dienstes bis zum Beginn des nächsten Dienstes.
12. Offiziere, die sich mit den Maßnahmen des jetzt bestehenden Soldatenrates einverstanden erklären, begrüßen wir in unserer Mitte.
Alles übrige hat ohne Anspruch auf Versorgung den Dienst zu quittieren.
13. Jeder Angehörige des Soldatenrates ist von jeglichem Dienste zu befreien.
14. Sämtliche in Zukunft zu treffenden Maßnahmen sind nur mit Zustimmung des Soldatenrates zu treffen.«

Extraausgabe. Sonnabend, den 9. November 1918.

Vorwärts
Berliner Volksblatt.
Zentralorgan der sozialdemokratischen Partei Deutschlands.

Generalstreik!

Der Arbeiter- und Soldatenrat von Berlin hat den Generalstreik beschlossen. Alle Betriebe stehen still. Die notwendige Versorgung der Bevölkerung wird aufrecht erhalten.

Ein großer Teil der Garnison hat sich in geschlossenen Truppenkörpern mit Maschinengewehren und Geschützen dem Arbeiter- und Soldatenrat zur Verfügung gestellt.

Die Bewegung wird gemeinschaftlich geleitet von der Sozialdemokratischen Partei Deutschlands und der Unabhängigen sozialdemokratischen Partei Deutschlands.

Arbeiter, Soldaten, sorgt für Aufrechterhaltung der Ruhe und Ordnung.

Es lebe die soziale Republik!

Der Arbeiter- und Soldatenrat.

Rätebewegung und Streiks erzwingen 1918 den Übergang zur Republik

In denjenigen Städten hingegen, in denen die Räte mehr von Vertretern der Arbeiterschaft und der Arbeiterparteien geprägt waren, wurden neben der Forderung nach Friedensschluß und politischen Freiheitsrechten durchweg auch soziale und antikapitalistische Vorstellungen vertreten. Als typisch kann hierfür etwa Stuttgart gelten, wo der örtliche Arbeiter- und Soldatenrat bereits am 5. November das folgende Programm veröffentlichte:

»*1. Sofortiger Waffenstillstand und Abschluß des Friedens durch den Arbeiter- und Soldatenrat.*
2. Abdanken aller Dynastien, einschließlich Wilhelm II. von Württemberg.
3. Auflösung des Landtags und des Reichstags. Die Regierung übernehmen sofort zu wählende Delegierte der Arbeiter, Soldaten, Kleinbauern und der Landarbeiter.
4. Sofortige und vollständige Aufhebung des Belagerungszustandes; Aufhebung jeder Zensur, volle Preßfreiheit; Aufhebung des Hilfsdienstgesetzes.
5. Sofortige Freilassung aller politisch Inhaftierten und aller Militärgefangenen ohne Ausnahme in Württemberg und im Reich.
6. Banken und Industrien sind zugunsten des Proletariats zu enteignen.
7. Annullierung der Kriegsanleihen von 1000 Mark aufwärts.
8. 7stündige Arbeitszeit; Festsetzung von Mindestlöhnen durch die Arbeiterausschüsse. Gleiche Löhne für männliche und weibliche Arbeiter.
9. Streiktage sind voll zu bezahlen.
10. Durchgreifende Umgestaltung des Heerwesens, nämlich
   a) Verleihung des Vereins- und Versammlungsrechts an die Soldaten in dienstlichen und außerdienstlichen Angelegenheiten;
   b) Aufhebung des Disziplinarstrafrechts der Vorgesetzten; die Disziplin wird durch Soldatendelegierte aufrecht erhalten;
   c) Abschaffung der Kriegsgerichte;
   d) Entfernung von Vorgesetzten auf Mehrheitsbeschluß der ihnen Untergebenen hin.
12. Abschaffung der Todesstrafe und der Zuchthausstrafe für politische und militärische Vergehen.
13. Uebergabe der Lebensmittelverteilung an Vertrauensleute der Arbeiter.«

Der inhaltliche Charakter der Bewegung zeigte demnach beträchtliche lokale Unterschiede. Während in den industriellen Zentren die aktiven Teile der Arbeiterschaft sich die sozialistische Republik zum Ziel setz-

ten, erhoben sich die Kieler Matrosen für demokratische Rechte wie die »vollständige Rede- und Pressefreiheit« und für eine »sachgemäße Behandlung der Mannschaften durch Vorgesetzte«. Untersucht man die Forderungen der Räte in ganz Deutschland, so stellt man fest, daß die Bewegung vor allem eine spontan entstandene demokratische Volksbewegung war.
Das wird auch durch die Mitarbeit von Vertretern der bürgerlichen Parteien des Zentrums und des Fortschritts in den Räten, vor allem in der Provinz, bestätigt. Diese Umstände haben A. Rosenberg veranlaßt, von der Novemberrevolution als der »wunderlichsten aller Revolutionen« zu sprechen, da »nach der politischen Logik« eine Revolution nur von den radikal-sozialistischen Kräften hätte ausgehen dürfen. Die Forderungen der revoltierenden Massen waren letztendlich mit dem Programm der Regierung, die von SPD, Zentrum und der Fortschrittspartei getragen wurde, identisch; also machten nach Rosenberg die Massen eine Revolution »gegen sich selbst«. Die Erklärung liegt für ihn in der mangelnden »Fühlung« zwischen den Parteien und ihren Anhängern: »Ende Oktober schrieben die Blätter von der staatsrechtlichen Veränderung. Die wirkliche Bedeutung dieser friedlichen Revolution ist den Massen gar nicht klar geworden.«[1]
Wenn man versucht, die Motive für das Handeln der Arbeiter und Soldaten im November 1918 zu untersuchen, kann man aber herausfinden, daß eine Revolution für diese Schichten erst dann wirkliche Bedeutung gewinnen konnte, wenn sich die Lebensbedingungen, die sie in die Opposition getrieben hatten, änderten und »Frieden, Freiheit und Brot« handgreifliche Wirklichkeit wurden. Dies war aber im Oktober durch die »friedliche Revolution« von oben nicht gegeben: In den deutschen Einzelstaaten und in der Armee hatte sich nichts geändert; nach wie vor herrschte der Belagerungszustand und lag die Befehlsgewalt bei den regionalen Generalkommandos. Die Autorität der Offiziere war ungebrochen. Vom Frieden wurde zwar geredet, aber der Krieg ging weiter. Selbst die SPD konnte keine konkreten Friedensversprechungen machen, sondern forderte im »Vorwärts« vom 27. Oktober zur Zeichnung der neunten Kriegsanleihe auf: »Ein großer Erfolg der Kriegsanleihe wird im Innern des Landes das Vertrauen befestigen, nach außen unser Ansehen erhöhen und die Hoffnungen der Feinde auf einen finanziellen Zusammenbruch Deutschlands widerlegen, dem Reich die Mittel zur Fortführung des Kampfes, falls es notwendig werden sollte, gewähren und für den Fall, daß es zum Frieden kommt, die Überführung unserer wirtschaftlichen Verhältnisse auf den Friedensfuß erleichtern.«

Die 14 Forderungen der Kieler Matrosen zeigen, daß Demokratisierung für sie ganz konkrete Veränderungen ihrer Lage und ihrer Lebensverhältnisse bedeutete.

Bei den Arbeitern in den Fabriken waren die Motive ähnlich: nach wie vor war das »Arbeitszwanggesetz« von 1916 in Kraft, die Generalkommandos, die gegen die Streiks mit Soldaten und Einberufungen vorgegangen waren, verboten immer noch Versammlungen und Ausstände gegen die Unternehmer.

Unter diesen Umständen kann man von einer aktuellen Übereinstimmung der revoltierenden Massen mit der Regierung vor dem November 1918 kaum sprechen; die von der Regierung initiierten Veränderungen in den politischen Strukturen waren zu sehr auf formale Eingriffe und personellen Wechsel begrenzt. Die arbeitende Bevölkerung und die Soldaten sahen offenbar keine andere Möglichkeit, als selbst in Aktion gegen den Krieg und die inneren Verhältnisse des Reiches zu treten. Daß ein selbständiges kollektives Vorgehen möglicherweise erfolgreich sein konnte und wie es zu organisieren sei, hatte auch die russische Revolution gezeigt. Dort hatten sich die Soldaten, Arbeiter und Bauern erhoben und den Zarismus gestürzt. So wurden von ihr die Begriffe entliehen, unter denen die Demokratisierung »auf eigene Faust« stattfand: die Organisation der »Räte«, »Vollzugsräte« und »Volksbeauftragten«.

Volksbewegung und demokratische Parteien

Trotzdem war eine enge Verschränkung von demokratischen und sozialdemokratischen Parteien und spontaner Volksbewegung gegeben. Dies kommt schon in der Übernahme der Räte durch gewählte Mitglieder dieser Parteien vielerorts zum Ausdruck. Eine solche Gleichzeitigkeit von kurzfristiger Divergenz und langfristiger Konvergenz zwischen Novemberbewegung und traditionellen Parteien erklärt sich aus dem spezifischen Charakter der Bewegung der Räte selbst: »Ihre Stärke liegt in der unmittelbaren Kritik, der negativen Aktion, ihre Schwäche offenbart sich im Erfolg: sie sind entschieden in der Negation, aber unklar und unentschlossen im Hinblick auf das Neue – ihre ideologische und praktische Einheit zerfällt mit dem Erfolg.«[2]

Den Massen, die die Gesellschaft demokratisch verändern wollten, erschienen insbesondere die Organisationen der Arbeiterbewegung als die Träger des politischen Wandels in ihrem Sinne. So waren z. B. von den 490 Delegierten des 1. Rätekongresses, der einen Monat nach dem

Novembersturz stattfand, 298 Mitglieder der SPD, 101 Mitglieder der USPD; 195 von diesen Delegierten hatten Partei- oder Gewerkschaftsfunktionen inne.

Die Erklärung dafür ist in der historischen Herkunft der Arbeiterorganisationen zu finden; sie waren die einzigen, die vor dem Ersten Weltkrieg in entschiedener Opposition zum Obrigkeitsstaat und zum Militarismus gestanden und als Massenorganisationen politisch in Richtung auf Demokratisierung zu wirken versucht hatten. Ihre Geschichte prädestinierte sie also dazu, beim Zusammenbruch der Monarchie 1918 die gesellschaftliche Umwälzung durchzuführen. Daran konnte auch die Tatsache nichts ändern, daß SPD und Gewerkschaftsführung durch die Politik des Burgfriedens bei einem Teil der Arbeiterschaft diskreditiert waren. Diese Teile fanden ihre Vertretung in der USPD-Fraktion der Rätebewegung. Zu bedenken ist auch, daß die übergroße Mehrheit der Arbeiterschaft selbst ja zunächst wenigstens der nationalen Begeisterung (wenn auch nicht so sehr dem Konzept des »Kriegssozialismus«) sich angeschlossen hatte; insofern schienen die Führungen der alten Organisationen nur demselben Irrtum erlegen zu sein (wenn auch um einiges länger anhaltend) wie ihre »Basis«.

Überdies war den Arbeitern die Geschlossenheit der gesamten Arbeiterklasse so wichtig, und die Notwendigkeit einer einheitlichen Führung trat so offen zutage, daß die Grenzen zwischen den Parteien dahinschwanden. Ein Stimmungsbild in den Berliner Großbetrieben vom 10. November verdeutlicht dies: »Und was zeigte sich in den Fabriken? Ein unbeschreiblicher Jubel über den Sturz des alten Systems und über – die Einigung der beiden sozialistischen Parteien ... Die ganze Kriegspolitik mit ihren Wirkungen auf die Lage der Arbeiter, der Burgfrieden mit der Bourgeoisie, alles, was die Arbeiter bis aufs Blut gereizt hatte, war vergessen. Die Freude über den Sieg der Arbeiterklasse und der Widerwillen gegen den jahrelangen Bruderkampf drückten jede Überlegung nieder. Die Arbeiter wollten ein Zusammengehen der beiden Parteien, und sie hielten es für richtig, daß der zu wählende Arbeiterrat paritätisch zusammengesetzt wurde. So kam es, daß in einigen Betrieben Funktionäre der Sozialdemokratie, die am Tage zuvor aus den Betrieben geprügelt worden waren, weil sie sich dem Generalstreik nicht anschließen wollten, nunmehr als Mitglieder des Arbeiterrats gewählt wurden.«[3]

Vorstellungen von SPD, USPD und Linksradikalen

Auf Grund der zentralen Bedeutung der Arbeiterorganisationen für die weitere revolutionäre Entwicklung ist es wichtig, ihre Programme, ihre Strategien und ihr Verhältnis zueinander genauer zu untersuchen, da diese inneren Strukturen ausschlaggebend für den Verlauf und Ausgang dieser deutschen Revolution sein mußten.

Der Ausbruch der Novemberrevolution, die den Organisationen der deutschen Arbeiterbewegung durch das Votum der Arbeiter und Soldaten die Entscheidung über die weitere politische Entwicklung überantwortete, traf diese in einem äußerst ungünstigen Zustand an. Die gewerkschaftlichen Organisationen spielten in der revolutionären Bewegung selbst überhaupt keine Rolle: »Die Revolution, als ein Prozeß gesellschaftlicher Auflösung und Neubildung, schaltete die Gewerkschaften vorübergehend aus und verdrängte sie von der Rampe der geschichtlichen Bühne. Das konnte auch nicht anders sein. Die Gewerkschaftsverbände waren im Laufe der Entwicklung zu konservativen, in die bestehende Gesellschaftsordnung integrierten, staatserhaltenden Gebilden geworden. Sie konnten deshalb in einer Periode revolutionärer Erschütterung der gesellschaftlichen Ordnung keine Führerrolle spielen, nicht zum organisatorischen Element der in Bewegung geratenen staats- und gesellschaftsändernden Kräfte werden.«[4]

Das heißt nicht, daß sie politisch bedeutungslos wurden; eine Untersuchung des Verhaltens der Gewerkschaftsführung wird zeigen, daß dieses durchaus Wirkungen hatte. In bezug auf die Probleme revolutionärer Umgestaltung allerdings hatten die Gewerkschaften keinen vorwärtstreibenden Einfluß und versuchten auch nicht, ihn zu gewinnen, da sie nach wie vor an ihrer Funktionsbestimmung als ausschließlich wirtschaftlichen Organisationen festhielten.

Welche Vorstellungen hatten SPD und USPD sowie die revolutionäre Linke über Ziele und Wege einer Veränderung der Gesellschaft? Die Führung der SPD hatte die revolutionäre Bewegung nicht gewollt und sie bis zuletzt zu verhindern gesucht. Sie hatte durch ihre Mitgliedschaft in der neuen Regierung vom Oktober bewiesen, daß sie den Weg zur »Parlamentarisierung von oben« für richtig hielt. Als indessen die Bewegung ausbrach, war sie praktisch gezwungen, sich an ihre Spitze zu stellen. In dieser Situation hielt sie es für notwendig, eine Regierung mit der USPD zu bilden, um zu einem einheitlichen Vorgehen der gesamten Arbeiterschaft zu kommen.

Das mögliche Ziel der Novemberbewegung sah sie in der Einrichtung einer Konstituante, die Deutschland eine parlamentarische Verfassung

geben sollte. Weitergehende Vorstellungen hatte sie – abgesehen vom Friedensschluß mit der Entente – nicht. Selbstverständlich erhoffte sie vom Übergang zur parlamentarischen Demokratie einen sozialpolitischen Fortschritt, speziell im Interesse der Arbeiterschaft. Das Zusammengehen von SPD und USPD im Rat der Volksbeauftragten zeigte das Maß an Übereinstimmung der beiden Parteien nicht deutlich an. Die USPD war Sammelbecken aller oppositionellen Kräfte im Krieg und damit in der neuen Situation nur begrenzt funktionsfähig. »Sie war stark gewesen als Oppositionspartei gegen den Krieg, in der Revolution war sie nur ein schwacher Faktor«, sie stand ihr »hilf- und perspektivlos« gegenüber. H. Krause unterscheidet vier innerparteiliche Richtungen einschließlich des Spartakusbundes, der bis zum Dezember formeller Teil der USPD war. Diese Richtungen konnten sich auf kein konkretes längerfristiges Programm und keine gemeinsame Strategie einigen; das mußte im Ergebnis Schwäche und Unentschiedenheit bedeuten. Zwar wurde »der Sozialismus« proklamiert, aber die Partei »hatte keine Theorie entwickelt, aus der ein bestimmtes Handeln abzuleiten gewesen wäre. Sie wußte nicht, wie die sozialistische Gesellschaft in der Praxis zu erreichen war. In diesem Sinne trat sie legitim das Erbe der alten Sozialdemokratie an.«[5] Der Spartakusbund und die IKD (Internationale Kommunisten Deutschlands; bis 1918: Internationale Sozialisten) orientierten sich stark an der Politik der Bolschewiki; in ihrer Entwicklung läßt sich seit den revolutionären Ereignissen in Rußland eine entschiedene Wendung von der bisher radikaldemokratischen Arbeiterpolitik hin zu radikalsozialistischen Forderungen erkennen, die dann im Dezember 1918 zu der gemeinsamen Gründung der KPD führte.
Ein wichtiges Moment, das zur vordergründigen Einheit dieses Teils der Linken beitrug und die eigentlichen Differenzen verdeckte, war die intransigente Ablehnung der SPD-Führer als »Regierungssozialisten« und »Verräter«. Im Aufruf der Spartakusgruppe vom 10. November an die Arbeiter und Soldaten Berlins hieß es beispielsweise: »Es darf kein ›Scheidemann‹ mehr in der Regierung sitzen; es darf kein Sozialist in die Regierung eintreten, solange ein Regierungssozialist noch in ihr sitzt. Es gibt keine Gemeinschaft mit denen, die euch vier Jahre lang verraten haben. Nieder mit dem Kapitalismus und seinen Agenten!« Aber hinter dieser Negativ-Abgrenzung, hinter der Unterstützung der russischen Revolution vom Oktober 1917, hinter der Aufforderung an die Arbeiter, sie müßten »in der Durchführung eines sozialistisch-revolutionären Programms ganze Arbeit machen«, verbargen sich die inneren Schwächen der Linken nur unzureichend.

Die Herausbildung der KPD

Es bestanden große Differenzen zwischen den Positionen der Führungsgruppe des Spartakusbundes um R. Luxemburg und den Internationalen Kommunisten um Knief und Radek. Die politische Praxis der lokalen Gruppen und sogar der einzelnen Personen in ihnen war unterschiedlich; die erst dreijährige Existenz der Gruppen hatte es nicht zu einer Abklärung von Zielen, Strategie und Taktik kommen lassen. Es gab eine Reihe von Gruppen und Personen, die ihre Ziele mit putschistischen Mitteln durchsetzen wollten: »Politisch geprägt durch die negative Erfahrung mit der Partei und den Gewerkschaften, durch die bürokratische Organisation und parlamentarische Politik, sind sie leicht bereit, durch ›revolutionäre Initiative‹ und den Druck der Straße extreme Entscheidungen zu erzwingen.«[6]
Die Organisationen der revolutionären Linken waren im besonderen Maße den Aktivitäten von agents provocateurs und Lockspitzeln ausgesetzt. Den revolutionären Gruppen mangelte es an einer realistischen Analyse der Massenbewegung vom November. Diese Mängel kamen zum Ausdruck in der überstürzten Gründung der KPD und in den Beschlüssen dieser Partei gegen die Beteiligung an den Wahlen zur Nationalversammlung, gegen die Mitarbeit in den Gewerkschaften. Auf dem Gründungsparteitag der KPD hat gerade Rosa Luxemburg fast verzweifelt ihre Genossen vor einer falschen revolutionären Euphorie gewarnt. Anläßlich der Auseinandersetzung über die Frage einer Wahlbeteiligung versuchte R. Luxemburg zu Bewußtsein zu bringen, daß die Mehrheit der Arbeiterschaft einer »Alles oder nichts«-Strategie der Spartakisten nicht folgen werde:
»... Ich habe die Überzeugung, Ihr wollt Euch Euren Radikalismus ein bißchen bequem und rasch machen, namentlich die Zurufe Schnell abstimmen! beweisen das. Es sind nicht die Reife und der Ernst, die in diesen Saal gehören. Es ist meine feste Überzeugung, es ist eine Sache, die ruhig überlegt und behandelt werden muß. Wir sind berufen zu den größten Aufgaben der Weltgeschichte, und es kann nicht reif und gründlich genug überlegt werden, welche Schritte wir vor uns haben, damit wir sicher sind, daß wir zum Ziele gelangen. So schnell übers Knie brechen kann man nicht so wichtige Entscheidungen. Ich vermisse das Nachdenkliche, den Ernst, der durchaus den revolutionären Elan nicht ausschließt, sondern mit ihm gepaart werden soll.
... was wir bisher in Deutschland sehen, das ist noch die Unreife der Massen. Unsere nächste Aufgabe ist, die Massen zu schulen, diese Aufgaben zu erfüllen. Das wollen wir durch den Parlamentarismus er-

reichen. Das Wort soll entscheiden. Ich sage Ihnen, gerade dank der Unreife der Massen, die bis jetzt nicht verstanden haben, das Rätesystem zum Siege zu bringen, ist es der Gegenrevolution gelungen, die Nationalversammlung als ein Bollwerk gegen uns aufzurichten. ... habt Ihr die Möglichkeit, mit ruhigem Gewissen zu versichern, die gewaltigen Massen der Arbeiterschaft werden wirklich Eurer Boykottparole folgen und sich nicht beteiligen? Ich spreche von den gewaltigen Massen, nicht von den Gruppen, die zu uns gehören ...«
(Aus dem Protokoll des Gründungsparteitags der KPD, 30.12.1918 bis 1.1.1919)

Zwischen Marxismus und Utopismus

Die Neugründung der KPD war sozusagen aus dem Stand heraus erfolgt; auf die wesentliche größere USPD, auch auf ihre linken Teile, hatte man keine Rücksicht genommen, und die »Revolutionären Obleute« waren nicht für den Eintritt in die neue Partei zu gewinnen gewesen. Unter diesen Umständen zog die KPD zum Teil eher utopisch-radikale Individuen als etwa in den Betrieben verankerte und politisch erfahrene Arbeiter an, und dem entsprachen auch ihre Aktionen in dieser Phase der Revolution; die radikale Deklamation ohne Rücksicht auf Voraussetzungen und mögliche Folgen der eigenen Politik stand hier im Mittelpunkt. Rosa Luxemburg und ihre Freunde blieben mit ihren Warnungen auf dem Parteitag in der Minderheit. Der Mord vom 15. Januar 1919 setzte dann den Einflußmöglichkeiten Rosa Luxemburgs ein Ende. Karl Liebknecht, am gleichen Tage ermordet, hatte, weniger realistisch als Rosa Luxemburg, zwei Tage zuvor in der »Roten Fahne« geschrieben:
»Noch ist der Golgathaweg der deutschen Arbeiterklasse nicht beendet. Aber der Tag der Erlösung naht. Der Tag des Gerichts für die Ebert-Scheidemann-Noske und für die kapitalistischen Machthaber, die sich noch heute hinter ihnen verstecken.«
Ein eindrucksvolles Bild von jener Mischung zwischen einem Denken, das Revolution als Prozeß der Emanzipation begreift, nur zustandezubringen durch die große Mehrheit, und einer politisch-religiös anmutenden »Endzeit«-Stimmung, wie sie für die frühe KPD charakteristisch war, vermitteln Auszüge aus dem Parteiprogramm:
»... Auch die wirtschaftliche Umwälzung kann sich nur als ein von der proletarischen Massenaktion getragener Prozeß vollziehen. Die nackten Dekrete oberster Revolutionsbehörden über die Sozialisierung sind

allein ein leeres Wort. Nur die Arbeiterschaft kann das Wort durch eigene Tat zum Fleische machen. In zähem Ringen mit dem Kapital, Brust an Brust in jedem Betriebe, durch unmittelbaren Druck der Massen, durch Streiks, durch Schaffung ihrer ständigen Vertretungsorgane können die Arbeiter die Kontrolle über die Produktion und schließlich die tatsächliche Leitung an sich bringen.
Die Proletariermassen müssen lernen, aus toten Maschinen, die der Kapitalist an den Produktionsprozeß stellt, zu denkenden, freien, selbsttätigen Lenkern dieses Prozesses zu werden. Sie müssen das Verantwortlichkeitsgefühl wirkender Glieder der Allgemeinheit erwerben, die Alleinbesitzerin alles gesellschaftlichen Reichtums ist. Sie müssen Fleiß ohne Unternehmerpeitsche, höchste Leistung ohne kapitalistische Antreiber, Disziplin ohne Joch und Ordnung, ohne Herrschaft entfalten. Höchster Idealismus im Interesse der Allgemeinheit, straffste Selbstdisziplin, wahrer Bürgersinn der Massen sind für die sozialistische Gesellschaft die moralische Grundlage, wie Stumpfsinn, Egoismus und Korruption die moralische Grundlage der kapitalistischen Gesellschaft sind.
Alle diese sozialistischen Bürgertugenden, zusammen mit Kenntnissen und Befähigungen zur Leitung der sozialistischen Betriebe, kann die Arbeitermasse nur durch eigene Betätigung, eigene Erfahrung erwerben.
Sozialisierung der Gesellschaft kann nur durch zähen, unermüdlichen Kampf der Arbeitermasse in ihrer ganzen Breite verwirklicht werden, auf allen Punkten, wo Arbeit mit Kapital, wo Volk mit bürgerlicher Klassenherrschaft einander ins Weiße des Auges blicken. Die Befreiung der Arbeiterklasse muß das Werk der Arbeiterklasse selbst sein...
Das will der Spartakusbund.
Und weil er das will, weil er der Mahner, der Dränger, weil er das sozialistische Gewissen der Revolution ist, wird er von allen offenen und heimlichen Feinden der Revolution und des Proletariats gehaßt, verfolgt und verleumdet.
Kreuziget ihn! rufen die Kapitalisten, die um ihre Kassenschränke zittern.
Kreuziget ihn! rufen die Kleinbürger, die Offiziere, die Antisemiten, die Preßlakaien der Bourgeoisie, die um die Fleischtöpfe der bürgerlichen Klassenherrschaft zittern.
Kreuziget ihn! wiederholen noch wie ein Echo getäuschte, betrogene, mißbrauchte Schichten der Arbeiterschaft und Soldaten, die nicht wissen, daß sie gegen ihr eigen Fleisch und Blut wüten, wenn sie gegen den Spartakusbund wüten.

Im Hasse, in der Verleumdung gegen den Spartakusbund vereinigt sich alles, was gegenrevolutionär, volksfeindlich, antisozialistisch, zweideutig, lichtscheu, unklar ist. Dadurch wird bestätigt, daß in ihm das Herz der Revolution pocht, daß ihm die Zukunft gehört. Auf, Proletarier! Zum Kampf! Es gilt eine Welt zu erobern und gegen eine Welt anzukämpfen. In diesem letzten Klassenkampf der Weltgeschichte um die höchsten Ziele der Menschheit gilt dem Feinde das Wort: Daumen aufs Auge und Knie auf die Brust!«
(KPD/Spartakusbund, Januar 1919)

Die politische Differenzierung der deutschen Arbeiterbewegung 1918/19

Auf der anderen Seite war die USPD, war aber auch die SPD in den politischen Stimmungen ihrer Mitglieder nicht weniger diffus. Zu diesem Zeitpunkt verkörperten die drei nun vorhandenen Parteien der deutschen Arbeiterbewegung, soweit es um ihre Mitgliederschaft geht, alles andere als eindeutig voneinander abzugrenzende, in sich handlungsfähige Richtungen. Je nach regionalen Bedingungen fanden sich radikale oder utopistische Stimmungen auch in der SPD, während »gestandene Reformisten« zum guten Teil in der USPD organisiert waren. Die Zufälligkeit organisatorischer Eingliederungen wird auch sichtbar am Weg mancher maßgeblicher Sozialisten durch die Parteien, ohne daß damit ein persönlicher Standpunktwechsel verbunden gewesen wäre. Paul Levi z. B., nach Rosa Luxemburg und Karl Liebknecht Vorsitzender der KPD, fand sich etliche Zeit später in der USPD, dann in der SPD wieder; Karl Korsch, 1919 als Rätetheoretiker noch in der SPD, wurde einige Zeit später wegen Linksabweichungen aus der KPD ausgeschlossen... Konstanz hatte am ehesten die Führungsgruppe der Mehrheitssozialdemokratie, die aber ohnehin abseits der revolutionären Entwicklungen stand. Die Verworrenheit der politisch-organisatorischen Zuordnungen und Gruppierungen hat wohl wesentlich zum negativen Resultat der Revolutionsbewegung beigetragen. A. Rosenberg hat versucht, die inhaltlich-politischen Strömungen übersichtlich zu machen. Er unterscheidet für die drei Parteien sechs verschiedene Tendenzen: »Es gab im November, um es ganz einfach auszudrücken, rechte und linke Mehrheitssozialisten, rechte und linke Unabhängige, rechte und linke Spartakisten. Dabei standen sich merkwürdigerweise die linken Mehrheitssozialisten und die rechten Unabhängigen und ebenso die linken Unabhängigen und rechten Spartakisten ganz nahe.

Die Dreiteilung des deutschen sozialistischen Proletariats, wie sie sich durch die Kriegspolitik ergeben hatte, paßte eben in die veränderten Verhältnisse der Revolution und Republik nicht mehr hinein.«[7] Man muß sich vergegenwärtigen, daß die rechten Unabhängigen mit den linken Mehrheitssozialisten und die USPD-Linke im Verein mit der Spartakusführung eigentlich die beiden Hauptrichtungen der deutschen Arbeiterbewegung repräsentierten: den reformerischen und den revolutionären Flügel. Aus dem Defizit an strategischen Vorstellungen und an organisatorischer Geschlossenheit dieser beiden Hauptrichtungen »ergab sich die Gefahr, daß diese breite Mitte der sozialistischen Bewegung ausgeschaltet wurde und daß die äußerste Rechte (in der SPD) und die äußerste Linke (im Spartakusbund) aufeinander losschlugen«.

Auf Grund der Funktion, die in der Novemberrevolution die Arbeiterbewegung als die einzige politische Kraft mit gesellschaftsverändernder Zielsetzung gewann, können die Ereignisse nur auf dem Hintergrund des oben beschriebenen Zustandes der Arbeiterparteien verständlich werden. Gerade die ersten drei Monate der Revolution bis zur konstituierenden Zusammenkunft der Nationalversammlung waren geprägt von der Konfrontation zwischen den »parlamentarischen Rätefeinden auf der Rechten und den hemmungslosen Utopisten auf der Linken«. Die Mehrheit der Arbeiterschaft stand in dieser Auseinandersetzung, die vor allem in Berlin stattfand, auf keiner der beiden Seiten und mußte untätig bleiben; die zwischen den Extremen stehenden politischen Richtungen in SPD, USPD und Spartakusbund waren durch diese Konstellation gezwungen, für eine der beiden Seiten oft gegen ihren Willen Partei zu ergreifen und so die Spaltung der Arbeiterbewegung zu vertiefen.

Die Politik der Revolutionsregierung

Diese Spaltung und die damit verbundene Handlungsunfähigkeit der organisierten Arbeiterschaft hatten entscheidende Auswirkungen überall dort, wo es um die Weiterentwicklung der Revolution ging, denn eine Demokratisierung Deutschlands konnte nicht stattfinden, wenn nicht tiefgreifende Umwälzungen im Staatsapparat und seinen verschiedensten Teilen erfolgten: Justiz, Verwaltung, Militär mußten einer grundsätzlichen Veränderung unterzogen werden.
Das hätte unter Umständen unterstützt werden können durch eine Aktivierung der entstehenden Beamtenräte und der schon existierenden

Soldatenräte. Aber die SPD wollte von solchen Eingriffen nichts wissen, sie hielt das ungestörte Funktionieren des Staatsapparates für vorrangig; die USPD-Vertreter im Rat der Volksbeauftragten hatten überhaupt keine Vorstellungen über die zu ergreifenden Maßnahmen. Im übrigen fehlte es der Linken außerhalb der Regierung an Geschlossenheit und der zielstrebigen Vorgehensweise, um solche Reformen zu erzwingen.

Der von der SPD dominierte Rat der Volksbeauftragten stützte sich in seiner Politik gerade auf den bestehenden Beamten- und Offiziersapparat; um »Ruhe und Ordnung« aufrechtzuerhalten, blieben die Truppen den alten Offizieren unterstellt, wurde die militärische und zivile zentrale Administration monarchistischen Offizieren und bürgerlich-konservativen Politikern belassen.

Die Regierung von SPD und USPD erhielt zwar auch von den Soldatenräten ihr Mandat und stützte sich z. T. auf die bewaffnete Macht der von diesen Räten vertretenen Soldaten, war aber nicht in der Lage, die alte Führungsschicht der Offiziere zu entmachten, da sie die Kooperation mit ihr für wichtig hielt. Im Zuge des Abbaus der Armee wurden gerade die eher demokratisch gesinnten Soldaten entlassen, die monarchistisch eingestellte Offiziersschicht und die Berufssoldaten blieben. Diese konservative, im autoritären Geist erzogene Militärkaste kam der Regierung entgegen: »Die leitenden Offiziere erkannten von Anfang an, daß sie ihre Ziele nicht im Frontalangriff gegen das sozialistische Proletariat, sondern nur durch die Spaltung der Sozialdemokratie erreichen konnten. Man mußte versuchen, den konservativen Flügel der Mehrheitssozialisten gegen die Unabhängigen, die Spartakisten und überhaupt gegen die Räte, zu mobilisieren.«[8]

Rasche Ergebnisse erzielten die Volksbeauftragten in bezug auf die Sozialpolitik und das Wahlrecht. Zwei Tage nach ihrer Bestätigung durch die Berliner Arbeiter- und Soldatenräte verordneten sie den Acht-Stunden-Tag, die Einrichtung einer Erwerbslosenfürsorge, allgemeine Regelungen für Tarifverträge und für das Schlichtungswesen und das allgemeine gleiche und geheime Wahlrecht, nun auch für die Frauen. Hier kam zum Ausdruck, daß die sozialdemokratische Regierung in den Bereichen, in denen die deutsche Arbeiterbewegung traditionell politisch-praktisch gewirkt hatte, kompetent handelte. »Was danebenlag, wurde entweder ignoriert oder nur zaghaft und unzulänglich angefaßt.« (A. Rosenberg)

Bezeichnend für die vom Rat der Volksbeauftragten angezielte Politik ist, daß die vorgesehenen praktischen Maßnahmen sich im Rahmen einer sozialpolitisch aufgeschlossenen bürgerlichen Demokratie hielten, gleichzeitig aber ein »sozialistisches Programm« verheißen wurde. Diese innere oder vielleicht auch nur als Konzession an den »Zeitgeist« äußere Zwiespältigkeit der sozialdemokratischen Konzeption im Übergang zur Weimarer Republik hat sich ohne Zweifel höchst nachteilig ausgewirkt. Hier wurde ein »Sozialismus« versprochen, der keinerlei realen Boden hatte; die Enttäuschung über nicht eingelöste Verheißungen dieser Art mußte Teile der Arbeiterschaft in eine emotionale Feindschaft zur SPD hineintreiben. Da wäre weniger, nämlich ein offen sozialliberales Programm, mehr gewesen, zumindest dann, wenn es sich mit der Entschlossenheit verbunden hätte, eine bürgerliche Staatsform gegen die feudal-obrigkeitsstaatlichen Machtgruppen in Administration, Militär und Justiz wirklich durchzusetzen. Für eine solche politische Linie hätten sich in der Situation von 1918 Teile des Liberalismus und der Zentrumspartei vermutlich als feste Bundesgenossen gewinnen lassen; einer Sozialdemokratie aber, die für sich eine sozialistische Politik in Anspruch nahm, trauten sie nie so ganz über den Weg.

»Verrat an der Revolution«?

Aber nicht nur der von der Majorität der Räte getragenen, gleichzeitig der Rätebewegung wiederum abgeneigten, mehrheitssozialdemokratisch geführten und dann ab Dezember 1918 rein mehrheitssozialdemokratischen Regierung fehlten ein konkretes Programm und Vorstellungen über die Vorgehensweise, soweit sie überhaupt die bestehenden Zustände verändern wollte. Auch die Räte selbst waren zu einem großen Teil in ihrer Aktionsfähigkeit gelähmt, zudem verfügten sie kaum über den Apparat und die organisatorischen Mittel, um den Anforderungen, die die politische Situation stellte, zu entsprechen.
Die Räte in den industriellen Zentren forderten zwar durchweg eine »neue Wirtschaftsordnung«, die »Vergesellschaftung der Produktionsmittel« und die »sozialistische Republik«, aber sie waren nicht in der Lage, den Weg dorthin, die Hindernisse, die sich dabei ergeben würden und die Möglichkeiten, diese aus dem Weg zu räumen, auch nur in Umrissen anzugeben.
Diese Unfähigkeit war das Resultat der Konzeptionslosigkeit und der Spaltung der Arbeiterparteien; was der Sozialdemokratie an konzeptioneller Fähigkeit fehlte, mangelte auf andere Weise auch der linken Opposition, der USPD und dem Spartakusbund. »Da die revolutionär sozialistische Linke ihre schwache Position in der Arbeiterbewegung

völlig verkannte, weder über eine schlagkräftige Organisation, noch über ein klares Aktionsprogramm verfügte und überdies durch den in ihren Reihen grassierenden utopischen Radikalismus immer wieder zu den abenteuerlichsten Unternehmungen provoziert wurde, waren alle ihre Aktionen zum Scheitern verurteilt.«[9]
Auf dem Hintergrund dieser Entwicklung der Novemberrevolution, die ihr Gepräge durch die »verworrenen« inneren Verhältnisse der Arbeiterbewegung erhielt, sind auch die Vorgänge und bewaffneten Kämpfe im Dezember und Januar zu sehen; ohne sie eingehender zu behandeln, kann man doch feststellen, daß sich in ihnen alle Schwächen und Mängel, vor allem aber die inneren Gegensätzlichkeiten der Arbeiterorganisationen widerspiegelten. Die Berliner Januarkämpfe waren der vorläufige, makabre Höhepunkt: gegen einen halbherzigen, nicht geplanten, kaum gewollten und unzureichend durchgeführten Putschversuch der Linken setzten die zu diesem Zeitpunkt nur noch von der SPD getragenen Volksbeauftragten Truppen ein, die zwar unter der nominellen Leitung des Sozialdemokraten Noske standen, aber deren Sieg gleichzeitig der Erfolg der Offiziere war, denen sie gehorchten. Und diese Offiziere waren die Vertreter der restaurativ eingestellten herrschenden Kreise der alten Gesellschaft.
Das Bündnis, das Friedrich Ebert für die Mehrheitssozialdemokratie schon am 10. November 1918 zunächst geheim mit der Obersten Heeresleitung eingegangen war, hatte sich im Januar 1919 zwar machtpolitisch ausgezahlt, aber es hatte die Auftrennung der deutschen Arbeiterbewegung in zwei feindselige Richtungen zur Endgültigkeit gemacht. Zugleich war reaktionären Militärgruppen eine Nebenmacht eingeräumt worden, die sie schon bald dazu einsetzen würden, der Demokratie den Garaus zu machen.
In den Schulbüchern und auch in der Geschichtswissenschaft der Bundesrepublik heute ist vielfach die Argumentation zu finden, Ebert und die Mehrheitssozialdemokratie hätten damals vor der Wahl gestanden, entweder diese Liaison mit den zweifellos antidemokratischen Militärs einzugehen, oder aber Deutschland dem Bolschewismus zu überlassen.
Überdenkt man die damaligen Kräfteverhältnisse, so findet diese Version keine Bestätigung. Eine »bolschewistische« Politik, sofern sie überhaupt vertreten wurde, hatte 1918/19 in Deutschland keinerlei Anhang in den Massen; die KPD war damals weder eine große Partei, noch eine schlagkräftige »Kaderorganisation«. Erst die von der Regierung bzw. mehrheitssozialdemokratischen Führung verantworteten Militäreinsätze, die mit ihnen verbundenen, niemals wirklich geahnde-

ten Brutalitäten und die Herausbildung von Militär und Freikorps zu einem Staat im Staate haben Hunderttausende von Arbeitern und USPD-Anhängern zu Feinden der Sozialdemokratie werden lassen; die von der SPD herbeigerufene und legitimierte Militärmacht hat gewissermaßen erst die Gefahr erzeugt (und das gleich links wie rechts), die sie vorgeblich zu bannen hatte, nämlich ernstzunehmende Gegnerschaft zur neuen Republik.

Rudolf Hilferding, damals USPD-Politiker, schrieb im Februar 1919: »Am 9. November hat das Proletariat die politische Gewalt erobert gehabt. Die Spaltung hat verhindert, daß es von seinem Sieg Gebrauch machen konnte. Statt der proletarischen Einheitsfront gegen den gemeinsamen Feind, den Kapitalismus, begann der Kampf des Proletariats untereinander...«[10]

Tatsächlich ging die Macht, die vorwiegend Arbeiter und Soldaten durch ihre Räte seit November ausübten, Stück für Stück wieder verloren, weil es den Organisationen der Arbeiterbewegung an Geschlossenheit und gemeinsamen Strategien fehlte. Aber diese Spaltung der Arbeiterparteien war gleichzeitig auch ein Resultat des Denkens der Arbeiterschaft selbst, die in dieser Situation weder über die notwendigen Schritte sich klar, noch in der Lage war, durch gemeinsamen Druck und gemeinsame Forderungen von unten die Einheit zu erzwingen.

X Der Konflikt um die Räte

In der Zeit nach dem November 1918 war die alle Diskussionen bestimmende Frage die nach der Staatsform. Diese Frage wurde auf dem ersten Rätekongreß vom 16. bis 21. Dezember in Berlin ausgiebig behandelt. Das Ergebnis war ein Beschluß, wonach am 19. Januar Wahlen zur verfassunggebenden Nationalversammlung erfolgen sollten. 344 Rätedelegierte sprachen sich dafür, 98 dagegen aus.

Die offiziellen Protokolle über diesen Allgemeinen Kongreß der Arbeiter- und Soldatenräte geben ein Bild über den inneren Zustand der Räteorganisationen und die Beweggründe, die die Rätedelegierten veranlaßten, sich selbst praktisch zu »entmachten« und ein parlamentarisches System in Deutschland zu konstituieren. Die Gesamtzahl der Delegierten betrug 490, und zwar 406 Arbeiterräte, 84 Soldatenräte. Davon waren 298 Mitglieder der SPD, 101 Mitglieder der USPD, 25 Delegierte bezeichneten sich als Demokraten. »Über die berufliche Tätigkeit der Delegierten können keine absolut zuverlässigen Angaben gemacht werden. Soweit es sich nach den offiziellen Aufzeichnungen feststellen läßt, waren anwesend: 71 Intellektuelle, die sich entsprechend der Stärke der Fraktion ziemlich gleichmäßig auf alle Richtungen verteilten und zum größten Teil leitende Parteifunktionen bekleideten; 164 Sozialdemokraten, die als Redakteure, Abgeordnete, Parteisekretäre, Gewerkschaftsbeamte oder Ortsvorsitzende tätig waren; 31 Unabhängige mit gleicher Tätigkeit; 1 Landwirt, 1 Rittergutspächter und 3 Vertreter landwirtschaftlicher Organisationen; 13 aktive Offiziere, 179 Arbeiter, Angestellte, Kaufleute und Angehörige sonstiger gewerblicher Berufe; 25 Delegierte machten keine oder unbestimmte Angaben über ihre berufliche Tätigkeit; ferner waren 2 weibliche Delegierte anwesend.«[1] Besonders angesichts der Stellung der Frauen in der Kriegsindustrie ist die fast völlige Abwesenheit von Frauen und Frauenvertreterinnen bemerkenswert. Unterrepräsentiert war auch das Land – ein deutliches Zeichen für den nur halb entwickelten Charakter der Revolution, die sich in ihrer aktiven Entwicklung fast völlig auf die großen Städte und Industriezentren beschränkte. Die Dominanz der Parteienvertreter und der Soldaten gibt weiteren Aufschluß darüber, daß die Volksbewegung vom November nicht auf die traditionellen Institutionen verzichten konnte. Auf dem Kongreß bildeten sich sofort feste Fraktionen der SPD, der

USPD und der Demokraten. Die Soldaten stimmten zumeist mit der SPD, die Matrosen mit der USPD. Diese war nicht einheitlich, eine Reihe ihrer führenden Mitglieder stand auf der Seite der SPD. Der Kongreß war geprägt von den Auseinandersetzungen zwischen Mehrheitssozialisten und den linken Unabhängigen. In wesentlichen Fragen wurden diese Auseinandersetzungen bis zur Gefahr der Sprengung des Kongresses geführt.

Der Verlauf des Kongresses wurde mehrmals durch große Demonstrationen von Berliner Arbeitern und Soldaten unterbrochen. Diese schickten z. T. Delegationen, die ultimative Forderungen aufstellten, über die sofort zu beschließen sei. Auch sonst kam es zu Konfrontationen zwischen den Berliner Delegierten und den Delegierten aus anderen Gebieten, die die intensiven Auseinandersetzungen zwischen dem Rat der Volksbeauftragten und den radikalen Berliner USPD-Arbeiterräten nicht nachvollziehen konnten. Der Grund lag darin, daß sich die Berliner Arbeiterschaft sehr viel schneller radikalisiert hatte, vor allem durch die Kämpfe im Krieg unter Leitung der Obleute und durch die unmittelbare Anschauung der politischen Praxis der SPD, eine Radikalisierung, die ein Teil der Arbeiterräte aus dem Ruhrgebiet oder Mitteldeutschland erst Anfang des Jahres 1919 nachvollzog.

Neben der parteispezifischen Fraktionierung existierte also auch eine regionale, die ebenfalls die Unterschiede im Bewußtsein der deutschen Arbeiterschaft widerspiegelte.

Rätemacht oder Parlamentarismus

Zunächst war auf dem Kongreß die Frage zu entscheiden, wer in Zukunft die politische Macht ausüben werde: sollten die Räte als augenblickliche Träger der politischen Macht ihre Existenz in einer Form des Rätesystems institutionalisieren oder die Entscheidungen einer nach parlamentarischen Methoden gewählten verfassunggebenden Nationalversammlung übertragen?

Letzteres war die erklärte Zielsetzung der SPD seit dem 9. November, und ihre große Mehrheit auf dem Kongreß ließ einen Beschluß in dieser Richtung erwarten. Was waren die wichtigsten Beweggründe für diese Zielsetzung?

Als erstes wurde die existierende krisenhafte wirtschaftliche Situation, die eine Folge des Krieges war, angeführt; ihre Aufhebung und die Wiedereinführung einer geregelten Produktion setze die Nationalversammlung praktisch voraus: »Nun gibt es aber, wie die Dinge sich

entwickelt haben, eine Voraussetzung, damit wir wieder produktionsfähig werden. Das ist nur möglich, wenn unser staatlicher Mechanismus, der einigermaßen in Unordnung geraten ist, wieder richtig funktioniert, wenn wir eine Zentralgewalt im Reiche bekommen, die in der Lage ist, den inneren und äußeren Zerfall des Reiches aufzuhalten. Nur eine starke Zentralgewalt ist in der Lage, die auseinanderstrebenden Teile des Reichs wieder an das Reich zu fesseln; nur sie kann dafür sorgen, daß die Glieder im Innern wieder zu einem richtigen Zusammenarbeiten gelangen. Aber eine starke Zentralgewalt kann nur dann sicheren Halt und eine starke moralische Autorität haben, wenn sie auf dem festen und breiten Fundament des allgemeinen Volkswillens aufgebaut ist.«[2]
Es war das Hauptargument der Sozialdemokratie und wohl auch eines der grundlegenden Motive der hinter ihr stehenden Bevölkerungsteile, daß ein Wiederaufbau der Wirtschaft allein möglich sei mit Hilfe einer »Zentralgewalt«, die nur die des autoritär-bürgerlichen Staates sein konnte. Erst wenn die staatliche Organisation und Verwaltung funktionierten und das Wirtschaftsleben wieder floriere, könne man daran denken, mit Hilfe der erhofften sozialistischen Mehrheit in der Nationalversammlung Eingriffe in die Produktionsverhältnisse vorzunehmen.
Darin wird zugleich das zweite Hauptargument sichtbar: Die Nationalversammlung, die ja nichts anderes als das konstituierende Parlament einer deutschen Republik sein konnte, wurde als einzig wahres demokratisches Organ angesehen, als die »Rechtsgrundlage«, durch die der »Volkswille« zum Ausdruck komme: »Im Interesse unseres Landes, das jetzt unser Land geworden ist, das wir alle aus tiefster Seele lieben, dem wir in seiner höchsten und größten Not nur um so fester die Treue halten wollen, im Interesse des deutschen Volkes und besonders der Arbeiterschaft und im Interesse auch der neu aufzubauenden Menschheitsorganisation vom Standpunkt der Demokratie und des Sozialismus aus brauchen wir die Nationalversammlung, die den Willen des deutschen Volkes feststellt.«
Demgegenüber erschienen die im November geschaffenen Räte nur als ein Provisorium, eine »Notbrücke«, die schleunigst wieder abgeschafft werden müsse: »Sie waren eine Notwendigkeit, von der wir nur nicht einsehen können, daß sie eine dauernde Einrichtung bleiben müssen, sondern wir bleiben dabei, daß die Arbeiter- und Soldatenräte eine vorübergehende Notwendigkeit gewesen sind.« Und der Sprecher der SPD-Fraktion Cohen fragte: »Sind denn die Räte Selbstzweck oder sollen sie nur dazu dienen, die Dinge in Ordnung zu bringen, werden

sie nicht gern von ihrer Stelle zurücktreten, sobald sie sehen, daß Deutschland wieder marschiert, daß Deutschland gut marschiert?«
Als wesentlicher Nachteil einer Räteorganisation wurde immer wieder betont: »In jedem Fall drücken die Arbeiter- und Soldatenräte nur einen Teilwillen, niemals aber den Willen des ganzen Volkes aus.« In der Entwicklung der russischen Revolution glaubte man den praktischen Beweis dafür zu haben, daß das Rätesystem auf die Diktatur einer Minderheit hinausliefe, denn »erst in dem Augenblick, als sich zeigte, daß die Bolschewisten nicht in der Mehrheit des russischen Volkes wurzelten, daß der Bolschewismus abgelehnt wurde von der Mehrheit der russischen Industriearbeiter wie der russischen Bauern, erst dann kam man mit der Diktatur... In Rußland besteht dieser verzweifelte Versuch einer Minderheit, Rußland nach dem Ideal der Bolschewisten zu modeln«.

Das war das »Revolutionsprogramm« der absoluten Mehrheit des Rätekongresses und ohne Zweifel auch der Mehrheit der revolutionären Bewegung: Einrichtung demokratisch-parlamentarischer Strukturen, Wiederaufbau der Volkswirtschaft »ohne Experimente«. Darauf aufbauend wollte die SPD die Mehrheit des Volkes für sich gewinnen und den Sozialismus einführen, wobei unklar blieb, was dieser konkret sein könne.

Dieses Programm bedeutete in der gegebenen Situation faktisch die Aufrechterhaltung wesentlicher Grundlagen der bisherigen Gesellschaftsordnung. Nur einmal wurde dies auf dem Kongreß deutlich ausgesprochen – von einem Sozialdemokraten: »Wir kommen also zu dem Schluß, daß wir versuchen müssen, uns, unter Ausnutzung der Macht, die wir erobert haben, mit der kapitalistischen Produktion abzufinden.«

Ernst Däumig, Vertreter der Kongreß-Minderheit, versuchte, die praktischen Auswirkungen einer Parlamentarisierung zu kritisieren und nachzuweisen, daß damit die alten, gerade aufgebrochenen Zustände wieder verfestigt würden: »Der Untertanengeist sitzt dem deutschen Michel tief in den Knochen, und auch in diesen Revolutionstagen noch. Man will eine Obrigkeit haben... Ich will damit nur sagen, daß diese deutsche Revolution sich selbst verflucht wenig zutraut, daß dieser Untertanen- und Korporalsgeist als Erbschaft von Jahrzehnten natürlich noch tief in ihr sitzt, und daß dieser Geist nicht beseitigt werden kann durch einen Wahlkampf und Wahlflugblätter, die alle zwei oder drei Jahre unter die Massen geworfen werden, sondern nur beseitigt werden kann durch einen herzhaften und kräftigen Versuch, das deutsche Volk ständig politisch aktiv zu halten, und das kann durch das

Rätesystem allein geschehen. Wir müssen ja doch auch aufräumen mit dieser ganzen alten Verwaltungsmaschine, die wir haben in Reich und Bundesstaaten und Kommunen. Die Selbstverwaltung muß doch mehr und mehr die Aufgabe sein, die dem deutschen Volk erwachsen muß, anstatt des Regiertwerdens. Wie wollen Sie aber ein Volk in weitestgehendem Maße zur Selbstverwaltung erziehen, wenn Sie es politisch einfach so dahintrotten lassen und wenn Sie Erwählte in irgendein Parlament schicken, die dann wieder die üblichen Redebächlein fließen lassen und den Parteihader erscheinen lassen, aber sonst an den Dingen draußen beim Volke nichts ändern?«
Auch die Minderheit wollte nicht schlagartig die Betriebe sozialisieren, sondern ein Übergangsstadium schaffen, in dem die Arbeiter die Betriebsführung lernen könnten: »In dieser Zeit brauchen wir das Rätesystem in den Betrieben, damit die Arbeiter durch die Räte, zu denen sie Vertrauen haben, die Betriebe überwachen. Das muß gerade jetzt geschehen; denn die Unternehmer werden natürlich die Zwischenzeit bis zur Sozialisierung zu ihrem Vorteil auszunutzen suchen, und deshalb ist es gerade jetzt sehr notwendig, daß die Arbeiter den Produktionsprozeß nicht bloß in der Teilarbeit, in der sie stehen, kennenlernen, sondern daß sie den ganzen Betrieb überschauen.«
Däumig kritisierte durchaus die bestehende Räteorganisation mit ihren Mängeln, aber er zog daraus nicht den Schluß, daß sie nur eine vorübergehende Notwendigkeit gewesen sei: »Lassen Sie sich nicht durch die Mißgriffe und Fehler der ersten Wochen irremachen. Überall sind die Arbeiterräte impulsiv auf einmal aus der Erde geschossen ohne gegenseitige Verständigung, so daß manche Reibungen und Mißverständnisse und auch manche Mißgriffe haben vorkommen müssen. Aber das sind Kinderkrankheiten, die überwunden werden können und müssen. Das ist aber nur möglich, wenn wir dieses System anerkennen. Dann werden viele Klagen, die im Laufe der Zeit laut geworden sind, verstummen. Denn was jetzt ist, ist doch nur ein Kompromiß zwischen Revolution und altem System, aus dem natürlich nichts Gutes herauskommen konnte. Die alte Staatsmaschine mit all den Leuten, die bisher an ihren verschiedenen Stellen gearbeitet haben, ist ja noch beibehalten, und der Vollzugsrat, der hier in Berlin gewirkt hat, hatte ebenso wie die Arbeiter und Soldatenräte in der Provinz nur ein Kontrollrecht.« Würden die Arbeiterräte aber »allmählich im Fortgange ihrer Entwicklung ... in die Verwaltungsfunktion hineinwachsen, dann ist selbstverständlich all das beseitigt, was jetzt Anlaß zu Klagen gegeben hat«.
In bezug auf das »praktische Beispiel« des Bolschewismus argumen-

tierte die Minderheit des Kongresses, daß sie erstens nicht »mechanisch und sklavisch das russische Beispiel nachzuahmen versuche«, zweitens aber den Verdacht hätte, der Bolschewismus solle »einen Popanz zu reaktionären innenpolitischen Zwecken in Deutschland selbst abgeben«.
Aber die Verteidiger eines Rätesystems wußten, daß sie »dem größten Teil dieses erlauchten Revolutionsparlaments tauben Ohren predigte«, wie Däumig es ausdrückte. Denn bereits einen Tag zuvor hatte der Kongreß einen Antrag angenommen, der die gesamte politische Macht dem Rat der Volksbeauftragten übertrug. Er enthielt im Nebensatz die Formulierung »... bis zur anderweitigen Regelung durch die Nationalversammlung...«.

Kontroversen über Sozialisierung

Mit der Entscheidung über diese Frage schien auch der nächste Tagesordnungspunkt »Sozialisierung« geklärt zu sein, denn der SPD-Referent hatte in seinem Vortrag über die Notwendigkeit der Nationalversammlung bereits ausgeführt, daß »das plötzliche Sozialisieren der helle Wahnsinn« sei. Er zog den Schluß, daß man erst die Produktion intensivieren müsse, bis man volle Lager habe, denn im momentanen Zustand der Wirtschaft gäbe es gar nichts zu sozialisieren.
Die Volksbeauftragten und Fraktionsvorsitzenden der SPD versuchten, den Tagesordnungspunkt endgültig abzusetzen, stießen dabei jedoch auf lebhaften Widerstand. Einstimmig wurde schließlich die Weiterführung des Kongresses zur Frage der Sozialisierung beschlossen.
Rudolf Hilferding, USPD-Mitglied und einer der bekanntesten sozialdemokratischen Wirtschaftstheoretiker, hielt das einführende Referat, in dem er nachwies, daß eine Sozialisierung bestimmter Industrien möglich sei. Wichtiger aber: er argumentierte, daß der größte Teil der deutschen Wirtschaft nicht vergesellschaftet werden könne: »Es ist ein tiefes und tragisches Verhängnis, daß wir zur Macht kommen in dem Augenblick, wo das Erbe, das wir anzutreten haben, verwüstet und ruiniert ist. Besitzlos, wie das Proletariat während der ganzen kapitalistischen Ära gewesen ist, besitzlos tritt es auch in die neue Zeit ein...
Das Problem der Vergesellschaftung der Produktionsmittel ist dann auch schwierig, wenn wir in einem Zeitpunkt zur Macht gekommen wären, wo die Wirtschaft in voller Blüte gewesen wäre.«
Aber jetzt, so fuhr der Referent fort, sei es so schwierig, daß jene Industriezweige, die lebenswichtig seien (Exportindustrien, Landwirt-

schaft) ohne jede »Störung« sofort wieder in Gang gesetzt werden müßten. »Sozialisierung« und »Störung« waren für Hilferding fast identische Begriffe. Sozialisiert werden konnten seiner Meinung nach nur jene Industrien, »wo bereits durch die kapitalistische Konzentration, durch Kartelle und Trusts der organisierten sozialistischen Wirtschaft vorgearbeitet ist. Es sind die Gebiete, in denen sich zugleich kapitalistische Herrschaftsverhältnisse ausgebildet haben, die es zunächst zu brechen gilt.«
Nirgendwo versuchte der Wirtschaftstheoretiker, aus seiner Zustandsbeschreibung politische Strategien zur Umsetzung der angegebenen Ziele zu entwickeln. Im Grunde war dies eine deutliche Distanzierung von den betrieblichen und überbetrieblichen Arbeiterräten, die die Frage nach den Möglichkeiten einer alternativen Betriebs- und Wirtschaftsorganisation stellten.
Begreift man Hilferdings Referat als Ergebnis der sozialdemokratischen Kapitalismusanalyse vor dem Krieg, so könnte man diese Situation, in der es um die Konsequenzen ging, fast komisch nennen. Die Theorie, die angeblich der Motor einer revolutionären Partei gewesen war, entpuppte sich als Stütze der bestehenden Verhältnisse. Bessere Argumente für die Beibehaltung des größten Teils der kapitalistischen Wirtschaftsorganisation als die Hilferdings hätte auf dem Kongreß wohl kaum jemand vorbringen können. In ihnen kam zum Ausdruck, daß Sozialisierung und Sozialismus für die Sozialdemokratie – auch für die USPD – das Ergebnis eines »natürlichen«, objektiven Prozesses der kapitalistischen Entwicklung waren, in dem man – um des Ergebnisses willen – auf keinen Fall »störend« eingreifen dürfe.
Die Rätedelegierten der USPD aus Mitteldeutschland und dem Ruhrgebiet versuchten, praktische Probleme aufzuwerfen, und sie berichteten über die Stimmung in der von ihnen vertretenen Arbeiterschaft. Produktionskontrolle und Mitverwaltung der Betriebe sollten als Vorbereitung zur Sozialisierung dienen: »... es müßten aber doch die notwendigen Vorbereitungen für eine Sozialisierung getroffen werden, die demnächst in Angriff genommen und durchgeführt werden soll. Vorbereitungen dahingehend, daß man eine Betriebskontrolle einführt, und zwar besonders in der Rüstungsindustrie. Wenn es auch vorkommt, wie es tatsächlich der Fall ist, daß in Rüstungsbetrieben noch Granaten und andere Mordwerkzeuge hergestellt werden, diese selben Gegenstände an andere Stellen gefahren, dort entladen und entzwei geschlagen werden, so ist das eine Verschwendung von Rohmaterial, Kohle, Licht und Arbeitskraft, die nicht zu verantworten ist, die verhindert werden könnte, wenn eine Betriebskontrolle eingeführt

wäre.« Und an anderer Stelle: »Das kann nicht mehr so gehen, daß die Unternehmer und ihre Beamten allein die Verwaltung haben, sondern wir müssen die Arbeiter daran beteiligen durch ihre Arbeiterausschüsse, ihre Arbeiterräte. Die Arbeitsleitung muß also in die Hände der überwachenden Arbeiterausschüsse oder Arbeiterräte gelegt werden.« Für die allgemein gehaltene Forderung nach Sozialisierung gab es schließlich eine übergroße Mehrheit des Kongresses, als die USPD-Fraktion den Antrag auf »sofortige« Vergesellschaftung des Bergbaus stellte. Sie versäumte es allerdings, auch die von ihren Delegierten gestellten Forderungen nach Produktionskontrolle und Mitverwaltung mit zur Abstimmung zu stellen. Offen blieb auch, wer diesen Beschluß durchführen sollte – und wie dies geschehen könnte.

Politische und soziale Erwartungen der Massen

Die Massenbewegung im November 1918 war ihrem politischen Inhalt nach demokratisch. Das beweisen sowohl die Forderungen der meisten Räte als auch die Beschlüsse des Rätekongresses. Die Wahlen zur Nationalversammlung im Januar 1919, bei denen Frauen und Jugendliche ab 20 Jahre zum erstenmal wählen durften, sind ebenfalls ein Beleg hierfür. Die Revolution und ihre Entwicklung hatten große Teile der Bevölkerung aus der politischen Passivität gerissen und sie in das Lager der demokratischen Parteien geführt. Zusammen erwarben das Zentrum, die Deutsche Demokratische Partei (DDP) und die Sozialdemokratie rund 80 % der Stimmen. Davon erhielt die SPD 37,9 %, die USPD 7,6 %. Damit war zwar nicht die vielbeschworene »sozialistische Mehrheit« zustande gekommen, doch die Sozialdemokratie insgesamt hatte ihren Wähleranhang gegenüber 1912 erheblich ausgebaut. Aber die Novemberrevolution war keine Bewegung mit rein parlamentarischer Ausrichtung. Das hatte der Rätekongreß im Dezember 1918 ebenfalls bewiesen. Dort wurden erste Momente sichtbar, die über die Zielsetzung einer parlamentarischen Demokratie hinaus die überkommenen Strukturen in der Wirtschaft (und auch in der Armee) in Frage stellten. Offensichtlich hielt die Mehrheit der politisierten Arbeiter und Soldaten die Einrichtung eines Parlaments für nützlich, aber nicht für ausreichend, um die Gesellschaft wirklich zu demokratisieren.
Zur Demokratisierung der Armee hatte der Kongreß z. B. zwei Beschlüsse gefaßt, durch die u. a. die Soldatenräte institutionalisiert und

die Wahl der Offiziere durch die Soldaten vorgeschrieben wurden. Außerdem sollten die obersten Kommandos der Truppenteile ihre Befehlsgewalt mit den örtlichen Arbeiter- und Soldatenräten teilen. Zur Frage der Struktur der Wirtschaft waren auf dem Kongreß Forderungen laut geworden, die außer der obligaten Sozialisierung noch verlangten, daß eine Demokratisierung der Betriebe zu erfolgen habe. »Produktionskontrolle« und »Mitbestimmung« gewählter betrieblicher Arbeiterräte waren die Stichworte, die die Vorstellungen der Arbeiter wiedergaben. Diese Forderungen waren nicht den Köpfen einiger USPD-Räte entsprungen, sondern gaben die Zielsetzung der Arbeiterschaft in den großen industriellen Zentren Deutschlands wieder. Kämpfe der Arbeiterschaft im Ruhrgebiet, in Mitteldeutschland und in Berlin in den ersten vier Monaten des Jahres 1919 standen unter diesen Parolen, und die vier Generalstreiks in diesem Zeitraum bewiesen die Popularität der Forderungen nach betrieblicher Demokratie.

In dieser zweiten Phase der Novemberrevolution wurden jene sozialen Momente sichtbar, die ihr über die politischen Zielsetzungen hinaus einen besonderen Charakter gaben. Wie kam dieser eigenartig doppelte Erwartungshorizont der deutschen Revolution 1918/19 zustande?

Die Einrichtung einer parlamentarischen Demokratie war das Programm der deutschen Arbeiterbewegung seit ihren Anfängen gewesen. In Erfurt 1891 hatte die SPD die Forderung nach dem »allgemeinen, gleichen und direkten Wahl- und Stimmrecht mit geheimer Stimmabgabe« als erstes Ziel ihrer praktischen Politik genannt. Unter den Bedingungen des halbfeudalen autoritären Kaiserreichs erschien dies als der Schlüssel zur sozialen Umgestaltung der Gesellschaft.

Dieses Ziel wurde in der Novemberrevolution, deren wichtigster Träger die Arbeiterbewegung ja war, verwirklicht.

Gleichzeitig jedoch wurde das Bewußtsein der Arbeiter bestimmt durch ihre konkreten Erfahrungen in den Betrieben. Hier waren die wirtschaftliche und auch die politische Macht der Unternehmer gerade in Kriegszeiten in kaum verhüllter Weise sichtbar geworden.

Als die Zustände nach vier Jahren Krieg so unerträglich geworden waren, daß die Arbeiter in den Ablauf der politischen Ereignisse selbständig eingegriffen, zogen sie auch die Konsequenzen aus ihren konkreten Erfahrungen im Betrieb und verlangten die Umwälzung der innerbetrieblichen Strukturen. Die Macht der Unternehmer durch Mitbestimmung und Produktionskontrolle zu brechen, war ihr Ziel. Das politische Instrument der Novemberrevolution, die Räte, wurden teilweise zum Instrument im Kampf um die Einführung der Betriebsdemokratie. Das war eine neue und konkrete Perspektive der deutschen Arbeiterbewegung.

Die »zweite Revolution« und ihr Scheitern

In den ersten Wochen nach dem Umsturz versuchten die Arbeiter zum Teil, wie im Krieg, Lohnpolitik »auf eigene Faust« zu machen. Die Belegschaft eines Betriebes stellte ihrem Arbeitgeber Forderungen, und wenn diese nicht erfüllt wurden, trat sie in den Streik. Vor allem im Ruhrgebiet versuchten die Bergarbeiter, auf diese Weise ihre bisherigen Löhne zu heben. Ab Ende 1918 nahm die Streikbewegung immer größeren Umfang an. »Wellenförmig überzog sie das gesamte rheinisch-westfälische Industriegebiet. Nicht einheitlich planmäßig methodisch, sondern wild durcheinander, ohne Führung, ohne klares revolutionäres Ziel, nur den augenblicklichen Bedürfnissen der jeweils Beteiligten und den örtlichen Verhältnissen angepaßt.«[3]

In anderen Gebieten wurde versucht, Sozialisierungen im Einzelfall durchzuführen. Auch hier jedoch »ging alles bunt durcheinander. Ein Teil glaubte den Versprechungen der Regierung, der Sozialdemokratie und der Gewerkschaftsführer, und der andere Teil ging mangels Anweisung selbst ans Werk. Manche Arbeiterräte versuchten planlos nach eigenem Gutdünken ihren Betrieb zu ›sozialisieren‹. Das geschah, indem sie den Unternehmer einfach auf die Straße setzten oder die Schlüssel zum Geldschrank ›beschlagnahmten‹. Andere bestimmten neue Produktionsmethoden, schafften das Akkordwesen ab, regelten die Arbeitszeit, setzten mißliebige Vorgesetzte ab und anderes mehr. Bei all diesen Maßnahmen ließen sie sich sehr oft nur von dem Bestreben leiten, ihre Verdienste zu erhöhen, wie überhaupt ihre ganze wirtschaftliche und persönliche Lage zu verbessern. Diese Maßnahmen stießen, wie zu erwarten war, oftmals auf den Widerstand der Unternehmer. Es gab Unternehmer, die jedes Entgegenkommen ablehnten, die unbedingt ›Herr im Haus‹ sein und bleiben wollten. Das hatte wiederum Streiks zur Folge, die oftmals einen sehr ernsten Charakter annahmen und sich über ganze Industriezweige ausbreiteten.«[4]

Hinzu kam, daß die regierenden Arbeiterparteien nichts taten, um den Forderungen der Arbeiter entgegenzukommen, sondern aus Sorge um das Funktionieren der Wirtschaft einen Appell nach dem anderen erließen, um die Arbeiter zu ermahnen, zu arbeiten, ruhig zu sein und nicht zu streiken. »Diese väterlichen Ermahnungen zum Fleiß und zum Gehorsam mit ihrer düsteren Schwarzmalerei machten auf die deutsche Arbeiterschaft den denkbar schlechtesten Eindruck. Nach

der siegreichen Revolution wollten die Arbeiter neue Wege sehen. Sie wollten aktiv an der Neugestaltung der Wirtschaft mitwirken. Die Streiks waren der Ausdruck dieses Willens, sich neue ökonomische und gesellschaftliche Verhältnisse zu erkämpfen. Statt dessen sollte man nun mit hungrigem Magen und zerrissenen Stiefeln für die alten Unternehmer weiterarbeiten.«[5]
Mit dem Ausgang der drei großen Streikbewegungen im Februar und März 1919 hatte die deutsche Industriearbeiterschaft ihren Kampf um die Macht in den Betrieben und um die Sozialisierung weitgehend verloren. Sie war in vielfacher Hinsicht zu schwach, um sich gegen die »Doppelstrategie« der SPD-geführten Regierung durchsetzen zu können, die immer wieder zwei Mittel einsetzte: zum einen die Freikorpstruppen, zum anderen ihren Einfluß auf die unteren gewerkschaftlichen und SPD-Organisationen. Der Ablauf der Streiks zeigt überdeutlich, woran es den Bewegungen mangelte: an der Überwindung ihrer regional und organisatorisch gegebenen Zersplitterung und an der Entwicklung neuer, der jeweiligen Situation angepaßten Strategien.
So war es dem Staat sehr leicht möglich, die aufeinanderfolgenden Streiks der Reihe nach niederzukämpfen: der Streik im Ruhrgebiet lief vom 18. bis zum 21. Februar, am 24. des Monats setzte der mitteldeutsche Streik ein, der am 4. März beendet wurde, gerade als der Berliner Streik einen Tag alt war. Die Freikorps wurden von den Arbeitern nach ihrer jüngsten »Geschichte« beurteilt – nach dem Datum und Ort ihres Einsatzes bei der Niederschlagung der Frühjahr-Streiks. Manche dieser Truppen konnten in dieser Hinsicht eine »stolze« Bilanz aufweisen – Einsatz im Ruhrgebiet, Einsatz in Mitteldeutschland, dann nach Berlin oder zurück ins Ruhrgebiet.
Vom 8. bis 14. April 1919 fand in Berlin der 2. Rätekongreß statt. Seine Tagesordnung lautete: 1. Bericht des (auf dem 1. Kongreß gewählten) Zentralrats, 2. Der Aufbau Deutschlands und das Rätesystem, 3. Die Sozialisierung des Wirtschaftslebens, 4. Zentralrats-Neuwahl. Es war klar, daß der Kongreß geprägt war durch die ernüchternden, aber auch frontverhärtenden Erfahrungen der »Januarwirren« und der regionalen Generalstreiks, die unter jedem Tagesordnungspunkt angesprochen und kontrovers diskutiert wurden.
Um es gleich vorwegzunehmen: Bedeutung und Auswirkung dieses Rätekongresses waren gering, der »gordische Knoten« der Spaltung des Proletariats wurde nicht zerschlagen, wie es immer wieder verlangt und erhofft wurde. Die Redner der wichtigsten Fraktionen beschworen immer wieder die Ursache allen Übels, ohne indes den praktischen Weg der Einigung benennen zu können.

Andererseits war das Niveau der Diskussion sehr viel höher als beim 1. Kongreß, die Erkenntnis der Fehler war weit gediehen. Generell hatten die vergangenen Monate zu einer weitgehenden Verschiebung der Standpunkte geführt, allerdings innerhalb der alten Organisationsstrukturen. Die SPD war nur noch vertreten durch ihren linken Flügel, der sich sehr kritisch von der Regierungspolitik der Partei absetzte (SPD-Sprecher Kaliske: »Ich bin der Letzte, der sich schützend vor die Regierung stellt.«[6])
Die SPD-Vertreter plädierten auf diesem Kongreß für ein neben dem Parlament bestehendes Rätesystem. Ihnen gegenüber stand eine USPD-Fraktion, die geschlossen den wirtschaftlichen und politischen Räten anhing. Sie kennzeichnete sich selbst als »Radikale, die an der Wurzel anpacken wolle« und ihren Standpunkt als den »wirklicher« Kommunisten: »Die wirklich überzeugten Kommunisten stehen auf demselben Boden, auf dem auch wir stehen.«
Die Soldatenräte hatten sich ebenfalls radikalisiert, sie waren von Trägern der Regierung zu lauten Anklägern geworden, die vor allem das »verräterische Verhalten« des alten Zentralrats und Noskes in Sachen Armeereform anprangerten.
Die Kräfteverhältnisse hatten sich nicht wesentlich geändert: von den 261 Teilnehmern waren 56 % Mehrheitssozialisten (1. Kongreß: 61,8 %), 21,5 % Unabhängige (17,5 %), 10 % Soldaten (6 %), 5 % Demokraten (4,5 %) zusätzlich 4 % Bauern- und Landarbeiterräte (auf dem 1. Kongreß gar nicht vertreten) und 3,5 % deutsch-österreichische Delegierte. 15,7 % der Delegierten, das waren 41 Teilnehmer, waren bereits auf dem 1. Kongreß gewesen, unter ihnen vor allem die Wortführer der Fraktionen. Die einzige Frau auf der Versammlung war Frau Kautsky, die in Vertretung ihres erkrankten Mannes dessen Referat zur Sozialisierung verlas.
Mit dem ersten Tagesordnungspunkt sowie Geschäftsordnungs- und Mandatsprüfungsdebatten beschäftigten sich die Räte an vier von sieben Tagen. Die Diskussionsresultate waren mager, soweit sie in verabschiedeten Anträgen oder sonstigen praktischen Konsequenzen zum Ausdruck kamen. Interessent war die Art und Weise, wie die Arbeiterparteien ihre Erfahrungen verarbeiteten.
Festzustellen ist dabei, daß die SPD-Vertreter eher als die der USPD objektive Bedingungen benannten, die Einfluß auf die Revolutionsentwicklung gehabt hatten. Cohen, SPD- und Zentralratsmitglied, verwies auf die Vorkriegsgeschichte seiner Partei, auf ihre damalige, praktisch abstinente, rein agitatorische Politik, die Versprechungen machte und »Wechsel ausstellte«, die sie jetzt nicht einlösen könne. Er

charakterisierte ferner den 9. November als ein Geschenk der Entente und als eine Situation, »auf die wir alle miteinander nicht vorbereitet waren«. Sein Parteigenosse Kaliske ging noch weiter und folgerte, daß weder die SPD noch die USPD überhaupt ein Programm gehabt hätte. Dieses Programm- und Perspektivlosigkeit habe dazu geführt, daß die Politik der Volksbeauftragten von Angst voreinander geprägt worden sei.
Die Kritik der SPD an der USPD richtete sich darauf, daß diese die Linie der Vorkriegs-SPD, die »Tradition des Anklägers« und »unfruchtbare Abstinentenpolitik« fortsetze ohne jeden positiven Beitrag.
»Sozialreformistisch« und »kapitalistisch« seien die »positiven Beiträge« der SPD in bezug auf Armee und Wirtschaft gewesen, war die Antwort. Mit der gleichen Berechtigung wie die SPD konnten die Unabhängigen ihre Kritik anbringen: die Regierung und der SPD-Zentralrat hätten die Beschlüsse des 1. Kongresses sabotiert. Zum einen seien die Beschlüsse zur Demokratisierung des Militärs durch den Druck der Obersten Heeresleitung nicht durchgeführt worden, zum anderen sei nichts zur Realisierung des Sozialisierungsbeschlusses unternommen worden. Gemeinsam mit der Soldatenfraktion konstatierte die USPD einen »neuen Militarismus«, der unter Hinweis auf »Spartakus« als Schreckgespenst aufgebaut worden sei.
Als allgemeines Kennzeichen fällt auf seiten der SPD die Neigung zu einem resignativen Fatalismus auf, der immer wieder auf die unüberwindlichen Schwierigkeiten der »Realität« und die »allgemeine Demoralisation« verwies. Als zweites ist auffällig, daß – bedingt durch die Standpunktverschiebungen in den Fraktionen – Kritik an der Politik der eigenen Partei doch immer den Kritiker selbst ausschloß; man meinte stets die »Rechten« und ersparte sich so Selbstkritik.

Debatten auf dem 2. Rätekongreß

Die Diskussion um die Räte oder die Integration des Rätesystems in den Parlamentarismus war in ihrer theoretischen Qualität ein Fortschritt gegenüber der des ersten Kongresses. Die Kontrahenten hatten sich bemüht, ihre Ansichten weiterzuentwickeln, zu fundieren und zu systematisieren. Verfangen in den unmittelbaren Auseinandersetzungen der jüngsten Vergangenheit, postulierten aber beide Fraktionen der Arbeiterbewegung ihre Ziele der paritätischen Wirtschaftsräte hier, des kompletten Rätesystems dort, ohne Reflexion ihrer Durchsetzbarkeit und erträglicher Kompromisse.

Ausgangspunkt des paritätischen Rätemodells der SPD war eine Kritik an der »bürgerlichen Demokratie«, die »in ihrem Vertretersystem die Bevölkerung nach der bloßen Zahl (wertet). Die sozialistische Demokratie muß deren Ergänzung bringen, indem sie die Bevölkerung aufgrund ihrer Arbeitstätigkeit zu erfassen strebt.« Daher schlug man die Einrichtung von »Kammern der Arbeit« und »Wirtschaftsräten« vor, die von Arbeitern und Unternehmern gemeinsam getragen werden sollten.
Warum gemeinsam? Weil die »Arbeitgeber zu einem großen Teil Typen von großer Intelligenz und Schaffenskraft (sind) ... und Kenntnisse (haben), die wir für den Wiederaufbau des deutschen Wirtschaftslebens gar nicht entbehren können«. Bezogen auf die Wirtschaft insgesamt hieß das, sie nicht mehr im Privatinteresse der Unternehmer, sondern als »Arbeit der Volksgemeinschaft« zu sehen, die in jedem Gewerbe in »Syndikate(n) mit gemeinwirtschaftlichem Charakter« organisiert werden sollte. Hier näherte man sich auch terminologisch langsam dem Schlüssel solcher Konzeptionen, dem »neuen gemeinwirtschaftlichen Begriff«. Der SPD-Sprecher Kaliske berief sich dabei auf Fritz Naphtali und zitierte: »In einem sozialen Staate findet die Verfügungsfreiheit des einzelnen über Eigentum an Produktionsmitteln ihre Grenzen dort, wo sie in Konflikt gerät mit den Interessen der Gemeinschaft an der Erhaltung und Entwicklung der Produktion.« Das war der Zweck des SPD-Rätegedankens: Die Grenzen des Privatinteresses sollten den Unternehmern in den paritätischen Kammern und Räten gezogen werden. Damit war die Gemeinwirtschaft als ein System des organisierten Interessenausgleichs auf Grundlage staatlicher Gesetzgebung und Rechtsprechung definiert; nur das Zwangsschlichtungswesen fehlte noch, weil man – noch – von der Fähigkeit der Unternehmer zur Einsicht in das »Gesamtwohl« ausging.
Die USPD-Stellungnahmen entwickelten die Forderung nach einem wirtschaftlichen und politischen Rätesystem konträr zum SPD-Antrag. Politische Arbeiterräte und wirtschaftliche Betriebsräte sollten Gemeindeverwaltung und Betriebsleitung kontrollieren; die Arbeiterräte sollten von den Gemeinden aufwärts bis zum Rätekongreß, die Betriebsräte vom einzelnen Betrieb oder beruflichen Wahlkörper bis zum Reichswirtschaftsrat stufenweise aufgebaut werden. Schärfer und klarer als die SPD in ihrer Kritik der bürgerlichen Demokratie formulierte Däumig (USPD), »daß das reine demokratische Ideal niemals erreicht werden kann, solange der formalen politischen Gleichheit nicht die ökonomische, wirtschaftliche Gleichheit zugrunde liegt«. Konsequenz war ein Kriterium der Wahlberechtigung, wonach nur die wäh-

len und wählbar sein sollten, »welche ohne Ausbeutung fremder Arbeitskraft gesellschaftlich notwendige und nützliche Arbeit leisten, ihren Lebensunterhalt durch die Arbeit ihrer Hand oder ihres Kopfes erwerben und das 18. Lebensjahr vollendet haben«. In einer Kontroverse mit dem Reichswirtschaftsminister Wissell stellte die USPD klar, daß nicht die Marxsche Wertdefinition der gesellschaftlich durchschnittlich notwendigen Arbeitszeit gemeint sei, sondern die Arbeit, die wirkliche Gebrauchswerte schaffe oder sonst gesellschaftliche Bedürfnisse befriedige. Ein Beispiel wurde gegeben in dem Zwischenruf: »Hausfrau sein ist ein Beruf«, der klarstellte, daß Haus(frauen)arbeit zwar keinen Kapital-Wert schaffe, im Sozialismus aber als gesellschaftlich notwendig und nützlich anerkannt werde.
Trotz alledem kam immer wieder der entscheidende Vorwurf, die USPD wolle »die soviel geschmähte bisherige Klassenherrschaft (des Kaiserreichs) durch eine andere, eine neue ersetzen« – die »Rätediktatur«, »Diktatur des Proletariats« oder sogar die eines Teils desselben über einen anderen. Richtig waren diese Argumente, soweit sie beinhalteten, daß die Rätepläne der USPD nicht realisiert werden könnten, wenn sie nur von einer Minderheit der Arbeiterschaft und der Bevölkerung unterstützt würden. Gefährlich für die Ziele der Arbeiterbewegung wurde es, wenn diese Argumente jede politische Bewertung und Korrektur ökonomischer Besitz- und Machtverhältnisse als diktatorisch und mit dem Geruch des Polizeistaates behaftet verurteilten.
Am Ende dieser Debatte wußten die Teilnehmer zwar viel über die Vorstellungen der beiden Arbeiterparteien, der Demokraten und der Soldaten, aber wenig über die Bedingungen und Möglichkeiten ihrer Realisierbarkeit gegenüber einer eher rätefeindlichen Regierung und Nationalversammlung. Das Konzept der USPD war angesichts des Standes der Revolution illusorisch. Die SPD wollte keinesfalls auf ihr Paritätsmodell verzichten. Schließlich wurde über die beiden Anträge kontrovers abgestimmt, im Ergebnis zugunsten der Konzeption der SPD.
Theoretischer Höhepunkt und praktischer Tiefpunkt war die Behandlung des Themas »Sozialisierung«, das an einem halben Tag erledigt wurde. Im Grunde waren bereits die wesentlichen Probleme durch die Diskussion zum Rätesystem entschieden, als Frau Kautsky das Referat ihres Mannes vortrug. Dieser entwickelte einen vom Hilferdingschen des 1. Kongresses sehr unterschiedenen Sozialisierungsbegriff: »Sozialisierung heißt Aufhebung des Kapitalismus, heißt aber auch Weiterführung der Produktion auf der von dem Kapitalismus geschaffenen Grundlage. Diese Grundlage ist vom Proletariat nicht zu zerstören, sondern zu benutzen«.

Im folgenden konkretisierte er, daß es sich bei dem Modell der Sozialisierung weder um die Produktivgenossenschaften der vierziger Jahre des vorigen Jahrhunderts noch um Staatsbetriebe handeln könne, sondern um eine gänzlich neue Organisation: »Organisierung der Produktion und des Absatzes durch das Zusammenwirken der organisierten Arbeiter und der organisierten Konsumenten auf Grund wissenschaftlicher Erkenntnis«. Damit waren die drei »sozialistischen Produktionsfaktoren« benannt. Die Konsumentenorganisationen waren von Kautsky gedacht als die Repräsentanten der Bedürfnisse der Gesellschaft, um die sozialistische Produktion als Bedürfnisproduktion praktisch zu organisieren. Direkte Konsumenten waren die einem Produktionszweig nachgeordneten Industrien oder landwirtschaftlichen Zweige, indirekte Konsumenten waren alle Mitglieder der Gesellschaft. Erstere sollten durch die jeweiligen Konsumentenorganisationen, letztere durch ihre politischen Gesamtverbände, die Gemeinden, Regionen oder Länder vertreten werden.

In diesen Punkten deutete sich eine praktische Aufhebung der Trennung von Ökonomie und Politik an, wie sie theoretisch im Begriff des Sozialismus als gesamtgesellschaftlicher Organisation von Produktion, Distribution und Konsumtion enthalten war.

Der durchaus diskutable Kautskysche Begriff dessen, was Sozialisierung gesellschaftlich bedeuten könne, wurde allerdings in dem Referat nicht konkretisiert. Als es um konkrete Organisationspläne und Ziele ging, verflachte der Vortrag. Als unmittelbar notwendig wurden erklärt: ein staatliches Sozialisierungsamt, eine Gesetzgebung, die die Gemeinden zur Enteignung berechtigt, Verstaatlichung des großen Grundbesitzes. Zum Schluß verwies Kautsky auf die Unfähigkeit der Regierung in Fragen der Sozialisierung und stellte fest, daß Voraussetzung jeder praktischen Sozialisierung – die Einigung des deutschen Proletariats sei. Diese existierte aber nicht.

Die praktischen Schlußfolgerungen des Referats waren gleich null. Man überwies an den neuen Zentralrat eine Resolution, die das Referat gerafft wiederholte.

Das Ende des zweiten Rätekongresses war dem des ersten nicht unähnlich: nachdem der Anspruch der USPD, den neuen Zentralrat paritätisch mit der SPD zu besetzen, abgelehnt wurde, boykottierte die USPD die Wahlen völlig, so daß die Spaltung der Arbeiterorganisationen trotz aller Argumente und Hoffnungen auch nach außen hin erneut signalisiert wurde. Die Beschwörungsformel, daß ein 3. Rätekongreß die beiden Parteien enger als dieser zweite zusammenführen könne, sollte sich nicht erfüllen – es gab keinen weiteren Rätekongreß.

XI Gewerkschaftliche Politik und betriebliche Bewegungen von der Revolution bis zum Kapp-Putsch

Als am 11. August 1919 die junge Republik eine Verfassung erhielt, waren hier nur in bescheidenem Umfange Einflüsse der Rätebewegung und der Bewegungen für wirtschaftliche Mitbestimmung und Produktionskontrolle zu finden.
Zum erstenmal in der deutschen Verfassungsgeschichte enthielt die Weimarer Reichsverfassung eine Kodifikation des Rechts der Arbeit. Artikel 157 der Weimarer Reichsverfassung stellte die Arbeitskraft unter den besonderen Schutz des Staates; Art. 159 sicherte das Koalitionsrecht; Art. 163 anerkannte das Recht auf Arbeit. Die wichtigsten Festlegungen in bezug auf das Verhältnis von Arbeitgebern, Arbeitnehmern und Staat traf Art. 165 der Weimarer Reichsverfassung:
»Die Arbeiter und Angestellten sind dazu berufen, in gleichberechtigter Gemeinschaft mit den Unternehmern an der Regelung der Lohn- und Arbeitsbedingungen sowie an der gesamten wirtschaftlichen Entwicklung der produktiven Kräfte mitzuwirken. Die beiderseitigen Organisationen und ihre Vereinbarungen werden anerkannt.
Die Arbeiter und Angestellten erhalten zur Wahrung ihrer sozialen und wirtschaftlichen Interessen gesetzliche Vertretungen in Betriebsarbeiterräten sowie in nach Wirtschaftsgebieten gegliederten Bezirksarbeiterräten und in einem Reichsarbeiterrat.
Die Bezirksarbeiterräte und der Reichsarbeiterrat treten zur Erfüllung der genannten wirtschaftlichen Aufgaben und zur Mitwirkung bei der Ausführung der Sozialisierungsgesetze mit den Vertretungen der Unternehmer und sonst beteiligten Volkskreisen zu Bezirkswirtschaftsräten und zu einem Reichswirtschaftsrat zusammen. Die Bezirkswirtschaftsräte und der Reichswirtschaftsrat sind so zu gestalten, daß alle wichtigen Berufsgruppen entsprechend ihrer wirtschaftlichen und sozialen Bedeutung darin vertreten sind.
Sozialpolitische und wirtschaftspolitische Gesetzentwürfe von grundlegender Bedeutung sollen von der Reichsregierung vor ihrer Einbringung dem Reichswirtschaftsrat zur Begutachtung vorgelegt werden. Der Reichswirtschaftsrat hat das Recht, selbst solche Gesetzesvorlagen zu beantragen. Stimmt ihm die Reichsregierung nicht zu, so hat sie trotzdem die Vorlage unter Darlegung ihrer Standpunkte beim Reichs-

tag einzubringen. Der Reichswirtschaftsrat kann die Vorlage durch eines seiner Mitglieder vor dem Reichstag vertreten lassen.
Den Arbeiter- und Wirtschaftsräten können auf den ihnen überwiesenen Gebieten Kontroll- und Verwaltungsbefugnisse übertragen werden. Aufbau und Aufgabe der Arbeiter- und Wirtschaftsräte sowie ihr Verhältnis zu anderen sozialen Selbstverwaltungskörperschaften zu regeln, ist ausschließlich Sache des Reiches.«
Das in diesem Verfassungsartikel breit angelegte Konzept einer betrieblichen und überbetrieblichen Mitbestimmung der Arbeitnehmervertretungen und seines Einbaus in die staatliche Exekutive und Legislative wurde in der Verfassungswirklichkeit allerdings *kaum realisiert*.
Praktische Bedeutung erhielt am ehesten die unterste Stufe des vorgesehenen Systems. Bezirkliche Räte wurden nicht errichtet. Der mit einer Verordnung vom 5. April 1920 ins Leben gerufene »Reichswirtschaftsrat« behielt bis zum Ende der Weimarer Republik die Bezeichnung »Vorläufiger Reichswirtschaftsrat« und führte ein kaum beachtetes Schattendasein gutachterlicher Tätigkeit neben den faktischen wirtschaftspolitischen Gewalten der Weimarer Republik.
In anderen, aufgrund des Art. 165 Weimarer Reichsverfassung geschaffenen zentralen Institutionen, wie etwa dem »Reichskohlenrat« und dem »Reichskalirat«, waren die Arbeitnehmervertreter in der Minderheit, so daß sich auch hier kein Ansatz einer paritätischen Mitbestimmung ergab, ganz abgesehen von den sehr begrenzten Wirkungsmöglichkeiten dieser Institutionen.

Der Kampf um das Betriebsrätegesetz

Ein letzter Versuch, abseits der Ebene der politischen Parteien und ihrer Konflikte Vorstellungen der Arbeiterbewegung zum Zuge zu bringen, war der Kampf um das Betriebsrätegesetz Ende 1919 und Anfang 1920.
Nach der Entmachtung der regionalen Räte und dem Scheitern der radikalen Experimente lokaler »Räterepubliken« (vor allem Bremen und München – wobei hier allerdings kaum eine wirkliche Verankerung in der Arbeiterschaft bestand) waren die noch existierenden betrieblichen Arbeitervertretungen, die ihre Legitimation in der Zustimmung der Belegschaften hatten, darauf bedacht, wenigstens diese Machtstellungen zu stabilisieren. So entwickelte sich nun eine Betriebsrätebewegung, die erhebliche Teile der sozialdemokratischen Arbeiterschaft beider Parteirichtungen erfaßte.

Auch innerhalb der SPD war eine regelrechte »Betriebs«-Fraktion entstanden, die sich bemühte, die Grundsätze der parlamentarischen Demokratie mit einem wirklichen Einfluß für die betrieblichen Räte zu vereinbaren. Sie stützte sich auf die SPD-Betriebsräte, gewann aber keinen Einfluß auf die politische Zielrichtung der Partei. Programmatisch beharrte die Betriebsrätebewegung auf den Forderungen des Frühjahrs 1919. Diesmal allerdings wurden keine regional unterschiedlichen Akzente gesetzt, sondern die Vorstellungen waren einheitlich: die Betriebsräte sollten als »Träger der Sozialisierung« weitgehende Kontrollfunktionen gegenüber den Unternehmern erhalten und in allen sozialen und das Arbeitsverhältnis betreffenden Fragen volle Mitbestimmung ausüben können.

Obwohl die staatlich nicht anerkannten, sogenannten »wilden« Betriebsräte nur relativ kurze Zeit existierten und unter äußerst schwierigen Bedingungen arbeiten mußten, wurden doch einige praktische Versuche unternommen, die obengenannten Vorstellungen zu verwirklichen. Eingriffe in die Produktion betrafen fast immer die Abschaffung des Akkordsystems; oft wurden, um die Produktionsleistung nicht dadurch zu senken, von den Belegschaften bestimmte Planziele aufgestellt und zu erreichen versucht. Rationalisierungspläne für Betriebe wurden durch Verhandlungen zwischen Betriebsräten und Betriebsleitern vorbereitet, die Ergebnisse von Belegschaftsversammlungen diskutiert und verabschiedet. Bei Entlassungen oder Produktionseinschränkungen wurden die Entscheidungen fast immer nach sozialen Gesichtspunkten gefällt, also versucht, die Nachteile möglichst breit zu streuen und jedem Belegschaftsmitglied die Existenz zu sichern. Besonders großen Erfolg hatten die Betriebsräte der kommunalen und staatlichen Betriebe, da der Widerstand der übergeordneten Behörden nach der Revolution zunächst noch gering war und die Arbeiter besonders energisch auf ihren erkämpften Rechten beharrten. Zur Wahrnehmung der beiden Schwerpunkte »Produktionskontrolle« und »Mitbestimmung« in allen die Belegschaften betreffenden Fragen wurde organisatorisch arbeitsteilig vorgegangen: Die Betriebsräte kümmerten sich vor allem um die Kontrolle der Leitung und Verwaltung des Betriebes, während für die Belegschaftsfragen entweder die alten Ausschüsse des Hilfsdienstgesetzes beibehalten oder Vertrauensleutekörper aufgebaut wurden.

Die Betriebsräte mußten, wenn sie ihren Einfluß in den Betrieben nicht verlieren wollten, ihre wirtschaftliche Macht innerhalb des gegebenen politischen Rahmens zu konsolidieren suchen. Dabei entwickelten sie zwei Strategien, die teils nebeneinander herliefen, teils miteinander in

Konflikt gerieten. Während die SPD- und »gemäßigten« USPD-Räte versuchten, im Verein mit Gewerkschaftsvorständen und in Verhandlungen mit der Regierung der Weimarer Koalition eine Legalisierung der Existenz und Tätigkeit der Betriebsräte zu erreichen, ging der linke Flügel daran, die von ihm geplante selbständige Räteorganisation aufzubauen. In Berlin und Halle entstanden »Rätevereinigungen« auf Vereinsgrundlage. Auf einer Konferenz im Juli 1919 in Halle, an der regionale Räteverbände (z. B. Hamburg, Essen, Niederrhein u. a.) und branchenspezifische Zentralräte (Eisenbahner, Werftarbeiter, Automobilindustrie u. a.) teilnahmen, setzte man sich mit den unterschiedlichsten Vorstellungen von »Legalisierung« hier und »Räteorganisation« dort auseinander, gründete eine Zentralstelle der Betriebsräte Deutschlands und bestimmte die Aufgaben der Betriebsräte in einer pragmatischen Verlautbarung.

Durchsetzung der Konzeption von SPD und Gewerkschaftsführung

Angesichts der Weiterexistenz einer Rätebewegung und der Verankerung der Betriebsräte in der Arbeiterschaft ging die Regierung nach der Zerschlagung der Generalstreiks dazu über, die Institution »Betriebsrat« in den Aufbau des Staatsgebildes zu integrieren. Vor allem die Gewerkschaften und die SPD mußten ein Interesse an der »Zähmung« der breiten oppositionellen Strömung in der Arbeiterklasse haben, da diese tief in ihre eigenen Organisationen eingedrungen war und die Basis ihrer politischen Macht – eben ihren Einfluß in der Arbeiterschaft – zu schmälern drohte. Demnach war die Entstehung eines Gesetzes über die Betriebsräte dem relativen Einfluß, den die Betriebsräte-Bewegung repräsentierte, geschuldet; auf die inhaltliche Ausgestaltung dieses Gesetzes hatte diese allerdings keinen Einfluß. Das Gesetz wurde geprägt durch die Gewerkschafts- und SPD-Führung; es wurde am 4. 2. 1920 erlassen.

Der § 1 lautete:

»Zur Wahrnehmung der gemeinsamen wirtschaftlichen Interessen der Arbeitnehmer (...) dem Arbeitgeber gegenüber und zur Unterstützung des Arbeitgebers in der Erfüllung der Betriebszwecke sind in allen Betrieben, die in der Regel mindestens zwanzig Arbeitnehmer beschäftigen, Betriebsräte zu errichten.«

Die genauen Aufgaben des Betriebsrates wurden im § 66 so fixiert:

»Der Betriebsrat hat die Aufgabe:
1. In Betrieben mit wirtschaftlichen Zwecken die Betriebsleitung durch

Rat zu unterstützen, um dadurch mit ihr für einen möglichst hohen Stand und für möglichste Wirtschaftlichkeit der Betriebsleistungen zu sorgen;
2. in Betrieben mit wirtschaftlichen Zwecken an der Einführung neuer Arbeitsmethoden fördernd mitzuarbeiten;
3. den Betrieb vor Erschütterungen zu bewahren...«
Der Abgeordnete Geyer, Mitglied der USPD, die ja die Partei war, in der gerade die oppositionelle Arbeiterschaft ihre politische Vertretung sah, kommentierte das Gesetz im Reichstag im Januar 1920 mit den Worten: »Die Geschichte des vorliegenden Betriebsrätegesetzes ist die Geschichte der Revolution in Deutschland. An der Wiege dieses Betriebsrätegesetzes standen jene gewaltigen Arbeiteraufstände vom Frühling vorigen Jahres, in denen die Regierung bereits ihren gegenrevolutionären Charakter zeigte, indem sie mit Maschinengewehren auf die Arbeiterschaft schießen ließ, die sich für die Sozialisierung einsetzte (...) Mehrere Monate nach den mitteldeutschen, westfälischen und Berliner Streiks, im August vorigen Jahres endlich, sah sich die Regierung genötigt, einen Gesetzentwurf über die Betriebsräte vorzulegen. Auch diesen Gesetzentwurf legte sie keineswegs vor, weil sie aus der fortschreitenden Zerstörung des Wirtschaftslebens den Schluß gezogen hätte, daß es nunmehr höchste Zeit sei, zu ernsthaften sozialistischen Maßnahmen zu greifen, sondern sie wollte diesen Gesetzentwurf ebenfalls nur vorlegen, um der sozialrevolutionären Bewegung der Arbeiterschaft eine Grenze zu ziehen.«[1]
Nunmehr erhielten die Arbeiter durch das Betriebsrätegesetz die Möglichkeit, sich in den Betrieben ein Organ zur Artikulation und Vertretung ihrer Interessen zu schaffen, das in vielfacher Hinsicht beschränkt und gefesselt war, aber trotzdem ein organisierendes Moment im betrieblichen Tageskampf der Belegschaften darstellen konnte.
Gemessen an den Hoffnungen, die sich mit der Bewegung für Arbeiter-Mitbestimmung und Produktionskontrolle verbunden hatten, war dieses Ergebnis allerdings bescheiden.
In der Folgezeit gliederten sich die Betriebsräte enger in die Politik der Gewerkschaften ein; alle Versuche, selbständige Betriebsräte-Organisationen zu schaffen, mußten bald aufgegeben werden. Die Schwerkraft der traditionellen Organisationsform war durchschlagend.
Auf dem Leipziger Kongreß der freien Gewerkschaften 1922 konnte die Betriebsrätezentrale beim ADGB feststellen, »daß das Betriebsrätegesetz mehr und mehr die Grundlage der Betriebsräte-Bewegung überhaupt bildet und daß die zuerst abseits stehenden Gruppen der Arbeitnehmer sich nach und nach unter dem Zwang der Verhältnisse

bereitgefunden haben, das Betriebsrätegesetz anzuerkennen und ihre ganze Energie darauf zu richten, die Rechte aus diesem Gesetz für die Arbeitnehmer wahrzunehmen und zu verteidigen. Heute sind alle selbständigen Räteorganisationen verschwunden, und es wird innerhalb der Gewerkschaften ganz allgemein auf der Grundlage der von den Spitzenorganisationen herausgegebenen Richtlinien gearbeitet.«[2] Allerdings glaubte der Leiter der gewerkschaftlichen »Betriebsräte-Zentrale«, sich auf diesem Kongreß über falsche Maßnahmen, Einzelaktionen, Teilstreiks usw. beklagen zu müssen, die von den Betriebsräten in »eigentümlicher Gedankenverwirrung« angezettelt würden. Tatsächlich hatte er für solche von den Gewerkschaften nicht legitimierten Aktionen nur die Erklärung, daß mit den Gewerkschaftern, kaum daß sie Betriebsräte seien, eine »besondere Veränderung« vorgehen müsse. Näher als diese liegt aber eine andere Erklärung, daß nämlich die Betriebsräte, auch wenn sie Gewerkschaftsmitglieder waren, doch nicht als angestellte Organe der Gewerkschaftsorganisation, sondern als Vertreter der Belegschaften fungierten und sich aus diesem Tatbestand durchaus Spannungen zwischen Betriebsräten und Gewerkschaften ergeben mußten, wenn die Arbeiter des jeweiligen Betriebes die gewerkschaftliche Interessenvertretung für nicht ausreichend hielten und mit Hilfe des Betriebsrates eigenständig handelten.

Die Politik der »Arbeitsgemeinschaft«

An dieser Stelle unserer Darstellung ist ein Exkurs zur Entwicklung der Gewerkschaften nach 1918 angebracht.
Am 15. November 1918, knapp eine Woche nach dem endgültigen Sieg der Revolution durch die Bewegung in Berlin, schlossen die Führer der freien, christlichen und Hirsch-Dunckerschen Gewerkschaften eine »Zentralarbeitsgemeinschaftsvereinbarung« (ZAG) mit den Unternehmerverbänden ab, deren Inhalt schon vor der Revolution ausgehandelt worden war. Diese Vereinbarung hielt folgende Punkte fest:
1. Die Gewerkschaften sind die anerkannten Vertreter der Arbeiter.
2. Keine Beschränkung der Koalitionsfreiheit der Arbeiter.
3. Keine Unterstützung der sogenannten »gelben« Vereine durch die Unternehmerverbände.
4. Die zurückkehrenden Soldaten haben Anspruch auf die Arbeitsstelle, die sie vor dem Krieg hatten.
5. Einrichtung eines paritätischen Arbeitsnachweises.
6. Lohn- und Arbeitsbedingungen werden durch Kollektivabkom-

men zwischen Gewerkschaften und Unternehmerverbänden geregelt.
7. Jeder Betrieb mit mehr als 50 Beschäftigten kann einen Arbeiterausschuß einsetzen.
8. Die Kollektivvereinbarungen sehen Schlichtungsausschüsse vor.
9. Das Höchstmaß der Arbeitszeit beträgt 8 Stunden.
10. Zur Regelung aller die Demobilisierung betreffenden Fragen wird ein paritätischer Zentralausschuß gebildet.
11. Der Zentralausschuß ist gleichzeitig das Schlichtungsorgan dieser Arbeitsgemeinschaft.

Damit waren langgehegte Träume der Gewerkschaften in Erfüllung gegangen. Vier Jahre zuvor hatten die Arbeitgeber auf das Angebot der freien Gewerkschaften zu einer Arbeitsgemeinschaft gar nicht geantwortet. Jetzt waren mit der Zentralarbeitsgemeinschaft auch die Forderungen nach dem Achtstundentag und nach Tarifverträgen akzeptiert worden.

Die staatliche Anerkennung der Vereinbarungen zwischen Unternehmerverbänden und Gewerkschaften erfolgte durch die Tarifvertragsordnung des Rates der Volksbeauftragten vom 23. Dez. 1918; allerdings wurde in dieser Verordnung die im Hilfsdienstgesetz geschaffene Position *behördlich geleiteter Schlichtungsstellen* aufrechterhalten. Die Funktionen des Staates im Tarifvertragswesen wurden noch wesentlich erweitert durch die Einrichtung der Verbindlichkeitserklärung, die mit Verordnung vom 4.1.1919 erfolgte und die dem *Reichsarbeitsminister* die Möglichkeit gab, Tarifverträge für allgemeinverbindlich zu erklären. Damit war der Grundsatz der Tariffreiheit im Arbeitsrecht durchbrochen.

Die Anerkennung der Gewerkschaften als Arbeitnehmervertretung und die Anerkennung des Tarifvertrages durch die Grundsatzvereinbarung zwischen Arbeitgebern und Gewerkschaften wie auch durch die staatliche Tarifvertragsordnung hatten zur Folge, daß in den Jahren ab 1918 die überwiegende Mehrheit der industriellen Arbeitnehmer in Deutschland tarifvertraglich geregelte Arbeitsbedingungen erhielt.

Die Gewerkschaftsführung hatte mit der Zentralarbeitsgemeinschaft, die ja indirekt den Verzicht auf Sozialisierungsvorstellungen ausdrückte, nur die Logik der kapitalistischen Produktionsweise anerkannt: das Interesse des Unternehmers am Profit und das Interesse des Arbeiters am Achtstundentag, an Tarifverträgen und Lohnerhöhungen schienen dann miteinander vereinbar, wenn beide Seiten die kapitalistische Produktion förderten und steigerten durch gemeinsame Organisation und Planung. Dies war auch der Inhalt des Kommentars eines Mitbegründers der Arbeitsgemeinschaft. H. v. Raumer, Leiter des Industrieverbandes der elektrotechnischen Industrie, schrieb: »Man geht nicht zu weit mit der Feststellung, daß die ZAG (das ist die Zentralarbeitsgemeinschaft) im ersten Jahre ihres Bestehens Deutschland vor dem Chaos und vor einer bolschewistischen Revolution bewahrt hat. Als alle Autoritäten zusammenbrachen: Monarchie, Staat, Militär und Bürokratie, schuf sie durch den Zusammenschluß der Unternehmer mit den Gewerkschaften eine Macht, die die Wirtschaft und die Betriebe in Ordnung hielt«.[3] Die hervorragende Funktion der ZAG erwies sich in der Frage der Übergangswirtschaft und Demobilmachung. Die »Volksregierung« des Prinzen Max von Baden hatte am 7. November 1918 ein Amt für die Demobilmachung eingerichtet, und zwar auf Antrag von Unternehmerverbänden und Gewerkschaften. Die neue Regierung, der Rat der Volksbeauftragten, verordnete die Einrichtung dieses »Reichsamtes für die wirtschaftliche Demobilmachung« am 12. November noch einmal und stattete es mit weitgehenden Vollmachten aus. Leiter des Amtes wurde der ehemalige Leiter der Kriegsrohstoffabteilung, wie alle in den kriegswirtschaftlichen Staatsbehörden leitenden Personen ein Vertrauensmann der Industrie.

Mit der Verordnung vom 12. November war eine zentrale staatliche Stelle geschaffen, die die nationale Produktion reorganisierte. Ihr stand der gesamte Verwaltungsapparat des Staates zur Verfügung. Das Demobilmachungsamt selbst war sehr klein, die eigentliche Arbeit wurde von »Fachausschüssen« durchgeführt, die jeweils einen Industriezweig erfaßten. Diese Fachausschüsse wurden aus den jeweiligen Reichsarbeitsgemeinschaften der ZAG gebildet, waren also paritätisch mit Unternehmer- und Gewerkschaftsvertretern besetzt. Da die ZAG selbst zu diesem Zeitpunkt noch über keinen eigenen Apparat verfügte, war der Apparat des Demobilmachungsamtes das ausführende Organ der ZAG; die wesentliche Aufgabe der ZAG wiederum lag in der Durchführung der Demobilmachung. Die ZAG und das Demobilmachungsamt waren fast identisch.

Begriffen sich die Gewerkschaften also nach wie vor als Vertreter der wirtschaftlichen Tagesinteressen der Arbeiter, so wurde diese ihre Politik von einem Teil der Arbeiterschaft wiederum nicht begriffen, da man hier Forderungen nach Produktionskontrolle und Sozialisierung als die Probleme des Tages ansah. Das mußte unweigerlich zu Konflikten führen, wie das folgende Beispiel zeigt: »In Berlin hatte sich die Generalversammlung der Verwaltungsstelle des Metallarbeiterverbandes mit dem Abschluß eines Kollektivabkommens mit dem Verband Berliner Metallindustrieller zu beschäftigen. Der Entwurf sah die Einführung der 46½-Stunden-Woche, Bestimmungen über bezahlten Urlaub, Betriebsräte und Schlichtungsverfahren vor. Die Mehrheit der Delegierten war der Ansicht, man dürfe sich nicht festlegen, die Sozialisierung der Betriebe sei sofort in Angriff zu nehmen, deshalb brauche man keine Kollektivabkommen mit den Unternehmern. Sie lehnten das Abkommen ›in Anbetracht der heutigen Situation und der in allernächster Zeit zu erwartenden wirtschaftlichen Umwälzung‹ ab. Trotzdem schloß der Berliner Bezirksleiter und Bevollmächtigte Cohen das Abkommen namens der Ortsverwaltung ab«.[4]

Hier werden die Alternativen deutlich: Blieb die wirtschaftliche Ordnung Deutschlands auf der Grundlage des privaten Eigentums und der Verfügungsgewalt der Unternehmer bestehen, so blieb es auch die Funktion der Gewerkschaften, die Interessen der Arbeiter durch Kollektivabkommen zu vertreten; würde das Wirtschaftssystem durch Produktionskontrolle und Sozialisierung revolutioniert, so lägen die wesentlichen Aufgaben bei den Arbeiterräten.

Angesichts dessen war die Zurückhaltung der Gewerkschaftsführungen gegenüber jeder Sozialisierungspolitik wie auch gegenüber der betrieblichen Mitbestimmung der Arbeiter wohl auch begründet in der Befürchtung, daß auf solche Weise ein Funktionsverlust der eigenen Organisationen in Gang kommen könne.

Organisationsentwicklung der Gewerkschaften nach der Revolution

Zunächst brachte der politische Umschwung in Deutschland aber eher einen Positionsgewinn für die Gewerkschaften mit sich.
Der Krieg und die Novemberrevolution als eine politische Massenbewegung hatten große Teile des deutschen Volkes aus politischer Passivität gerissen und zu einem demokratischen Engagement veranlaßt. Ein Moment dieser politischen Aktivierung war die Erfahrung, daß es innerhalb demokratischer Strukturen der Gesellschaft einer organisierten Vertretung der eigenen Interessen bedürfe. Zudem wurden durch die Revolution Einschränkungen des Koalitionsrechts, wie z. B. die »Gesindeordnung« für die Landarbeiter, aufgehoben, so daß einige Gruppen der Arbeiterklasse jetzt erst eine legale Interessenorganisation aufbauen konnten.
Die freien Gewerkschaften erlebten nach dem Kriegsende einen Zulauf neuer Mitglieder wie nie zuvor. Welche Rolle dabei die Umwälzung des Novembers 1918 spielte, zeigen die Zahlen über die Mitglieder der freien Gewerkschaften im selben Jahr: im ersten Halbjahr wuchs die

Mitgliedschaft um 100000 auf 1369799 im Juni 1918, im zweiten Halbjahr verdoppelte sie sich auf 2363742 (Dezember 1918). Da diese Angaben nicht nach den einzelnen Verbänden der freien Gewerkschaften aufgeschlüsselt sind, müssen wir uns im folgenden an den Zahlen orientieren, die für 1921 angegeben werden. Der Zustrom neuer Mitglieder hielt bis dahin weiter an, die Gesamtzahl der freigewerkschaftlich Organisierten betrug 1921 7720172. Neben dem Anstieg des Organisationsgrades der traditionell gewerkschaftlich organisierten Teile der Arbeiterschaft waren es vor allem die Landarbeiter und Staats-Arbeiter, die innerhalb kurzer Zeit große Organisationen aufbauten. Das waren die Gruppen, die vor und im Krieg am meisten an gewerkschaftlicher Organisierung gehindert worden waren. Im Rechenschaftsbericht des ADGB-Vorstandes zum Kongreß der freien Gewerkschaften 1922 waren die Vergleichszahlen von 1912 herangezogen worden, da in diesem Jahr der höchste Organisationsgrad vor dem Krieg erreicht worden war. Danach waren 1912 17023 Landarbeiter organisiert, 1921 dagegen 600098. Bei den Eisenbahnern lag der Grad der Organisierung vor dem Krieg praktisch bei Null, 1921 umfaßte ihre Organisation 450503 Mitglieder.

Die Angestellten, die sich aufgrund objektiver und subjektiver Faktoren bis dahin oftmals als eine über den Arbeitern stehende soziale Gruppierung betrachtet hatten, die der kollektiven Vertretung ihrer Interessen nicht so sehr bedürfte, wurden ebenfalls durch Krieg und Revolution in die gewerkschaftlichen Zusammenhänge einbezogen. Bereits »die kurze Massenarbeitslosigkeit zu Kriegsbeginn führte den Angestellten die tatsächliche Unsicherheit und beamtenunähnliche Marktabhängigkeit ihrer Stellung, über die sie sich mit einem illusionären Privatbeamtenbewußtsein hinweggetäuscht hatten, handgreiflich vor Augen«.[5] Von 1914 bis 1915 mußten sie darüber hinaus nicht nur reale, sondern auch nominale Gehaltskürzungen hinnehmen. Diese Tendenz wurde zwar seit 1916 gestoppt, aber die Angestelltenverdienste blieben auch 1916 bis 1918 stark hinter dem steigenden Lebenshaltungsindex und auch hinter den Arbeiterlöhnen zurück. Zudem erfolgte der Abbau spezifischer Angestelltenprivilegien.

Die Ursachen dieser Entwicklung liegen in der besonderen Stellung der Angestellten: einerseits waren sie gegenüber ihrem Arbeitgeber loyaler eingestellt, verfügten demnach nicht über eigenständige und starke Organisationen, andererseits wurden – bedingt durch die Arbeitskräfteknappheit – Entlassungen, Umstellungen, Kriegsdienstverpflichtungen und Lohnkürzungen viel eher im unproduktiven Angestellten- als im Arbeiterbereich vorgenommen.

All das führte zu einer »Bedeutungszunahme der Arbeitnehmerkomponente (auf Kosten des traditionellen Berufs- und Privatbeamtenselbstverständnisses) im Bewußtsein der Angestellten, ließ auch subjektiv ihre Gemeinsamkeit mit anderen Arbeitnehmern, also vor allem mit den Lohnarbeitern, klarer hervortreten«.
Diese Bewegungen in den Schichten der Angestellten führten zu einem sprunghaften Anwachsen ihres Organisationsgrades. Allein innerhalb der Organisation der freien Gewerkschaften, also abgesehen von den selbständigen Angestelltenverbänden, stieg die Zahl der organisierten Angestellten von 27 673 im Jahre 1912 auf 312 980 im Jahre 1921; die drei bisher selbständigen Verbände der Büroangestellten, Handlungsgehilfen und Lagerhalter schlossen sich zu einem großen Verband der Angestellten zusammen.
Vergleichsweise konnten die Christlichen Gewerkschaften in den Jahren 1918-1922 ihren Mitgliederbestand noch stärker ausbauen als die Freien Gewerkschaftsverbände; absolut betrachtet, blieben sie allerdings auch weiterhin in der Minderheit.
Die Mitgliederentwicklung der Gewerkschaften in Deutschland von 1913 bis 1931 zeigt folgende Tabelle:

Jahr	Freie Gewerkschaften		Christliche Gewerkschaften		Hirsch-Dunckersche Gewerkschaften	
	insgesamt	davon weiblich	insgesamt	davon weiblich	insgesamt	davon weiblich
1913	2 573 718	230 347	342 785	27 623	106 618	5 937
1916	966 705	185 810	174 300	28 764	57 766	5 351
1922	7 895 065	1 687 840	1 049 406	263 146	230 612	(keine Angaben)
1924	4 618 353	921 140	605 392	160 819	147 280	12 540
1925	4 156 451	751 585	606 349	148 736	157 571	12 061
1926	3 977 309	659 499	541 092	115 507	163 451	12 124
1927	4 150 160	650 501	720 059	121 831	167 638	12 824
1928	4 653 586	712 430	647 364	124 129	168 726	12 700
1929	4 906 228	722 892	792 827	126 001	205 917	13 204
1930	4 821 832	684 978	778 863	113 090	198 175	11 956
1931	4 417 852	617 968	698 472	94 402	181 100	10 575

Die Christlichen Gewerkschaften trugen die Politik der »Zentralarbeitsgemeinschaft« mit; überhaupt unterschieden sie sich gewerkschaftspolitisch nach 1918 kaum von den Freien Gewerkschaften bzw. deren Mehrheitslinie.

In den Freien Gewerkschaften selbst gab es in den Jahren nach 1918 eine zeitweise starke innerverbandliche Opposition, die vor allem auf dem 10. Kongreß der Freien Gewerkschaften im Juli 1919 ihren Ausdruck fand. Teilweise ging es den oppositionellen Gewerkschaften darum, die Politik der Kooperation mit den Unternehmerverbänden (Zentralarbeitsgemeinschaft) zu verhindern und die Gewerkschaften auf eine Linie des konsequenten Klassenkonflikts festzulegen; zum anderen Teil vertrat die innergewerkschaftliche Opposition das Konzept des wirtschaftlichen Rätesystems (diese Gruppe sammelte sich um die Zeitschrift »Der Arbeiterrat«). Thema kritischer Rückblicke war die Politik der Generalkommission der Freien Gewerkschaften während des Weltkrieges. Mehrheitlich billigte der Kongreß jedoch die historische und die aktuelle Position der Gewerkschaftsführung.

Der Kongreß beschloß ferner einen Antrag, der die »Neutralität der Gewerkschaften gegenüber den politischen Parteien« betonte. Hier ging es um mehr als die traditionelle organisatorische Unabhängigkeit gegenüber der SPD; nach der parteipolitischen Aufspaltung der sozialistischen Arbeiterbewegung wollten nun die Gewerkschaften wenigstens auf wirtschaftlichem Gebiet die einheitliche Interessenvertretung wahren, wie sie vor dem Weltkrieg auch parteipolitisch für die Sozialisten bestanden hatte. In den Jahren danach, vor allem nach der Auflösung der USPD, rückten die Freien Gewerkschaften allerdings wieder mehr in die Nähe der SPD, teilweise tendierten sie dahin, kommunistische Gewerkschafter aus den Organisationen zu verdrängen. Zwischen 1920 und 1922 gewannen kurzfristig »Arbeiter-Unionen« neben den traditionellen Gewerkschaften Bedeutung, die von kommunistischen oder anarcho-syndikalistischen Ideen geprägt waren; schon bald fielen diese Organisationen aber wieder in den Status von Kleingruppen zurück. Anders als in den romanischen Ländern blieb der radikale Arbeiter-Syndikalismus für die Entwicklung in Deutschland untypisch.[6]

Ein Vorstoß der Reaktion

Den Schlußakt der revolutionären Bewegungen in der deutschen Arbeiterschaft bildeten die politischen Kämpfe des Jahres 1920, provoziert durch Versuche von rechts her, die Ergebnisse des November 1918 rückgängig zu machen.

Die gegenrevolutionäre Bewegung, die bereits im November 1918 begonnen hatte, aber erst 1920 immer stärker wurde und offen gegen die Republik vorging, hatte ihren sozialen und politischen Ursprung in den Herrschafts- und Führungsgruppen des Kaiserreichs, die die Revolution relativ unbeschadet überdauert hatten. Ihren Massenanhang, der ihr auch innerhalb des demokratischen Parlaments Einfluß sicherte, konnte sie erst gewinnen durch die Abkehr erheblicher Teile des Bürgertums von der gerade gegründeten Republik. Diese Bewegung war das Resultat der Unfähigkeit der republikanischen und sozialistischen Kräfte, das Erbe des Kaiserreichs zu bewältigen. Die Politik der Reaktion bestand darin, aus der Übernahme der Lasten ihres Erbes durch die Republik »Kapital zu schlagen«. Daß wesentliche Strukturen des Kaiserreichs der Weimarer Republik erhalten blieben, war – wie bereits analysiert – notwendige Folge der SPD-Politik seit dem November 1918, ihrer Unfähigkeit zu alternativem Denken und Handeln, ihrer Angst vor dem Chaos einer »bolschewistischen Revolution«, ihrer »quietistischen Beharrungsmentalität«.
U. Wehler interpretiert dies so:
»Subjektiv glaubten die MSPD-Führer, nicht anders handeln zu können. Das ist angesichts ihres Entwicklungsganges nicht einmal schwer zu verstehen. Aber wer auf die objektiven Auswirkungen abhebt, kann die folgenreichen Konsequenzen nicht übersehen. Jedenfalls verhinderte dieses Syndrom von Einstellungen jeden tatkräftig beschleunigten Wandel. Es verhinderte z. B. eine Heeresreform, obwohl diese nicht nur von den Soldatenräten, sondern auch von vielen Offizieren erwartet wurde; z. B. eine Wirtschaftsreform, obwohl sie nicht nur von den Arbeiterräten, sondern bis weit hinein in die bürgerlich-liberalen Parteien und Schichten für unumgänglich gehalten wurde; z. B. eine Agrarreform, obwohl nur so dem machtgewohnten Grundadel das materielle Rückgrat gebrochen werden konnte; z. B. eine Reform von Justiz und Verwaltung, obwohl nur so das kaiserliche Beamtenregiment aufgehoben werden konnte«.[7]
Vergegenwärtigt man sich gleichzeitig, daß die Revolutionsregierung große Hypotheken übernommen hatte – einen verlorenen Krieg, eine ausgelaugte Wirtschaft, Auslandsschulden und Geldentwertung –, die ihre Startbedingungen äußerst ungünstig gestalteten, so stellt sich die Frage, wie diese Schwierigkeiten im Rahmen einer sozialen und demokratischen Politik gelöst werden sollten, wenn man sich weiterhin auf die Machtverhältnisse, Besitz- und Entscheidungsstrukturen stützte, die sie hervorgebracht hatten. Das Dilemma ist offensichtlich: Die gerade erst entstandene deutsche Demokratie und ihre Träger übernah-

men die politische Verantwortung für die »Schulden« des alten Regimes, beließen aber diejenigen in ihren gesellschaftlichen Positionen, die sie verschuldet hatten. Jede weitere »Verschuldung«, innen- oder außenpolitische Niederlage oder Krisensituation wurde nun propagandistisch auf das Konto der Weimarer Demokraten verbucht...
General Groener hat später das Bündnis von sozialdemokratischer Führung und Militär im November 1918 so erklärt: »Wir haben uns verbündet zum Kampf gegen die Revolution, zum Kampf gegen den Bolschewismus.«
Aber was war in den Augen der alten Herrschaftsgruppen nicht alles »Revolution«, was war nicht alles »Bolschewismus«? Der Gegenangriff dieser Kräfte galt vor allem den seit der Novemberrevolution gestärkten sozialen Positionen der Arbeiterschaft.
Einer der maßgeblichen militärischen Führer, auf die die sozialdemokratische Regierung sich stützte, General von Lüttwitz, schrieb bereits am 1. September 1919 an den Reichswehrminister:
»Zwei Dinge tun uns not: Arbeit und Ordnung! Beide können wir haben, aber nicht mit Worten. Die Versuche, das Volk mit Milde und Zureden zur Annahme von Arbeit zu bewegen, sind vergeblich gewesen. Nur Zwang wird das Volk zur Arbeit bringen.
Daraus ergeben sich folgende Notwendigkeiten:
1. Vernünftiger Abbau der Arbeitslosenunterstützung. Der Grundsatz: Wer nicht arbeitet, soll auch nicht essen, muß wieder wie früher zur Geltung kommen. Gewiß ist Arbeitslosenunterstützung notwendig. Wirkt sie jetzt als Stütze der Faulheit, ist sie ein Verbrechen.
2. Unbedingtes Verbot aller politischen und wirtschaftlichen Streiks. Hand in Hand mit vorstehenden Maßnahmen muß die Frage der Arbeitsbeschaffung großzügig in die Hand genommen werden.
Wie aber wird die Regierung mit solchen im wahrsten Sinne des Wortes sozialen Maßnahmen durchdringen, wenn ihr Elemente ungestraft entgegentreten dürfen, deren einziges Streben darauf gerichtet ist, auf den Trümmern unserer staatlichen und wirtschaftlichen Ordnung ihre nur aus Ehrgeiz und Egoismus, im besten Falle aus utopischen Ideen erstrebte Herrschaft zu errichten. Diese Schädlinge müssen rücksichtslos vernichtet werden. Kampf bis aufs Messer gilt es diesen staatsfeindlichen Elementen gegenüber.
Rigorose Unterdrückung ihrer Presse und ihrer führenden Persönlichkeiten ist das einzig wirksame Mittel.
Auch heute ist die Armee Fundament der Staatsgewalt.«

∴ ∴ **Deutscher Metallarbeiter-Verband** ∴ ∴

Stuttgart, 13. März 1920.

An die Bezirksleitungen und Ortsverwaltungen!

Die Reaktion hat zur Gegenrevolution ausgeholt!

Beim Niederschreiben dieser Zeilen laufen die ersten Meldungen bei uns ein. Die seitherige Regierung gestürzt, die Nationalversammlung aufgelöst, die Reaktion in Berlin im Besitz der Regierungsgewalt u. s. w., das sind die Nachrichten, die uns bis zur Stunde erreichten.

Um was gehts?

Volle Klarheit muß darüber herrschen, daß es sich nicht etwa nur um einen politischen Staatsstreich handelt. Es geht um weit mehr. Die Reaktion geht aufs Ganze. Das werktätige Volk soll mit Gewalt zurückgedrängt werden ins alte vorrevolutionäre Joch, politisch und wirtschaftlich geknebelt und unterdrückt. **Man will die Arbeiterklasse zum willenlosen Ausbeutungsobjekt machen.** Gerade wir Gewerkschaften haben in letzter Zeit an dem mit jedem Tage steigenden protzenhaften Übermut der Unternehmer gemerkt, wohin die Reise gehen soll.

Die Arbeiterklasse muß geschlossen auf dem Plan erscheinen, bereit zum Handeln, gewillt, alles einzusetzen, um die Pläne der Reaktion zuschanden zu machen. Nicht darum handelt es sich, einzelnen Personen oder Parteien ihre unsicheren Ministersessel zu erhalten, **sondern die Interessen des gesamten werktätigen Volkes stehen auf dem Spiele.** Konsequentes, entschlossenes Handeln muß der Arbeiterklasse den Aufstieg sichern.

Eine sozialistische Republik!

Das ist unser Ziel, das muß die Losung des gesamten Proletariats sein, vereint unter revolutionärem Banner. Die politischen Parteien der Arbeiterschaft sind in diesen Stunden dabei, zum Kampf aufzurufen. Soeben trifft eine Nachricht ein, die die **Proklamierung des Generalstreiks** meldet. Es gilt zu h a n d e l n. Natürlich nicht ziellos oder verzettelt am einzelnen Ort, sondern planmäßig, einheitlich und geschlossen auf der ganzen Linie, entsprechend der Parole, die von den Trägern der Bewegung an das Proletariat ergeht. Bei diesen Kämpfen, deren Ernst und Schwere nicht unterschätzt werden darf, muß sich jeder Arbeiter darüber klar sein, **daß er persönlich alles einzusetzen hat.** Bei solchen Kämpfen können natürlich nicht Mittel der Gewerkschaftsorganisation als Unterstützung für etwaige Streiktage in Frage kommen, **sondern diese Kämpfe sind nur siegreich durchzuführen, wenn jeder einzelne persönlich zu jedem Opfer bereit ist.**

Bis dieses Schreiben in die Hände unserer Funktionäre gelangt, haben die Zeitereignisse diese Zeilen zweifellos überholt. Wir können daher unseren Kollegen zur Stunde nur zurufen:

Tretet ein in die geschlossene Kampfesfront des Proletariats!
Kämpft unter revolutionärem Banner gegen die Reaktion!
Für den Sozialismus!
Zeigt euch als Avantgarde des kämpfenden Proletariats!
Steht überall in vorderster Reihe! Euch ruft die Pflicht!

Mit kollegialem Gruß

Der Vorstand.

Flugblatt aus der Metallarbeitergewerkschaft gegen den Kapp-Putsch 1920

Generalstreik gegen den Kapp-Putsch

Im März 1920 glaubten einige der reaktionärsten Kräfte der gesamten anti-republikanischen Bewegung – militärische Führer der Freikorps, darunter v. Lüttwitz, ostelbische Junker und einige hohe Beamte –, es sei überaus leicht, die Regierung, die ohne solide Basis zu sein schien, zu stürzen und eine konservativ-ständische Ordnung zu errichten. Am 13. März putschten Freikorpstruppen gegen die Koalitionsregierung in Berlin (SPD, DDP, Zentrum), zwangen sie zur Flucht nach Stuttgart, besetzten das Regierungsviertel und bestimmten den DNVP-Landesvorsitzenden Kapp zum neuen Reichskanzler. Am 15. März setzte in Deutschland ein Generalstreik ein, wie er in der deutschen Arbeitergeschichte nie zuvor und nie danach organisiert und durchgeführt wurde. Der ADGB und die größten Angestellten- und Beamtengewerkschaften AFA (Arbeitsgemeinschaft freier Angestelltenverbände) und DBB (Deutscher Beamtenbund) hatten zusammen zum Streik aufgerufen und eine gemeinsame zentrale Streikleitung eingerichtet. Am 17.3. traten die Putschisten zurück, nachdem ihnen in Verhandlungen mit Regierungsvertretern bestimmte Zusagen wie Neuwahlen, Straffreiheit u. a. gemacht worden waren. Sie waren zum Rückzug gezwungen durch den Widerstand der Arbeiter, Angestellten und Beamten, der ihnen im Streik entgegenschlug.

Damit lag für einen Moment die politische Macht wieder bei der Arbeiterschaft und ihren Organisationen, da diese die Etablierung der Putschisten verhindert hatte. Aber die Motivation der streikteilnehmenden Massen ging über die Abwehr des Putsches hinaus: Viele Arbeiter und Angestellten waren sich durchaus klar darüber, daß die Ursache des Putsches in dem Zustand der Republik und der Labilität der demokratischen Strukturen selbst lag, daß es deshalb notwendig sei, diese gründlich zu ändern, um für die Zukunft ähnliche politische Entwicklungen zu verhindern.

Diese Stimmung der streikenden Massen reflektierte auch der Aufruf von ADGB, AFA und DBB vom 18. März, in dem die Gewerkschaften zum Weiterstreiken aufriefen – trotz des Rückzugs der Kappisten: »Arbeiter, Angestellte und Beamte! Der Generalstreik hat bisher den Erfolg gezeitigt, daß ein Kapp und Lüttwitz beseitigt sind. Damit ist aber der Kampf noch nicht beendigt.

Die Soldateska beherrscht noch die Straßen Berlins.

Die von verschiedenen Seiten gebrachte Nachricht, daß Noske als Oberbefehlshaber der Truppen nach Berlin zurückkehren soll, erscheint uns nach den bisherigen Verhandlungen mit der verfassungs-

mäßigen Regierung ausgeschlossen. Zunächst sind alle unzuverlässigen Truppen restlos zu entfernen und zu entwaffnen. Die Neuorganisation der Truppen muß so erfolgen, daß für die Zukunft jeder militärische Putsch unmöglich ist. Wir fordern entscheidende Mitwirkung bei der Neuordnung der Verhältnisse... Diese Bedingungen sind der verfassungsmäßigen Regierung gestellt... Der Generalstreik ist fortzusetzen, bis unsere Forderungen erfüllt sind«.
In dieser Situation sah sich C. Legien, Vorsitzender des ADGB und vorher Vorsitzender der Generalkommission seit 1892, veranlaßt, der USPD ein Angebot zur Bildung einer Arbeiterregierung zu unterbreiten, die wesentlich von ADGB und USPD getragen und zu der die SPD hinzugezogen werden sollte. Die Einsicht in die Notwendigkeit einer fundamentalen Veränderung der politischen Zustände mit Hilfe einer solchen Arbeiterregierung war also bei den sonst politisch »neutralen« Gewerkschaften des ADGB und ihrem Vorsitzenden vorhanden – ein Beweis für die Offensichtlichkeit der Tatsache, daß zur Weiterexistenz der Republik eine Revision der Ergebnisse der Jahre 1918/19 notwendig war. Aber die USPD lehnte ab. Ihr linker Flügel war es, der bei einer Koalition mit dem ADGB den Austritt aus der Partei androhte. Selbst die KPD hatte einer solchen Arbeiterregierung eine »loyale Opposition« zugebilligt, aber die linken USPD-Führer glaubten, auf die Verbundenheit der ADGB-Leitung mit der »kompromittierenden rechtssozialdemokratischen Partei« verweisen zu müssen und damit den Vorschlag Legiens zurückweisen zu können.
Ohne eine endgültige Antwort auf die Frage nach den Aussichten einer solchen Arbeiterregierung geben zu wollen, kann man sagen, daß damit die Chancen der Arbeiterbewegung und ihrer Organisationen vertan waren, aus der Defensivhaltung herauszukommen. In der Starrheit organisations- und traditionsfetischistischen Denkens und der Zersplitterung der selbständigen Aktion der Arbeiterschaft und ihrer Teile, vor allem in dem dann folgenden Ruhrkampf reproduzierten sich noch einmal wesentliche Momente der Revolutionszeit. A. Rosenberg weist darauf hin, daß die deutsche Arbeiterbewegung sich als einig und stark erwies in der Negation des Bestehenden, aber schwach war in der positiven Gestaltung: »Die deutsche Arbeiterschaft hatte in diesen Märztagen noch einmal gezeigt, daß sie für ihre Ideale einheitlich streiken und die Waffen führen konnte. Aber Deutschland politisch neu aufzubauen, dazu war das sozialistische Proletariat nicht fähig«.[8]
Noch in den Märztagen »normalisierte« sich die Situation: Die Koali-

tionsregierung von SPD, DDP und Zentrum blieb, der von Kapp verhängte Ausnahmezustand blieb auch. Reichswehr und Freikorps, die am Putsch beteiligt gewesen waren oder ihn passiv unterstützt hatten, wurden gegen die weiterkämpfenden Arbeiter im Ruhrgebiet eingesetzt. Nach deren Niederlage nahmen die Freikorps, die von den Arbeitern in den Tagen des Putsches besiegt worden waren, grausame Rache. Mit diesem Ausgang des Putsches war die Situation für die Armee und die rechtsstehenden Kräfte gerettet, man hatte sogar die Einwilligung der Regierung in Neuwahlen gewonnen.

Diese brachten eine Niederlage für die SPD und die Bildung einer rein bürgerlichen Regierung unter Mitwirkung der DVP, die noch im März den Kapp-Putsch unterstützt hatte. Die Wahlergebnisse:

DNVP	Juni 1920: 15,1 %	(Januar 1919: 10,3 %)
DVP	Juni 1920: 14,0 %	(Januar 1919: 4,4 %)
Zentrum	Juni 1920: 17,8 %	(Januar 1919: 19,7 %)
DDP	Juni 1920: 8,4 %	(Januar 1919: 18,6 %)
SPD	Juni 1920: 21,6 %	(Januar 1919: 37,9 %)
USPD	Juni 1920: 18,0 %	(Januar 1919: 7,6 %)
KPD	Juni 1920: 2,0 %	(Januar 1919: –)

Die Bilanz der Revolutionszeit für die Arbeiterbewegung

So waren nach diesem Zwischenspiel die vorher bereits angelegten Entwicklungstendenzen in der Arbeiterbewegung nicht korrigiert, sondern endgültig geworden: Die SPD hatte hohe Verluste an Potential in der Arbeiterschaft; die Kräfteverhältnisse zwischen den Arbeiterparteien wandelten sich zugunsten der USPD, diese wiederum rückte zum erheblichen Teil in das bisher kleine Lager der prinzipiellen Gegner der Sozialdemokratie hinüber.

Die USPD spaltete sich im Oktober desselben Jahres, etwa ein halbes Jahr nach dem Kapp-Putsch, nachdem sie einen enormen Aufschwung seit Mitte 1919 erlebt hatte und zur potentiellen Mehrheitspartei der Arbeiter geworden war. Eine Majorität der Partei vereinigte sich mit der KPD (Spartakusbund) zur Vereinigten KPD (VKPD), ein anderer Teil ging dann 1922 zur SPD zurück und bildete mit ihr die VSPD. Klärung aber bedeutete auch Erstarrung und Verlust der Beweglichkeit der unterschiedlichen politischen Anschauungen und Zielvorstellungen. Langfristig wurde die Differenzierung der Arbeiterbewegung in Krieg und Revolution zur zementierten Spaltung: hier Sozialdemokraten, dort Kommunisten.

Zusammenfassend läßt sich festhalten:
Die November- und die Arbeiterrätebewegung führten zu einer partiellen Auflösung der traditionellen organisatorischen und ideologischen Strukturen der deutschen Arbeiterbewegung. Während die Freien Gewerkschaften dabei ihre organisatorische Einheit im großen und ganzen wahren konnten, erlebte die Sozialdemokratie eine organisatorische Aufspaltung, die zu schwerwiegenden Gegensätzen und Konflikten führte.
Das bedeutete einerseits eine entscheidende Schwächung bei der Einflußnahme auf den gesellschaftlichen Wandel dieser Zeit, andererseits aber auch fruchtbare Erneuerung, Ausgestaltung und Umformung. Es entstanden Ansätze einer Verbindung von Theorie und Praxis in Form von Strategien, und zwar sowohl auf dem sozialreformerischen als auch auf dem revolutionären Flügel. Allerdings konnten solche Weiterentwicklungen als Produkte der revolutionären Phase auf diese selbst keinen Einfluß mehr gewinnen. In der Folgezeit gingen Vielfalt und Innovationsbereitschaft in beträchtlichem Maße zugunsten der inneren Stabilisierung zweier streng getrennter Parteien – SPD und KPD – verloren, die immer mehr in unversöhnlichen Gegensatz gerieten.
Die Entwicklung einer selbständigen Linie der Arbeiterbewegung abseits der Parteien und ihrer Gegensätzlichkeiten, wie sie sich bei den »Obleuten« und in Teilen der Räte angedeutet hatte, blieb eine Episode.
Zu Erfolg kam weder das parlamentarisch-sozialpolitische Konzept der Mehrheitssozialdemokratie, jedenfalls nicht langfristig, noch die Hoffnung der Linken auf eine sozialistische Republik.
Allerdings muß gesagt werden, daß die deutsche Arbeiterbewegung insgesamt auf die Anforderungen und Möglichkeiten einer gesellschaftlichen Neuordnung nicht vorbereitet war. Sie verfügte nicht über die notwendigen Vorstellungen einer praktischen Alternative zum bis dahin existierenden kapitalistischen Obrigkeitsstaat, als sie 1918 in die Rolle des »historischen Subjekts« geriet. Insofern sind die Auswegslosigkeiten der Revolutionszeit auch aus der Genesis der Arbeiterbewegung im Vorkriegs-Deutschland zu erklären.

XII Gespaltene Illusion –
die Arbeiterbewegung von 1920 bis 1929

In der Literatur zur Weimarer Republik und zur Geschichte der Arbeiterbewegung wird häufig die Ansicht vertreten, daß die gesellschaftspolitische Entwicklung zumindest bis 1923 einer grundlegenden Veränderung im Sinne der Arbeiterbewegung offengestanden habe. Der Historiker A. Rosenberg meinte sogar, es habe in der neueren deutschen Geschichte nie einen Zeitabschnitt gegeben, der für »eine sozialistische Revolution so günstig gewesen wäre wie der Sommer 1923.«

Die Krisen des Jahres 1923

In der Tat finden wir in den ökonomischen und politischen Abläufen des Jahres 1923 die Höhepunkte verschiedener, miteinander verflochtener Krisentendenzen: Der Geldwertschwund (Inflation) nahm im Sommer und Frühherbst dieses Jahres groteske Ausmaße an; die Auseinandersetzung mit den Reparationsforderungen Frankreichs und Belgiens führte zur Besetzung des Ruhrgebiets durch Truppen dieser Länder und zum sogenannten »Ruhrkampf«, einem teils passiven, teils aktiven Widerstand, der in Teilen der Bevölkerung eine neue »nationale« Hochstimmung auslöste; in Bayern konzentrierten sich die rechtsstehenden militanten Verbände erneut und drängten auf eine »Machtübernahme«; andererseits wurde im August die Regierung des gemäßigt rechten, großindustriellen Interessen verbundenen Reichskanzlers Cuno gestürzt, nicht zuletzt durch den Druck von Streikbewegungen in der Arbeiterschaft, und in Sachsen und Thüringen bildeten sich Koalitionsregierungen von SPD und KPD.

Am Ende dieses Jahres stand die Niederlage der linken Bewegungen in der Arbeiterschaft, aber auch der eher klägliche Zusammenbruch des rechten Putschversuches (mit Ludendorff und Hitler) in München; die parlamentarisch-bürgerliche Staatsform schien jetzt zum ersten Mal wirklich stabilisiert. Wesentlichen Anteil an diesem Ausgang einer höchst turbulenten Entwicklungsphase der Weimarer Republik hatte die Bildung einer Großen Koalition unter dem Reichskanzler Stresemann, die von der SPD bis zur DVP reichte und für einige Monate, gestützt auf Ermächtigungsverfügungen des sozialdemokratischen

Reichspräsidenten Ebert, die Hinterlassenschaften der »revolutionären« Versuche recht unterschiedlicher Art liquidierte.

Als erstes wurde der wenig ergiebige »Ruhrkampf« eingestellt und der Weg der Verhandlungen mit den Siegermächten des Ersten Weltkrieges beschritten; die »nationalrevolutionäre« Illusion ließ sich nicht mehr aufrechterhalten. Als nächstes gab Ebert seine Einwilligung zur Besetzung Sachsens und Thüringens durch die Reichswehr, damit also zur gewaltförmigen Absetzung von Arbeiterregierungen, obwohl diese über verfassungsgemäße Mehrheiten in den Landtagen verfügten und ihre Verpflichtungen gegenüber dem Gesamtstaat nicht verletzt hatten. Als hingegen die bayerische Regierung offen zum Hochverrat schritt, blieb die Reichswehr zunächst abwartend; von Seeckt erklärte Ebert und Stresemann, die Reichswehr sei zu schwach, um gleichzeitig gegen links und rechts anzugehen. Erst nachdem Hitler den Bogen überspannte und im Münchener Löwenbräukeller die »nationale Revolution« und die Absetzung der Reichsregierung verkündete, woraufhin das Abenteuer seinen eingesessenen Bundesgenossen unbehaglich wurde, ließ Seeckt sich von der Reichsregierung die vollziehende Gewalt für Bayern übertragen und machte dem Spuk ein Ende. Am 20. November schließlich wurde durch einen rigorosen Schnitt (eine Goldmark für eine Billion Papiermark) die Währung reformiert. Wenige Tage danach wurde die Regierung Stresemann durch ein Mißtrauensvotum des Reichstags gestürzt. Das neue Kabinett unter Marx (Zentrum) unterschied sich im wesentlichen nur dadurch von dem vorhergehenden, daß die SPD nicht mehr darin vertreten war; Stresemann gehörte dem Kabinett als Außenminister weiter an. Dies war der Beginn der sogenannten Bürgerblock-Regierungen, die nun für etliche Jahre die Politik des Weimarer Staates bestimmten; die SPD ging in die loyale Opposition, sie hatte vorerst ihre Schuldigkeit getan. Die »Bereinigung« der politischen Szene und die nach Ende der Inflation einsetzende wirtschaftliche Stabilisierung zogen den Schlußstrich unter den Entwicklungsabschnitt der Weimarer Republik, der in seiner Dynamik – wenn auch nicht in seinem Resultat – von der Arbeiterbewegung und ihren verschiedenen bzw. gegensätzlichen Strömungen geprägt worden war.

Der letzte Versuch der Kommunistischen Partei, sich dieser Entwicklung entgegenzustemmen oder sie gar umzudrehen (zugleich die letzte militante Aktion der KPD in der Weimarer Republik), der später in der Hausgeschichtsschreibung dieser Partei zum Mythos hochstilisierte »Oktoberaufstand« in Hamburg, stellte nur noch eine Groteske dar. Die KPD hatte im Sommer 1923, auf einen »deutschen Oktober« hoffend, als einen ihrer Eventualpläne auch den eines bewaffneten Losschlagens gegen Staat und Reichswehr, falls diese die Linksregierungen in Sachsen und Thürigen nicht hinnehmen würden. Realistisch wäre eine solche Aktion aber nur gewesen, wenn sie sich mit einer Streikbewegung in allen deutschen Industriezentren verbunden hätte. Daß diese nicht zustandekommen würde, war im Oktober 1923 auch der Mehrheit der KPD-Führer klar. Durch eine technische Panne ging die Aufforderung zum Aufstand dennoch an die norddeutschen Kommunisten bzw. ihre heimlichen »Militärkommandos«; eigentlich für Kiel geplant, kam die von der Zentrale gar nicht mehr beabsichtigte Aktion dann in Hamburg zustande. Sie bestand darin, daß eines Morgens früh, als die Hamburger Bevölkerung zur Arbeit ging, kleine Trupps von Kommunisten die Polizeiwache stürmten und dies blutig zu bezahlen hatten. Die Masse der Hamburger Arbeiter griff, anders als bei den Kämpfen in Berlin, in Mitteldeutschland und im Ruhrgebiet in den Jahren 1919 und 1920, in die Auseinandersetzungen überhaupt nicht ein.

Langfristige Polarisierung in der Arbeiterbewegung

Die Situation, in der sich die deutsche Arbeiterbewegung im Jahre 1923 befand, läßt eine Annahme »revolutionärer Chancen« für diesen Zeitraum wohl kaum zu. Die letzte Möglichkeit, sich auf ein gemeinsames Vorgehen der verschiedenen politischen Richtungen der Linken zu einigen, bestand vermutlich unmittelbar nach dem Kapp-Putsch. Sie wurde nicht wahrgenommen. Danach hatte sich vor allem durch die Auflösung der USPD eine Polarisierung in Sozialdemokraten hier, Kommunisten dort herausgebildet, mit der die Gegensätzlichkeit der politischen Perspektiven langfristig so verfestigt wurde, daß keine Beweglichkeit der Fronten und Konstellationen innerhalb der deutschen Arbeiterbewegung mehr gegeben war. Dies ist durchaus spezifisch für die deutsche Entwicklung. Zwar können wir für die Jahre ab 1919 auch in vielen anderen Ländern eine langfristige Differenzierung der sozialistischen Bewegung in eine sozialdemokratische und eine kommunistische Linie konstatieren, aber kaum irgendwo anders war dies mit einer so eindeutigen Abschottung voneinander verbunden, die für neue Entwicklungen oder partielle Gemeinsamkeiten keinen Spielraum ließ. Salopp ausgedrückt: Die SPD wurde »sozialdemokratischer« als die meisten ihr verwandten Parteien in anderen Ländern; die KPD wurde »kommunistischer« als fast alle vergleichbaren Organisationen in anderen Staaten (außer der UdSSR). Die Gründe dafür liegen auch in folgendem: Nur in Deutschland war 1918 die Sozialdemokratie in eine Rolle geraten, wo sie für die oft blutige Abwehr sozialistischer Bestrebungen und Bewegungen von Teilen der Arbeiterschaft die staatliche Verantwortung zu tragen hatte – und dies noch dazu in einem Bündnis mit antirepublikanischen Militärkreisen; andererseits verband sich auch nur mit der deutschen revolutionären Linken international die Erwartung, durch einen Umsturz im eigenen Lande die 1917 in Rußland begonnene Revolution erst wirklich zu Erfolg bringen zu können. Die deutschen Kommunisten waren um 1918 keineswegs unkritisch gegenüber dem Vorgehen der Bolschewiki in Rußland. Aber sie gingen davon aus, daß eine sozialistische Revolution in Deutschland den russischen Kommunisten sozusagen Luft verschaffen und »die proletarische Weltrevolution retten« könne. Niemand, auch Lenin nicht, glaubte damals an die Möglichkeit des »Sozialismus in einem Lande«. In der illegalen Zeitschrift des deutschen Spartakusbundes stand im September 1918:

»...Es ist eben die falsche Logik der objektiven Situation: jede sozialistische Partei, die heute in Rußland zur Macht gelangt, muß eine falsche Taktik befolgen, solange sie als ein Teil der internationalen, proletarischen Armee vom Gros dieser Armee im Stich gelassen wird. Die Schuld an den Fehlern der Bolschewiki trägt in letzter Linie das internationale Proletariat und vor allem die beispiellose beharrliche Niedertracht der deutschen Sozialdemokratie, einer Partei, die im Frieden an der Spitze des Weltproletariats zu marschieren vorgab, alle Welt zu belehren und zu führen sich anmaßte, im eigenen Land mindestens zehn Millionen Anhänger beider Geschlechter zählt und nun seit vier Jahren wie die feilen Landsknechte des Mittelalters auf Geheiß der herrschenden Klassen den Sozialismus vierundzwanzigmal an jedem Tag ans Kreuz schlägt...«

Die Entwicklung der KPD

Als alle Hoffnungen, durch Fortschritte der revolutionären Bewegung in Deutschland die russische Revolution »entlasten« zu können, keinen realen Boden mehr hatten, band sich die deutsche kommunistische Partei wie keine andere an den Mythos der Sowjetunion, schließlich auch an die jeweiligen Zwecke und Aufträge der sowjetischen kommunistischen Partei. Das »Heil Moskau«, das zum Parteiruf der deutschen Kommunisten wurde, enthielt insofern so etwas wie ein verbor-

genes Schuldgefühl gegenüber dem allein gelassenen Experiment der russischen Kommunisten, die aus der historischen Not dann die scheinbare Tugend des »ersten sozialistischen Staates« machten...
Die KPD war im Dezember 1920 durch die Vereinigung mit der linken Mehrheit der USPD zu einer proletarischen Massenpartei geworden. Zuvor hatte sie sich auf ihrem 2. Parteitag im Oktober 1919 von den radikalistischen bzw. syndikalistischen Strömungen in ihren Reihen getrennt, die dann für kurze Zeit als »Kommunistische Arbeiterpartei« (KAPD) eine eigene Rolle spielten.
Mit der Gründung der »Vereinigten Kommunistischen Partei Deutschlands«, wie sich die KPD nach dem Zustrom aus der USPD zeitweise nannte, schienen die Grundlagen für den Aufbau einer in der Arbeiterschaft verankerten revolutionären Partei geschaffen zu sein.
Die Aufspaltung der USPD war wesentlich durch die Frage bestimmt gewesen, wie man sich zu der von den russischen Kommunisten neu gegründeten »Dritten Internationale« (Komintern) verhalten solle, vor deren Sonderexistenz übrigens die Führer des deutschen Spartakusbundes zunächst gewarnt hatten. Die Kommunistische Internationale stellte Bedingungen für die Aufnahme, die völlig an den besonderen Entwicklungsbedingungen der KPdSU orientiert waren, so u. a.: Alle Beschlüsse der Internationale sollten für die einzelnen Parteien strikt bindend sein; in den Parteien müsse »demokratischer Zentralismus« im Sinne »eiserner Disziplin« herrschen; neben dem legalen Parteiorganismus müsse ein zweiter, illegaler Parteiapparat eingerichtet werden; regelmäßige »Säuberungen« hätten die Mitgliederschaft der Partei auf revolutionärem Kurs zu halten; es müsse eine eigene internationale Gewerkschaftsrichtung aufgebaut werden.
Fixiert auf das Vorbild der russischen Kommunisten, die die erste sozialistische Revolution gemacht hatten, und entgegen allen Warnungen vor dem »Ultra-Zentralismus«, wie sie Rosa Luxemburg vor ihrer Ermordung den Bolschewiki entgegengehalten hatte, unterwarfen sich die etwa 70000 Mitglieder der KPD und die nun zu ihnen stoßende, etwa 300000 Mitglieder umfassende linke Richtung der USPD solchen Bedingungen. Der Anfang der »Bolschewisierung« des radikalen Flügels der deutschen Arbeiterbewegung war damit gemacht.
Ob die Auflösung der USPD (ein Teil der Partei blieb bis 1922 selbständig und kehrte dann größtenteils zur SPD zurück; ein noch größerer Teil der Partei ging weder diesen noch den Weg zur KPD mit, sondern zog sich resigniert aus dem parteipolitischen Leben zurück) den damaligen Verhältnissen in der deutschen Arbeiterbewegung wirklich angemessen war, muß in Frage gestellt werden. Historisch-spekulativ

gedacht, hätte die politische Entwicklung der Weimarer Republik bei Fortexistenz einer weder parlamentarisch-bürgerlich integrierten, noch auf das russische Revolutionsmodell fixierten Strömung in der deutschen Arbeiterbewegung einen anderen Verlauf nehmen können... Die KPD jedenfalls schöpfte aus der durch Zuzug von seiten der USPD gewonnenen zahlenmäßigen Stärke revolutionäre Hoffnungen. Die Delegierten des Vereinigungsparteitags sahen den Sieg in greifbarer Nähe:
»*...Niemals war die Kommunistische Partei die Partei des Putsches, des Drängens nach dem Losschlagen, wenn die Situation nicht dazu reif war, obwohl sie vor Heidelberg von unmarxistischen putschistischen Elementen nicht frei war. Aber immer war sie eine Partei der Revolution. Klein, ohne Einfluß auf die breiten Arbeitermassen, hat sie für die Idee der Revolution gekämpft. Jetzt groß, sich auf breite Massen stützend, wird sie für die Revolution kämpfen. Sie kann nichts anderes tun, denn die Zeit des Sieges der Revolution naht...*
Arbeiter und Arbeiterinnen Deutschlands!
Wir sind stark und gewillt zu kämpfen. Und wenn wir uns erheben, dann werden die Orgesch und die Reichswehr wie Glas zerbrechen, denn überwältigend ist die Kraft von Millionen Proletariern, die von einem revolutionären Willen getragen sind. Wir werden für unseren Sieg keine Opfer scheuen, denn keine sind so groß, wie sie der Kapitalismus von uns fordert...«
(Aus dem Manifest des Vereinigungsparteitags der KPD, Dezember 1920. »Orgesch«: Organisation Escherich, ein Bündnis von Freikorps.)
Tatsächlich setzte sich die in den Wahlen von 1920 offenbar gewordene Linkstendenz in der Arbeiterschaft zunächst fort. In den Jahren bis zur Inflation gewann die Kommunistische Partei nach und nach die Mehrheit der deutschen Industriearbeiterschaft für sich, soweit diese sozialistisch gesonnen war. Auch in den Gewerkschaften und in den Betriebsräten gewannen die Kommunisten erheblich an Boden. Die KPD schien demnach alle Voraussetzungen dafür zu haben, der SPD, die sich durch ihre Politik seit 1918 bei vielen Arbeitern und früheren Anhängern diskreditiert hatte, den Rang abzulaufen.
Der deutsche Kommunismus wurde jedoch schon bald aktionsunfähig aufgrund der Zwiespältigkeit seiner politischen Perspektiven.
Die KPD, in ihren politischen Entscheidungen schon zu diesem Zeitpunkt eng verschränkt mit Richtungskämpfen in der Kommunistischen Internationale, schwankte zwischen der Hoffnung auf Aktionen der Massen und dem damit verbundenen Bestreben, sich in Betriebsbe-

legschaften zu verankern und auch zu linken Sozialdemokraten Kontakt zu gewinnen – und der Vorbereitung des bewaffneten Aufstandes im militärischen, eher putschistischen Stil.

Im März 1921 kam es zu begrenzten bewaffneten Auseinandersetzungen in Mitteldeutschland; die KPD proklamierte daraufhin den Aufstand, aber die Masse der deutschen Arbeiter rührte sich nicht. Erbittert über das Abenteurertum dieser »Märzaktion« rechnete Paul Levi, einer der maßgeblichen Führer der Partei, öffentlich mit dem Putschismus ab – und wurde ausgeschlossen. Nach dem mißglückten »Aufstand« setzte sich wieder mehr die »Massenlinie« durch, der Kampf um Einfluß bei den Arbeitern, in den Gewerkschaften, schließlich auch das Bündnis mit den sächsischen und thüringischen Sozialdemokraten, aber nebenher lief die Vorbereitung des nächsten »Aufstands«, und auch dieser (Hamburg 1923) nahm ein klägliches Ende. Das Abebben der militanten politischen Auseinandersetzungen und die wirtschaftliche Stabilisierung ab 1924 ließen den Einfluß der KPD zunächst rapide zurückgehen. Zwar gewann die Partei bei den Reichstagswahlen im Mai 1924 noch 12,6 % der Stimmen, aber bei den Wahlen im Dezember desselben Jahres waren es nur noch 9 %. Noch stärker war der Schwund an Mitgliedern: Von rund 300 000 Parteigenossen im Jahre 1923 waren Ende 1924 nur 95 000 übrig geblieben. Erst mit dem Einsetzen der Wirtschaftskrise im Ausgang der Zwanziger Jahre gewann die KPD wieder deutlich an Wählern und – dies sogar schlagartig – an Mitgliedern:

Mitgliederentwicklung der KPD

1923	295 000
1924	95 000
1926	126 000
1927	143 000
1929	106 000
1932	360 000

Die »Bolschewisierung« des deutschen Kommunismus

Innerparteilich vollzog die KPD ab 1924 eine Umstrukturierung, die von ihr selbst als »Bolschewisierung« begriffen wurde.[1] Die sogenannten »Rechten« in der Parteiführung wurden verdrängt; sie bildeten spä-

Ergebnisse der Reichstagswahlen in Prozenten

	1919*	1920	Mai 24	Dez. 24	1928	1930	Jul. 32	Nov. 32	1933
SPD	37,9	21,6	20,5	26,0	29,8	24,5	21,6	20,4	18,3
USPD	7,6	18,0	0,8	0,3	0,1	—	—	—	—
KPD	—	2,0	12,6	9,0	10,6	13,1	14,6	16,9	12,3
DDP	18,6	8,4	5,7	6,3	4,9	3,8	1,0	1,0	0,9
ZENTRUM	19,7	13,6	13,4	13,6	12,1	11,8	12,5	11,9	11,2
DVP	4,4	14,0	9,2	10,1	8,7	4,5	1,2	1,9	1,1
DNVP	10,3	15,1	19,5	20,5	14,2	7,0	5,9	8,8	8,0
NSDAP	—	—	6,6	3,0	2,6	18,3	37,4	33,1	43,9

* Wahlen zur Nationalversammlung

ter eine eigene kommunistische Organisation, die KPO.² Strömungen in der KPD, die sich noch stärker auf die Herkunft aus der sozialdemokratischen Linken vor 1914 oder auf die Position Rosa Luxemburgs bezogen als auf den nun allmählich (nach dem Tode Lenins) kanonisierten »Leninismus« und den später faktisch sich durchsetzenden Stalinismus, wurden einflußlos oder nicht mehr geduldet.

Kontrovers waren dabei vor allem die folgenden Fragen: Welche Politik sollte die KPD gegenüber der anderen Richtung der politischen Arbeiterbewegung, der Sozialdemokratie, verfolgen? Welche Stellung wollte man zu den Freien Gewerkschaften einnehmen? Wie war das Verhältnis zwischen den deutsche Kommunisten und der Kommunistischen Internationale bzw. der KPdSU näherhin zu bestimmen?

Alle diese Probleme fanden in der innerparteilichen Entwicklung der KPD eine »Lösung«, die wenig geeignet war, auf den weiteren Ablauf der Politik in Deutschland gestaltend einzuwirken.

Daß das Verhalten der Mehrheitssozialdemokratie im Ersten Weltkrieg und in der Revolutionszeit mit den Interessen der Arbeiterschaft, mit den Zielsetzungen Demokratie und Sozialismus nicht zu vereinbaren sei, war auch vor der »Bolschewisierung« in der KPD nicht umstritten. Offen blieb bis dahin aber, ob nicht dennoch in bestimmten Situationen und zu bestimmten Zwecken das Bündnis mit der Sozialdemokratie gesucht werden müsse, die »Einheitsfront« also auch mit SPD-Organisationen immerhin denkbar sei. Ab 1924 setzte sich in der KPD der Standpunkt durch, die SPD sei die »Hauptstütze« der Bourgeoisie, gegen sie müsse also konsequenterweise auch der »Hauptstoß« geführt werden, die »Einheitsfront« sei nur »von unten«, d. h., durch Abwerben der Mitglieder und Anhänger der SPD, und bei eindeutiger Führung durch die eigene Partei vertretbar. Diese politische Linie wurde zwar 1925/26 für kurze Zeit unterbrochen, als die KPD gemeinsam mit der SPD die Kampagne zur Vermögensenteignung der ehemaligen deutschen Fürsten durchführte; sie wurde aber danach noch massiver verfolgt und gipfelte in der Einschätzung der Sozialdemokratie als »sozialfaschistisch«, der der »Vernichtungskampf« angesagt wurde.³ Umstritten war in der KPD vor ihrer »Bolschewisierung« auch nicht, daß die in den Freien Gewerkschaften vorherrschende Politik abzulehnen sei; offen blieb aber, wie die Massen der Arbeiter für eine alternative Gewerkschaftspolitik gewonnen werden könnten. Auch hier setzte sich, wiederum mit Unterbrechungen, das Konzept des »Zerschlagens« durch, d. h., eine Politik, die durch Bildung separater »revolutionärer« Gewerkschaftsorganisationen (RGO) den Freien Gewerkschaften das Lebenslicht ausblasen wollte, nicht aber in den

Freien Gewerkschaften eine andere Linie durchzusetzen versuchte. Schließlich war es für die deutschen Kommunisten vor ihrer »Bolschewisierung« auch keine Frage, daß die junge Sowjetunion unterstützt und gegen alle Angriffe verteidigt werden müsse; offen blieb aber, ob und inwieweit die Politik der Bolschewiki in jedem einzelnen Schritt richtig oder gar für die Arbeiterbewegung in Deutschland vorbildlich bzw. direktiv sei oder sein dürfe. Hier setzte sich ab 1924 in der KPD der Standpunkt durch, daß es keinerlei Kritik oder Vorbehalte gegenüber der Politik der KPdSU geben dürfe, – daß die Entwicklung in der Sowjetunion ein Muster biete, an dem auch die Politik der deutschen Kommunisten sich ausrichten müsse, und daß die Führung der KPdSU das selbstverständliche Recht habe, über die Komintern die KPD »anzuleiten« bis in tagespolitische Entscheidungen hinein.

Das Ergebnis dieser Neuorientierung der KPD war, daß ab Ende der zwanziger Jahre in Deutschland ein sozialdemokratisches und ein kommunistisches Lager in der Arbeiterbewegung strikt und feindselig voneinander getrennt existierten und jeder Aufruf zur Einheitsfront bloße Propaganda blieb; daß die KPD in den Gewerkschaften jeden Einfluß verlor, was diese selbstverständlich nicht gerade nach links drängte; daß die jeweiligen politischen Schritte der Leitung der KPD fast hilflos den Ansichten der Komintern bzw. KPdSU folgten (die nicht selten rasch wechselten und zeitweise durch interne Fraktionskämpfe bestimmt waren), aber kaum auf eine authentische Analyse der politisch-ökonomischen Entwicklung im eigenen Lande sich stützen konnten.

Diese Ausrichtung der KPD führte dazu, daß die Funktionärsgruppen der Partei ständigen »Säuberungen« unterlagen, was einen ungewöhnlichen Verschleiß politischer »Kader« zur Folge hatte; sie trug auch dazu bei, daß in der Mitgliederschaft eine in der Arbeiterbewegung sonst in diesem Grade unbekannte Fluktuation herrschte. Anfang der dreißiger Jahre gehörten etwa 50 % der KPD-Mitglieder der Partei weniger als 3 Jahre an; von dem Mitgliederpotential der Zeit um 1920 waren nach allen Schätzungen zehn Jahre später nur noch etwa 10 % der Partei erhalten geblieben; die pro Jahr neu gewonnenen Mitglieder waren im jeweiligen nächsten Jahr in der Mehrheit bereits wieder Neugeworbenen gewichen.

Eine Auffangstellung boten allerdings zum Teil der Partei verbundene »Vorfeldorganisationen«, die die KPD – insofern eine Art Duplikat der SPD – um sich herum schuf, von der »Roten Hilfe« über den »Rotfrontkämpferbund« bis zu kommunistischen Sportler- und Sängerorganisationen.

Die KPD als »Partei in Bewegung« war um so mehr darauf angewiesen, durch einen zentralistisch angelegten Parteiapparat und durch einen »charismatischen Führer«, zu dem Ernst Thälmann hochstilisiert wurde, kompensatorisch für Stabilität zu sorgen, die ständige Fluktuation stärkte wiederum die Vormachtstellung des Apparates. Die hier skizzierte Entwicklung der KPD wurde um so eindeutiger, je mehr die KPdSU sich darauf einzustellen hatte, daß der Revolution in Rußland vorerst kein Umsturz in den schon höher industrialisierten Gesellschaften folgen würde, daß es also um den »Aufbau des Sozialismus in einem Lande« ging. Das ursprüngliche theoretische Konzept, wonach die Verwirklichung des Sozialismus den Erfolg der Revolution in und die Zusammenarbeit mit weiter entwickelten Ländern zur Bedingung habe, ließ sich jetzt nicht mehr halten; dies galt nun, wie W. Abendroth schreibt, als Rechtfertigung dafür, »die kritische Solidarität der westeuropäischen kommunistischen Parteien mit der Sowjetunion in einen abstrakten Glauben an deren Führung und in die Pflicht unbedingter Gefolgschaftstreue umzuwandeln«, diese Parteien »vor allem als taktische Werkzeuge der russischen Außenpolitik zu gebrauchen, notfalls ohne Rücksicht auf die eigenen Bedürfnisse der Arbeiter in den industrialisierten kapitalistischen Staaten.«[4]

Arbeiterradikalismus und SPD-Politik

Falsch wäre es freilich, die Entwicklung und Politik der KPD nach 1923/24 als bloßes Resultat der Manipulation durch die Führung der KPdSU anzusehen. Die KPD war zwar nicht in der Lage, »authentisch« (d. h., an den politischen und sozialen Bedingungen des eigenen Landes orientiert und diese zugleich verändernd) zu handeln, aber die Rolle, die sie nun spielte, entsprach durchaus Bedürfnissen und Stimmungen, die dem deutschen Boden jener Jahre entsprossen waren. Einem erheblichen Teil der politisch bewußten Arbeiterschaft hatte die SPD angesichts ihrer realen Politik nichts zu bieten. Das trifft für viele ältere, noch an der Vorkriegssozialdemokratie orientierte Arbeiter zu, für die die SPD nach 1918 keineswegs das einlöste, was sie einst zu versprechen schien, es trifft aber auch für jüngere, erst mit den Bewegungen zwischen 1918 und 1920 politisierte Arbeiter zu, deren Zuneigung zur SPD rasch enttäuscht worden war oder die von vornherein zur USPD oder anderen linken Strömungen gestoßen waren. Sie alle hatten auf eine andere, mehr den Interessen der Arbeiterschaft entsprechende, die alten Herrschaftsgruppen energisch ablösende Republik gehofft. Die KPD konnte solche Erwartungen nun an sich binden, wenn auch oft nur zeitweilig oder nur als passive Orientierung. So wird auch erklärlich, weshalb die Mitglieder- und die Wählerzahl der KPD viel weiter auseinanderklafften als die der SPD, deren Potential beständiger war. In einer Phase, die revolutionären Bewegungen wenig reale Chancen gab, verkörperte die KPD als einzige Partei programmatische oder verbale Radikalität; faktisch allerdings konzentrierte sich ihre Aktivität auf Wahlkampagnen, propagandistische Feldzüge und den Aufbau einer »proletarischen« Subkultur. Insofern bot sie eine strukturelle Parallele zur Sozialdemokratie in ihren besten Vorkriegszeiten. Der fast religiöse Bezug zum »Vaterland der Werktätigen«, umgesetzt in die Forderung nach einem »Sowjetdeutschland«, gab der Partei eine zusätzliche »revolutionäre« Weihe. So weckte sie Hoffnungen, aber sie setzte keine sozialen Bewegungen frei. Als typisch für die Mythologie der »bolschewisierten« KPD kann die folgende Betrachtung zu einem Jahrestag des Hamburger »Aufstands« gelten:

»... Es ist falsch, daß durch die Oktoberniederlage von 1923 eine einzigartige revolutionäre Situation ein für allemal ›verpaßt‹ wurde. Die Niederlage von 1923 war keine dauernde, ebensowenig wie die Niederlage des Spartakusbundes in den Nosketagen von 1919 eine dauernde war. Die Stabilisierung des bürgerlichen Deutschlands hat keinen langen Atem, trotz Dawesplan und Garantiepakt, besser: wegen Dawesplan und Garantiepakt. Die kapitalistische Stabilisierung in Deutschland erlebt schon jetzt ihre erste ›Atemnot‹. Das große Resultat des Hamburger Aufstandes ist, daß die Arbeiter den scheinbar unbesiegbaren Klassenfeind dreimal vierundzwanzig Stunden lang in seiner ganzen Schwäche gesehen haben. In den Hamburger Tagen haben die Arbeiter die Bourgeoisie am Rande des Abgrundes gesehen. Und sie werden diesen Augenblick niemals vergessen! Wir gehen nicht einer Versumpfung, sondern neuen Kämpfen, wir gehen mit eherner Notwendigkeit in Deutschland der zweiten Revolution entgegen. Darum gehört der Hamburger Aufstand nicht der Geschichte an, sondern er ist eine Probe für die Zukunft...

Mehr denn je muß in dieser Periode jeder deutsche Kommunist, jedes Parteimitglied, jedes Mitglied des Kommunistischen Jugendverbandes, jeder revolutionäre Arbeiter stets und unverrückbar das Bild des Hamburger Oktoberkämpfers vor Augen haben; kaltblütig, todesverachtend, der Sache der Arbeiterklasse grenzenlos ergeben, das Gewehr in der Hand, vor sich die Barrikade, zum Empfang des Feindes bereit

und den Blick auf ein einziges Ziel gerichtet; auf das größte, stolzeste Ziel, das es für einen Kommunisten gibt: die Diktatur des Proletariats!«
(»Rote Fahne«, 23. 10.1925)
Für die emotionale Feindseligkeit vieler kommunistischer Arbeiter gegenüber der SPD war übrigens nicht nur deren »Reformismus« verantwortlich, sondern mehr noch das sozialdemokratische Bündnis mit den Militärs, die 1918 bis 1923 mit den radikalen Arbeitern, ob aufständisch oder nicht, recht brutal verfahren waren, ebenso die sozialdemokratische Duldung einer regelrechten politischen Klassenjustiz im Nachkriegsdeutschland. Die folgende Übersicht vermittelt davon einen Eindruck; sie deutet auch an, wie ungleich in dieser Zeit die politische Gewalttätigkeit verteilt war:

Die Formen der politischen Morde 1919-1922

Rechts:
»Tödlich verunglückt«	184
Willkürlich erschossen	73
»Auf der Flucht erschossen«	45
Angebliches Standrecht	37
Angebliche Notwehr	9
Im Gefängnis oder Transport »gelyncht«	5
Angeblicher Selbstmord	1
Summe der von Rechtsstehenden Ermordeten:	354

Links:
Als Repressalie erschossen	10
Willkürlich erschossen	8
Angebliches Standrecht	3
Angebliche Notwehr	1
Summe der von Linksstehenden Ermordeten:	22

Die Sühne der politischen Morde 1919-1922

Politische Morde, begangen von	Rechts- stehenden	Links- stehenden
Ungesühnte Morde	326	4
Teilweise gesühnte Morde	27	1
Gesühnte Morde	1	17
Gesamtzahl der Morde:	354	22
Zahl der Verurteilungen	24	38
Geständige Täter freigesprochen	23	—
Geständige Täter befördert	3	—
Dauer der Einsperrung pro Mord	4 Monate	15 Jahre
Zahl der Hinrichtungen	—	10
Geldstrafe pro Mord	2 Papiermark	—

Angaben nach:
E. I. Gumbel, Von Femenmord zur Reichskanzlei; Heidelberg 1962

Die Weimarer Republik – sozialdemokratisch geprägt?

Einem gewissermaßen optischen Irrtum war es zuzuschreiben, wenn die zur KPD neigenden Teile der Arbeiterschaft die SPD häufig für die »Regierungspartei« des Weimarer Staates hielten – eine Vorstellung, von der später auch die Nationalsozialisten demagogischen Gebrauch machten. Tatsächlich hatte nur von 1918 bis 1920 die SPD die Führungsrolle in der Regierung. 1923 war sie für knappe Zeit an einer Großen Koalition unter Einschluß der DVP beteiligt; 1928 bis 1930 war sie in derselben Konstellation Partner in einer Koalition; in den übrigen Jahren – dem größeren Teil der Zeit, die diesem Staat vergönnt war – wurde ohne die SPD regiert. Auch die Reichspräsidentschaft lag nur bis 1925 bei einem Sozialdemokraten. Dauernden Einfluß nahm die SPD eigentlich nur im Land Preußen bzw. in dessen Regierungsführung.

Allerdings identifizierte sich die SPD wie keine andere Partei der Weimarer Republik mit dem 1918/19 geschaffenen Gemeinwesen. Sie sah den Weimarer Staat als ihre »Schöpfung« an, was nicht ganz falsch war, wenn man die Entstehungssituation im Auge hat. Fragt man allerdings nach der realen staatlichen und gesellschaftlichen Machtverteilung ab 1919, so sehen die Dinge anders aus. Das 1921 beschlossene, den Text von Erfurt ablösende Görlitzer Programm der SPD stellte das Bekenntnis zum Weimarer Staat völlig in den Mittelpunkt der Ideologie der Partei; es enthielt den sonderbaren Satz, die Sozialdemokratische Partei betrachte »die demokratische Republik als die durch die geschichtliche Entwicklung unwiderruflich gegebene Staatsform«, – so als könne die Geschichte nicht auch »widerrufen«, was sie einmal »gegeben« hat...

Die Enttäuschung in Teilen der Arbeiterschaft über das für sie magere Ergebnis der Revolutionszeit und speziell über die Folgenlosigkeit der Erfahrungen mit dem Kapp-Putsch hatte das Wählerpotential der SPD von 1919 auf 1920 fast halbiert (von 11,5 auf 6,1 Millionen). Zwar konnte die Partei von Ende 1924 bis 1930 von diesen Verlusten einiges wieder wettmachen, aber sie kam im Verlauf der Weimarer Republik nie wieder auch nur annähernd zu der Stärke, die sie bei den Wahlen zur Nationalversammlung 1919 erreicht hatte, während die Stimmenzahl der KPD ab 1928 stetig nach oben stieg und immer mehr an die der SPD heranrückte.

Günstiger nahm sich im Vergleich zur eigenen Wählerentwicklung und im Vergleich zur Mitgliederentwicklung der KPD die Mitgliederstatistik der SPD aus:

1920: 1 180 208
1925:   690 802
1930: 1 021 777
1931: 1 008 953

Die Mitgliedschaft der SPD bestand der Majorität nach aus Arbeitern (zwischen 70 und 60 %); das blieb auch bis zum Ende der Weimarer Republik so, obwohl der Anteil der Angestellten und Beamten anstieg. Was die Arbeitermitglieder der SPD angeht, so verlief, nach allem, was man darüber feststellen kann, die Trennlinie zur KPD nicht entlang der Unterscheidung von besser bezahlten und schlechter bezahlten Lohnarbeitern, schon gar nicht so, daß (wie die KPD-Legende es mitunter darstellte) die SPD nur die »Arbeiteraristokratie« und (wie umgekehrt die SPD-Legende es manchmal wissen wollte) die KPD das »Lumpenproletariat« bei sich organisiert hätte. Tatsächlich rekrutierten sowohl die SPD als auch die KPD in der Facharbeiterschaft wie bei den angelernten oder ungelernten Arbeitern; die Zuwendung zu der einen oder anderen Partei war wohl eher durch ideologische Herkünfte, politische Erfahrungszusammenhänge und regionale Traditionen bestimmt.

Nach der Rückkehr eines Teils der USPD zur »Mutterpartei« im Jahre 1922 bildete sich ein stärkerer linker Flügel heraus; das Heidelberger Programm der SPD aus dem Jahre 1925, vom alten Kautsky entworfen, blieb davon nicht unbeeinflußt. Es nahm wieder stärker Elemente des Erfurter Programms auf, ließ aber keinen Zweifel daran, daß die SPD auf dem reformerisch-parlamentarischen Weg bleiben werde. Der linke Flügel gewann für die Praxis der Partei kaum Bedeutung; zum Teil wanderte er später (1931) zur neugegründeten »Sozialistischen Arbeiter-Partei« (SAP) ab.[5] Die relative wirtschaftliche Stabilisierung ab 1924 bestärkte die SPD in ihrer Meinung, daß die Republik gefestigt sei und durch Ausbau der Sozialpolitik und ergänzende »Wirtschaftsdemokratie« zugunsten der Arbeitnehmerschaft weiter im sozialdemokratischen Sinne ausgestaltet werden könne; als Gefahrenfaktor wurde am ehesten die KPD angesehen. Daß nach dem Tode Eberts der ehemalige militärische Führer des wilhelminischen Staates, der Generalfeldmarschall von Hindenburg, als Kandidat der antirepublikanischen Parteien und Organisationen im Jahre 1925 die Reichspräsidentschaft gewann, hat den behäbigen Optimismus der SPD offenbar kaum irritiert. Ihre Bastionen waren die sozialpolitischen Einrichtungen, die Freien Gewerkschaften, in vielen Regionen auch die Kommunalpolitik, und die Zugewinne bei der Reichstagswahl 1928 sowie die Bildung eines neuen Kabinetts unter dem Sozialdemokraten Hermann Müller schienen die Hoffnung auf Durchbringung der Politik auch auf der Ebene des Reiches zu bestätigen. Die Strategie der Partei, so meinte man, hatte sich am Ende gut ausgezahlt, allen linken Anklagen und Warnungen zum Trotz.

Wirtschaftsentwicklung und Gewerkschaftspolitik

Für die Freien Gewerkschaften stellte sich die damalige Entwicklung um einiges widersprüchlicher dar. Die bewegten Anfangsjahre der Weimarer Republik hatten den Gewerkschaften einen Strom von neuen Mitgliedern zugeführt, zugleich aber auch die innergewerkschaftliche Opposition zu einem kräftigen Faktor gemacht, zumal die Freien Gewerkschaften damals von der parteipolitischen Aufspaltung der sozialistischen Arbeiterbewegung noch verschont geblieben waren. In den Jahren 1921-1923 wurden große Streikkämpfe geführt, teils mit, teils aber auch ohne Unterstützung der Gewerkschaften. In einigen Branchen bildeten sich oppositionelle gewerkschaftliche Verbände; der Rückgang des gewerkschaftlichen Organisationsgrades und der gesellschaftlichen Macht der Gewerkschaften zeichnete sich 1923 bereits ab. Die Gewerkschaften, die die betriebliche Rätebewegung zunächst als Organisationskonkurrenz gefürchtet hatten, hatten tatsächlich durch eben diese Bewegung einen großen Aufschwung erfahren; mit dem Auslaufen der spontanen, über Räte oder Obleute zusammengehaltenen Bewegung in der Arbeiterschaft verloren auch die Gewerkschaften an Mitgliedern und an Stellenwert. 1923 kam ein Reichsgesetz heraus, das die Arbeitszeitbegrenzung auf 8 Stunden pro Tag für nicht mehr unabdingbar erklärte. Damit war eine von den Gewerkschaften außerordentlich hoch bewertete Errungenschaft der Novemberrevolution rückgängig gemacht. Im Jahre 1924 zerfiel auch die Zentrale Arbeitsgemeinschaft mit den Arbeitgeberverbänden; einerseits war sie zunehmend auf den Unwillen von Gewerkschaftsverbänden gestoßen (der Metallarbeiterverband war bereits vorher aus der ZAG ausgetreten); andererseits – und damit wiederum zusammenhängend – sah der Großteil der Unternehmerschaft keinen Grund mehr, die Arbeiter und die Gewerkschaften durch Dauerkooperation freundlich zu stimmen. Das Ende der Inflation setzte auch in dieser Hinsicht das Datum für die Normalisierung der kapitalistischen Ökonomie. Allerdings erwies diese sich nun für etliche Jahre als ergiebig genug, um das Lohnniveau und den Lebensstandard großer Teile der Arbeiterschaft wieder an den Vorkriegsstand heranzubringen. Die relative wirtschaftliche Stabilisierung dieser Jahre zwischen 1924 und 1928, angeregt auch durch Kapitalanleihen aus dem Ausland, vor allem den USA (Dawes-Plan), brachte also auch für die Arbeiterschaft Vorteile. Freilich konnte die deutsche Industrie sich im internationalen Vergleich nicht die Position zurückerobern, die sie vor 1914 eingenommen hatte; und auf seiten der Arbeiterschaft blieb auch in den besseren Zeiten der Stabilisierungsphase eine Arbeitslosenquote, die es in dieser Höhe vor dem 1. Weltkrieg nie gegeben hatte.

Stabilisierung des Kapitalismus?

Die Ankurbelung der Wirtschaft ab 1924 war zum erheblichen Teil auf einen Rationalisierungsschub und eine »Bereinigung« der Struktur (d. h. weitgehend eine Kapitalkonzentration) in der Industrie zurückzuführen, die Folgen der Krisenerscheinungen und Umwälzungen in der Inflationszeit waren. Die Führung der Gewerkschaften wie auch die der SPD sahen in der Rationalisierung den Beginn einer unaufhaltsamen Entwicklung hin zum allgemeinen Volkswohlstand. Ökonomische Zuversichtlichkeit breitete sich auch bei den sozialdemokratischen Wirtschaftstheoretikern aus.
Für die Arbeiter und (soweit davon erfaßt) die Angestellten bedeutete

die Rationalisierung eine Verschärfung der Monotonie des Arbeitsprozesses (Fließbandarbeit), eine zunehmende Zerlegung der Arbeitsvorgänge, eine »wissenschaftliche« Planung und Kontrolle der Arbeitsleistungen – und damit insgesamt eine wesentliche Steigerung der Arbeitsintensität. Die Probleme, die sich damit verbanden, wurden vielfach sehr wohl gesehen; man ging aber davon aus, daß die weitere Erhöhung des Lebensstandards und auch die Entwicklung der Arbeitstechniken selbst die Folgen der Rationalisierung erträglich machen würden.

Was auf der Seite der Gewerkschaften damals weniger zur Kenntnis genommen wurde, waren die Auswirkungen der Rationalisierung auf die Qualifikationsstruktur der Arbeitnehmer, auf den Arbeitsmarkt und schließlich auf die allgemeine Wirtschaftslage.

Die Umstellung auf neue Arbeitsvorgänge bedeutete in manchen Branchen den Trend zu einem neuen »Typ« des Arbeiters, d. h. den steigenden Bedarf an rasch anlernbaren und umsetzbaren, zudem »frustrationsfähigen« Arbeitskräften, womit auf der anderen Seite bisherige Arbeitsqualifikationen nicht mehr gefragt, vorhandene Arbeitskräfte überflüssig waren.

Der Industrie nahestehende Beobachter waren realistischer (und zynischer) als die Gewerkschaftsrepräsentanten.

Eine der Schwerindustrie und dem DINTA (Institut für wissenschaftliche Normierung von Arbeitsanforderungen) verbundene sozialwissenschaftliche Arbeitsgruppe zog einige Jahre später das folgende Resümee der Rationalisierungswelle:

»Tatsächlich ist die Arbeitskraft heute vielfach schon viel früher entwertet – teils als Folge bereits geleisteter rationalisierter Arbeit, teils als Folge der Ansprüche und Altersgrenze moderner Betriebe. Ein gelernter Bankbeamter, Ende der dreißiger Jahre, der in seinem Beruf nicht mehr unterkommen kann, weil für die Lochkartenbuchhaltung nur noch billigere und gewandtere junge Kräfte verwandt werden, kann weder ohne weiteres als ›Arbeitsloser‹, der von der zyklischen ›Freisetzung‹ getroffen wurde, noch als ›Invalider‹ betrachtet werden. Hier bildet sich also eine neue Schicht, ähnlich der Lazarusschicht, von der Marx spricht, welcher weder mit Arbeitslosenunterstützung noch mit Invalidenrente wesentlich zu helfen sein wird...

Denn die der neuartigen Selektion zum Opfer fallenden Arbeiter werden allmählich hinter den Grenzwert zurückgedrängt und fallen daher nach und nach aus dem ökonomischen Zirkulationsprozeß aus, – zunächst aus der Reserve des speziellen Berufs, dann aus dem Gesamtangebot. Es ließe sich denken, daß die fortschreitende Technik aus dem

zur Verfügung stehenden Menschenmaterial nur noch die Altersklasse und die Art von Menschen auswählt, die ihrem Rhythmus und ihren hochspezialisierten Anforderungen bestmöglichst gewachsen ist und – da sich ihr zahlenmäßiger Bedarf relativ verkleinert – an dem verbleibenden Rest biologisch intakter, aber gewissen punktuellen Ansprüchen nicht genügender Menschen kaum noch interessiert bleibt...
Die Ausschaltung wäre ökonomisch um so eher möglich, wenn die Kaufkraft der positiven Auslese so steigt, daß das Wirtschaftsprodukt auch ohne eine künstlich hergestellte Kaufkraft des unproduktiven Bevölkerungsteils absetzbar wäre...«
(Sozialrechtliches Jahrbuch, Bd. I, Mannheim 1930)
Die Wegrationalisierung menschlicher Arbeitskraft und die Stillegung veralteter Betriebe hatten zur Folge, daß bei wachsender Produktion die Quote der Beschäftigten absank. Hier die Zahlen für die letzten Jahre der Phase der »relativen Stabilisierung«:

Jahr	Produktionsindex	Beschäftigung
1927	97,2	91,4
1928	100,0	90,7
1929	101,4	86,8

Arbeitslosigkeit bedeutete auch Mangel an Konsumkraft, von daher die Gefahr einer industriellen Überkapazität, die durch die rasche Ausdehnung der Produktion ohnehin gegeben war. Der andauernd relativ hohe Anteil von Arbeitslosen schwächte die Operationsfähigkeit der Gewerkschaften, soweit es um die freie Auseinandersetzung mit den sozialen Kontrahenten ging.

Umschichtungen in der Arbeitnehmerschaft

Hinzu kam, daß die weiter sich forcierenden Umschichtungen in der Arbeitnehmerschaft und in der Beschäftigungsstruktur gerade die Freien Gewerkschaften vor erhebliche Probleme stellten. In den Jahren ab 1923 wurde deutlich, daß der Anteil der im Dienstleistungssektor Beschäftigten gegenüber dem der in der Produktion Tätigen stetig anstieg und zugleich der Anteil der Angestellten gegenüber dem der Arbeiter rasch zunahm. Längerfristig betrachtet, ergibt sich folgender Trend: Von 1907 bis 1925 nahm die Zahl der in Deutschland in Industrie und Handwerk Beschäftigten um 29 % zu, im Bereich Handel-Verkehr-Dienstleistungen betrug die Zunahme im gleichen Zeitraum mehr als 42 %. Auch der Dienstleistungs- oder Verwaltungsanteil innerhalb der Produktion wurde immer umfangreicher. Für die Zeit vor dem Ersten Weltkrieg rechnete die offizielle Statistik mit 8 Angestellten auf 100 Arbeiter (in der Produktion); für 1925 ergab sich bereits ein Verhältnis von 15 Angestellten auf 100 Arbeiter. Zwischen 1907 und 1925 war die Zahl der Arbeiter in der Industrie um 34 %, die der Angestellten in der Industrie um 135 % angestiegen.

Nun war aber das traditionelle Organisationsfeld der Gewerkschaften (zumindest der Freien) die Arbeiterschaft in Industrie und Handwerk; in den Bereich der Angestellten und der Dienstleistungsberufe drangen sie nur langsam ein, weil hier berufsständische Organisationen dominierten. Allerdings ergab sich seit 1918 eine stärkere Hinwendung auch der Angestellten zur gewerkschaftlichen Organisationsform, die aber in ihrer Verteilung und Entwicklung – ganz anders als bei den Arbeitern – mehr den Hirsch-Dunckerschen und vor allem den christlich-nationalen Gewerkschaftsverbänden zugute kam als den Freien Gewerkschaften:

Mitgliederstand der deutschen Angestelltenverbände von 1925 bis 1930

Jahr	AFA-Bund freigewerkschaftlich		Gedag, Christl. nationale Gewerkschaften für Angestellte		GDA, Gewerkschaftsring (Hirsch-Duncker)	
	Mitglieder	v. H. der Angest.	Mitglieder	v. H. der Angest.	Mitglieder	v. H. der Angest.
1925	448 277	39,8	403 763	35,9	273 016	24,3
1926	399 855	36,2	429 700	38,9	275 352	24,9
1927	395 756	34,4	465 880	40,5	288 134	25,1
1928	421 106	34,4	501 635	40,9	301 967	24,7
1929	453 233	34,1	557 420	41,9	320 117	24,0
1930	462 263	33,3	591 930	42,6	335 428	24,1

»Verstaatlichung« sozialer Konflikte

Unter den in der Weimarer Republik politisch und wirtschaftlich gegebenen Bedingungen setzten sowohl die Freien als auch die Christlichen Gewerkschaften den Schwerpunkt ihrer Tätigkeit nicht in die mit den eigenen Instrumenten geführte Austragung des sozialen Konflikts zwischen Kapital und Arbeit, sondern vielmehr in den Ausbau der staatlichen Sozialgesetzgebung und der sozialpolitischen Entscheidungsfunktion des Staates. Sie konnten einige wichtige Resultate erzielen, so etwa das Arbeitsgerichtsgesetz von 1926 und vor allem die Einführung einer staatlichen bzw. öffentlichen Arbeitsvermittlung und Arbeitslosenversicherung durch das entsprechende Gesetz von 1927. Bis dahin war das Risiko der Arbeitslosigkeit dem einzelnen zugewiesen oder, sofern der Staat oder die Kommunen eingriffen, nach dem Prinzip der »Bedürftigkeit« geregelt; nun gab es erstmals einen gesetzlich gesicherten Rechtsanspruch auf materielle Hilfe für Arbeitslose, versicherungsmäßig finanziert durch Beiträge von Arbeitgebern und Arbeitnehmern.

Die Gewerkschaften sahen hierin den Schritt in eine neue Gesellschaftsordnung, in der das liberal-individuelle Rechtsverhältnis zugunsten eines sozialen Rechtsprinzips abgelöst worden sei.

Eine immer größere Rolle gewann der Weimarer Staat in dieser Phase auch für die Festsetzung der Lohn- und Arbeitsbedingungen. Das staatliche Schlichtungswesen als Entscheidungsinstanz rückte mehr und mehr an die Stelle der Tarifauseinandersetzungen und -vereinbarungen. Die Schlichtungsordnung vom Dezember 1918 und eine Ergänzungsverordnung aus dem Jahre 1920 hatten die Zwangssschlichtung noch auf bestimmte Fälle beschränkt und an die Initiative eines Tarifkontrahenten gebunden; die Schlichtungsbestimmungen vom 30. Oktober 1923 hingegen gaben dem staatlichen Eingriff ein weites und von ihm selbst bestimmbares Betätigungsfeld; das Streikrecht war damit faktisch weitgehend eingeschränkt. Die Tarifkontrahenten selbst waren es, die durch immer häufigere Inspruchnahme der staatlichen Schlichtungsstellen den zuständigen Arbeitsministern die Verantwortung zuspielten. Die Gewerkschaften erkannten wohl, daß die Schlichtungsordnung, wie sie damals praktiziert wurde, den Lohnkampf hemmte; sie argumentierten aber, bei schlechter wirtschaftlicher Konjunktur werde sich das staatliche Schlichtungswesen als Schutzvorrichtung zugunsten der Arbeitnehmerinteressen auswirken, – eine Einschätzung, die sich in der Zeit der Weltwirtschaftskrise später keineswegs bestätigte.

Es liegt auf der Hand, daß die hier angedeutete Verstaatlichung und Verrechtlichung der Regelung sozialer Konflikte der Arbeitsrechtsprechung immer mehr Funktionen zuwies; da andererseits die Inhalte des Arbeitsrechts gesetzlich kaum näher festgelegt waren, erhielt damit die Gruppe der Arbeitsrichter bzw. Rechtswissenschaftler politischen »Gestaltungsspielraum«, den sie im Sinne einer korporativen Gesellschaftsauffassung zu nutzen wußte.

Auf dem Weg zur Wirtschaftsdemokratie?

Mitte der Zwanziger Jahre breitete sich bei der Führung der Freien Gewerkschaften das Gefühl aus, daß es unter den, wie es schien, nun vergleichsweise stabilen, wenngleich für die Arbeitnehmerschaft nicht problemfreien wirtschaftlichen Verhältnissen einer neuen, auch emotional bindenden programmatischen Perspektive der Gewerkschaftspolitik bedürfe. Der prominente Gewerkschaftsführer F. Tarnow stellte 1925 die Frage, »... ob wir nicht in unsere Arbeiterbewegung und ganz besonders in unsere Gewerkschaftsbewegung eine Ideologie hineinbringen können, an die die Massen glauben können, ein Ideal – die Wirtschaftsdemokratie!« Die Grundannahme bei der dann entwikkelten Konzeption der Freien Gewerkschaften war die, daß die kapitalistische Ökonomie strukturelle Krisen nicht mehr hervorbringen und die weitere gesellschaftliche Entwicklung ohne zugespitzte Kämpfe der sozialen Klassen verlaufen werde, eben deshalb, weil nun das Stadium des »organisierten« Kapitalismus erreicht sei. In den Worten des führenden sozialdemokratischen Gesellschaftstheoretikers R. Hilferding: »Die Vergesellschaftung des Arbeitsprozesses im Großbetrieb ist fortgeschritten zur Vergesellschaftung des Arbeitsprozesses ganzer Industriezweige und zur Vereinigung der vergesellschafteten Industriezweige untereinander. Damit wächst zugleich die bewußte Ordnung und Lenkung der Wirtschaft, die die immanente Anarchie des Kapitalismus der freien Konkurrenz auf kapitalistischer Basis zu überwinden strebt ... So stellt der Kapitalismus, gerade wenn er zu seiner höchsten Stufe einer von neuem organisierten Wirtschaft gelangt, das Problem der Wirtschaftsdemokratie.«[6]
Im Grunde kam hier, die spezifische militärische Prägung und nationalistische Ausdeutung einmal ausgeklammert, die Prognose wieder zur Geltung, die schon dem Konzept des »Kriegssozialismus« innewohnte: die immer höhere Konzentration in der kapitalistischen Wirtschaft und die zunehmende Steuerungsfunktion des Staates würden »naturnotwendig« so etwas wie »Sozialismus« zur Folge haben, zumindest dann, wenn die Arbeitnehmerorganisationen in der staatlichen Politik ihr Wort mitzureden hätten.
Die Einbeziehung der Gewerkschaftsvertreter in wirtschaftliche und

soziale Verwaltungskörperschaften sowie die Ausweitung der Sozialgesetzgebung und die Entfaltung eines eigenen Arbeitsrechts schienen den Gewerkschaftsführungen Belege für ihre Prognose. Der ADGB-Kongreß in Hamburg 1928 machte sich das Konzept der Wirtschaftsdemokratie zu eigen; näher ausgeführt wurde es in der im Auftrage der Freien Gewerkschaften von F. Naphtali verfaßten Schrift über »Wirtschaftsdemokratie. Ihr Wesen, Weg und Ziel« (1928).

Das Ergebnis der Reichstagswahl 1928 schien die »wirtschaftsdemokratischen« Hoffnungen zusätzlich zu bestätigen: Die SPD gewann erheblich an Stimmen und konnte nach den Jahren wechselnder »Bürgerblock«-Kabinette nun endlich wieder die Regierungsführung übernehmen; unter Hermann Müller (SPD) wurde eine Regierung aus Repräsentanten der SPD, DDP, DVP und des Zentrums gebildet.

Das Ende des sozialen Kompromisses

Schon wenige Monate später, kurz nach der Proklamation der »Wirtschaftsdemokratie« auf dem Hamburger Gewerkschaftskongreß, erwies sich, daß von einem »sozialen Frieden« keine Rede sein konnte. Die Arbeitgeber in der rheinisch-westfälischen Eisenindustrie gaben das Signal für einen Angriff auf die Positionen der Gewerkschaften und der staatlichen Sozialpolitik. Die Gewerkschaften hatten in diesem Industriebereich die Tarifabkommen gekündigt und eine Lohnerhöhung gefordert; die Schlichtungsstelle fällte einen Spruch, der die gewerkschaftlichen Forderungen nicht einmal zur Hälfte erfüllte; die Gewerkschaften fügten sich diesem Ergebnis. Soweit lief alles routinemäßig, aber dann lehnte der Arbeitgeberverband überraschend ab und blieb bei dieser Ablehnung auch, als der Reichsarbeitsminister den Schiedsspruch für verbindlich erklärte. Die Arbeitgeber gingen noch einen Schritt weiter und sperrten 200 000 Metallarbeiter aus. Nach Einschaltung der Arbeitsgerichte und nachdem der Innenminister Severing als neuer Schlichter eingesetzt war, hoben die Arbeitgeber die Aussperrung schließlich wieder auf; im Ergebnis des neuen Schiedsspruches wurde den Arbeitnehmern noch weniger zugestanden als mit dem ersten Spruch. Der ganze Vorgang machte deutlich, daß die Arbeitgeber eine Verschärfung des sozialen Konflikts zu riskieren bereit waren und daß die Kräfteverhältnisse sich zugunsten der Kapitalseite verschoben.
Nach dem Konflikt in der Eisenindustrie des Rhein-Ruhrgebiets mehrten sich rasch die Zeichen dafür, daß die relative Ruhelage der Zeit

nach 1923 zu Ende ging. Im Winter 1928/29 stieg die Zahl der Arbeitslosen von 1,9 auf 3,2 Millionen. Aufgrund der Arbeitsmarktlage geriet die Reichsanstalt für Arbeitslosenversicherung immer tiefer ins Defizit. Der von der Reichsregierung für 1929 vorgelegte Haushalt war unausgeglichen, die Regierung hielt Steuererhöhungen für unumgänglich. Die Unternehmerverbände meldeten Protest dagegen an und forderten statt dessen einen Abbau der Sozialpolitik. Das Defizit der Arbeitslosenversicherung sollte nach ihrem Konzept durch Verringerung der Leistungen und Wiedereinführung des Bedürftigkeitsprinzips ausgeglichen werden; die Gewerkschaften und die Sozialdemokratie hingegen wollten die sozialen Leistungen durch Beitragserhöhungen halten.
Der Konflikt hierüber wurde auch in der Regierungskoalition ausgetragen. Nachdem im Oktober 1929 noch einmal ein Kompromiß gefunden werden konnte, brachen die Meinungsverschiedenheiten in dieser Sache im März 1930 erneut auf. Im Kabinett kam keine Einigung zustande, die Regierung Hermann Müller brach auseinander und erklärte ihren Rücktritt. Die parlamentarische Phase der Weimarer Republik war damit beendet. Es folgten Präsidialkabinette, die mit Notverordnungen des Reichspräsidenten regierten; sie bildeten, was die Regierungsform angeht, den gleitenden Übergang in das Dritte Reich. In der historisch-politischen Diskussion ist später oft die Frage gestellt worden, ob die Kontroverse um ein halbes Prozent Beitragserhöhung zur Arbeitslosenversicherung bzw. die dementsprechenden Leistungsminderungen (denn das war die konkrete Differenz) es eigentlich verlohnt habe, die parlamentarische Demokratie aufs Spiel zu setzen. Aber hier werden Symptome mit Beweggründen verwechselt. Für die gewerkschaftlich-sozialdemokratische Seite war diese kleine Differenz der Punkt, wo der Hebel gegen die Weimarer Sozialstaatlichkeit angesetzt werden könnte, und für die Gegenseite sah dies, mit umgekehrter Zielsetzung, nicht anders aus.
Unterdessen hatten sich auch die wirtschaftlichen Rezessionserscheinungen ausgeweitet. Ausgehend von einem massiven Börsenkrach in den USA, der dort schon 1929 eine tiefgreifende Erschütterung des Wirtschaftslebens ankündigte, wurde 1930 die Ökonomie fast aller Industrieländer von einer Krise erfaßt, wie sie in dieser Heftigkeit das kapitalistische Weltwirtschaftssystem bis dahin nicht erlebt hatte. Diese Krise wirkte sich, nächst den USA, auf die deutsche Wirtschaft besonders katastrophal aus. Sie machte binnen weniger Monate alle sozialdemokratischen Theorien über den stabil organisierten Kapitalismus und das friedliche Hineinwachsen in die Wirtschaftsdemokratie zur Makulatur.

XIII Die Krise und ihre Lösung – der Weg ins Dritte Reich

Die Weltwirtschaftskrise, deren deutsche Erscheinungsform die wirtschaftliche und soziale Entwicklung des Landes von 1930 bis 1933 beherrschte, führte zu einem rapiden Abfallen der Indstrieproduktion, der Ausnutzung der Arbeitsplatzkapazitäten und des internationalen Handels; sie hatte den Ruin zahlreicher mittlerer und kleinerer Betriebe und Geschäfte sowie die Pauperisierung von Teilen der Mittelschichten zur Folge. Für die Massen der Arbeiter und Angestellten bedeutete sie weithin Verelendung durch Arbeitslosigkeit, Kurzarbeit, Senkung der Reallöhne und Reduzierung der Sozialleistungen, vor allem der Arbeitslosenhilfe. Seit den Zeiten der Frühindustrialisierung hatte es derart existenzbedrohende soziale Not für die Lohnabhängigen nicht mehr gegeben, und auch damals war das Proletariat nicht in solchem Ausmaß betroffen wie gegen Ende der Weimarer Republik. Im Jahre 1932 war nur noch rund ein Drittel der Arbeiter- und Angestelltenschaft in Deutschland voll beschäftigt, und auch bei dieser Minderheit lagen die durchschnittlichen Löhne um etwa 45 % unter dem amtlich angenommenen Existenzminimum.

Auf dem Höhepunkt der Krise gab es in Deutschland rund 7 Millionen Arbeitslose, deren Unterstützungssätze immer mehr abgebaut wurden und die, je länger sie ohne Arbeit waren, auf desto geringere Unterstützungsstufen abgedrängt wurden; erst kam die Arbeitslosenversicherung, dann die »Krisenunterstützung« und schließlich die »Wohlfahrtshilfe« bzw. das Herausfallen aus jeder öffentlichen Hilfeleistung. Es waren von allen Arbeitslosen:

	in der Arbeitslosenversicherung %	in der Krisenunterstützung %	Wohlfahrtserwerbslose bzw. Nichtunterstützte %
Januar 1929	81,0	5,0	14,0
Januar 1930	69,0	8,0	23,0
Januar 1931	52,0	17,0	31,0
Januar 1932	31,2	26,4	42,4[1]

[1]) darunter in diesem Jahr 14,0 % Nichtunterstützte.

Diese Zahlen lassen die progressive Verelendung von Massen der arbeitenden Bevölkerung deutlich werden.
Von den gewerkschaftlich organisierten Arbeitern und Angestellten waren Ende 1932 45,1 % arbeitslos, 22,6 % standen in Kurzarbeit. Mithin war nur noch etwa ⅓ der Mitgliederschaft der Gewerkschaften voll beschäftigt. Besonders hart betroffen waren das Baugewerbe, die Holzindustrie, die Metallindustrie, die Lederwarenindustrie, die keramische Industrie und die Glasindustrie. Glimpflicher kamen der Bergbau und die Nahrungs- und Genußmittelindustrie davon, weil hier für Grundbedürfnisse produziert wurde.
Die unter Reichskanzler Brüning betriebene Deflationspolitik hatte zwar insofern teilweise Erfolg, als die Preise für Agrarprodukte und industrielle Konsumgüter absanken; die Einkommensminderung aber wurde gerade für die materiell schlechtgestellten Massen dadurch nicht wettgemacht, weil die Kosten für andere notwendige Aufwände, vor allem für Wohnung, Heizung und Beleuchtung konstant blieben. Daß unter diesen Umständen kollektive Arbeitsverweigerungen kaum noch ein brauchbares Mittel der Interessenvertretung waren, liegt auf der Hand; der Jahresdurchschnitt an Streiktagen lag denn auch zwischen 1930 und 1932 extrem niedrig.
Das Tarifrecht wurde in diesen Jahren durch staatliche Notverordnungen Zug um Zug durchlöchert und abgebaut; unter der Regierung von Papen wurden schließlich im September 1932 Tarifautonomie, Tarifvertragsrecht und Streikrecht faktisch abgeschafft.

Entwicklung einer faschistischen Massenbewegung

Politisch war die Zeit der Wirtschaftskrise in Deutschland völlig beherrscht durch den rapiden Aufstieg der NSDAP, die bis 1930 eine der relativ belanglosen Kleinparteien war, dann aber binnen eines Jahres zur Massenpartei und binnen weiterer anderthalb Jahre zur stärksten Wählerpartei im Deutschen Reich wurde; von 0,8 Millionen Wählern bei der Reichstagswahl 1928 wuchs die NSDAP sprunghaft auf 6,4 bei der Reichstagswahl 1930 an und verdoppelte dann ihre Stimmenzahl noch einmal auf 13,8 Millionen bei den Wahlen im Juli 1932.
Der sozialen Rekrutierung nach lag der Schwerpunkt der NSDAP, ihrer Mitglieder und Wähler, ohne Zweifel bei den Mittelschichten. Dies läßt sich auch daran ablesen, daß mit dem Aufschwung der NSDAP zeitlich parallel die bürgerlichen bzw. bürgerlich-nationalen Parteien

(ausgenommen das Zentrum) und rechtsradikalen Parteien große Verluste an Wählern hinnehmen mußten und zum Teil in die Bedeutungslosigkeit absanken. Da gleichzeitig das Wählerpotential der Linksparteien insgesamt, bei internen Verschiebungen zugunsten der KPD und auf Kosten der SPD, in etwa konstant blieb, wird in Darstellungen der Geschichte der Arbeiterschaft oder der Arbeiterbewegung mitunter der Schluß gezogen, daß die Entwicklung und der Erfolg der NSDAP zwar bei der Frage nach den Gegnern der Arbeiterbewegung, nicht aber unter dem Aspekt der Binnenproblematik der Arbeiterschaft und ihrer Organisationen der Betrachtung wert sei.
Diese Auffassung ist aus mehreren Gründen nicht haltbar. Erstens geht dabei die Tatsache unter, daß die von der NSDAP angezogenen »Mittelschichten« nicht nur aus dem Kleinbürgertum (selbständige Handwerker, kleine und mittlere Geschäftsleute, Bauern, Freiberufliche, Beamte) bestanden, sondern zu einem größeren Anteil aus Lohnabhängigen, nämlich weiten Teilen der Angestelltenschaft; wenn aber für die dreißiger Jahre nach »Arbeiterbewegung« gefragt wird, dann müssen Massen von Angestellten als Teil ihres möglichen Aktions- und Organisationsfeldes begriffen werden.
Zweitens war es nicht so, als hätte die Anhängerschaft der NSDAP sich ausschließlich aus den Mittelschichten rekrutiert; die faschistische Partei in Deutschland erzielte auch – und quantitativ erheblich – Einbrüche in die Arbeiterschaft im engeren Sinne.
Drittens vollzog sich der Aufstieg der NSDAP nicht isoliert und aus sich heraus, sondern hatte seine Bedingungen im Verhalten und in der Politik der anderen gesellschaftlichen Kräfte und Organisationen – nicht zuletzt der Arbeiterbewegung und der linken Parteien.[1]
Daß die NSDAP auf Wirkung nicht nur beim alten Mittelstand, sondern auch bei den Lohnabhängigen zielte, ist, simpel genug, an ihrer Namensgebung (»Arbeiter-Partei«) und an ihrem Programm abzulesen, das viele Elemente eines dumpfen und demagogischen »Antikapitalismus« enthielt und diesen zugleich ins Antisemitische einmünden ließ. Dieses 1920 veröffentlichte Programm der Partei, das später nie verändert, sondern nur in einem Punkt (Stellung zum Privateigentum) durch eine Erklärung Hitlers »klargestellt« wurde, unterschied sich in seinen nationalistischen, völkisch-rassistischen und antisemitischen Inhalten nicht von den vorher (etwa im »Alldeutschen Verband«) und zu gleicher Zeit bei vielen anderen »nationalen« Organisationen und Gruppen gängigen Vorstellungen, aber es hob stärker, als man es aus dieser Richtung sonst zu hören bekam, die Interessen des »kleinen Mannes« gegenüber dem »raffenden« Kapital bzw. dem »arbeitslosen«

Besitz hervor. Im Laufe der Entwicklung der NSDAP wurden, gemessen an den Anfängen der Partei, insbesondere zwei Akzente wesentlich verschärft: einerseits die absolute, auf Vernichtung abzielende Feindschaft zu jeder Form der traditionellen sozialistischen Arbeiterbewegung, sei sie sozialdemokratisch oder kommunistisch; andererseits das Führer-Gefolgschaftsprinzip und zugleich der Führungsanspruch auch für die gesamte »nationale Bewegung«.

Im Zuge der politischen und wirtschaftlichen Krise der Weimarer Republik war die NSDAP imstande, mit ihrem vergleichsweise radikalen programmatischen und propagandistischen Auftreten und gestützt auf militante und straffe Aktions- und Organisationsformen, die Mehrheit der kleinbürgerlich-mittelständisch denkenden Wähler an sich zu ziehen und die bürgerlich-liberalen oder gemäßigt-nationalistischen Parteien allesamt in den zweiten oder dritten Rang zu verweisen.[2]

Dieser Konzentrationsprozeß zugunsten der NSDAP soll noch einmal anhand der Zahlen deutlich gemacht werden:
Bei den Reichstagswahlen im Dezember 1924 erzielten:
DDP: 6,3 %
DVP: 10,1 %
DNVP: 20,5 % der abgegebenen Stimmen, zusammen mit kleineren Parteien ähnlicher Orientierungen rund 40 %.
Die NSDAP erhielt bei den gleichen Wahlen 3,0 % der Stimmen. Bei den Reichstagswahlen im Juli 1932 erzielten:
DDP: 1,0 %
DVP: 1,2 %
DNVP: 5,9 %, zusammen mit kleineren Parteien ähnlicher Orientierungen rund 8,5 %.
Die NSDAP erhielt jetzt 37,4 % der abgegebenen Stimmen.
Daß die Gewinne der NSDAP hingegen kaum auf Kosten der katholischen Zentrumspartei und gar nicht auf Kosten der Linksparteien gingen, wird aus den Zahlen ebenfalls ersichtlich:
Im Dezember 1924 bekam die Zentrumspartei 13,6 %, im Juli 1932 12,5 % der abgegebenen Stimmen. SPD und KPD erhielten – zusammengerechnet – im Dezember 1924 35,3 %, im Juli 1932 36,2 %.
Soweit es um die absoluten Wählerzahlen geht, ist zu berücksichtigen, daß in den Jahren der Weltwirtschaftskrise die Wahlbeteiligung erheblich anstieg und viele Jungwähler hinzukamen; aus beiden Reservoiren hat die NSDAP offensichtlich besonders kräftigen Vorteil ziehen können.

Sozial-ökonomische Gründe für den Aufstieg der NSDAP

Die von der Krise bedrohten, teilweise auch bereits pauperisierten Mittelschichten versprachen sich von der NSDAP wohl gerade deshalb mehr als von den traditionellen Mitte-Rechts-Parteien, weil diese eine eindeutige, »radikale« Alternative zum Weimarer Staat vertrat; die »antikapitalistische« Demagogie der NSDAP und die Tatsache, daß sie in bestimmtem Umfange auch Arbeiter für sich gewinnen konnte, hat diese Partei den Mittelschichten offenbar als die politische Kraft erscheinen lassen, die – »jenseits von Kapitalismus-Liberalismus wie auch von Marxismus« – einen neuen nationalen Ordnungs- und Machtstaat herbeiführen könne.

Will man die Vorliebe für eine Politik des »Dritten Weges« verstehen, von der sich damals ein Großteil der Mittelschichten leiten ließ, so ist noch einmal die sozial-ökonomische Situation ins Auge zu fassen: Die selbständigen Mittelschichten, also das »alte Kleinbürgertum«, vor allem Handwerker, Kleinunternehmer, kleine und mittlere Bauern und Händler bzw. Geschäftsinhaber, sahen oder fühlten sich gleichermaßen bedroht von der zunehmenden Konzentration des industriell-gewerblichen oder handelskapitalistischen Besitzes auf der einen, wie von den Ansprüchen der gut organisierten Industriearbeiterschaft auf der anderen Seite. Daß der voll sich durchsetzende Hochkapitalismus vielen von ihnen notwendigerweise die Existenzmöglichkeiten nahm, erschien ihnen als ein übles Manöver »semitischer Schieber«, aber auch als Schuld der Weltkriegssiegermächte sowie der »Erfüllungspolitiker«, der »Demokraten und Marxisten« im eigenen Lande. Die Inflation hatte dieser Schicht oftmals ihr kleines Geldkapital genommen; die Wirtschaftskrise trieb sie erneut in wirtschaftliche Not hinein. Die Konzentration auf der Kapitalseite vollzog sich diesmal unter anderen Umständen als in der Zeit vor und um 1900. Auch damals hatten Handwerksbetriebe der industriellen Konkurrenz, kleine Händler den ersten Warenhäusern weichen müssen, – aber die weltwirtschaftlich aufsteigende Macht Deutschland bot allerlei wirtschaftliche Ausweichmöglichkeiten, und selbst der Übergang in die abhängige Arbeit ließ sich verschmerzen, wenn man gut bezahlte Stellungen in einer vorwärts strebenden Wirtschaft fand. Solcherart Kompensation war aber in der Weimarer Republik und vor allem in ihrer Endphase nicht zu finden; Rettung schienen nur noch ein neuer, »starker« Staat und ein grundlegender Wandel der politischen Verhältnisse zu bieten. Nicht anders ging es vielen freien Berufen oder dem akademischen Nachwuchs.

Die Angestellten wiederum, den Arbeitern durch den Zwang zum Verkauf ihrer Arbeitskraft und vielfach auch im Hinblick auf den möglichen Lebensstandard objektiv nicht wesentlich entfernt, hielten doch subjektiv an ihrem höheren sozialen Status, an dem Abstand gegenüber der »Unterklasse«, d. h. den Industriearbeitern fest, auch deshalb, weil es sich der sozialen Herkunft nach bei vielen Angestellten um abgestiegene »alte Mittelständler« handelte, deren Bewußtsein noch an der früheren Klasse hing. Nicht von ungefähr hatten bei den Angestellten die berufsständischen oder christlich-nationalen Organisationen bzw. Gewerkschaften weitaus höheren Einfluß als die Angestelltenverbände der Freien Gewerkschaften. Hinzu kamen gewiß auch politisch-psychologische Fehler der Gewerkschaften und der Linksparteien, die diesen Teil der abhängig Arbeitenden nach rechts driften ließen.

Die Rationalisierungswelle mit ihren ersten Auswirkungen für den Bereich der Verwaltung und der Dienstleistungen verschärfte die Drucksituation für die Angestellten noch; die Arbeitslosigkeit griff auch hier um sich. Da schien es einleuchtend, daß die »Versklavung« Deutschlands durch den Versailler Vertrag daran Schuld haben mußte, oder die »Novemberverbrecher«, die »dem kämpfenden Heer den Dolchstoß von hinten« versetzt haben sollten, oder die »Marxisten«, die diese »elende Gleichmacherei« betrieben, oder die jüdischen Warenhausbesitzer und Bankiers...

Auch die Beamten waren für die Parolen der NSDAP empfänglich, die »kleinen« Beamten bei der Post und Eisenbahn oder im Schuldienst, weil der »Systemstaat« (also die Demokraten und Sozialdemokraten) – so dachten sie – ihnen die Gehälter gekürzt hatte; die oberen Beamtenschichten, weil sie als traditionell »nationalgesonnene Männer« endlich von der lästigen Konkurrenz der »Parteibuchbeamten« befreit sein wollten und überdies (nicht zu Unrecht) von einem neuen, autoritären und militarisierten Staat sich Machtgewinn und beruflichen Aufstieg versprachen.

Schließlich ist zu bedenken, daß gerade die Mittelschichten, die in sich vielfältige, oft widersprüchliche Einzelinteressen umfaßten und nicht – wie die Arbeiterschaft – über eine relativ geschlossene soziale Interessenvertretung verfügten, aber auch nicht – wie die Kapitalseite – auf den Nachdruck ihrer ökonomischen Macht vertrauen konnten, in Krisenzeiten fast zwangsläufig dazu neigen, ihre Zuflucht bei einem »neutralen« Dritten zu suchen, nämlich dem Staat (der dann speziell ihre Interessen vertreten soll, die sie mit dem »Gemeinwohl« gleichsetzen), aber auch dazu, sich diesen Staat möglichst »stark« (und das heißt auch: personalintensiv) zu wünschen.

All diesen Erwartungen der Mittelschichten kam der besondere, nationalistische »Sozialismus« der NSDAP entgegen – und er erwies sich als verführerisch auch für ganz bestimmte Gruppen der Arbeiterschaft.³)

Arbeiterschaft, Arbeiterparteien und Faschismus

Was die Einbrüche in die Arbeiterschaft angeht, so lassen sich die Gruppen und die Situationen identifizieren, die für den NS besonders günstige Voraussetzungen boten. Da waren erstens die Arbeiter in den staatlichen und öffentlichen Betrieben. Sie erwarteten von dem »Ordnungsstaat«, den die NSDAP ihnen versprach, Sicherheit ihrer Arbeitsplätze und bessere Entlohnung. Da waren zweitens die Landarbeiter, die Gutsknechte und Tagelöhner auf dem Lande; sie hatten auch vor 1930 kaum Kontakt zur Arbeiterbewegung und waren (soweit nicht als Katholiken in die Zentrumspartei eingebunden) oft völkisch-nationalistisch eingestellt; die Zugehörigkeit zu den NS-Formationen, vor allem zur SA, bot ihnen die Möglichkeit, auch einmal als »politisch gleichberechtigt« gegen ihre Herren aufzutrumpfen, die zumeist ebenfalls zur »nationalen Bewegung« gehörten, wenn auch eher zu den Deutschnationalen. Da waren drittens viele Jungarbeiter, die oft gar nicht erst in ihre Berufe hineingekommen waren; sie hatten, anders als ihre älteren Klassengenossen, keine längeren politischen Erfahrungen, keine über die Kollegen im Betrieb vermittelten emotionalen Bindungen an die traditionelle Arbeiterbewegung, und die SA bot ihnen »Gemeinschaft«, Selbstgefühl, aber auch Verpflegung, Taschengeld und teils auch Unterkunft. Und da waren viertens die Arbeitslosen, auch die älteren, vor allem diejenigen, die schon länger ohne Beschäftigung waren; für viele von ihnen kam die SPD nicht mehr in Betracht, weil sie keine rasche Änderung der Verhältnisse versprach und mit der herrschenden Gesellschaft verquickt schien; die meisten von ihnen setzten ihre Hoffnung auf die KPD, aber viele auch auf die NSDAP, und manche wechselten zwischen diesen beiden Lagern. Völlig verständlicherweise waren gerade die jungen und die Dauer-Arbeitslosen von Verzweiflung und Ungeduld bestimmt; ihnen konnte man nicht mit einer »langfristigen Perspektive« kommen, sondern sie wollten Arbeit und Brot, hier und jetzt. KPD wie NSDAP versprachen Abhilfe gegenüber ihrer Not in kürzester Frist; und bei den Nazis schien es noch zügiger zu gehen, wenn man sich die Wählerzahlen ansah: 13 gegen 4 Millionen im Sommer 1932.
So erklärt es sich auch, daß in der NSDAP, mehr noch in der SA, wo

sich die »proletarischen« Elemente der NS-Bewegung konzentrierten, durchaus sozialrevolutionäre Strömungen auftraten, und daß ein Teil der Wählerschaft offenbar zwischen Hitler und Thälmann schwankte.

Der Prozeß des Aufstiegs des Nationalsozialismus zur Massenpartei, der in der Geschichte der modernen Parteien in seinem Umfang und Tempo keine Parallele hat, fand seine Voraussetzungen auch in der Unfähigkeit der traditionellen Parteien der Arbeiterbewegung, die Millionen von kleinen Leuten, die dem Faschismus zuliefen, für politische Alternativen zu gewinnen. Darüber wird noch des näheren die Rede sein. An dieser Stelle ist schon darauf hinzuweisen, daß die politischen Fehler der Arbeiterbewegung gegenüber dem aufkommenden NS einen ihrer Gründe auch in der falschen Einschätzung des Charakters der nationalsozialistischen Bewegung und ihrer Erfolgsbedingungen hatten, wobei die beiden Linksparteien jeweils entgegengesetzte Fehlinterpretationen vertraten.

Für die KPD war der Faschismus, entsprechend der damaligen Theorie der Kommunistischen Internationale, ein bloßes Instrument des hochmonopolisierten Kapitalismus, ein Agent des Finanz- und Industriekapitals gewissermaßen, qualitativ kaum zu unterscheiden von anderen Formen kapitalistischer Interessendurchsetzung oder »bürgerlicher Herrschaft«. Von wenigen Ausnahmen abgesehen, nahm die KPD die eigenständige, in der politischen Gefühlswelt von Massen tief verankerte Dynamik der NS-Bewegung kaum zur Kenntnis; die Analyse galt fast ausschließlich der politisch-ökonomischen Funktion des Faschismus, also seiner Brauchbarkeit für großkapitalistische politische Strategien.

Umgekehrt sahen die Sozialdemokraten zwar den Bewegungscharakter der NS, hielten aber das ganze für eine rasch vorübergehende Stimmung, für einen »Spuk«, wie sie sagten; es wurde von der SPD-Politik nicht die Möglichkeit einkalkuliert, daß eine solche Massenpartei durch ein Bündnis mit ohnehin mächtigen gesellschaftlichen »Eliten«, also Industriekreisen und Feudalgruppen vor allem, sich dauerhaft den Staat unterwerfen könnte.

Wie sich dieses Bündnis historisch herstellte, welchen Belastungen und zeitweisen Brüchen es auch unterlag, soll hier nicht im einzelnen nachgezeichnet werden, es genügt die Feststellung, daß im Laufe der Dreißiger Jahre sich bei Teilen der Großindustrie, bei deutschnational orientierten Kreisen des Großgrundbesitzes und der Reichswehr und schließlich auch bei der administrativ-politischen Umgebung des (1932 noch von der SPD zu ihrem Kandidaten erklärten) Reichspräsidenten die Meinung durchsetzte, man solle es nun einmal mit Hitler versuchen. Schon vorher war der NSDAP in wachsendem Umfange die Sympathie und auch die finanzielle Hilfe von Gruppen der Schwerindustrie zugeflossen; im Oktober 1931 waren die Deutschnationale Partei und andere nationalistische Organisationen in der »Harzburger Front« ein formelles Bündnis mit Hitler eingegangen; führende Industrielle, Bankiers und Großagrarier forderten Mitte November 1932 Hindenburg auf, Hitler als »den Führer der größten nationalen Gruppe« zum Reichskanzler zu ernennen.[4] Die immer engeren Kontakte, die Hitler zu großkapitalistischen und sozial reaktionären Kreisen knüpfte, blieben in der NS-Bewegung nicht ohne Widerspruch und führten zu Abspaltungen (Otto Strasser, Stennes); die NSDAP konnte aber ihre inneren Konflikte solange einigermaßen hintanhalten, bis die Machtergreifung der Parteiführung dann völlig neue Mittel in die Hand gab.[5]

XIV Der ohnmächtige Antifaschismus –
die Arbeiterorganisationen 1930-1933

Das historische Versagen der deutschen Arbeiterbewegung gegenüber dem Aufkommen und der Durchsetzung des Faschismus bedarf einer näheren Darstellung:
Als am 30. Januar 1933 Hitler zum Reichskanzler ernannt und damit die NSDAP, reagierten die beiden Arbeiterparteien in der gewohnten Weise – die eine utopisch, die andere quietistisch, und beide wortradikal.
Aus dem Aufruf der KPD zum Generalstreik vom 30. Januar 1933:
»*Hitler Reichskanzler – Papen Vizekanzler – Hugenberg Wirtschaftsdiktator – die Frick und Göring an der Spitze der Polizei – Stahlhelm-Seldte Arbeitsminister! Dies neue Kabinett der offenen, faschistischen Diktatur ist die brutalste, unverhüllteste Kriegserklärung an die Werktätigen, die deutsche Arbeiterklasse! Die Betrugsmanöver des sozialen Generals sind zu Ende. Die Zuspitzung der Krise, der machtvolle revolutionäre Aufschwung der Massen zwingt die Bourgeoisie, das nackte Gesicht ihrer Diktatur in äußerster Brutalität zu enthüllen. An die Stelle der sozialen Phrasen treten die Bajonette der Reichswehr und die Revolver der mordenden SA- und SS-Kolonnen. Schamloser Raub der Löhne, schrankenloser Terror der braunen Mordpest, Zertrampelung der letzten spärlichen Überreste der Rechte der Arbeiterklasse, hemmungsloser Kurs auf den imperialistischen Krieg – das alles steht unmittelbar bevor.
Antwortet sofort auf den Anschlag der faschistischen Bluthunde mit Streik, mit dem Massenstreik, mit dem Generalstreik! Arbeiter, Arbeiterinnen, Jungarbeiter, nehmt in allen Betrieben, in allen Gewerkschaften, in allen Arbeiterorganisationen, auf allen Stempelstellen sofort Stellung für den Generalstreik gegen die faschistische Diktatur! Beschließt die Arbeitsniederlegung! Beschließt Massendemonstrationen! Wählt Einheitskomitees und Streikleitungen! Organisiert den Kampf!*«
Aus dem Aufruf des Parteivorstandes der SPD und der sozialdemokratischen Reichstagsfraktion vom 31. Januar 1933:
»*Arbeitendes Volk! Republikaner!
Im Kabinett Hitler-Papen-Hugenberg ist die Harzburger Front wieder auferstanden.*

Die Feinde der Arbeiterklasse, die einander bis vor wenigen Tagen auf das heftigste befehdeten, haben sich zusammengeschlossen zum gemeinsamen Kampf gegen die Arbeiterklasse, zu einer reaktionären großkapitalistischen und großagrarischen Konzentration. Die Stunde fordert die Einigkeit des ganzen arbeitenden Volkes zum Kampf gegen die vereinigten Gegner. Sie fordert Bereitschaft zum Einsatz der letzten und äußersten Kräfte.
Wir führen unseren Kampf auf dem Boden der Verfassung. Die politischen und sozialen Rechte des Volkes, die in Verfassung und Gesetz verankert sind, werden wir gegen jeden Angriff mit allen Mitteln verteidigen. Jeder Versuch der Regierung, ihre Macht gegen die Verfassung anzuwenden oder zu behaupten, wird auf den äußersten Widerstand der Arbeiterklasse und aller freiheitlich gesinnten Volkskreise stoßen. Zu diesem entscheidenden Kampf sind alle Kräfte bereitzuhalten.
Undiszipliniertes Vorgehen einzelner Organisationen oder Gruppen auf eigene Faust würde der gesamten Arbeiterklasse zum schwersten Schaden gereichen.
Darum her zur Eisernen Front! Nur ihrer Parole ist Folge zu leisten! Kaltblütigkeit, Entschlossenheit, Disziplin, Einigkeit und nochmals Einigkeit ist das Gebot der Stunde!«
Ob am 30. Januar 1933 und unter den Bedingungen, die durch die jeweilige Vorgeschichte gesetzt waren, den Führungen der beiden Parteien noch etwas anderes übrig geblieben wäre, als jene Politik, wie sie in diesen Appellen zum Ausdruck kommt, mag hier dahingestellt bleiben; festzustellen ist jedenfalls, daß der eine Aufruf historisch so ohnmächtig blieb wie der andere. Weder folgte die Arbeiterschaft dem Aufruf zum Generalstreik, noch scharte sie sich um die »Eiserne Front«. Der »entscheidende Kampf«, von der KPD als Sache des Augenblicks, von der SPD für einen »richtigen« – späteren – Zeitpunkt proklamiert, fand nie statt. Die Organisationen der deutschen Arbeiterbewegung, mitgliederstark und durchorganisiert wie in keinem anderen Land der Welt, räumten – aufs Ganze gesehen – dem Faschismus das Feld. Sie wurden nach dem Ende des Faschismus nicht wieder das, was sie einmal waren. In gewissem Sinne war die Zeit der traditionellen deutschen Arbeiterbewegung mit dem Jahre 1933 zu Ende.
Wenn man verstehen will, wie es dazu kam, dann ist hier noch einmal ein Schritt zurück in die Jahre vor 1933 notwendig, in die Zeit also, in der es noch nicht ausgemacht war, daß der Faschismus durchkäme. Sehen wir uns zunächst die Entwicklung der Sozialdemokratie und der Freien Gewerkschaften zwischen 1930 und 1933 an.

Die SPD in der Endphase der Weimarer Republik

Nach dem Zusammenbruch des Kabinetts Hermann Müller, der letzten parlamentarischen Regierung der Weimarer Republik und der letzten, an der die SPD beteiligt war, regierte das erste Präsidialkabinett unter dem Zentrumspolitiker Heinrich Brüning. Die SPD geriet nun in eine unglückliche Zwischenlage: Einerseits war sie nicht mehr in der Regierung, andererseits »tolerierte« sie Brünings Politik, d. h. sie verzichtete auf eine nach außen hin sichtbare Opposition. Damit verfügte sie nun aber weder über die Vorteile der einen noch über die der anderen politischen Rolle; einerseits konnte sie auf die Politik im Reich nicht wirklich Einfluß nehmen, andererseits erschien sie der Bevölkerung nicht als mögliche Alternative. Es spricht vieles dafür, daß damals jede andere politische Entscheidung der SPD und der deutschen Demokratie besser bekommen wäre: entweder ein offensiver Versuch der SPD, mit dem Zentrum und mit den Linksliberalen noch einmal eine Politik der Mitte zu entwickeln, – oder eine klare Linksopposition der SPD, mit dem Ziel, sozial aufbegehrende Wählergruppen den Kommunisten wie den Nationalsozialisten zu entziehen und um die SPD zu sammeln.
Beide Möglichkeiten hätten freilich vorausgesetzt, daß die SPD eine außerparlamentarische Aktivität entfaltet und der Bevölkerung ein klar umrissenes Programm zur Überwindung der wirtschaftlichen und sozialen Notlage vorgestellt hätte. Die SPD tat weder das eine noch das andere. Sie verließ sich wirtschaftlich auf eine Selbstheilung des Kapitalismus, und politisch vertrat sie ihre Tolerierungspolitik gegenüber dem Kabinett Brüning als das Bemühen, »Schlimmeres zu verhüten«.
Im Grunde stand wohl die langgewohnte Fixierung auf Wahlaktivitäten dahinter, die Hoffnung also, der Wählerwind werde bei nächster Gelegenheit auch der SPD wieder einmal zugute kommen; innerparteilich rechtfertigte die SPD-Führung ihre Passivität vor allem damit, daß die SPD-Regierungsführung im Lande Preußen gehalten werden müsse, was ein gutes Verhältnis zur Zentrumspartei zur Bedingung habe.
Die Parteiorganisation der SPD stand stabil wie eh und je da; alles andere schien nicht so dramatisch. Die 1931 unter Beteiligung etlicher Sprecher der innerparteilichen Linken der SPD neugegründete »Sozialistische Arbeiterpartei« (SAP) blieb in ihrer Anziehungsfähigkeit für die SPD-Mitglieder zu schwach, um die SPD-Führung und deren Mischung von Selbstgewißheit und Apathie zu irritieren.
Der entscheidende Schlag wurde der SPD am 20. Juli 1932 versetzt – und diesen Schlag nahm sie kampflos hin.

Der Reichspräsident von Hindenburg hatte, nachdem Zentrumspartei und SPD ihn erneut ins Amt gebracht hatten, den Reichskanzler Brüning als doch nicht »rechts« genug fallen lassen und ein neues, deutschnational ausgerichtetes Präsidalkabinett unter von Papen eingesetzt. Hitler und der General von Schleicher hatten konspirativ zum Sturze Brünings beigetragen. Das Kabinett von Papen wurde vielfach schon als Übergang zu einem neuen, ständisch-autoritären Staat mit möglicher Restauration der Monarchie betrachtet. In Preußen waren bei der Landtagswahl im April 1932 die bisherigen Regierungsparteien SPD und Zentrum in die Minderheit geraten; der preußische Ministerpräsident Braun amtierte jedoch rechtmäßig weiter, da die Mehrheit – NSDAP und KPD – ihrerseits natürlich keinen gemeinsamen Kandidaten für die Nachfolge präsentieren konnte. In dieser Situation verkündete nun die Reichsregierung unter von Papen den Ausnahmezustand und erklärte die Regierung Braun für abgesetzt. Von Papen hatte seinen Schritt wohl darauf berechnet, den Nationalsozialisten auf diese Weise seine Regierung als tolerabel erscheinen zu lassen.

Der sozialdemokratische preußische Innenminister erklärte, er werde nur der Gewalt weichen. Aber dieser Ausspruch war ohnmächtiger Protest; die Preußische Regierung rief den Staatsgerichtshof an und räumte ohne jeden aktiven Widerstand das vorher so hochgelobte »Bollwerk der Demokratie«, obwohl bei den Anhängern und Gliederungen der Partei der Wille zur Gegenwehr zweifellos vorhanden war.[1] Wieder einmal war der Blick auf die Wahlen fixiert; am Morgen nach dem Putsch in Preußen erschien das sozialdemokratische Zentralorgan, der »Vorwärts«, mit der Parole »Kein Generalstreik« und vertröstete die Sozialdemokraten mit der Aufforderung, bei den Reichstagswahlen Ende des Monats die Reaktion mit dem Stimmzettel zu schlagen: »Der Kampf um die Wiederherstellung geordneter Rechtszustände in der deutschen Republik ist zunächst mit aller Kraft als Wahlkampf zu führen. Es liegt beim deutschen Volke, durch seinen Machtspruch am 31. Juli dem gegenwärtigen Zustand ein Ende zu bereiten, der durch das Zusammenwirken der Reichsregierung mit der national-sozialistischen Partei entstanden ist. Die Organisationen sind in höchste Kampfbereitschaft zu bringen. Strengste Disziplin ist mehr denn je geboten. Wilden Parolen von unbefugter Seite ist Widerstand zu leisten. Jetzt vor allem mit konzentrierter Kraft für den Sieg der Sozialdemokratie am 31. Juli!«

Bei der Reichstagswahl verlor die SPD weiter erheblich an Stimmen. Der Verzicht auf jeden Widerstand gegen den Preußen-Putsch hatte die Partei als ernstzunehmende politische Kraft ausgeschaltet.

Die Regierung von Papen und die ihr verbundenen gesellschaftlichen Gruppen hatten dem Ausgang des Putsches nicht ohne Sorgen entgegengesehen; sie fürchteten vor allem, daß die Sozialdemokraten und die Gewerkschaften den Streik ausrufen würden. Es läßt sich im nachhinein kaum sagen, wie eine solche Auseinandersetzung verlaufen wäre; gewiß enthielt sie das Risiko des Bürgerkriegs. Andererseits hätte ein Widerstand der Demokraten, mit welchem momentanen Ergebnis auch immer, die Macht des Faschismus in Deutschland mit ziemlicher Sicherheit nie so unangefochten zustandekommen lassen, wie sie dann historische Realität wurde. Wie auch immer – die SPD-Führung jedenfalls, und das läßt ihre Torheit oder ihre Resignation erkennen, hat die möglichen Folgen dieser oder jener Entscheidung nicht einmal in Erwägung gezogen; für sie war klar, daß sie stillhalten, daß sie die immer noch rund eine Million Mitglieder der Partei und die Mitglieder der »Kampforganisationen« (Reichsbanner Schwarz-Rot-Gold, Eiserne Front) dazu anhalten würde, sich »nicht provozieren zu lassen«.
Seitdem war der weitere Ablauf, soweit es um die SPD ging, vorgezeichnet. Am 30. Januar 1933 war die Chance, durch offene Auflehnung die nationalsozialistische Machtergreifung rückgängig machen zu können, geringer als die Erfolgsaussichten einer Massenaktion gegen den Preußen-Putsch, auch deshalb, weil die Passivität der SPD im Juli 1932 die politischen Gewichte noch mehr zu Ungunsten der Demokratie verschoben hatte. Aber auch auf illegale Arbeit unter einem faschistischen System bereitete die Partei sich nicht vor. Sie hoffte weiter auf Entwicklungen, die außerhalb ihres eigenen Handlungsfeldes lagen: darauf, daß die Nationalsozialisten sich selbst abwirtschaften würden; oder darauf, daß innere Interessengegensätze zwischen den Partnern des neuen Regierungsbündnisses die demokratischen Parteien wieder zum Zuge kommen lassen würden.
Immerhin erklärte am 23. März 1933 im Reichstag Otto Wels für die Sozialdemokratie in einer mutigen Rede die Ablehnung des Ermächtigungsgesetzes. Die Kernsätze des Gesetzes lauteten:
»Reichsgesetze können außer dem in der Verfassung vorgesehenen Verfahren auch durch die Reichsregierung beschlossen werden. Die von der Reichsregierung beschlossenen Gesetze können von der Verfassung abweichen...«
Selbst die Abgeordneten des Zentrums und der Liberalen stimmten dieser Blankovollmacht für Hitler zu; die Kommunisten waren bereits rechtswidrig dem Reichstag ferngehalten. Wels sagte u. a.:
» ... wir deutschen Sozialdemokraten bekennen uns in dieser ge-

schichtlichen Stunde feierlich zu den Grundsätzen der Menschlichkeit und der Gerechtigkeit, der Freiheit und des Sozialismus. Kein Ermächtigungsgesetz gibt ihnen die Macht, Ideen, die ewig und unzerstörbar sind, zu vernichten... Wir grüßen die Verfolgten und Bedrängten. Wir grüßen unsere Freunde im Reich. Ihre Standhaftigkeit und Treue verdienen Bewunderung. Ihr Bekennermut, ihre ungebrochene Zuversicht verbürgen eine hellere Zukunft...«
Was danach kam, wirkte eher kläglich.[2] Durch Eingriffe des Staates oder der NS-Organisationen war die Bewegungsfreiheit der Partei schon ab Februar 1933 eingeschränkt worden. Um der Regierung keinen Vorwand für ein Einschreiten zu geben, versuchte die Parteiführung, sich den neuen Machtverhältnissen anzupassen. Offenbar glaubte man an die Möglichkeit einer »Halblegalität«, wie unter dem Sozialistengesetz. SPD-Repräsentanten reisten ins Ausland, um auf die Bruderparteien einzuwirken, nicht gegen die Regierung Hitler zu polemisieren. Die SPD trat aus der Sozialistischen Internationale aus. Aber gleichzeitig waren Sozialdemokraten verhaftet oder hatten ins Ausland flüchten müssen; ein Teil des Parteivorstands ging nun in die Emigration, um von hier aus die Möglichkeit sozialdemokratischer Agitation aufrechtzuerhalten. Am 17. Mai 1933 entschlossen sich die noch im Lande oder in Freiheit befindlichen sozialdemokratischen Reichstagsabgeordneten mehrheitlich, der im Parlament anstehenden außenpolitischen Erklärung Hitlers zuzustimmen, um es so noch einmal mit der Beschwichtigungstaktik zu versuchen. Diese Unterwerfung zahlte sich nicht aus; im Juni 1933 wurde die SPD verboten.

Gewerkschaften und Machtergreifung des NS

Wie verhielten sich die der SPD verbundenen Freien Gewerkschaften in der Zeit der Weltwirtschaftskrise und im Prozeß der Machtergreifung des NS?
Es liegt auf der Hand, daß die wirtschaftliche und politische Entwicklung ab 1929/30 die Gewerkschaften vor höchst ungewohnte Probleme stellte.
Eine Wirtschaftskrise von der Intensität, wie sie ab 1930 in Deutschland alle gesellschaftlichen Bereiche beherrschte, mußte die lohn- und sozialpolitische Tätigkeit der Gewerkschaften aufs äußerste erschweren; Krise und Massenarbeitslosigkeit gefährdeten aber auch das organisatorische Gefüge der Arbeitnehmerkoalitionen.

Unter der Kanzlerschaft Brünings entschieden sich die Gewerkschaften zunächst für dieselbe Politik, wie die SPD sie verfolgte, also für das Konzept des Tolerierens dieser Regierung und der Bemühung, die Politik Brünings zugunsten der Arbeitnehmer zu »mildern«. Die Unternehmer hingegen versuchten überwiegend, die Krise zur Veränderung der Kräfteverhältnisse in ihrem Sinne zu nutzen, also den Einfluß der Gewerkschaften prinzipiell zu reduzieren und sozialpolitische Errungenschaften der Weimarer Republik abzubauen.

Der Prozentsatz der ganz oder teilweise erwerbslosen Gewerkschaftsmitglieder war bis Ende des Jahres 1931 auf 64 % angestiegen; der Mitgliederverlust betrug 12,5 %. Anfang 1932 nahmen die Gewerkschaftsspitzen einen Anlauf, um mit einem Arbeitsbeschaffungsprogramm aktiv in die Entwicklung einzugreifen; bis dahin hatten sie mit teils »marxistischen«, teils wirtschafts-liberalistischen Argumenten die Hoffnung auf eine »Selbstregelung« der Krise verbreitet. Im April 1932 wurde auf einem außerordentlichen Kongreß der Freien Gewerkschaften von dieser optimistischen Abwartepolitik offiziell Abstand genommen und ein planendes Eingreifen des Staates zur Beseitigung der Arbeitslosigkeit gefordert.

Wenn die Gewerkschaftsvorstände glaubten, daß die Reichsregierung sich ihren Vorschlägen zuwenden könnte, so war diese Rechnung allerdings ohne die politisch herrschenden Kräfte gemacht; Brüning wurde gestürzt und ihm folgte als Kanzler der Herrenreiter Franz von Papen, der seine Politik als Kampf gegen den »Wohlfahrtsstaat« und den angeblichen »Staatssozialismus« ankündigte.

Verantwortlich für die Berufung von Papens war derselbe Reichspräsident von Hindenburg, dessen Wiederwahl im Jahre 1932 nicht zuletzt der Disziplin der sozialdemokratisch und freigewerkschaftlich organisierten Arbeiter zu verdanken war. Im Wahlkampf für Hindenburg lag denn auch der Höhepunkt der Aktivitäten der sogenannten Eisernen Front, einer republikanischen Abwehrbewegung von SPD, Arbeitersportverbänden, Reichsbanner und Gewerkschaften gegen den anwachsenden Faschismus. Der Kampf um die Position des Reichspräsidenten – Hindenburg gegen Hitler – galt erklärtermaßen als die erste »Schlacht« der Eisernen Front; die zweite sollte der Erhaltung der republikanischen Macht in Preußen gelten. Die Wochenzeitung des ADGB schrieb im Frühjahr 1932: »Wenn die republikanische Mehrheit in Preußen verschwindet, dann ist die Hindenburg-Wahl nur ein halber Sieg ... Der Ausgang des Kampfes um Preußen wird für die nächsten Jahre die Richtung der Politik nicht nur in Preußen, sondern in Deutschland bestimmen ...«

Die Hoffnungen, die man in eine Wende der Wählerstimmung zugunsten der SPD gesetzt hatte, erfüllten sich bei der Landtagswahl in Preußen nicht; für die Führung der Freien Gewerkschaften war dies wohl ein Zeichen dafür, daß die sozialdemokratische Karte nicht mehr stach. Als am 20. Juli 1932 von Papen die republikanische Regierung in Preußen für abgesetzt erklärte und sich vom Reichspräsidenten zum Reichskommissar für Preußen ernennen ließ, beließen es die Gewerkschaften bei einem kraftlosen Protest:
»*An die deutsche Arbeitnehmerschaft!*
Die neuesten politischen Vorgänge haben die deutschen Arbeiter, Angestellten und Beamten in große Erregung versetzt. Sie müssen trotzdem ihre Besonnenheit bewahren.
Noch ist die Lage in Preußen nicht endgültig entschieden. Der Staatsgerichtshof ist angerufen.
Die entscheidende Antwort wird das deutsche Volks, insbesondere die deutsche Arbeitnehmerschaft, am 31. Juli geben.
Es ist die Pflicht aller gewerkschaftlichen Organisationen und aller Volksschichten, die auf dem Boden der Verfassung und des Rechtes stehen, mit allen zur Verfügung stehenden Mitteln dafür zu sorgen, daß diese Reichstagswahl stattfindet.
Weder der Terror der Straße noch irgendeine verfassungswidrige Diktatur darf verhindern, daß am 31. Juli das Volk von seinem höchsten Rechte Gebrauch macht.
Die vorbildliche Disziplin der deutschen Arbeiter, Angestellten und Beamten ist auch in diesen schweren Tagen unter allen Umständen aufrechtzuerhalten. Wir lassen uns die Stunde des Handelns von Gegnern der Gewerkschaften nicht vorschreiben.
Allgemeiner Deutscher Gewerkschaftsbund. Allgemeiner freier Angestelltenbund.
Gesamtverband der christlichen Gewerkschaften Deutschlands.
Gesamtverband deutscher Verkehrs- und Staatsbediensteter.
Gewerkschaftsring deutscher Arbeiter-, Angestellten- und Beamtenverbände.
Allgemeiner Deutscher Beamtenbund. Deutscher Beamtenbund.«
(Berlin, 21. 7. 1932)
Die Eiserne Front rief die Arbeitnehmer zur »Disziplin« auf, – eine schlechte Bemäntelung einer gar nicht »eisernen« Verabschiedung von der historischen Szene.
Die Gewerkschaftsführung rückte in den Monaten danach mehr und mehr von der SPD ab. Als von Papen im Amt des Reichskanzlers durch von Schleicher (den »politischen Kopf« der Reichswehr) abgelöst wur-

de, kamen bei maßgeblichen Repräsentanten der Freien Gewerkschaften neue Hoffnungen auf; man erwartete vom neuen Reichskanzler offenbar eine Art »sozialstaatlicher« Generaldiktatur. Ende 1932 erklärte der ADGB-Vorsitzende Leipart, das Kabinett von Schleicher versuche, einen Teil gewerkschaftlicher Forderungen zu erfüllen; die Gewerkschaftsfunktionäre wurden angehalten, die organisierten Arbeiter in diesem Sinne aufzuklären. Auch diese politische Strategie fiel rasch in sich zusammen, als Schleicher, der aus dem Hinterhalt Brünings Sturz mitinitiiert hatte, nun selbst bei Hindenburg als »halber Sozi« in Mißkredit gebracht und zugunsten Hitlers gestürzt wurde. In der Tat gab es Ende 1932 Bemühungen Schleichers, eine Alternative zu Hitler auf die Beine zu bringen, etwa in einem Bündnis von sozialpolitisch aufgeschlossenen Konservativen, Teilen der NSDAP (repräsentiert durch Gregor Strasser) und den Freien Gewerkschaften. Das Konzept, das solchen Versuchen zugrundelag, stimmte zwar in vielen Punkten mit dem Hitlers überein, aber es enthielt auch Differenzen zur Politik Hitlers, – es war eher autoritär-ständestaatlich als totalitär-faschistisch, es vertrat einen weniger aggressiven Nationalismus und hielt an der Sozialstaatlichkeit, notfalls auch einmal gegen die Interessen der Industrie, fest. Hitler und seine Gönner haben diese Konkurrenz auf dem eigenen Gebiet, also eine Alternative innerhalb des »nationalen Lagers«, offenbar für gefährlich gehalten; nicht umsonst gehörten Schleicher und Gregor Strasser zu den ersten prominenten Opfern des staatlich legitimierten politischen Mords im Dritten Reich.
Versucht man, sich ein abwägendes Urteil über die Politik der ADGB-Führung in der Schlußphase der Weimarer Republik zu bilden, so bleibt das Ergebnis zwiespältig: Einerseits stellte die größere politische und programmatische Beweglichkeit, die die Führung der Freien Gewerkschaften 1932 entwickelte, gegenüber der Vogel-Strauß-Politik der Sozialdemokraten immerhin einen achtenswerten Versuch dar, noch einmal in den Lauf der Dinge einzugreifen; andererseits trugen die Freien Gewerkschaften durch ihre Hinwendung zum »Nationalen« und die Spekulationen um eine autoritär-national-soziale Lösung der Krise zweifellos dazu bei, die Arbeiterschaft nun auch ideologisch in Wehrlosigkeit gegenüber dem Faschismus zu versetzen, denn die Unterscheidungen zwischen »Hitler« und »Schleicher« blieben allzusehr im Bereich der Kabinettspolitik und der Konspiration von Verbandsspitzen.
Es liegt nahe, daß die hier skizzierten politischen Versuche der ADGB-Führung die Entfremdung von Gewerkschaften und SPD verschärften; angelegt war der allmähliche Zerfall der überkommenen

Verschränkung von Partei und Gewerkschaften schon im Scheitern der letzten gemeinsamen Versuche, »Weimar« zu retten.
Nach der Einsetzung des Kabinetts Hitlers durch den Reichspräsidenten von Hindenburg wurde für die Freien Gewerkschaften aus der Strategie des »kleineren Übels« die Taktik der Galgenfrist.[3]

Anpassung an den »neuen Staat«?

Als am 30. Januar 1933 die Marschkolonnen des NS und der »nationalen Verbände« den Sieg des Dritten Reiches demonstrierten, sprach in Halle im Institut für Arbeitsrecht ein führender Kopf der Freien Gewerkschaften über das Thema »Stellung der Gewerkschaften im Verfassungssystem«. Dieser Vorgang ist symptomatisch.
Auf die Berufung Hitlers zum Kanzler reagierte die ADGB-Führung nicht anders als auf den Preußen-Putsch. Immer noch zeigte die Arbeiterschaft in Massenversammlungen in den einzelnen Städten ihre Stärke, und weiterhin weckten die Gewerkschaftsführungen bei den Mitgliedern von Zeit zu Zeit neu die Illusion, daß »im rechten Moment« das Signal zum Widerstand gegeben werde. In einem Aufruf der ADGB-Führung nach der Machtergreifung durch Hitler hieß es: »Die Lebensinteressen der gesamten Arbeitnehmerschaft stehen auf dem Spiel... Laßt Euch nicht zu voreiligen Einzelaktionen verleiten.« Der zweite ADGB-Vorsitzende rief Mitte Februar 1933 in Berlin unter tosendem Beifall: »Die Arbeitnehmerschaft wird nicht ins Mauseloch kriechen, sondern den Kampf aufnehmen...« Praktisch jedoch vollzog die ADGB-Führung eine Kapitulation in Raten. Das Signal zum Widerstand blieb aus; statt dessen kam die allmähliche Überleitung zur Anpassung an das neue Regime.
Das Ermächtigungsgesetz ging ohne Reaktion der Gewerkschaftsführungen über die Bühne. Das Verbot der Eisernen Front und des Reichsbanners wurde kampflos hingenommen. Am 21. und 29. März richtete der erste Vorsitzende des ADGB Briefe an Hitler, in denen er die Entpolitisierung der Gewerkschaften und die Zusammenarbeit mit den Unternehmern im neuen Staat offerierte. Am 9. April bot der ADGB-Bundesvorstand der neuen Regierung seine Mitarbeit an und empfahl die Einsetzung eines Reichskommissars für die Gewerkschaften:
»Getreu seiner Aufgabe, am Aufbau einer sozialen Ordnung des deutschen Volkes mitzuwirken, in der die Lebensrechte der Arbeiterschaft entsprechend ihrer Bedeutung für das Volksganze in Staat und Wirt-

schaft gesichert sind, erklärt sich der Allgemeine Deutsche Gewerkschaftsbund bereit, die von den Gewerkschaften in jahrzehntelanger Wirksamkeit geschaffene Selbstverwaltungsorganisation der Arbeitskraft in den Dienst des neuen Staates zu stellen. Die Gewerkschaften erkennen nach wie vor an, daß ihre eigene Bewegungsfreiheit ihre Grenzen finden muß an dem höheren Recht des Staates als Repräsentanten der gesamten Volksgemeinschaft. Der Staat muß das Recht haben, ordnend und regelnd in die Wirtschaft einzugreifen; es ist seine Aufgabe, eine Wirtschaftsverfassung zu schaffen, die die Wirtschaftsführung an gesamtwirtschaftliche Verpflichtungen bindet, weil nur auf diesem Wege die Einheit von Staats- und Wirtschaftsführung möglich ist ...«
(Aus der Erklärung des Bundesvorstandes des ADGB an die Reichsregierung vom 9.4.1933)
Mitte April schließlich rief der ADGB-Bundesvorstand seine Mitglieder zur Beteiligung an den NS-Maifeiern auf und begrüßte es, daß die Hitler-Regierung den 1. Mai zum »Feiertag der nationalen Arbeit« erklärte.
Damit war vor aller Welt die Kapitulation der Freien Gewerkschaften in Deutschland besiegelt. Die demokratisch standfesten Mitglieder des ADGB resignierten oder beteiligten sich nun in illegalen Widerstandsgruppen. Der Internationale Gewerkschaftsbund brach mit dem ADGB. Daß der nationalsozialistische Staat um seiner im Bündnis mit der Industrie durchzusetzenden politischen Zwecke willen freie Gewerkschaften nicht dulden konnte, war auch den Gewerkschaftsführern bewußt. So enthielt denn auch die Erklärung des ADGB-Vorstandes vom 9. April 1933 bereits den Satz, in dem die ADGB-Führung sich mit dem »von der Regierung geplanten berufsständischen Aufbau der deutschen Wirtschaft« einverstanden erklärte. Die Gewerkschaftsführer hegten jedoch, gefördert durch die geschickte Überrumpelungstaktik der NS-Regierung, die Illusion, wenigstens die Organisationsform der Gewerkschaften und damit auch den personellen Bestand der Gewerkschaftsführungen weitgehend aufrechterhalten zu können. So wird ihr Versuch, durch politischen Selbstmord den organisatorischen Tod zu vermeiden, erklärbar.
Am 1. Mai 1933 überwog in der sozialdemokratisch-freigewerkschaftlich orientierten Arbeiterschaft das Gefühl der Ohnmacht. Die Mehrheit der gewerkschaftlich geschulten Arbeiter hielt sich, wo sie konnte, den Maifeiern fern. Örtlich gab es mutige Versuche, Gegendemonstrationen zu organisieren. Zu geschlossenen Gegenmaßnahmen ließ das Verhalten der Gewerkschaftsführung keinen Raum.

Einen Tag später wurden die Illusionen der Gewerkschaftsführer, soweit sie die geschilderte Kapitulationstaktik mitgemacht hatten, zerschlagen: eben diese Kapitulation gab den Nationalsozialisten die Möglichkeit, auch die gewerkschaftliche Organisation ohne nennenswerten Widerstand aufzulösen. Am 2. Mai 1933, vormittags 10 Uhr, besetzten SA- und SS-Trupps, verstärkt durch »Stahlhelm«-Mitglieder, die Gewerkschaftshäuser, die Arbeiterbanken, die Gewerkschaftszeitungen. Die führenden Gewerkschaftsfunktionäre wurden »in Schutzhaft« genommen, jede Fortführung Freier Gewerkschaften verboten. Die Verkündung des »deutschen Sozialismus« beherrschte das Feld. Hätten die Freien Gewerkschaften im Verlauf der Krise und gegenüber der anwachsenden faschistischen Bewegung, – hätten sie vielleicht sogar noch gegenüber der Machtergreifung des NS eine Chance gehabt, die politische Entwicklung zu wenden, vielleicht eher als die Sozialdemokratische Partei? Bei der Diskussion dieser Frage kommt oft der Hinweis auf die Massenarbeitslosigkeit, die das gewerkschaftstraditionelle Mittel des Streiks, das beim Kapp-Putsch den Sieg über die Reaktion gebracht hatte, aus der Hand genommen habe. Dieses Argument überzeugt nicht ganz, denn immerhin war auch die deutsche Gesellschaft in der Krise auf Produktion und Reproduktion durch Arbeit angewiesen, und der Einfluß der Gewerkschaften bei den Beschäftigten war trotz allem immer noch groß, größer jedenfalls als der der KPD oder der NSDAP. Insofern ist es auch nicht recht einleuchtend, wenn gesagt wird, die Freien Gewerkschaften seien durch das »Anwachsen radikaler Richtungen« innerhalb der Arbeiterschaft so »eingezwängt« gewesen, daß ihnen kein Handlungsspielraum mehr verblieb. Die Gewerkschaftsopposition der KPD, die RGO, hatte in den Betrieben kaum größeren Anhang gewinnen können, und in den Gewerkschaftsverbänden selbst blieb sie ohne Wirkung. Andererseits hatte auch die Betriebsorganisation der NSDAP, die NSBO, im angestammten Aktivitätsfeld der Freien Gewerkschaften keinen Fuß an den Boden bekommen.

Eher bildeten da schon die christlich-nationalen Gewerkschaftsverbände ein Problem für den politischen Spielraum der Freien Gewerkschaften; zumindest im Bereich der Angestelltenorganisationen gab es hier so viele politisch-ideologische Berührungspunkte zur NSDAP und ihrem Umfeld, daß eine gemeinsame antifaschistische Aktion auf große Schwierigkeiten gestoßen wäre; andererseits legten die Freien Gewerkschaften bei ihren sozialpolitischen Bemühungen großen Wert auf das Bündnis mit den christlich-nationalen Gewerkschaften. Hier stoßen wir auf den eigentlichen Grund für die – sieht man von dem nicht sehr energisch betriebenen Versuch der »Eisernen Front« ab – weitgehende Passivität der Freien Gewerkschaften gegenüber der Gefahr des Faschismus: Ohne eine Ausweitung des eigenen politischen Potentials oder zumindest eine Aktionseinheit mit anderen Kräften war an eine erfolgreiche Auseinandersetzung mit der faschistischen Bewegung und den ihr verbündeten gesellschaftlichen Machtgruppen kaum zu denken. Die Freien Gewerkschaften hätten also entweder in den Bereich der Mittelschichten, vor allem der Angestelltenschaft, hinein vorstoßen müssen; als sie so etwas mit der zunehmenden »Nationalisierung« ihrer Agitation versuchten, war dieses Potential längst unter der ideologischen Herrschaft der Deutschnationalen und Nationalsozialisten, und der »neue Kurs« der Freien Gewerkschaften war eher Anpassung an die Rechtskräfte als daß er diesen Terrain weggenommen hätte. Oder die Freien Gewerkschaften hätten sich für ein Bündnis nach links hin öffnen, also die Aktionseinheit mit den Anhängern der KPD suchen müssen. Die Abneigung gegenüber jeder sozialrevolutionären Strömung war aber in der Funktionärsschicht der Gewerkschaften tief verwurzelt. Hinzu kam, daß die Politik der KPD durchaus dazu angetan war, ein solches Ressentiment zu bestätigen.

Die KPD: »Hauptstoß gegen den Sozialfaschismus«

Die wirtschaftlichen und sozialen Verhältnisse in der Zeit der Weltwirtschaftskrise und in diesem Zusammenhang auch der Immobilismus der SPD-Politik hatten der KPD einen beständig ansteigenden Wählerzustrom gebracht, im wesentlichen auf Kosten der SPD. Hier die Zahlen:

Stimmen der KPD

Wahltag	Stimmen Mill.
20. Mai 1928	3,3
14. September 1930	4,6
31. Juli 1932	5,3
6. November 1932	6,0

Von allen abgegebenen Stimmen erhielt die KPD

20. Mai 1928	11 %
14. Sept. 1930	13 %
31. Juli 1932	14 %
6. Nov. 1932	17 %

Stimmen der SPD

	20. Mai 1928	6. Nov. 1932
Zahl der Stimmen	9,2 Mill.	7,2 Mill.
Prozentsatz an den abgegebenen Stimmen	30 %	20 %

Auch die kommunistischen »Frontorganisationen« (Roter Frontkämpferbund, RGO) und der Kommunistische Jugendverband konnten in diesen Jahren ihr Aktions- und Einflußfeld wesentlich ausweiten. Allerdings konzentrierte sich der Organisationsradius der Kommunisten auf die arbeitslosen Teile des Proletariats; von den etwa 340000 Mitgliedern der KPD Ende 1932 waren schätzungsweise nur noch 15 % Betriebsarbeiter, wobei die Zugehörigkeit zur KPD oft ein zusätzlicher Grund zur Kündigung war. Ungewöhnlich hoch war, wie schon erwähnt, die Fluktuation innerhalb der Mitgliederschaft der KDP und der ihr verbundenen Organisationen; nicht zu Unrecht sprach man von der KPD als von einer »Siebpartei«. Viele der KPD-Funktionäre verfügten erst über kurze politische Erfahrungen; »taktische Kursänderungen« und »Reinigungen«, wie sie in der KPD seit Mitte der Zwanziger Jahre üblich waren, brachten einen hohen Verschleiß an erfahrenen Parteiarbeitern mit sich. Auch die ständigen Rivalitäten konkurrierender Führungsgruppen waren einer kontinuierlichen Organisation der Tätigkeit der Partei nicht gerade dienlich. So bot die KPD der Jahre 1930-33 ein recht widersprüchliches Bild: die Stärke der Partei lag darin, daß sie in einer Zeit der äußersten Krisenhaftigkeit des herrschenden ökonomischen Systems als einzige Massenorganisation der Arbeiterbewegung in Deutschland eine radikal antikapitalistische Position verkörperte und damit auch die Kraft war, die verzweifelte Arbeiter vor dem Übergang zum Faschismus bewahrte; die Schwäche der KPD lag in ihrem Mangel an Verankerung in Betrieben und in den Gewerkschaften, aber auch in ihrer wenig kontinuierlichen Struktur, in der allzu sehr auf bloße Agitation setzenden Form der Aktivität. Der stetige Anstieg der Wählerstimmen für die KPD schien den Kurs der Partei als richtig zu erweisen; wie ohnmächtig eine Partei werden kann, die sich hierauf allzu sehr verläßt, trat mit der Machtergreifung des Faschismus zutage.

Der entscheidende Fehler der KPD lag aber darin, daß sie ihrerseits alles dazu beitrug, die politische Aufspaltung der deutschen Arbeiterbewegung auch beim Aufkommen des Faschismus zu zementieren. Die schon vor der Weltwirtschaftskrise zeitweise vertretene Konzeption, daß der »Hauptstoß« der »sozialfaschistischen Sozialdemokratie« gelten müsse, wurde nach 1929 noch massiver vertreten, nur gelegentlich durch kleine Kurskorrekturen durchbrochen, die aber keine nachhaltige Wirkung hatten.

Die Parole der »Einheitsfront von unten«, kurzzeitig variiert durch die der »Einheitsfront von unten und von oben«, war leicht erkennbar als taktische Methode, um Sozialdemokraten nicht als Bündnispartner, sondern für die eigene Parteipolitik zu gewinnen. Demselben Konzept entsprang die Politik, durch die RGO die Freien Gewerkschaften zu »entlarven« und sie um ihre Arbeiterbasis zu bringen, – ein Versuch, der zur Selbstisolierung der KPD von der Gewerkschaftsbewegung führte.

Der Kampf der KPD gegen die Sozialdemokratie nahm zum Teil groteske Formen an.[4]

Im Sommer 1931 z. B. beteiligte sich die KPD zusammen mit den Nationalsozialisten und den Deutschnationalen an einer Volksentscheid-Kampagne, die die sozialdemokratisch geführte Landesregierung in Preußen aus dem Amt bringen sollte. Thälmann rechtfertigte die Zweckkoalition mit den Rechtsradikalen folgendermaßen: »...unsere Volksentscheids-Aktion (verschärft) die Klassengegensätze außerordentlich. Sie gibt uns die Möglichkeit, in stärkster außerparlamentarischer Mobilisierung den revolutionären Ausweg aus der Krise zu propagieren. (...) Severing und die SPD haben sich als soziale Hauptstütze der Bourgeoisie erwiesen. Darum muß der schärfste Kampf gegen sie aufgenommen werden, darum stellt der rote Volksentscheid unter Ausnutzung der Möglichkeiten einer legalen parlamentarischen Massenaktion einen Schritt vorwärts in der außerparlamentarischen Massenmobilisierung dar.

Wir tragen Zersetzung ins Lager der Bourgeoisie. Wir werden unseren Einbruch in die Sozialdemokratie erweitern und die innere Gärung in

dieser Partei beschleunigen. Wir werden tiefere Breschen in die Hitlerfront schlagen. Wir werden als Partei der proletarischen Revolution unsere Reihen stärken, die Masseninitiative beleben und den revolutionären Klassenkampf steigern.«
(»Die Rote Fahne«, 26.7.1931)
Eine Zeitschrift für die Funktionäre der KPD beschrieb die Kalkulation, die sich mit dem unversöhnlichen Kampf gegen die Sozialdemokratie verband:
»... Eine sozialdemokratische Koalitionsregierung, der ein kampfunfähiges, zersplittertes Proletariat gegenüberstände, wäre ein tausendmal größeres Übel als eine offen faschistische Diktatur, der ein klassenbewußtes, kampfentschlossenes, in seiner Masse geeintes Proletariat gegenübertritt. Nur durch den unversöhnlichen Kampf gegen die kapitalistische Diktatur in allen ihren Formen, gegen alle Parteien und Hilfskräfte der Bourgeoisie kann sich aber das Proletariat zu einer einheitlichen, kampfentschlossenen Massenkraft zusammenschließen. Das »Größere Übel«, die offen faschistische Diktatur, wird, wenn die Arbeiterschaft das »Kleinere Übel«, Regierung der verhüllten Durchführung der faschistischen Diktatur, ohne Widerstand duldet, nicht verhindert, sondern beschleunigt... Für die Arbeiterschaft aber ist es eine sehr untergeordnete Frage, ob Sozialdemokraten oder Nationalsozialisten im Auftrage der Bourgeoisie die Ausplünderung und Unterdrückung der Massen besorgen...«
(»Der Propagandist«, Heft 9/1931)

Nationale Demagogie der KPD

Der politische Kurs der KPD, der darauf gerichtet war, durch Agitation um jeden Preis das eigene (Wähler-)Potential auszuweiten, verleitete die Partei zeitweise auch zu einer taktischen Anpassung an nationalistische Emotionen. In der kommunistischen Presse bediente man sich solcher Propagandabegriffe wie »Young-Sklaverei«, »Kolonialdeutschland«; in den Wahlkampf 1930 zog die KPD mit einem Programm, in dem die »nationale Befreiung« vor der sozialen rangiere, und in dem es von nationalistischer Demagogie nur so troff:
»...*Die Regierungsparteien und die Sozialdemokratie haben Hab und Gut, Leben und Existenz des werktätigen deutschen Volkes meistbietend an die Imperialisten des Auslands verkauft. Die sozialdemokratischen Führer, die Hermann Müller, Severing, Grzesinski und Zörgiebel, sind nicht nur die Henkersknechte der deutschen Bourgeoisie, son-*

dern gleichzeitig die freiwilligen Agenten des französischen und polnischen Imperialismus.
Alle Handlungen der verräterischen, korrupten Sozialdemokratie sind fortgesetzter Hoch- und Landesverrat an den Lebensinteressen der arbeitenden Massen Deutschlands.
Nur wir Kommunisten kämpfen sowohl gegen den Young-Plan als auch gegen den Versailler Raubfrieden, den Ausgangspunkt der Versklavung aller Werktätigen Deutschlands, ebenso wie gegen alle internationalen Verträge, Vereinbarungen und Pläne (Locarnovertrag, Dawes-Plan, Young-Plan, deutsch-polnisches Abkommen usw.), die aus dem Versailler Friedensvertrag hervorgehen. Wir Kommunisten sind gegen jede Leistung von Reparationszahlungen, gegen jede Bezahlung internationaler Schulden.
Wir erklären feierlich vor allen Völkern der Erde, vor allen Regierungen und Kapitalisten des Auslands, daß wir im Falle unserer Machtergreifung alle sich aus dem Versailler Frieden ergebenden Verpflichtungen für null und nichtig erklären werden, daß wir keinen Pfennig Zinszahlungen für die imperialistischen Anleihen, Kredite und Kapitalanlagen in Deutschland leisten werden...
Die Faschisten (Nationalsozialisten) behaupten, sie seien gegen die vom Versailler Frieden gezogenen Grenzen, gegen die Abtrennung einer Reihe deutscher Gebiete von Deutschland. In Wirklichkeit unterdrückt der Faschismus überall, wo er an der Macht steht, die von ihm unterworfenen Völker (in Italien die Deutschen und Kroaten, in Polen die Ukrainer, Weißrussen und Deutschen, in Finnland die Schweden usw.). Die Führer der deutschen Faschisten, Hitler und seine Helfershelfer, aber erheben nicht ihre Stimmen gegen die gewaltsame Angliederung Südtirols an das faschistische Italien. Hitler und die deutschen Nationalsozialisten schweigen über die Nöte der deutschen Bauernbevölkerung Südtirols, die unter dem Joch des italienischen Faschismus stöhnt. Hitler und seine Partei haben hinter dem Rücken des deutschen Volkes einen schmutzigen Geheimvertrag mit der italienischen Faschistenregierung abgeschlossen, auf Grund dessen sie die deutschen Gebiete Südtirols bedingungslos den ausländischen Eroberern ausliefern. Mit dieser schändlichen Tat haben Hitler und seine Partei die nationalen Interessen der werktätigen Massen Deutschlands in gleicher Weise an die Versailler Siegermächte verkauft, wie es die deutsche Sozialdemokratie seit zwölf Jahren unausgesetzt getan hat ...
Wir Kommunisten sind gegen die auf Grund des Versailler Gewaltfriedens durchgeführte territoriale Zerreißung und Ausplünderung Deutschlands ...«

(Aus dem »Programm der KPD zur nationalen und sozialen Befreiung des deutschen Volkes« vom 24. 8. 1930)
Die politisch in Bewegung geratenen Mittelschichten, die die KPD damals mit nationalen Phrasen anzusprechen hoffte, wurden auf diese Weise zwar in ihren Vorurteilen über die Weimarer »Hoch- und Landesverräter« bestätigt, für die kommunistische Politik aber keineswegs gewonnen; in der Arbeiterschaft aber mußte sich eine solche Propaganda verheerend auswirken, nämlich ideologisch entwaffnend gegenüber dem aufkommenden Faschismus. (Um Mißverständnisse zu vermeiden, ist hier anzumerken, daß auch die SPD und die Freien Gewerkschaften sich nationalistischen Ideologien anpaßten, wenn auch nicht so grelltönend. Sie bekannten sich Anfang der Dreißiger Jahre zunehmend wieder zu ihrer »nationalen Leistung« im Ersten Weltkrieg und fielen in den Chor derjenigen ein, die Deutschlands »Reparationslast« für die Grundursache der Wirtschaftskrise und der sozialen Not erklärten, – wobei, wie F. Sternberg richtig feststellt, nach solchen Parolen der SPD- und Gewerkschaftsführung die deutschen Arbeiter unter dem »Zwang der Reparationen« in Zeiten gestanden haben müßten, in denen laut Aussage der Unternehmer gar keine Reparationen gezahlt wurden ...)

Illusionen nach der Machtergreifung

Die Machtergreifung der Nationalsozialisten kam für die KPD überraschend, aber sie sah in dieser Veränderung zunächst nichts Sensationelles. Da nach der Einschätzung der KPD schon die vorhergehnden Regierungen und Zustände »Faschismus« waren, schien sich mit der Machtergreifung der Nationalsozialisten nichts wesentliches verändert zu haben. Eine Zuspitzung der sozialen Konflikte wurde als beste Voraussetzung für den endgültigen Erfolg der eigenen Partei angesehen. Die KPD war optimistisch: »Nach Hitler kommen wir!« Fast routinemäßig rief die KPD am 30. Januar 1933 zum Generalstreik auf; die Massen der Arbeiterschaft blieben von dieser nicht gerade ungewohnten Aufforderung unbewegt.
Daß es sich in Wahrheit um einen Wechsel der politischen Systeme handelte, bekam im Dritten Reich dann die KPD als erste Partei zu spüren. Schon bald nach der Machtergreifung ging die NSDAP daran, die Kommunisten rigoros zu unterdrücken und die KPD und andere kommunistische Organisation zu liquidieren. Der Brand des Reichstags diente hierfür als Signal.

Trotz des Terrors der Staatsorgane und der nationalsozialistischen Verbände erhielt die KPD bei den Reichstagswahlen im März 1933, den letzten Wahlen, bei denen noch mehrere Parteien auftreten konnten, 4,8 Millionen Stimmen. Aber 17,2 Millionen Wähler hatten für die NSDAP votiert; alle Machtmittel lagen in den Händen der Hitler-Regierung; mehr als 10000 kommunistische Funktionäre waren bereits verhaftet.
Dennoch hielt die KPD-Führung an ihrer Illusion fest, daß die Machtergreifung der Nationalsozialisten einen weiteren »revolutionären Aufschwung« bedeute und den Weg für den baldigen Übergang zu einem »Rätedeutschland« bereite. KPD und Kommunistische Internationale verkündeten, nun seien die Theorien des Sozialdemokratismus endlich widerlegt und forderten die Arbeiter auf, sich auf den bewaffneten Aufstand unter Anleitung der kommunistischen Partei vorzubereiten:
»... Die augenblickliche Stille nach dem Sieg des Faschismus ist nur eine vorübergehende Erscheinung. Der revolutionäre Aufschwung in Deutschland wird trotz des faschistischen Terrors unvermeidlich ansteigen. Die Abwehr der Massen gegen den Faschismus wird zwangsläufig zunehmen. Die Errichtung der offenen faschistischen Diktatur, die alle demokratischen Illusionen in den Massen zunichte macht und die Massen aus dem Einfluß der Sozialdemokratie befreit, beschleunigt das Tempo der Entwicklung Deutschlands zur proletarischen Revolution.
Es hat die Aufgabe der Kommunisten zu sein, die Massen darüber aufzuklären, daß die Hitler-Regierung das Land in eine Katastophe hineinreitet. Heute ist es nötig, den Massen mit größerer Energie denn je vor Augen zu halten, daß die einzige Rettung der werktätigen Massen vor noch größerem Elend und noch größerer Not, das einzige Mittel zur Verhütung der Katastrophe – die proletarische Revolution und die Diktatur des Proletariats ist. Es gilt, den Kampf zu führen um die Zusammenschweißung aller Kräfte des Proletariats und die Herstellung der Einheitsfront der sozialdemokratischen und der kommunistischen Arbeiter zum Kampf gegen die Klassenfeinde. Es gilt, die Partei zu festigen und alle Massenorganisationen des Proletariats zu verstärken, die Massen auf die entscheidenden revolutionären Kämpfe, auf den Sturz des Kapitalismus, auf den Sturz der faschistischen Diktatur durch den bewaffneten Aufstand vorzubereiten ...«
(Aus einer Erklärung des Exekutivkomitees der Kommunistischen Internationale vom 1.4.1933)

XV Arbeiterschaft und Arbeiterwiderstand unter dem faschistischen Staat

Als im Januar 1933 in Deutschland die Nationalsozialisten die Macht ergriffen, war ihnen – entgegen den in manchen Veröffentlichungen zum Thema auftauchenden Fehldarstellungen – ein erheblicher Einbruch in die Schicht der Industriearbeiter, zumindest der Beschäftigten, keineswegs gelungen und auch in den ersten Monaten nach der Machtergreifung, ja, in den ersten Jahren nach 1933, hat sich diese Tatsache grundlegend noch nicht gewandelt. Ein Beleg hierfür sind die Ergebnisse der Betriebsratswahlen unter dem NS-Regime: bei den Betriebsratswahlen im März 1933 (nach Reichstagsbrand und Ermächtigungsgesetz) erhielten die nationalsozialistischen und deutschnationalen Listen knapp 25 % der Stimmen der Arbeiter und Angestellten, wobei die Angestelltenschicht aufs stärkste nationalsozialistisch und deutschnational geprägt war, der NS-Stimmenanteil also offenbar großteils ihr zu verdanken war. Das Ergebnis der Betriebsvertrauensratswahlen im Jahre 1934 (nach der Zerschlagung der Freien Gewerkschaften und der Einsetzung der DAF) war für das NS-Regime so miserabel, daß eine statistische Zusammenfassung und Veröffentlichung nie erfolgte. Ab 1935 nahm dann die NS-Führung vom Experiment solcher Wahlen ganz Abstand.

Trotz dieses breiten dem NS-Regime widerstrebenden politischen Potentials hat der Nationalsozialismus späterhin weitgehend auch die Industriearbeiterschaft beherrschen und für seine Zwecke einspannen können, und zwar auf der Grundlage der Resignation der Mehrheit dieser zunächst NS-gegnerischen Schicht. Zwar hat es gleich von der Machtergreifung an zahllose Gruppen aus der Arbeiterschaft gegeben, die dem NS Widerstand leisteten, während aus anderen Schichten des Volkes noch jahrelang kaum eine breitere Opposition gegen das Regime zustandekam; zwar hat auch späterhin die Arbeiterschaft immer den größten Teil der Widerstandskämpfer gestellt (beides historische Fakten, die in vielen gängigen Schilderungen des Widerstandes gegen den NS zu kurz kommen oder ganz verschwiegen werden), aber die Masse der Arbeiter in Deutschland, auch derjenigen, die bis 1933 zur SPD oder KPD gestanden hatten, ließ sich im Laufe der Entwicklung des Dritten Reiches mehr oder weniger überzeugt in das NS-System integrieren. Ein wesentlicher Grund hierfür war die kollektive Erfah-

rung, daß vor und um 1933 die Arbeiterorganisationen vor ihrer geschichtlichen Aufgabe versagt hatten.
Gerade in den ersten Jahren der nationalsozialistischen Herrschaft ließ die NS-Führung es sich angelegen sein, auf demagogische Weise immer wieder den »Verrat« der alten Arbeiterparteien an den Interessen der Arbeiter einzuhämmern.
Zu gleicher Zeit war die Staatsführung bemüht, Traditionselemente der Arbeiterbewegung für die Propagandazwecke des NS umzubiegen. Bezeichnend hierfür ist etwa die Einführung des 1. Mai als Staatsfeiertag bzw. »Tag der nationalen Arbeit«; auf den NS-Maiplaketten prangten leicht umstilisiert Hammer und Sichel, und die SA-Kapellen spielten »Brüder zur Sonne, zur Freiheit«.

Abbau der Vertretungsrechte der Arbeiterschaft

Alle realen Vertretungsrechte der Arbeitnehmer aber, der Arbeiter wie der Angestellten, wurden Zug um Zug abgebaut.[1]
Das »Gesetz über die Betriebsvertretungen« vom 4. April 1933 schuf eine rechtliche Handhabe, um Betriebsräte, die »in staats- und wirtschaftsfeindlichem Sinne eingestellt« waren, aus den betrieblichen Vertretungsorganen zu entfernen und durch Nationalsozialisten zu ersetzen. Anfang Mai kam die Zwangsauflösung der Freien und die Selbstgleichschaltung der übrigen Gewerkschaften. Als scheinbarer Ersatz für die Gewerkschaften wurde wenige Tage später die »Deutsche Arbeits-Front« (DAF) unter Führung von Robert Ley etabliert. Diese übernahm das Vermögen der alten Gewerkschaften, ließ viele untere Gewerkschaftsfunktionäre zunächst weiter für sich arbeiten und täuschte die Verwirklichung der schon vor 1933 diskutierten Einheit aller Arbeitnehmerorganisationen vor. Am 19. Mai wurden Tarifautonomie, Streikrecht und bisheriges Schlichtungswesen beiseitegeräumt; das »Gesetz über die Treuhänder der Arbeit« unterwarf die Regelung von Lohn- und Arbeitsbedingungen den sogenannten »Treuhändern der Arbeit«, vom Staat eingesetzten Beamten; personell handelte es sich dabei durchweg um ehemalige juristische Berater der Arbeitgeberverbände. Die DAF, die immer noch einen gewerkschaftsähnlichen, also potentiell gefährlichen Charakter hatte, wurde ab Ende 1933 von einer Arbeitnehmerorganisation in einen Verband »aller Schaffenden« umgewandelt (d. h. auch die Unternehmer gehörten ihr nun an) und der Partei unterstellt. Zum Trost der Arbeitnehmer gründete die DAF gleichzeitig mit großer Propaganda eine Unterorganisa-

tion »Nach der Arbeit«, später in »Kraft durch Freude« umbenannt, die Arbeiter und Angestellte mit einem Standardprogramm der Freizeitindustrie bediente und den Massentourismus einführte. Die DAF kannte keine demokratische Entscheidungsstruktur mehr, sondern wurde nun nach dem Führer-Gefolgschaftsprinzip organisiert.
Die von der DAF verbreitete Ideologie der »Kampfgemeinschaft der deutschen Arbeit« hatte die Funktion, unter dem Anschein der gleichberechtigten Mitgliedschaft von Arbeitnehmern wie Arbeitgebern jede selbständige Artikulationsmöglichkeit der Interessen der Arbeiter und Angestellten auszuschließen.
Den Endpunkt dieser Entwicklung setzte das »Gesetz zur Ordnung der nationalen Arbeit« vom 20.1.1934. Es sollte den Arbeitnehmern das Weiterbestehen betrieblicher Interessenvertretungen vorspiegeln (»Vertrauensräte« an Stelle der Betriebsräte), faktisch aber der Partei und der Unternehmerschaft gemeinsam die absolute Kontrolle über die Beschäftigten verschaffen; das Vehikel hierfür war die Durchsetzung des »Führer-Gefolgschafts«-Prinzips nun auch für die innerbetrieblichen Verhältnisse:
»... § 1 Im Betriebe arbeiten der Unternehmer als Führer des Betriebes, die Angestellten und Arbeiter als Gefolgschaft gemeinsam zur Förderung der Betriebszwecke und zum gemeinsamen Nutzen von Volk und Staat.
§ 2 (1) Der Führer des Betriebes entscheidet der Gefolgschaft gegenüber in allen betrieblichen Angelegenheiten, soweit sie durch dieses Gesetz geregelt werden.
(2) Er hat für das Wohl der Gefolgschaft zu sorgen. Diese hat ihm die in der Betriebsgemeinschaft begründete Treue zu halten ...«
Innerbetrieblich war damit der Unternehmer Herr im Hause; den Einfluß des Staates sicherten die Treuhänder der Arbeit, die das Gesetz als zuständig für alle Konflikte und für die Überwachung der Vertrauensräte erklärte.
Die Vertrauensmännerwahlen wurden nur 1934 und 1935 durchgeführt; danach wurde die Besetzung dieser Positionen auf dem Verordnungswege verlängert bzw. über die DAF ergänzt oder korrigiert.
Alle diese Maßnahmen lagen im Interesse der Unternehmerschaft, die nun von jedem legalen oder organisierten Druck des sozialen Kontrahenten befreit war – wofür sie eine stärkere Regulierung der sozialen Beziehungen und der wirtschaftlichen Abläufe durch den NS-Staat in Kauf zu nehmen hatte.
Im Laufe der Jahre 1933/34 entledigte sich der NS-Staat auch seiner ohnehin schwachen inneren sozialen Opposition. SA und NSBO, die

am ehesten Elemente enthielten, die den sozialrevolutionären, auf Arbeiterinteressen sich beziehenden Anspruch der NS-Bewegung ernst genommen hatten, wurden ihrer relativen Eigenständigkeit beraubt und in reine Instrumente der Staats- und Parteiführung umgewandelt bzw. von »Wirrköpfen« gesäubert; den Schlußstrich zog hier die Mordaktion des 30. Juni 1934, die »Deutsche Bartholomäusnacht.« Die weitere Entwicklung der »nationalen Arbeit« war ideologisch und rechtlich durch eine immer stärkere Militarisierung geprägt. »Soldaten der Arbeit« schlugen nun »Arbeitsschlachten«; 1935 wurden der »Reichsarbeitsdienst« (sechsmonatige Dienstpflicht für männliche Jugendliche, später auf junge Frauen ausgedehnt) und ein allgemeines »Arbeitsbuch« eingeführt; für bestimmte Branchen wurde 1936 der Arbeitsplatzwechsel genehmigungspflichtig; 1938 schließlich wurde mit der Einführung der Arbeitsverpflichtung die freie Wahl des Arbeitsplatzes generell aufgehoben.

Dennoch wäre es falsch, zu meinen, der NS-Staat habe auf die sozialen Interessen der Arbeitnehmer keinerlei Rücksicht genommen; auch die spontane Vertretung von Interessen der Arbeiter und Angestellten hat sich im Dritten Reich, trotz aller Unterdrückung immer wieder untergründigen Ausdruck zu schaffen versucht.[2]

Die sozial-ökonomische Entwicklung unter dem Faschismus

Wenn das NS-System seine innergesellschaftlichen und vor allem seine auf äußere Expansion gerichteten Ziele erreichen wollte, war es auf Folgsamkeit und Loyalität der Massen der Arbeitnehmer angewiesen. Die NS-Führung war bewußt darauf aus, eine »zweite Novemberbewegung«, d. h. ein Aufbegehren der Arbeiterschaft in möglichen Kriegszeiten, von vornherein zu verhindern. Diesem Zweck dienten Unterdrückung, Terror und ideologische Integration; aber es war klar, daß solche Mittel nur dann wirksam sein konnten, wenn sie sich mit wirtschaftlich-sozialen Angeboten verbanden, vor allem mit Vollbeschäftigung und der Befriedigung der Grundbedürfnisse (ausreichende Ernährung, Wohnungsversorgung). Bis zum Kriegsende war der NS-Staat aufs äußerste bemüht, hier keinen Unruheherd entstehen zu lassen.
Entgegen der ihnen zugedachten Funktion wurden auch die betrieblichen Vertrauensräte und die DAF mitunter von Arbeitnehmern genutzt, um gegen unannehmbare Arbeitsbedingungen oder Benachteiligungen anzugehen; in gewissem Umfange entwickelte die soziale

Demagogie des NS-Staates auch eine Art Eigendynamik, zum Verdruß mancher Einzelkapitalisten, aber vermutlich durchaus zum Nutzen der Stabilität des Gesamtsystems.

Wenn die Entwicklung der Lage der abhängig Arbeitenden im Dritten Reich in vielen linken Darstellungen so charakterisiert wird, daß hier verschärfte Ausbeutung passiert sei, dann ist dies einerseits richtig, weil in der Tat nach 1933 bei immens gesteigertem Arbeitsaufwand der Arbeitnehmerschaft insgesamt die Lohnquote, also der Anteil der Löhne und Gehälter am Volkseinkommen, kontinuierlich abnahm, während die Gewinnquote der Großunternehmen steil anstieg. Die Lohnquote lag 1933 bei 63 %, 1938 bei 57 % des Volkseinkommens; die Durchschnittsdividende der Aktiengesellschaften hingegen erhöhte sich im gleichen Zeitraum von 2,9 auf 6,4 %. Auch das durchschnittliche Lohnniveau der Beschäftigten bei Ansetzung einer Normalarbeitszeit stieg, gemessen an den Ausgangsbedingungen um 1933, keineswegs an.

Das ist aber nur die eine Seite; auf der anderen ergibt sich ein Bild, das man auch zur Kenntnis nehmen muß, wenn man die Geschichte der Arbeiter und Angestellten unter dem NS wirklich verstehen will: Durch Abbau der Arbeitslosigkeit, durch Wegfall von Kurzarbeit, durch Überstunden und Einbeziehung zusätzlicher Kräfte in den Arbeitsprozeß (höherer Anteil an Frauenarbeit) erhöhten sich die Realeinkommen der meisten Arbeitnehmerfamilien, zum Teil auch die der einzelnen Arbeiter und Angestellten. Nach den Jahren der Krise konnten viele Arbeitnehmerfamilien nun überhaupt erst einmal wieder einen erträglichen Lebensstandard erreichen – und sie hatten keine Sorge mehr um ihren Arbeitsplatz.

Entscheidend aber war, daß im Dritten Reich die Vollbeschäftigung erreicht werden konnte:

Arbeitslose 1933-1939 in Millionen

1933	4,8	1937	0,9
1934	2,7	1938	0,4
1935	2,2	1939	0,1
1936	1,6		

Bei zunehmender Arbeitskräfteknappheit konnte in bestimmten Branchen auch, trotz des staatlichen Lohnstops, ein übertariflicher Mehrlohn herausgeholt werden; außerdem wurden vielfach die täglichen Arbeitszeiten verlängert.

Die Parallelität des Weges zur Vollbeschäftigung mit der Aufrüstung ergibt sich aus den folgenden Zahlen:

Volkseinkommen und Rüstungsausgaben, 1933 bis 1938
(Milliarden Mark)

Jahr	Volkseinkommen	Rüstungs- und kriegsausgaben	Rüstungs- und Kriegsausgaben in Prozent des Volkseinkommens
1933	46^1/$_2$	3^1/$_2$	7
1934	53	5^1/$_2$	10
1935	59	9^1/$_2$	16
1936	66	13^1/$_2$	21
1937	74	16^1/$_2$	22
1938	82	26^1/$_2$	32

(Angaben nach J. Kuczynski)

Die Normalisierung, die das Dritte Reich für Beschäftigung und Lebensstandard großer Teile der Arbeitnehmerschaft mit sich brachte, ließ auch die Agitation der illegalen Gruppen oder der Emigranten, soweit sie die »wirtschaftliche Unfähigkeit« des NS-Staates in den Mittelpunkt stellte, bei der Masse der Arbeiter und Angestellten ins Leere laufen.[3]

Bewußtsein und Zusammensetzung der Arbeitnehmerschaft

Zwei Erfahrungen waren es also im wesentlichen, die auch die Industriearbeiterschaft, also das traditionelle Potential der Arbeiterbewegung, in ihrer Mehrheit zur Einpassung in das NS-System führten: Die negative Erfahrung mit den alten Arbeiterparteien, die Enttäuschung über deren Ohnmacht gegenüber Krise und faschistischer Machtergreifung, und die positive Erfahrung, daß das Dritte Reich in der Lage war, Arbeit für alle zu schaffen.

Hinzu kam, daß sich in den Jahren nach 1933 eine erneute Umschichtung in der Arbeitnehmerschaft vollzog, die es zunehmend schwieriger machte, an die Traditionen und die Bewußtseinslage der sozialdemokratisch und kommunistisch geprägten Arbeiterschaft vor 1933 anzuknüpfen.

Entgegen den propagandistischen Leitbildern der NS-Bewegung, die vorindustriell-ständisch, antimonopolistisch-handwerklich und auf »Blut und Boden« ausgerichtet waren, wurde die tatsächliche wirtschaftlich-soziale Entwicklung im Dritten Reich durch eine forcierte Industrialisierung und Verstädterung, durch beschleunigte Konzentration des Kapitals und das hieß auch: durch weiteren Abbau der wirtschaftlich Selbständigen beherrscht. Vielleicht war diese verschärfte Durchsetzung des Industriekapitalismus emotional gerade deshalb leichter erträglich, weil sie sich mit einer »anti-industriellkapitalistischen« Ideologie verband und als »Wehrhaftmachung der Nation« begriffen wurde. Für die Sozialstruktur bedeuteten diese Vorgänge den Zustrom bisheriger Handwerker, Händler und kleiner Bauern (bzw. ihrer nachwachsenden Generation) in die Majorität der abhängig Beschäftigten. Durch den massiven Ausbau des »Öffentlichen Dienstes« im weitesten Sinne, also einschließlich des Militärs und der Positionen in den NS-Verbänden und parastaatlichen Institutionen, der im Dritten Reich sowohl durch die Aufrüstung als auch durch die spezifische Staats- und Herrschaftsform bedingt war, boten sich berufliche Möglichkeiten an, die für ehemals wirtschaftlich Selbständige keineswegs als Deklassierung erschienen und die auch denjenigen, die aus pauperisierten Teilen der Arbeiter- und privaten Angestelltenschaft hierher überwechselten, das Gefühl eines sozialen Aufstiegs vermittelten. Berufspositionen im »Öffentlichen Dienst« waren aber insgesamt durch hierarchische Status- und Aufstiegsmuster geprägt, was die Differenzierungen innerhalb der abhängig Beschäftigten verstärkte und zu einem sozialen Bewußtsein beitrug, das nicht auf solidarisches Verhalten oder kollektive Vertretung der eigenen Interessen hinauslief. Intensivere Abstufungen der Lohngruppen und ausgedehnte Prämiensysteme in der industriellen Arbeit wirkten in dieselbe Richtung.

Zusammensetzung und Bewußtseinslage der Arbeitnehmerschaft wurden im Dritten Reich noch durch andere Faktoren verändert: der Anteil der Frauenarbeit in der Industrie und im Dienstleistungssektor stieg an; größere Teile der männlichen Arbeitnehmerschaft wurden ganz oder zeitweise dem produktiven und betrieblichen Sozialzusammenhang entzogen und in militärische oder paramilitärische Formen des Zusammenlebens und der sozialen Erfahrung eingeordnet, vor allem durch Arbeitsdienst- und Wehrpflicht; die junge Generation der Arbeiterschaft, die jetzt nachrückte, hatte kaum noch die organisierte Arbeiterbewegung in ihrer »normalen« Verfassung erlebt.

Alle Versuche, durch illegale Fortsetzung der Arbeiterorganisationen im Inland oder durch Agitation aus der Emigration heraus an die überlieferten Denkweisen und Verhaltensformen der Arbeiterbewegung anzuknüpfen, mußten unter diesen Umständen auf größte Schwierigkeiten stoßen.⁴

Bedingungen und Perspektiven illegaler Arbeiterbewegung

Weder die KPD noch die SPD und die Freien Gewerkschaften waren 1933 auf die rigorose Repression im faschistischen Staat und die Notwendigkeit der Untergrundtätigkeit wirklich vorbereitet gewesen. Die Sozialdemokraten versuchten, nachdem der erste Schock verwunden war, im wesentlichen auf zwei Wegen, einiges von ihrem alten Potential politisch und kommunikativ zusammenzuhalten: Einerseits bildeten sich im Inland lockere, nicht auf unmittelbare politische Aktion eingestellte Kontaktzusammenhänge von »Ehemaligen«; andererseits bemühte sich die sozialdemokratische Auslandsorganisation, durch Verbreitung von Aufklärungsmaterial, das in den Emigrationsländern hergestellt und heimlich nach Deutschland hinein gebracht wurde, sozialdemokratische Diskussions- und Lesezirkel zu bilden; hieraus entwickelten sich auch immer wieder neue aktive, illegale Gruppen. Unter den besonderen Bedingungen der Unterdrückung und Verfolgung durch den faschistischen Staat gewannen vor 1933 bereits bestehende (SAP; Internationaler Sozialistischer Kampfbund-ISK) oder nach 1933 neu gebildete (Gruppe Neu-Beginnen; »Revolutionäre Sozialisten«) linkssozialistische oder linkssozialdemokratische Sonderorganisationen für den aktiv eingestellten Teil der Opposition einen größeren Stellenwert als die unmittelbaren illegalen Fortsetzungen der SPD; dabei kam ihnen – wie auch auf der kommunistischen Seite den illegalen Ausläufern der KPO – zugute, daß sie schon in ihrer Existenz vor 1933 dem Zugriff der Staatsorgane nicht ganz so leicht unterlagen wie die öffentlich eher bekannten Funktionärskreise der SPD oder der KPD.

In den ersten Jahren nach 1933 entwickelten sich die illegalen und die Emigrations-Gruppen der Sozialdemokratie programmatisch weiter nach links hin. Bezeichnend ist hier eine Deklamation des Emigrationsvorstandes der SPD aus dem Jahre 1934:

»... Im schweren, opferreichen, leidenschaftlichen Ringen um den Sturz der Diktatur erfüllt sich die Arbeiterbewegung mit radikalem, kompromißlosen Geist. Der politische Umschwung von 1918 vollzog sich am Abschluß einer konterrevolutionären Entwicklung, die durch den Krieg und die nationalistische Aufpeitschung der Volksmassen be-

dingt war. Nicht durch den organisierten, vorbereiteten, gewollten revolutionären Kampf der Arbeiterklasse, sondern durch die Niederlage auf den Schlachtfeldern wurde das kaiserliche Regime beseitigt. Die Sozialdemokratie als einzig intakt gebliebene organisierte Macht übernahm ohne Widerstand die Staatsführung, in die sie sich von vornherein mit den bürgerlichen Parteien, mit der alten Bürokratie, ja mit dem reorganisierten militärischen Apparat teilt. Daß sie den alten Staatsapparat fast unverändert übernahm, war der schwere historische Fehler, den die während des Krieges desorientierte deutsche Arbeiterbewegung beging.
Die neue Situation schließt jede Wiederholung aus.
Die Niederwerfung des nationalsozialistischen Feindes durch die revolutionären Massen schafft eine starke revolutionäre Regierung, getragen von der revolutionären Massenpartei der Arbeiterschaft, die sie kontrolliert. Die erste und die oberste Aufgabe dieser Regierung ist es, die Staatsmacht für die siegreiche Revolution zu sichern, die Wurzeln jeder Widerstandsmöglichkeit auszureißen, den Staatsapparat in ein Herrschaftsinstrument der Volksmassen zu verwandeln.
Der revolutionären Regierung obliegt deshalb die sofortige Durchführung einschneidender politischer und sozialer Maßnahmen zur dauernden völligen Entmachtung des besiegten Gegners ... Erst nach der Sicherung der revolutionären Macht und nach restloser Zerstörung der kapitalistisch-feudalen und politischen Machtpositionen der Gegenrevolution beginnt der Aufbau des freien Staatswesens mit der Einberufung einer Volksvertretung ...«
Dieses »Prager Manifest«, in der linken Geschichtsschreibung der Arbeiterbewegung oft als Wende der SPD zur Radikalität hin gefeiert, ist bei näherer Betrachtung ein teils fragwürdiges Dokument. Zwar wurden hier historische Versäumnisse der eigenen Partei beim Namen genannt, aber in seinen aktuellen Wendungen verbreitete der Text zweifellos illusionäre Hoffnungen, wenn er von der Möglichkeit einer Zerschlagung des NS-Systems durch »die revolutionären Massen« ausging. Das ganze Ausmaß der eigenen Niederlage hatte die Emigrations-SPD offenbar immer noch nicht erkannt.
Die politischen Entwicklungen, Differenzen oder neuen Vereinigungen im Feld der sozialdemokratisch-linkssozialistischen Emigrantengruppen sollen hier nicht weiter betrachtet werden; sie sind nicht Thema dieses Buches, ebensowenig wie die Geschichte der KPD, der ihr nahestehenden Organisationen und ihrer Bündnispolitik in der Emigration. Auch die Versuche vor allem der KPD und einiger linkssozialistischer Organisationen, vom Ausland her und durch Ein-

schleusen Illegaler nach Deutschland hinein eine feste und einheitliche Kommunikations- und Aktionsstruktur für das Ausland wie für das Inland herzustellen (Versuche, die bei der KPD auch im Kriege noch gemacht wurden und große Verluste nach sich zogen), können hier nicht geschildert werden.
Festzuhalten ist aber, daß auch die KPD einige Zeit nach der NS-Machtergreifung zur Einsicht in Fehler ihrer Politik vor 1933 gelangte, wobei politische Kursänderungen der Kommunistischen Internationale und der Führung der Sowjetunion (hin zur »Volksfront« als Abwehrbündnis gegenüber dem Faschismus und den Expansionsabsichten Hitler-Deutschlands) eine wichtige Rolle spielten. Die Selbstkritik der KPD an ihrem politischen Verhalten gegen Ende der Weimarer Republik wurde programmatisch fixiert auf einer Parteikonferenz 1935; hier in der Argumentation von Wilhelm Pieck, dem Repräsentanten der Partei nach der Inhaftnahme Thälmanns:
»... Eine Taktik, die zu einer bestimmten Zeit richtig war, wurde auch dann fortgesetzt, als die Bedingungen des Kampfes andere wurden. Wir richteten unseren Hauptangriff gegen die Sozialdemokratie noch in einer Zeit, in der wir den Hauptangriff gegen die faschistische Bewegung hätten richten müssen.
Wir haben mit unserem Hauptangriff gegen die Sozialdemokratie zu der Zeit, als die Taktik richtig war, als in den Stabilisierungsjahren die sozialdemokratischen Illusionen der Wirtschaftsdemokratie und des organisierten Kapitalismus die Arbeiterhirne verkleisterten und die Arbeiter vom Kampfe zurückhielten, große Erfolge erzielt ...
Auch unser Kampf gegen die Weimarer Republik, gegen die bürgerliche Demokratie war absolut notwendig und richtig, weil sie nicht nur die ganze deutsche Konterrevolution um sich scharte, sondern weil von ihr aus die schwersten Angriffe gegen die Arbeiterklasse gerichtet wurden. Wir haben mit dieser unserer Taktik gegen die Sozialdemokratie und gegen die Weimarer Republik in dieser Zeit das volle Verständnis großer Teile der deutschen Arbeiterklasse gefunden, wodurch die KPD zu einer Massenpartei wurde.
Aber die Mehrheit der deutschen Arbeiterklasse leistete der Sozialdemokratie Gefolgschaft und setzte ihre Hoffnungen auf die bürgerliche Demokratie, auf die Koalitionspolitik der Sozialdemokratie. Die faschistische Bewegung schwoll indessen mächtig an und bedrohte alle Rechte und Freiheiten der Arbeiterklasse. Das hätte uns zur Änderung der Richtung unseres Hauptstoßes veranlassen müssen. Das Anwachsen der faschistischen Gefahr wurde jedoch von uns unterschätzt ...
... Es fehlte die Linie auf ein Herantreten an die sozialdemokratischen

Organisationen, es überwog mehr der Versuch zur Gewinnung der sozialdemokratischen Arbeiter für die Partei. Vor allem verhinderte aber das in der Partei tief eingewurzelte Sektierertum ein wirklich ernstes Herangehen an die sozialdemokratische Arbeiterschaft, um die Einheitsfront zustande zu bringen oder wenigstens Verständnis bei ihnen für die Losungen und die Politik der Partei zu erwecken ...«
(W. Pieck auf der sog. »Brüsseler Konferenz« der KPD, 1935)
Näher zu prüfen wäre, ob die Reflexion eigener politischer Fehler hier nicht zu sehr auf einer taktischen Ebene verblieb; ein Abrücken von der »Revolutionsstrategie« der KPD in der Weimarer Republik, also ihrer illusionären Erwartung, per Aufstand ein »Sowjetdeutschland« erreichen zu können, war jedenfalls nicht zu erkennen.

Formen des Arbeiterwiderstandes

Im Inland stellten unmittelbar nach 1933 die Kommunisten das größte Potential an Widerstandskämpfern. Zehntausende von ihnen wurden wegen aktiver illegaler politischer Arbeit in der Anfangsphase des Dritten Reiches verhaftet, verurteilt, in die Zuchthäuser und Konzentrationslager gebracht; viele von ihnen kamen nicht mit dem Leben davon. Die Widerstandsformen der Kommunisten in den Jahren 1933-1935 waren durch einen revolutionären Heroismus geprägt, dem allerdings weitgehend eine politische Fehleinschätzung zugrunde lag, nämlich die, daß das NS-System im direkten Wege und in kurzer Frist zerschlagen werden könne. Auch Linkssozialisten und junge Sozialdemokraten hofften zu dieser Zeit noch auf einen raschen Zusammenbruch des Dritten Reiches.
Um 1936 war der aktive Widerstand, getragen vor allem von den Kommunisten, im wörtlichen Sinne ausgeblutet. Die bisherigen Widerstandsformen waren dem Gegner, nämlich einem brutalen und zugleich in der Überwachung und Verfolgung perfektionierten Diktaturstaat, nicht angemessen und man verlor auch den Anschluß an die soziale Entwicklung und Mentalität der Masse der Arbeiterschaft.
In den Jahren bis zum Kriege wurde nun von den kommunistischen und sozialistischen Widerstandszirkeln versucht, die eigenen Kräfte nicht völlig aufreiben zu lassen und die politische Aufklärungsarbeit von der öffentlichen Demonstration auf die indirekte, stärker an soziale Interessen anknüpfende Aktivität in den Zwangsorganisationen des Dritten Reiches (DAF, Arbeitsdienst, Hitlerjugend) zu verlagern, also auf eine Taktik des »Trojanischen Pferdes«.

Auf der Seite der illegalen Gewerkschafter konnten Organisationsversuche bei Eisenbahnern, Transport- und Hafenarbeitern und Seeleuten, die sich auf die Hilfe der »Internationalen Transportarbeiter-Föderation« stützten und, gewissermaßen syndikalistisch vorgingen, von den parteipolitischen illegalen Gruppen wie von den Emigrationsrepräsentanten der alten Freien Gewerkschaften gleichermaßen Abstand hielten, zeitweise erheblichen Erfolg erzielen.

Der Krieg und die weitere Entwicklung der Arbeitnehmerschaft während der Kriegsjahre brachten für die Opposition gegen den Faschismus neue, in sich recht widersprüchliche Bedingungen hervor.

Die Arbeiterschaft und der Krieg

Anders als 1914 weckte der Kriegsausbruch bei der Masse der Arbeiter und Angestellten keineswegs Begeisterung. Die direkte oder überlieferte Erfahrung der Not und der Niederlage im Ersten Weltkrieg hatte wohl eher die dumpfe Ahnung zur Folge, daß es auch diesmal die Millionen von kleinen Leuten sein würden, die am Ende die Verlierer sein könnten. Die Warnung der Arbeiterbewegung vor 1933 und der Illegalen, daß der Erfolg Hitlers notwendig in den Krieg hineinführe, war bestätigt; und so erhielt die Opposition gegen den NS-Staat neuen Boden in der Arbeiterschaft, auch schon zu Zeiten, als die militärische Niederlage sich noch nicht abzeichnete. Einen zusätzlichen Herd von Widerstreben bildete die Masse der »Fremdarbeiter« und Kriegsgefangenen, die nun zur Tätigkeit in der deutschen Industrie gezwungen wurden und schließlich etwa ein Viertel der Gesamtarbeiterschaft ausmachten. Andererseits wurde durch die Rekrutierung von Millionen von Männern zum Militär die noch vorhandene Kommunikationsstruktur in der Arbeiterschaft weitgehend aufgelöst; Arbeitskräfte in der Industrie wurden hin- und herverlagert, Frauen rückten in bisher von Männern besetzte Stellen ein; das Gefühl eines gemeinsamen Interesses zwischen ausländischen Zwangsarbeitern und deutschen Arbeitskräften konnte aus den verschiedensten Gründen sich nur schwer entwickeln. Hinzu kam ein eigentümlicher sozialpsychischer Vorgang: Die Masse der Arbeiter und Angestellten, die ja beim Militär und auch in der Heimat sehr wohl zu sehen bekam, in welch systematische Unmenschlichkeit gegenüber fremden Völkern und eigenen Minderheiten der NS-Staat sich hineinsteigerte, wurde mehr und mehr von der Befürchtung bestimmt, daß sie – ob schuldhaft oder wider ihren Willen – in eine Verantwortlichkeit verstrickt war, die bei einer Niederlage des

LANDSLEUTE

HITLER TREIBT DEUTSCHLAND IN CHAOS UND UNTERGANG

NUR HITLERS STURZ IST

DEUTSCHLANDS RETTUNG

Klebezettel einer illegalen Gruppe aus der Arbeiterbewegung 1944

Dritten Reiches das Schlimmste erwarten ließ. Die Durchhalteparolen des NS-Staates knüpften an solche Gefühle an, die auch bei Arbeitern verbreitet waren, die keineswegs NS-Aktivisten waren.

Unter diesen Umständen gelang den zerstreuten Resten der illegalen Arbeiteropposition, die vor allem in den industriellen Zentren nach wie vor existierten, während des Krieges zwar eine erhebliche Ausweitung ihrer Gruppenbildung und ihrer Aktivität, aber es kam nicht zu einer oppositionellen Massenbewegung wie in der zweiten Hälfte des Ersten Weltkrieges, wobei sicherlich auch die ungleich brutaleren Methoden der Unterdrückung eine der Ursachen hierfür bildeten.

Den größten Anteil an solchen Widerstandsgruppen in den Kriegsjahren stellten wiederum die Kommunisten oder Arbeiter anderer politischer Herkunft, die sich zur Zusammenarbeit mit Kommunisten entschlossen hatten.

Die folgenden Zahlen, ausschnitthaft der offiziellen Statistik der NS-Organe entnommen, geben einen Einblick in die typischen Schwerpunkte der organisierten Opposition, für die Kriegszeit auch in die Aufteilung zwischen deutschen und ausländischen Antifaschisten:

Verhaftungen von deutschen Antifaschisten,
Januar 1938 - Mai 1939, nach politischen Richtungen

	insgesamt	KPD	SPD	SAP	andere Hitlergegner
Januar 1938	562	496	42	3	21
Februar 1938	470	386	61	1	22
März 1938	555	303	90	—	162
September 1938	611	326	45	14	226
Oktober 1938	1 630	683	83	19	845
November 1938	527	276	55	5	191
Dezember 1938	416	256	36	1	123
April 1939	357	223	35	2	97
Mai 1939	478	263	51	4	160

Die Zahl der Hinrichtungen wegen politischer Opposition steigerte sich in den Kriegsjahren extrem; insgesamt liegt die Zahl der »amtlich erfaßten« und ausgeführten Todesurteile für politische Oppositionelle im Dritten Reich bei etwa 25 000; dabei sind unberücksichtigt diejenigen, die in den KZ's zu Tode gebracht wurden.

*Verhaftungen von Antifaschisten in Deutschland
(deutschen und ausländischen) April bis Juni 1944*

	April		Mai		Juni	
	Insg.	Ausl.	Insg.	Ausl.	Insg.	Ausl.
Kommun., Marxismus	1 387	906	2 188	1 558	1 478	865
Konserv. Opposition	529	235	567	246	723	324
Kath. Kirchenbewegung	71	42	41	17	37	17
Ev. Kirchenbewegung	5	—	6	1	7	—
Sekten	147	49	63	9	78	27
Juden	453	137	331	92	533	148
»Heimtück.« Angel.	1 665	628	1 913	709	2 498	913
Wirtschafts-Angel.	618	489	1 218	956	826	566

(nach G. Weisenborn)[5]

Bei den Hingerichteten und Ermordeten handelte es sich der großen Majorität nach um Arbeiter, darunter wieder mehrheitlich um Kommunisten.
Diese Hinweise darauf, daß der aktive Widerstand gegen das NS-System von 1933 an bis zum Kriegsende trotz allen Terrors nie auszurotten war und der sozialen bzw. politischen Herkunft nach vor allem von der Arbeiterschaft bzw. illegalen Fortsetzungen der Arbeiterbewegung getragen wurde, sind deshalb wichtig, weil in der öffentlichen Meinung heute (und mitunter auch in der »veröffentlichten Meinung«) noch immer die Vorstellung verbreitet ist, daß die Kreise und Aktivitäten um den 20. Juli 1944 herum die erste und einzige Widerstandsbewegung im Dritten Reich gewesen seien. Mit dieser unzutreffenden Version verbindet sich dann auch leicht der ebenso falsche Eindruck, daß aktive Opposition gegen den NS-Staat erst in Gang gekommen sei, als die militärische Lage schon nicht mehr zugunsten Deutschlands stand – und daß Widerstand sozusagen ein Privileg von Oberschichtenangehörigen oder ehemals prominenten Politikern gewesen sei (die ja beim 20. Juli überwogen). Jeder Blick in die Gestapoarchive und Gerichtsakten des Dritten Reiches widerlegt diese Annahmen.
Die sozial- und wirtschaftspolitischen Auffassungen vieler konservativer Oppositioneller, wie sie vor allem am 20. Juli beteiligt waren, entsprachen übrigens ganz und gar nicht den Positionen des Arbeiterwiderstandes, gleich welcher Richtung. Das wird auch aus Planungen des Kreises um Beck und Goerdeler ersichtlich, die auf einen korporativen Staat hinausliefen – ohne freie Gewerkschaften.

»Volksopposition« gegen den alltäglichen Faschismus

Eine ganz andere Form der Arbeiteropposition (oder der Opposition der »kleinen Leute« überhaupt) als die der illegalen kommunistischen und sozialistischen Gruppen war das spontane, nicht organisierte Aufbegehren gegen den alltäglichen Faschismus, wie es vor allem im Krieg breite Ausmaße annahm und sich in kritischen Äußerungen über die NS-Führung und über die Erfolgsaussichten des Krieges, im Abhören ausländischer Sender, in der versteckten oder offenen Arbeitsverweigerung, in freundschaftlichen Kontakten zu »Fremdarbeitern« und ähnlichem mehr Ausdruck verschaffte.

Die Zehntausende von Arbeitern und Angestellten, die wegen »Heimtücke«, »Wirtschaftsvergehen«, »Feindbegünstigung«, »Zersetzung der Wehrkraft« usw. verhaftet, verurteilt und oft mit der Todesstrafe belegt wurden, waren keine »politischen Widerstandskämpfer« in einem »ideologischen« Sinne. Manchmal spielten Erinnerungen an die freie Arbeiterbewegung vor 1933 eine Rolle, aber das leitende Motiv war meist der simple Zorn über das sinnlose Menschenopfer im Krieg, über die Arbeitshetze, mit der die NS-Führung ihre Überlebenschance verbessern wollte, über die »Untermenschen«-Behandlung, die das System »Fremdarbeitern« angedeihen ließ, über die ständigen Schikanen eines totalitären Regimes. Auch die Durchhalteparolen büßten in der Arbeiterschaft allmählich an Wirksamkeit ein – schlimmer als im »totalen Krieg« konnte es wohl nicht mehr werden.

Mit der im Kriege sich langsam ausbreitenden Volksopposition der angedeuteten Art fanden die illegalen organisierten Gruppen nur selten einen Zusammenhang – anders als zwischen 1916 und 1918. Die Gründe dafür sind schon skizziert worden. Immerhin gab es mit dem Fortgang des Krieges zunehmend Querverbindungen zu einer spontanen, aber locker gruppierten Oppositionsströmung innerhalb der arbeitenden Jugend, die in den industriellen Zentren, vor allem im Rhein-Ruhrgebiet in die Breite wuchs und für die Organe des NS-Staates zu einem Problem wurde, dessen sie nicht mehr Herr werden konnte.[6]

Das Ende des Faschismus – »Revolution von außen«

Weder die Widerstandsgruppen noch die Volksopposition in Deutschland waren kräftig genug, um die Macht des NS-Staates von innen her zu brechen. Nicht die »revolutionären Massen« – wie die Arbeiterparteien nach 1933 noch gehofft hatten – waren es, die dem deutschen Faschismus ein Ende machten, sondern die »Revolution von außen her«, die militärische Niederlage und die Besetzung Deutschlands durch die Alliierten.

Die politischen Perspektiven der sozialistischen und kommunistischen Opposition in Deutschland, soweit sie die Jahre des Terrors hatte überleben können, werden exemplarisch deutlich im »Manifest der demokratischen Sozialisten«, das sozialdemokratische, linkssozialistische und kommunistische Häftlinge des Konzentrationslagers Buchenwald am 13. April 1945 beschlossen.

Das Buchenwalder Manifest war bestimmt durch die Erwartung, daß nun, nach dem Zusammenbruch des Faschismus, die historische Stunde der Arbeiterbewegung in Deutschland endlich gekommen sei; die Überwindung des »Bruderkampfes« innerhalb der sozialistisch-kommunistischen Organisationen sollte nach den bitteren Erfahrungen der Vergangenheit die selbstverständliche Konsequenz sein; die kapitalistische Wirtschaftsordnung schien mit dem Faschismus zugleich zumindest in Deutschland ein für allemal diskreditiert; das Kriegsbündnis von Ost und West gegen den NS-Staat mochte auch auf der Ebene der internationalen Politik Gewähr dafür bieten, daß im befreiten Deutschland eine neue, sozialistische Gesellschaftsverfassung eingerichtet werden könnte.

Die reale politische und soziale Entwicklung verlief nach 1945 ganz anders, als die Buchenwalder und viele andere Überlebende der Arbeiterbewegung es erwarteten – und zwar in mehrfacher Hinsicht.

XVI Arbeiterbewegung in Westdeutschland nach dem Zweiten Weltkrieg – das Scheitern des Antikapitalismus

Die Geschichte der Arbeiterbewegung in den westlichen Besatzungszonen Deutschlands nach der Niederlage des Faschismus hat lange Zeit hindurch bei den professionellen Historikern der Bundesrepublik kaum sonderliche Aufmerksamkeit gefunden. Die Beschäftigung mit dieser Phase der Entwicklung der politischen Verhältnisse der eigenen Gesellschaft war zumeist auf deutschland- oder außenpolitische Fragen konzentriert; gesellschaftspolitische Aspekte hingegen, das Verhältnis der sozialen Klassen zueinander, die Bewegungen innerhalb der Arbeiterschaft und die Rekonstruktion der Arbeiterorganisationen schienen für diesen Zeitraum keine Interpretationsprobleme aufzuwerfen. Dem historischen Bewußtsein oder dem Bewußtsein der Historiker nach ergab sich der Eindruck, daß die Entwicklung der Arbeiterbewegung in Westdeutschland zwischen 1945 und 1949 geradenwegs in jene Strukturen und Orientierungen hineingeführt habe, wie sie ab Mitte der 50er Jahre für die parteipolitische Linke und die Gewerkschaften in der Bundesrepublik als charakteristisch gelten konnten. In der Geschichtswissenschaft der DDR allerdings wurde der Thematik großes Gewicht zugemessen. Auch hier aber erschien die Geschichte der Arbeiterbewegung im Nachkriegsdeutschland durchweg als gradlinig, wenn auch in umgekehrter politischer Wertung: Nach Auffassung der DDR-Historiker drängte die eigenständige Entwicklung der organisierten Arbeiterschaft in allen Besatzungszonen konsequent zu jener politisch-staatlichen Konzeption, wie sie in der SED und der Gesellschaft der DDR ihre »Erfüllung« fand – in den Westzonen lediglich durch den Eingriff der Besatzungsmächte und den »Opportunismus« der »rechten Führung« der SPD durchkreuzt.
Es ist wohl nicht zuletzt den Impulsen der Studentenbewegung und der ihr korrespondierenden Neuen Linken zu verdanken, daß dieserart Betrachtung der Geschichte der deutschen bzw. westdeutschen Arbeiterbewegung nach 1945 dann in den Jahren um 1969/1970 erste Korrekturen erfuhr. Was die Einschätzung der gesellschaftspolitischen Konstellation angeht, so blieben diese neuen Arbeiten vielfach noch bei bereits eingeführten Interpretationsmustern. Die Situation unmittelbar nach dem Zusammenbruch des Faschismus wurde, der Formel

von der »Stunde Null« folgend, als politisch-ökonomisches Vakuum verstanden, das diese wie jene Richtungsentscheidung zugelassen hätte, und die Frage war dann, welche Faktoren nach 1945 dafür verantwortlich zu machen seien, daß die »Restauration«, also die Wiederherstellung einer kapitalistischen Ökonomie bürgerlicher staatlicher Provenienz, sich in Westdeutschland durchsetzen konnte. Bei der Beantwortung dieser Frage wurde, insoweit mit der DDR-Geschichtswissenschaft übereinstimmend, der Intervention der westlichen Besatzungspolitik (speziell derjenigen der USA) die ausschlaggebende Rolle beim historischen Prozeß der »verhinderten Neuordnung« bzw. des »erzwungenen Kapitalismus« zugeschrieben; ebenso wurde die Politik der Führungsgruppen von SPD und Gewerkschaften als zumindest objektiv der Restauration Beihilfe leistend interpretiert, als verantwortlich dafür, daß eine »revolutionäre Chance« verpaßt worden sei. Im Gegensatz zu den DDR-Historikern ließen die Autoren dieser Studien aber die Politik der KPD bzw. SED und die dahinter erkennbaren Konzeptionen der sowjetischen Deutschlandpolitik nicht ohne Kritik, und zumindest ansatzweise wurde auch die Annahme einer entschieden »antikapitalistischen« Grundorientierung in der Gesamtbevölkerung oder der Arbeiterschaft in Frage gestellt. – Solche Fragen und Erklärungsversuche sind weiter zu entfalten. Bot die Geschichte der Arbeiterbewegung in unserem Land und nach dem Ende des Faschismus andere Möglichkeiten als die dann verwirklichten?

Nach 1945 – Chancen für eine »neue« Arbeiterbewegung?

Will man »historische Alternativen« zur Realentwicklung der Arbeiterbewegung in Westdeutschland 1945-1949 herausfinden, so lassen sich methodisch drei Ebenen unterscheiden: 1. Gab es unmittelbar nach 1945 Ansätze und Chancen für eine alternative Strukturform von Arbeiterbewegung – alternativ gegenüber der herkömmlichen und »arbeitsteiligen« Organisation in parlamentarisch operierenden Parteien und tarifpolitisch wirkenden Gewerkschaften? 2. Gab es, hiervon abgesehen, Konzeptionen und Möglichkeiten einer – gemessen an der Konstellation vor 1933 – alternativen parteipolitischen Gruppierung (»einheitliche Arbeiterpartei«), analog zur Herausbildung der »Einheitsgewerkschaft«? 3. Gab es unter den dann zustandegekommenen organisatorischen und strukturellen Bedingungen von Arbeiterbewegung einen historischen »Spielraum« für alternative gesellschaftspolitische Entscheidungen und Kräfteverhältnisse (gemessen an der tatsächlichen Entwicklung) zugunsten der sozialökonomischen Interessen der »arbeitsorientierten« gegenüber der »kapitalorientierten« Seite?

Die zuerst genannte Frage hat ihren historischen Anhaltspunkt in der Existenz von lokalen oder betrieblichen »Antifaschistischen Ausschüssen« in den industriellen Zentren Deutschlands unmittelbar nach der militärischen Niederlage des Faschismus. Diese spontanen und gegenüber dem herkömmlichen System von Parteien und Gewerkschaften zunächst autonomen politischen und wirtschaftlichen Selbsthilfeorgane waren dem Schwerpunkt ihrer sozialen Zusammensetzung nach Vertretungsformen der Arbeiterschaft. Bei allen lokalen Unterschieden, so ergibt sich aus dem Material, waren die »Antifa«- und Betriebsausschüsse durch die gemeinsame Tendenz bestimmt, die vor 1933 in der deutschen Arbeiterbewegung herrschende Aufspaltung in eine sozialdemokratische und eine kommunistische Linie und die Abschottung parteipolitischer und gewerkschaftlicher Vertretungsformen voneinander zugunsten dieser oder jener Variante einer »neuen Einheit« hinter sich zu lassen. Als Bedingung dieser Vereinheitlichung war der »Aufbau von unten her« anzusehen; auch dem Bewußtsein der damals Beteiligten nach schienen die überkommenen partei- und organisationspolitischen Trennungen oder Konkurrenzen bedeutungslos angesichts der Notwendigkeit, die gesellschaftliche Reproduktion in den Betrieben und Städten wieder in Gang zu setzen und dabei dem sozialen und antifaschistischen Konsens der Arbeiterbewegung gegenüber anderen politischen Kräften deutscherseits wie auch gegenüber den Besatzungsmächten Geltung zu verschaffen. – Allerdings war diesem interessanten Ansatz einer strukturell neuen Formierung von Arbeiterbewegung nur eine kurze Lebensdauer beschieden. Schon im Frühsommer 1945 waren die meisten der Ausschüsse durch die jeweiligen Besatzungsmächte wieder aufgelöst oder doch ihrer Wirkungsmöglichkeiten weitgehend enthoben, und ihr Absterben hinterließ kaum Spuren. Die »Ausschußphase« erschien späterem Bewußtsein als bloßes Durchgangsstadium zur konventionellen Vertretungsform der Arbeiterbewegung; Impulse dieser Phase blieben wohl am ehesten auf gewerkschaftlichem Sektor übrig und stützten von der Basis her die (freilich hier auch »von oben« konzipierte) Entwicklung der Gewerkschaftseinheit ab.[1]

Nun war das Scheitern der Antifa-Ausschüsse sicherlich dem Willen der Besatzungsmächte (in der SBZ wie in den Westzonen) zuzuschreiben, sich bei ihren eigenen politischen Plänen nicht durch spontane, nur schwer kontrollierbare Arbeiterinitiativen irritieren zu lassen, wobei die Westmächte sich gleichermaßen von Befürchtungen sozialrevolutionärer wie neonazistischer Strömungen leiten ließen, während die sowjetische Besatzungsmacht in den Ausschüssen wohl eher eine Behinderung ihrer Strategie für die gezügelte Rekonstruktion der Parteien sah. Zu bedenken ist aber auch, ob das Innovationspotential der Ausschüsse überhaupt hingereicht hätte, um gegen die Beharrungstendenz des alten Parteien- und Gewerkschaftssystems, sobald diesem wieder legale Wirkungsmöglichkeiten gegeben wurden, anzukommen; einige neuere Studien sind nicht ganz frei von einer ein wenig heroisierenden Überinterpretation der Ausschüsse.[2] Die allgemeinen Bedingungen, unter denen sich die Rekonstruktion von Arbeiterbewegung nach 1945 in Deutschland vollzog, gelten auch für die Antifa-Ausschüsse: Die Linksparteien und die Gewerkschaften in Deutschland hatten 1933 dem Faschismus ohne geschlossene Widerstandsversuche das Feld räumen müssen; diese Erfahrung kollektiver Ohnmacht der Arbeiterbewegung konnte auch in der Aktivität illegaler Zirkel und Gruppen nach 1933 nicht kompensiert werden; eine in der Masse der Arbeiterschaft verankerte Widerstandsbewegung hat es in Deutschland selbst in der zweiten Kriegshälfte nicht gegeben; die Niederlage des deutschen Faschismus war machtpolitisch allein dem militärischen Eingriff von außen her zu verdanken. Insofern handelte es sich 1945 nicht einmal ansatzweise um eine revolutionäre Situation deutscherseits; die Revolution, wenn man den historischen Vorgang so nennen will, kam gewissermaßen »stellvertretend« durch die Alliierten. Hier liegen auch die qualitativen Differenzen sowohl gegenüber der Lage in Deutschland im Jahre 1918 als auch gegenüber der Konstellation in anderen europäischen, vom Faschismus befreiten Ländern 1945 – selbst gegenüber dem vormals faschistischen Italien, dessen Arbeiterbewegung unter Mussolini nie so zerstört worden war wie die deutsche unter Hitler.

Die Antifa-Ausschüsse haben übrigens ohne Zweifel personelle Zusammenhänge und politische Mentalitäten herausgebildet, die auch nach dem Scheitern dieser Organe selbst dazu beitrugen, eine alternative Entwicklung der Arbeiterbewegung nun zumindest im Hinblick auf die Einheit der beiden herkömmlichen Linksparteien anzustreben. Lokale Versuche einer »Sozialistischen Einheitspartei« von unten her speisten sich nicht zuletzt aus diesem Reservoir. Ausmaß und Konsequenz solcher Ansätze einer Zusammenführung von Sozialdemokraten und Kommunisten in der ersten Nachkriegszeit, also noch vor der von oben her und unter dem Druck der sowjetischen Besatzungsmacht organisierten Gründung der SED, sind lange Zeit hindurch in der Geschichtswissenschaft der Bundesrepublik ebenso unterbewertet wie in der DDR-Historiographie aus Legitimationsgründen überbewertet worden. Durch Untersuchungen ihrer Vorgeschichte im lokalen Rahmen wird nun das Bild dieser Einheitsexperimente nach beiden Seiten hin zurechtgerückt. Eine Studie von H. Christier[3] macht am Beispiel der Vorgänge in Hamburg deutlich, wie unzulänglich Interpretationsmuster sind, wonach das Scheitern der Arbeitereinheit in parteipolitischer Hinsicht allein den Eingriffen der Besatzungsmächte, oder allein den »Führungsambitionen und Abgrenzungsbedürfnissen« des Büros Schumacher oder des Londoner SPD-Exilvorstands, oder allein den negativen Folgen der »Zwangsvereinigung« in der SBZ (so die »östliche« und eine »westliche« Erklärung) zuzurechnen sei oder (so die andere »westliche« Interpretation) sich als Problem in Wirklichkeit gar nicht stelle, weil in den Westzonen die SPD ohnehin schon rasch die »Arbeitereinheit verwirklicht« habe. Christier zeichnet im Detail nach, wie sich relativ unabhängig von der Besatzungspolitik und insofern auch von der SED-Gründung und ihren Auswirkungen auf die westdeutsche Arbeiterschaft in beiden Linksparteien tradierte Politikvorstellungen, programmatische Orientierungen und traditionelle Führungsgruppen auch lokal bald nach der Verunsicherung der ersten Nachkriegsmonate wieder etablierten. Er zieht das Resümee: »... bleibt die Tatsache, daß die Arbeiterbewegung nach 1945 nicht in der Lage war, ihre Kräfte neu zu ordnen und zu gruppieren, ihr Selbstverständnis, ihr methodisches Vorgehen wie auch ihre Organisationsformen und -strukturen aus alten Bindungen zu lösen und den veränderten Umständen anzupassen.« Die Bemühungen, eine einheitliche Arbeiterpartei zu gründen, erscheinen bei Christier als kurzfristiger und wenig aussichtsreicher Versuch, aus »dem Strom übermächtiger Traditionen auszubrechen«. Dieser Beschreibung sind allerdings einige Aspekte hinzuzufügen. Warum eigentlich, so ist zu fragen, sollte 1945/46 denn gerade in der deutschen parteipolitischen Entwicklung jene Trennung überwindbar sein, die damals in fast allen anderen europäischen Staaten (soweit sie dem parteipolitischen Leben freien Raum ließen) ganz selbstverständlich fortbestand, nämlich die prinzipielle Konkurrenz einer kommunistischen und einer sozialdemokratischen Tendenz in der Arbeiterbewegung? Die von den DDR-Historikern und einigen westdeutschen Autoren in diesem Zusammenhang angeführte These, die Erfahrungen mit dem deutschen Faschismus hätten 1945 bei den Betroffenen zur Einsicht in die Notwendigkeit der Arbeitereinheit geführt, überzeugt nicht ganz. Für viele (und gerade für »führende«) Sozialdemokraten und Kommunisten zumindest im Exil sah es ja doch nach 1933 und ebenso 1945 bei ihrer Rückkehr so aus, als sei eben dieser Faschismus durch das Fehlverhalten der jeweils anderen Richtung der Arbeiterbewegung wesentlich verursacht, und weshalb sollte man sich dann zu einem Kompromiß mit dieser prinzipiell »falschen« Linie in der Arbeiterbewegung bereitfinden? Die »Einheits«-Tendenzen in der linken Emigration, die »Linkswendung« mancher Sozialdemokraten wie die »Rechtswendung« der offiziellen KPD-Politik ab 1935, sind gewiß auch als taktische Manöver zu sehen; 1945 jedenfalls gab es weder für die Exil-SPD noch für die linientreue Exil-KPD Zweifel daran, daß man die eigene Partei wiederherstellen – und nicht etwa in einer »unkontrollierbaren« neuen Einheitspartei der Arbeiterbewegung aufgeben – wollte.[4]

Daß nach 1945 in Deutschland – im Unterschied zu allen anderen europäischen Nationen, auch im Unterschied zu Österreich – das Verhältnis der Linksparteien zueinander wie auch die Auseinandersetzung der sozialen Klassen sich untrennbar verschränkten mit der »nationalen Frage«, also dem Problem der staatlichen Zuordnung, Einheit oder Teilung, machte ein Zusammengehen von Sozialdemokraten und Kommunisten nicht leichter, sondern eher komplizierter als in anderen Ländern. Eine Überwindung der parteipolitischen Aufspaltung der Arbeiterbewegung wäre unter diesen Außenbedingungen, wenn überhaupt, dann wohl nur so denkbar gewesen, daß die politische Vertretung von Arbeiterinteressen sich auf einer ganz neuen Ebene, jenseits der Tradition der SPD wie auch der KPD konstituiert hätte.

Diese Überlegung führt zu einer weiteren Fragestellung. Als historisch gewachsene »Fraktionen« der politischen Vertretung der Arbeiterschaft in Deutschland sind nicht nur, wie üblicherweise angenommen wird, die sozialdemokratische und die kommunistische, sondern ebenso die katholisch-christliche anzusehen. Als historische Entscheidung für die Arbeiterbewegung in Deutschland bzw. Westdeutschland nach 1945 ist nicht nur die Fortexistenz der Konkurrenz von sozialdemokratischer und kommunistischer Partei zu werten; nicht weniger folgenreich war und ist der Fortbestand einer Trennung von traditionssozialistischer und milieuchristlicher Organisation oder Repräsentation von Arbeiterschaft. Die Integration katholisch geprägter Teile der Arbeiterschaft in die CDU/CSU in den Jahren 1945 bis 1947 erst gab dieser neuen Partei jene Schlüsselfunktion, die sie dann für die Gründungs- und Aufbauphase der Bundesrepublik strukturbestimmend werden ließ; umgekehrt hätte eine »andere Arbeiterpartei« damals nur dann Chancen gehabt, sich durchzusetzen und den Gegenpol zur CDU/CSU zu bilden, wenn sie auch die katholische Richtung der Arbeiterbewegung umschlossen hätte.[5] Dies wiederum hätte die bewußte Abkehr von der bloßen Verlängerung oder Bündelung der SPD- und KPD-Traditionen zur Voraussetzung gehabt. Der Wiederaufbau der beiden Linksparteien »von oben her«, unter starker Einflußnahme der Besatzungsmächte teils auf die KPD, teils auf die SPD, personell vermittelt vor allem auch über die jeweiligen Emigrationsgruppen, ließ der Herausbildung einer Arbeiterpartei neuen Typs keinen historischen Spielraum; von großer Bedeutung ist in diesem Zusammenhang wohl, daß die neuen (alten) Parteien für die Arbeiterschaft schon in die Welt gesetzt wurden, bevor noch soziale Bewegung an der Basis überhaupt Erfahrungen machen und kommunikative Strukturen entwickeln konnte.

Im folgenden soll die Rekonstruktion von Arbeiterparteien und Gewerkschaften in den westlichen Besatzungszonen Deutschlands nach 1945 in ihren wichtigsten Entwicklungslinien nachgezeichnet werden; auf die Ereignisse in der Sowjetischen Besatzungszone wird hier nur insoweit eingegangen, als sie in enger Wechselwirkung mit der Nachkriegsgeschichte der Arbeiterbewegung in Westdeutschland stehen.

Die Politik der Besatzungsmächte

Versuche zur Neu- oder Wiedergründung von Organisationen der Arbeiterbewegung im besetzten Deutschland nach dem Ende des Zweiten Weltkrieges befanden sich in einem Wirkungs- und Spannungsfeld verschiedener politischer Faktoren und Problemzusammenhänge.

Da waren zunächst einmal die vier Besatzungsmächte, mit jeweils mehr oder weniger unterschiedlichen oder gegensätzlichen Vorstellungen über die Deutschlandpolitik im allgemeinen und die Arbeiterbewegung im besonderen; der Konflikt zwischen den westlichen Besatzungsmächten und der sowjetischen Besatzungsmacht beherrschte hier schon bald die Szene. Immerhin gab es aber etliche Jahre hindurch auch eine Teilübereinstimmung aller Besatzungsmächte, die für die Wiederbelebung der Arbeiterorganisationen und der Interessenvertretungen der Arbeitnehmerschaft auch rechtlich bindende Auswirkungen hatte, nämlich in der Politik und den Rechtsnormen des Alliierten Kontrollrates. Die Besatzungsmächte wiederum unterhielten unterschiedlich gute und intensive Beziehungen zu den verschiedenen politischen Richtungen auf deutscher Seite, und es lag nahe, daß die Alliierten im Zuge ihrer sich steigernden Auseinandersetzungen dazu neigten, deutsche gesellschaftspolitische Kräfte und eben auch Organisationen der Arbeiterbewegung sowohl in der eigenen als auch in den fremden Besatzungszonen als Hilfstruppen für die Verfolgung ihrer eigenen Ziele einzuspannen. Die Personengruppen, auf die sich die Rekonstruktion von Arbeiterorganisationen deutscherseits stützen konnte, waren nicht nur ihrer politischen Herkunft, sondern auch ihrem Erfahrungszusammenhang während des Dritten Reiches nach durchaus heterogen. Vielfach waren die Emigrantengruppen den jeweiligen Aufnahmeländern in ihrem politischen Denken, oft aber auch unmittelbar organisatorisch verbunden; hier konnten die Besatzungsmächte am ehesten auf einen Gleichklang der politischen Vorstellungen hoffen, und sie halfen dabei ein wenig nach, indem sie zunächst nur diejenigen deutschen Emigranten wieder in ihr Heimatland zurückkehren ließen, von denen sie ungebrochene Loyalität gegenüber der eigenen Politik erwarteten. Weniger kalkulierbar waren die Widerstandskämpfer und Verfolgten aus der alten Arbeiterbewegung, die in Deutschland selbst die Illegalität oder die Konzentrationslager überdauert hatten; hier hatten sich zum Teil politische Orientierungen herausgebildet, die weder mit den Richtungen in der Arbeiterbewegung vor 1933 noch mit der politischen Frontenbildung in der linken Emigration übereinstimmten. Schließlich gab es Deutsche, vor allem jüngere, die aufgrund ihrer Erlebnisse im Dritten Reich oder im Krieg neu zur Arbeiterbewegung kamen; auch deren politische Vorstellungen waren, von der Warte der Besatzungsmächte her gesehen, nicht so leicht überschaubar oder lenkbar.

In dieser Lage tendierten alle Besatzungsmächte dahin, die politisch-organisatorische Entwicklung auch der antifaschistischen Kräfte im besetzten Deutschland, mithin auch der Arbeiterbewegung als der wichtigsten Richtung innerhalb des demokratischen Potentials in Deutschland, strikt unter ihre Kontrolle zu nehmen und dabei personell vor allem auf Führungsgruppen aus der jeweiligen linken Emigration zurückzugreifen. Diese Verfahrensweise war nicht etwa eine Besonderheit der sowjetischen Besatzungspolitik, wo sie durch die späteren Berichte über den Einflug und Einsatz der »Gruppe Ulbricht« hinreichend bekannt wurde, sondern sie wurde auch von den Westmächten praktiziert, bei denen linke deutsche Emigranten nicht selten vom Dienst bei Organisationen des Exillandes unmittelbar in Positionen der neuzugründenden sozialdemokratischen und gewerkschaftlichen Verbände hinüberwechselten – mit Hilfe der Besatzungsverwaltung. Alle Besatzungsmächte (die französische allerdings weniger rigoros) sorgten dafür, daß in ihren Zonen das wiederaufkommende politische Leben in den traditionellen Formen verblieb, also – soweit es um die

Arbeiterbewegung geht – in der Arbeitsteilung zwischen Parteien und Gewerkschaften; und das Spektrum der parteipolitischen Richtungen wurde von den Besatzungsmächten durch ein Lizenzverfahren so reglementiert, daß in allen Zonen eine kommunistische, eine sozialdemokratische, eine liberale und eine christliche oder christlich-konservative Partei zugelassen wurden. Auf der deutschen Seite in den ersten Monaten nach dem Zusammenbruch des Faschismus spontan zustandegekommene alternative Formen politischer Aktivität und Organisation, also sowohl »Einheitsausschüsse« der Arbeiterschaft, die nicht zwischen parteipolitischer und gewerkschaftlicher Tätigkeit trennen wollten (wie etwa in Hamburg und in Bremen), als auch Experimente einer einheitlichen Arbeiterpartei, fanden nicht die Duldung der Besatzungsmächte, auch nicht der sowjetischen. Für die weitere Entwicklung der Arbeiterbewegung in Deutschland hat dieser frühe und massive Eingriff der Besatzungsmächte zugunsten eines 4-Parteien- und zugleich Parteien/Gewerkschaften-Modells schwerwiegende Folgen gehabt; der politisch-organisatorische Traditionalismus war damit, entgegen einigen andersgelagerten Hoffnungen in der Zeit der Illegalität, von oben her etabliert; um so leichter hatten es diejenigen, die ihm unten den Vorzug gaben.

Recht unterschiedlich war das Tempo, in dem die einzelnen Besatzungsmächte die Zulassung von Parteien und Gewerkschaften betrieben. Die sowjetische Besatzungsmacht ging hier ohne Zögern vor; die britische folgte langsamer, in einigem Abstand kamen dann die amerikanische und die französische Besatzungsverwaltung. In der US-Zone und in der französischen Zone gab es selbst 1949 erst Landes- (und nicht Zonen-) Verbände der Gewerkschaften.

Aktionseinheit der Linken?

Bei den Kommunisten wie einem Teil der Sozialdemokraten gab es im Sommer 1945 an der Basis starke Bestrebungen, eine einheitliche Linkspartei, wenn sie schon nicht sofort gebildet werden durfte, dann wenigstens als rasch zu erreichendes Ziel zu proklamieren und durch ein einheitliches Aktionsprogramm vorzubereiten. Hier ein Beispiel für viele ähnliche: Im Juli 1945 bildeten in Hamburg Vertreter der KPD und der SPD ohne erkennbaren Widerspruch aus den eigenen Reihen einen gemeinsamen Aktionsausschuß, in dessen Gründungserklärung es u. a. heißt:

»... Ohne Zweifel ist der Hauptträger der deutschen Zukunft die Ar-

beiterklasse. Auf ihren Schultern lag die Hauptlast des Krieges. In ihr lebte der Wille nach der antifaschistischen Demokratie am brennendsten. Aus ihrer gesammelten Kraft und mit der Unterstützung der Arbeiter aller Länder muß und wird sie in einem einheitlichen Deutschland neu erstehen.
Die blutige Lehre der 12jährigen Hitlerdiktatur im Inneren, des Hitlerkrieges nach außen und seiner großen sozialen Umwälzung heißt für alle schaffenden Männer und Frauen eindeutig: ›Einigkeit – Einheit! Und nie wieder Spaltung und Bruderkampf!‹
In dem organischen Prozeß des unablässigen Kampfes der Arbeiterklasse, in dessen Mittelpunkt ihre Aktionseinheit steht, liegt die Voraussetzung für die Verwirklichung und den Bestand ihrer politischen und organisatorischen Einheit!
In den Millionen Anhängern der einst sich bekämpfenden deutschen Arbeiterparteien lebt dieser Wille zum Zusammenschluß in einer einheitlichen machtvollen politischen Partei als das bedeutsamste Ergebnis ihres gemeinsamen Leidens. Diese Sehnsucht ist tief eingebrannt in alle noch am Leben gebliebenen politischen Gefangenen der Konzentrationslager, Zuchthäuser und Gestapoinstitutionen. Sie ist lebendig in den Millionen der durch den Krieg völlig Verarmten aller Stände und Schichten unseres leidgebeugten Volkes. Sie zu erwecken in den Herzen unserer durch den Krieg geschleiften Jugend ist das Gebot der Stunde. Diese Sehnsucht zu verwirklichen ist das heilige Vermächtnis der von Hitler gemordeten Freiheitskämpfer und der in seinem Eroberungskrieg getöteten Soldaten!
Dies erkennend und von dem gleichen Willen beseelt, in kürzester Frist die Einheitspartei Wirklichkeit werden zu lassen, beschließen die Vertreter der bisherigen Organisationen der Hamburger KPD und SPD folgendes Aktionsprogramm ...«
Es folgten dann konkrete Forderungen für den wirtschaftlichen und politischen Wiederaufbau.

Die Politik der KPD/SED

Zu diesem Zeitpunkt entsprach das Konzept einer einheitlichen Arbeiterpartei aber keineswegs den Wünschen der Zentrale der KPD und der sowjetischen Besatzungsmacht, mit der diese aufs engste zusammenhing. Wo Sozialdemokraten auf sofortige Vereinigung der örtlichen Potentiale der beiden Richtungen drängten, erhielten sie eine Absage, mitunter erst nach einer Intervention der Führung der KPD. Diese

ging davon aus, daß zunächst die eigene Partei zu einer mächtigen Organisation aufgebaut und ideologisch-politisch »vereinheitlicht« werden sollte; danach könne man sich – vielleicht – mit sozialistisch-sozialdemokratischen Kräften zusammentun. Entscheidend für diese Politik des separaten Parteiaufbaus war also der Wille, die politische Entwicklung in der Arbeiterbewegung »kontrolliert« verlaufen zu lassen.[6]
Der Gründungsaufruf der KPD vom Juni 1945 enthielt, wenn man ihn an den Deklarationen der KPD vor und um 1933 mißt, einige Überraschungen. Von einem »Sowjetdeutschland« war keine Rede mehr; aufs Programm gesetzt wurde ein bürgerlich-antifaschistischer, vielleicht auch antimonopolistischer deutscher Staat, unter erklärter Abhebung vom Sowjetsystem. Sogar die »völlig ungehinderte Entfaltung ... der privaten Unternehmerinitiative« wurde verlangt.
Diese Konzeption korrespondierte mit den damaligen Hoffnungen der UdSSR, in Deutschland einen einheitlichen, nicht sozialistischen, sondern parlamentarisch-demokratischen Staat etablieren zu können, mit einer starken politischen Position der KPD im Rahmen einer Volksfront, und mit außenpolitischer Neutralität. Bei den deutschen Kommunisten vor Ort war dieses Konzept offenbar nicht unumstritten, aber die politische Entwicklung in der Sowjetischen Besatzungszone, wie sie dann einsetzte, schien ihnen rechtzugeben, und auch in den Westzonen gab es gewisse Anzeichen für eine mögliche Realisierung. Die Notwendigkeit, die Einheit Deutschlands zu erhalten, galt bei den Kommunisten als erstrangiges politisches Ziel; in die ersten deutschen Kommunal- und Länderverwaltungen in den Westzonen rückten Kommunisten als Koalitionspartner ein; trotz ihrer enormen Verluste in der Zeit des NS-Terrors konnte die KPD in den industriellen Zentren Westdeutschlands sich rasch wieder regenerieren. Im Ruhrgebiet z. B. gehörten im Jahre 1946 ebenso viel Betriebsräte der KPD wie der SPD an, und 1947 hatte die KPD in den Westzonen mehr als 300 000 Mitglieder.
Die KPD-Führung oder die sowjetische Besatzungsmacht warf dann allerdings, soweit es um das Verhältnis zwischen den Arbeiterparteien ging, das Ruder rasch herum.[7] Im April 1946 erfolgte für die Sowjetische Besatzungszone und zum Teil auch in Berlin die Vereinigung von KPD und SPD zur »Sozialistischen Einheitspartei Deutschlands« (SED). Die Herausbildung dieser neuen Partei vollzog sich einerseits noch im Sog der »Einheitsstimmung« der ersten Monate nach der Befreiung vom NS-Regime, insofern gewiß nicht gegen das Grundkonzept aller Sozialdemokraten in der SBZ und in Berlin; andererseits kam

die Vereinigung unter ihren konkreten Bedingungen und in der Anfang 1946 gegebenen Situation nur durch den massiven Druck der KPD und unter dem Eindruck der Machtmittel der sowjetischen Militäradministration zustande. Der Vorsitzende des Zentralausschusses der SPD in der SBZ und in Berlin, der nachmalige SED-Vorsitzende Otto Grotewohl hatte schon im Dezember 1945 darüber geklagt, daß die einheitswilligen Sozialdemokraten zunehmend Zweifel »an der Ehrlichkeit des Bekenntnisses der KPD zur Demokratie und des Willens zur Zusammenarbeit und Einheit ohne betonten Führungsanspruch der KPD« bekämen; der Zentralausschuß der SPD hatte in einem Memorandum erklärt: »Es mehren sich die Zeugnisse eines undemokratischen Drucks auf Sozialdemokraten...«

Die KPD-Führung konnte sich damals wohl kaum darüber im unklaren sein, daß eine Vereinigung unter solchen Vorzeichen die Brücken zur Sozialdemokratie in den Westzonen, soweit noch vorhanden, abbrechen würde. Die Frage einer Einheitspartei aber, wenn es dafür überhaupt noch Chancen gab, war mit der Gründung der SED für die Westzonen endgültig entschieden, und zwar negativ. Weshalb haben KPD-Führung und sowjetische Besatzungsmacht dennoch diesen Schritt getan? In der Literatur der Bundesrepublik wird hierzu im allgemeinen ausgeführt, daß die sowjetische Führung über die relativ bescheidenen Ergebnisse der Kommunistischen Parteien bei den ersten Nachkriegswahlen in Ungarn, Österreich, aber auch (auf kommunaler Ebene) in der US-Zone Deutschlands erschreckt gewesen sei und eine selbständige, noch dazu im Vergleich zur KPD attraktivere SPD in ihrer Besatzungszone nicht mehr habe riskieren wollen. Diese Erklärung ist gewiß nicht falsch, aber doch unvollständig. Ein weiterer Grund für die neue Linie der Politik der sowjetischen Führung lag sicher auch darin, daß Ende 1945 klargeworden war, wie eindeutig die SPD in den Westzonen in ihrer Mehrheit unter der Regie Kurt Schumachers einen antikommunistischen und auch antisowjetischen Kurs steuern würde. Hinzu kam, daß die USA zu dieser Zeit bereits in Konfrontation zur sowjetischen Deutschlandpolitik gingen; die Hoffnung auf ein einheitliches neutrales Deutschland war damit zumindest recht ungewiß geworden. Eine eigenständige, möglicherweise unter den ideologischen Einfluß der Westzonen-SPD geratende SPD in der sowjetischen Besatzungszone erschien daraufhin den Politikern der UdSSR als ein politisches Sicherheitsrisiko – ganz anders als die weiterexistierenden »bürgerlichen« Parteien in der Sowjetischen Besatzungszone. Viele Funktionäre und Anhänger der SPD in dieser Zone gingen halb resignierend, halb hoffend in die SED; sie meinten, durch Mitarbeit in der

neuen Partei retten zu können, was noch zu retten sei, und manche von ihnen werden auch das Gefühl gehabt haben, daß sie von der Westzonen-SPD im Stich gelassen wurden; Schumacher hatte Grotewohl die Auflösung der Partei empfohlen.
In Berlin lagen die Dinge aufgrund der Viermächtekontrolle anders als in der Sowjetischen Besatzungszone. Hier wandte sich eine starke Gruppe von Sozialdemokraten gegen die Einheitspartei, und die Stadtkommandanten in den Westsektoren der Stadt gaben die Genehmigung zu einer Urabstimmung der SPD-Mitglieder; 82 % der an der Abstimmung teilnehmenden Sozialdemokraten votierten gegen die Vereinigung, allerdings 66 % für ein gleichzeitig zur Frage gestelltes Bündnis mit der SED, das »die gemeinsame Arbeit sichern und den Bruderkampf ausschließen« sollte.
Die SED hatte zunächst den Charakter einer Massenpartei ohne »leninistisches« Selbstverständnis; die Vorstände waren paritätisch von Sozialdemokraten und Kommunisten besetzt. Es war dies eine Entwicklungsphase, in der Anton Ackermann als Parteiideologe noch die These vom »besonderen deutschen Weg zum Sozialismus« vertreten konnte. In Berlin existierten SPD und SED nebeneinander, für einige Zeit auch noch im Ostsektor der Stadt.
Bei den Landtagswahlen in der Sowjetischen Besatzungszone und den Magistratswahlen in Gesamtberlin im Oktober 1946 kam ein Ergebnis zustande, das die hochangesetzten Erwartungen der neuen Einheitspartei ettäuschte:
Stimmverteilung bei den Landtagswahlen 1946 in der Sowjet. Besatzungszone und in Groß-Berlin:

SBZ-Länder

SED	LDPD (Liberale)	CDU	»Bauernhilfe«
47,5	24,6	24,5	3,4

Groß-Berlin

SED	SPD	LDPD	CDU
19,8	48,7	9,3	22,2

Diese Wahlen standen im Zeichen einer massiven propagandistischen und organisatorischen Bevorzugung der SED durch die Besatzungsverwaltungen in der Sowjetischen Besatzungszone und im Ostsektor von Berlin; dennoch konnte die SED nur in einigen der Landtage eine absolute Mehrheit gewinnen, und auch hier nur dank der »Bauernhilfe«. LDPD und CDU erreichten zusammen einen höheren Stimmenanteil als die SED, und sie hatten Erfolg auch in alten Hochburgen der Arbeiterbewegung, wie Sachsen und Sachsen-Anhalt. In Berlin erzielte die SPD ein weitaus besseres Ergebnis als die SED; hier blieben die bürgerlichen Parteien relativ schwach. Daraufhin zog die Sowjetische Besatzungspolitik die Zügel straff an. Die SED wurde in den drei folgenden Jahren in eine »leninistische« Kaderpartei umgewandelt; Sozialdemokraten und oppositionelle Kommunisten verloren vielfach ihre Funktionen in der Partei; der Bruch zwischen der UdSSR und dem kommunistischen Jugoslawien im Jahre 1948 gab den letzten Anstoß für eine »Säuberung« der SED von allen kritischen Elementen. Dem »besonderen deutschen Weg zum Sozialismus« wurde in aller Form abgeschworen.

Die bürgerlichen Parteien in der Sowjetischen Besatzungszone wurden weitgehend gleichgeschaltet; als im Frühjahr 1949 wieder gewählt wurde, geschah dies mittels einer Einheitsliste, bei der die Sitze der verschiedenen Parteien und Organisationen vorweg verteilt waren.

Kalter Krieg und deutsche Arbeiterbewegung

Die Gründe für diese Politik in der Sowjetischen Besatzungszone lagen nicht nur in inneren Problemen, vor denen die SED und die Besatzungsmacht standen, sondern auch in der welt- und deutschlandpolitischen Gesamtentwicklung. Die widersprüchliche Einheit, der »antagonistische Konsens« der ehemaligen Anti-Hitler-Koalition war 1947 offenbar nicht mehr zu halten; in den Westzonen lief der Kurs der Besatzungsmächte (Bildung der Bi-Zone; Marshall-Plan; Währungsreform) auf einen separaten Staat hinaus, der als »Bollwerk« gegen den Kommunismus wirtschaftlich und politisch in Form gebracht werden sollte.

Die spezifische Form der Gründung der SED und die Umwandlung derselben in eine »Partei neuen Typs«, andererseits aber auch der Verzicht der Westzonen-SPD auf alle Versuche einer gesamtdeutschen Linie der Organisationspolitik (worüber noch zu reden sein wird) hatten einen Prozeß angebahnt, der dann durch die Gründung der beiden deutschen Teilstaaten perfekt gemacht wurde: die Geschichte der organisierten deutschen Arbeiterschaft verlief nun in zwei völlig unterschiedlichen und voneinander separierten Entwicklungsformen. Die Folgen dieser neuen und damit nun zweifachen Spaltung der deutschen Arbeiterbewegung trafen auch die Kommunisten in Westdeutschland. Die KPD hatte hier nach 1945 nicht wieder ganz die Anhängerschaft gewinnen können, die sie – vor allem im Rhein-Ruhrgebiet – vor 1933 hatte, aber sie hatte doch, anders als in der Schlußphase der Weimarer Republik, erheblichen Einfluß in den Betrieben und in einigen Gewerkschaften, und sie erwies sich als Mitgliederpartei attraktiv gerade auch für junge Leute. Ihr Wählerpotential konnte sie gerade dann ausweiten, wenn sie sich in spontane Protestbewegungen der Arbeiterschaft einordnete; so stieg ihr Anteil an den Wählerstimmen in Nordrhein-Westfalen von 6,7 % im Jahre 1946 auf 14 % im Jahre 1947. Dabei ist es sicherlich eine Verkennung der Kräfteverhältnisse, wenn linke literarische Kritiker heute der KPD von damals vorwerfen, sie hätte die Chance vertan, sich an die Spitze einer revolutionären Massenbewegung gegen die restaurativen Tendenzen in den Westzonen zu setzen – und eben deshalb habe sie dann rasch an Bedeutung wieder verloren. Der damals mögliche Stellenwert der KPD in Westdeutschland hätte wohl eher darin bestanden, daß diese Partei zur dauerhaften, wenn auch kleineren linken Arbeiterpartei neben der SPD geworden wäre, vorausgesetzt, sie hätte einen Kurs durchhalten können, der auf den antifaschistischen Konsens und die konkrete Vertretung von Arbeiterinteressen gerichtet sein sollte. Tatsächlich verloren sich die Ansätze hierzu durch die Einbindung der KPD in die spezifischen Zwecke der SED-Führung und der sowjetischen Deutschlandpolitik.

Nach Gründung der SED war zunächst versucht worden, die KPD-Organisationen in den Westzonen zu Landesverbänden der SED zu machen, oder wenigstens die westdeutsche KPD in eine »Sozialistische Volkspartei« umzubenennen. Beides scheiterte vordergründig am Einspruch der westlichen Besatzungsmächte; politisch handelte es sich ohnehin um Fiktionen, da in den Westzonen zu diesem Zeitpunkt kein nennenswertes Potential aus der Sozialdemokratie mehr für eine gemeinsame »neue« Partei zu gewinnen war. In solchen Versuchen einer Umbenennung der KPD deutete sich aber bereits die schiefe Lage an, in die diese Partei nun geriet: ihrer politischen Willensbildung und Zwecksetzung nach wurde sie Teil einer Strategie, die faktisch auf die Entwicklung in einer Besatzungszone – nämlich der sowjetischen – hin angelegt war, sich programmatisch aber als gesamtdeutsch verstand. Die KPD verlor damit die Möglichkeit, eine authentische, d. h. aus den Problemen und Interessen der westdeutschen Arbeiterschaft resultierende Politik zu machen.

Im Zuge des heraufziehenden Kalten Krieges und der Trennung der politischen Entwicklung in den westlichen Besatzungszonen von der in der Sowjetischen Besatzungszone verlegte die KPD den Schwerpunkt ihrer Politik auf die Stellvertretung der »Außenpolitik« der UdSSR und der SED-Führung in Westdeutschland; zugleich vollzog sie einen programmatisch-propagandistischen Schwenk, hin zu einer wortradikalen »Verteidigung der deutschen Einheit«, zum – wie sie selbst es damals nannte – »nationalen Befreiungskampf«, organisatorisch eingebunden in die von der SED initiierte »Volkskongreßbewegung«, später »Nationale Front« betitelt. Diese Kursänderungen der KPD blieben nicht ohne innerparteilichen Widerspruch; 1949/50 wurden die Opponenten, darunter auch der stellvertretende Parteivorsitzende als »Trotzkisten« oder »Titoisten« hinausgesäubert. (Einige von ihnen machten für kurze Zeit den Versuch, eine »Unabhängige Arbeiterpartei« abseits von KPD und SPD auf die Beine zu bringen, mußten dieses Vorhaben aber bald als erfolglos aufgeben.)

Das Desaster der KPD

Zwischen 1948 und 1950 verlor die KPD einen erheblichen Teil ihrer Funktionäre, ihrer Mitglieder (etwa die Hälfte) und ihrer Wähler; bei den Bundestagswahlen 1949 konnte sie gerade noch die 5 %-Grenze überspringen, vier Jahre später erhielt sie nur noch 2,2 % der im Bundesgebiet abgegebenen Stimmen. Auch um ihren Einfluß in den Gewerkschaften brachte sich die KPD weitgehend selbst.
Für das Desaster der KPD nach 1948 war der neu sich ausbreitende und von den politisch mächtigen Organisationen und Institutionen in Westdeutschland nach Kräften geförderte Antikommunismus sicherlich eine Ursache. Aber durch Propaganda allein, mag sie noch so geschickt sein, ist einer Partei nicht der Garaus zu machen – und faktisch hatten die kommunistischen Organisationen in Westdeutschland sich schon aus dem politischen Leben selbst hinauskatapultiert, bevor sie verboten wurden. Es überzeugt auch wenig, wenn der rapide Rückgang der KPD allein dem wirtschaftlichen Abstand zwischen der Sowjetischen Besatzungszone bzw. der DDR und den westlichen Zonen bzw. der Bundesrepublik zugerechnet wird; so eindeutig war die Differenz zwischen dem Lebensstandard der westdeutschen und der ostdeutschen Arbeitnehmer in den Jahren 1948-1951 noch keineswegs, und diese Jahre waren es, in denen die KPD von der politischen Bühne abtrat. Unglaubwürdig wurde die KPD für die westdeutschen Arbei-

ter, indem sie die wirtschaftlichen Schwierigkeiten der Sowjetischen Besatzungszone bzw. der DDR, die ja erklärbar waren, hinwegzureden oder gar die dortigen Verhältnisse als Paradies der Werktätigen darzustellen versuchte. Und man nahm dieser Partei nicht ab, daß sie nun das »nationale Gewissen« verkörpern wollte, wenn sie gleichzeitig jeden nationalpolitisch motivierten Schritt der sowjetischen Politik als Großtat des sozialistischen Internationalismus ausgab. Die Verluste, die die KPD ab 1948 hinnehmen mußte, brachten nicht etwa eine Ernüchterung und Versuche einer Kritik der eigenen Politik mit sich, sondern beschleunigten noch den Weg in die Selbstisolierung.
Die Strategie und Agitation der KPD nahm nun groteske, völlig der Realität entfremdete Züge an. Die Partei wollte (so Thesen des Parteivorstandes zum Parteitag 1951) »die Voraussetzungen für den Sturz der volksfeindlichen Adenauer-Regierung sowie für die Zerschlagung ... der anderen Agenten des ausländischen Imperialismus schaffen«, und zwar »durch Einbeziehung eines Teiles der Bourgeoisie in den gesamtnationalen Kampf« und durch die Mobilisierung »der patriotischen Gefühle ... ehemaliger Mitglieder der NSDAP und ihrer Gliederungen sowie ehemaliger Berufsoffiziere der deutschen Wehrmacht«. Im November 1952 schließlich gipfelte diese Linie in einem »Programm zur nationalen Wiedervereinigung« der KPD, in dem es u. a. hieß:
*»Das Adenauer-Regime ist... ein Regime des nationalen Verrats... Es unterzeichnete das Ruhrstatut, es lieferte mit der Zustimmung zum Schumanplan das Verfügungsrecht über Kohle und Stahl den amerikanischen Imperialisten aus. Er verschachert die deutsche Saar an das ausländische Monopolkapital. Das Adenauer-Regime bekämpft haßerfüllt und unter Einsatz der verwerflichsten Mittel die Verständigung der Deutschen aus Ost und West über die Durchführung gesamtdeutscher freier Wahlen und den Abschluß des Friedensvertrages. Es sät Feindschaft und Haß im deutschen Volk und wiegelt die Deutschen gegeneinander auf... Nur der unversöhnliche und revolutionäre Kampf aller deutschen Patrioten kann und wird zum Sturz des Adenauer-Regimes und damit zur Beseitigung der entscheidenden Stütze der Herrschaft der amerikanischen Imperialisten in Westdeutschland führen ... Unzweifelhaft wird unser Kampf Opfer fordern... Die Bevölkerung der Deutschen Demokratischen Republik unterstützt leidenschaftlich unser Ringen um nationale Einheit und Frieden ...
Für jeden im Kampf gefallenen oder aus dem Kampf herausgerissenen Patrioten werden Tausende neue auferstehen ...«*
Solcherart Propaganda führte zwar nicht zum »nationalen Befrei-

fungskampf«, wohl aber dazu, daß bei den Bundestagswahlen die KPD 1953 mehr als die Hälfte der Wähler verlor, die sie 1949 noch hatte, und nicht mehr ins Parlament kam. Die Partei suchte sich kompensatorisch Stärke in einem mythologischen Bezug auf die Sowjetunion und deren »Führer«. Nach dem Tode Stalins im Jahre 1953 faßte der KPD-Parteivorstand einen Beschluß, in dem es hieß:
»*Gerade in den Tagen der Trauer um den geliebten Führer des Weltfriedenslagers, den besten Freund des deutschen Volkes haben wir Kommunisten die heilige Pflicht, unsere Kräfte nicht zu schonen, um das Vermächtnis des großes Stalin zu erfüllen. Können wir sein Andenken besser ehren, als dadurch, daß wir unsere ganze Kraft für die gerechte Sache unserer Partei, die die Sache des gesamten friedliebenden deutschen Volkes ist, einsetzen? Der Tod des Genossen Stalin ist uns Verpflichtung, aktiver, mutiger, kühner und entschlossener für die Sache der Arbeiterklasse zu kämpfen. Das leuchtende Beispiel des heldenhaften Kampfes des Genossen Stalin vor Augen ... steht unsere Partei an der Spitze des Kampfes für die Verwirklichung der berechtigten Forderungen unseres Volkes: Verhinderung der Kriegsverträge von Bonn und Paris, Sturz des volksfeindlichen Adenauerregimes, Schaffung einer Regierung der nationalen Wiedervereinigung ...«*
Das alles hatte mit der deutschen Arbeiterbewegung und der Arbeiterschaft in Westdeutschland so wenig mehr zu tun wie mit den machtpolitischen Realitäten. Zwar hatte auch die KPD vor 1933 schwerwiegende politische Fehler begangen, aber damals war sie selbst in ihren Irrtümern und falschen Entscheidungen noch Ausdruck wirklicher Stimmungen und Bedürfnisse der Arbeitermassen, die die Partei trugen. Nun war aus der Tragödie die Farce geworden, und als das Bundesverfassungsgericht am 17. August 1956 schließlich, einem Antrag der Bundesregierung aus dem Jahre 1951 folgend, die KPD für verfassungswidrig erklärte, sie auflöste und jede Ersatzorganisation dieser Partei verbot, konnte dieser Akt wahrlich nicht einer akuten politischen »Gefahr« für die Bundesrepublik gelten.
Kurz vor dem Verbot war der Führung der KPD, angeregt durch die Ereignisse auf dem XX. Parteitag der KPdSU, eine erste zaghafte Einsicht in den selbstmörderischen Charakter ihrer Politik ab 1948 gekommen, aber da war es zu spät; die Partei verfügte zwar immer noch über einen Stamm von traditionsgeleiteten, in den sozialen Tageskämpfen engagierten und eifrigen Arbeiterfunktionären, aber jede Verankerung in der von ihr so oft zitierten Arbeiterklasse war dahingeschwunden. Aus einer Massenpartei der deutschen Arbeiterschaft war eine politische Sekte geworden.

*XVII SPD und Gewerkschaften
auf dem Weg in die Bundesrepublik
– Niederlagen der Reformer*

Von der Selbstzerstörung der KPD in den Jahren 1948-1952 profitierte damals die SPD; sie übernahm die große Mehrheit der Wähler der KPD, aber auch viele von dieser Partei enttäuschte Mitglieder und Funktionäre. Abgestoßen von der politischen Entwicklung der KPD und enttäuscht über die Politik der sowjetischen Besatzungsmacht in Deutschland, stießen viele aktive frühere Kommunisten im Laufe der Nachkriegszeit zur Sozialdemokratie der Westzonen bzw. der Bundesrepublik.

Noch aus einem anderen Potential gewann die SPD in den Westzonen politische Aktivisten: Fast alle noch lebenden Angehörigen der linkssozialistischen Organisationen, die in der Weimarer Republik und in der Zeit des Dritten Reiches neben der KPD und der SPD existiert hatten (ISK, SAP, Neu-Beginnen, Revolutionäre Sozialisten), gliederten sich in Westdeutschland nach ihrer Rückkehr aus der Emigration und den Konzentrationslagern oder dem Auftauchen aus der Illegalität in die SPD ein, was sich zum Teil schon in den letzten Jahren der SPD im Exil vorbereitet hatte. Antriebskraft war dabei vor allem die Hoffnung auf eine möglichst starke, weil geschlossene politische Vertretung der Arbeiterschaft; und nachdem sich Versuche, eine neue Einheitspartei der Linken zu bilden, rasch zerschlagen hatten, bot die SPD aus quantitativen und parteistrukturellen Gründen eher eine Chance, wirksam mitzuarbeiten, als die KPD.

Die SPD als Integrationspartei der Arbeiterbewegung

Diese Integration eines großen Teils der ehemaligen Kommunisten und Linkssozialisten durch die SPD nach 1945 ist ein bemerkenswerter, für die Entwicklung der sozialistischen Bewegung höchst folgenreicher Vorgang. Ab 1948 schien es so, als sei, von der Rest-KPD abgesehen, jene parteipolitische Einheit der Arbeiterbewegung erreicht, auf die viele Sozialisten unter dem Faschismus gehofft, von der manche der Verfolgten in den Konzentrationslagern und Gefängnissen geträumt hatten.

Dieses Bild prägt sich um so stärker aus, weil die westdeutsche Sozialdemokratie in den Jahren nach 1945 in ihren Grundsatzaussagen sehr viel entschiedener und radikaler auftrat als die SPD der Weimarer Zeit. In ihren frühen programmatischen Texten nach dem Ende des Faschismus erklärte die SPD den Sozialismus zur Tagesaufgabe, – während die KPD damals den bürgerlich-demokratischen, »antimonopolistischen« Weg proklamierte.
Kurt Schumacher als unumstrittener Führer der Nachkriegssozialdemokratie in den Westzonen, gezeichnet durch die Jahre der Verfolgung, rechnete in aller Schärfe mit dem Kapitalismus als dem Wegbereiter und Profiteur des Faschismus ab.
Zugleich schien es so, als würde gerade die SPD einen Weg aus der wirtschaftlichen und sozialen Notlage heraus zeigen können, als seien Sozialisierung und Planwirtschaft die einzige Möglichkeit, um den Massen wieder eine menschenwürdige Existenz zu verschaffen. In der Argumentation Schumachers wurde dies besonders herausgestellt: »... Wer ist denn heute die herrschende Klasse? Ein zerschlagener und zertrümmerter Haufen, der innen- und außenpolitisch Bankrott gemacht hat. Gewiß sind noch viele Existenzen materiell fundiert, und ebenso sicher ist es, daß sie nicht daran denken, diese Fundierung aufzugeben, damit das ganze Volk weiterleben kann. Mit allen Mitteln der taktischen Raffinesse, der gesellschaftlichen Querverbindungen, der wirtschaftlichen Organisationen und jetzt auch der bürgerlichen Parteien möchten sie wieder da anknüpfen, wo sie 1932/33 – zum großen Teil in frevelhafter Kurzsichtigkeit freiwillig – aufgehört haben. Aber die politische und soziale Situation von Weimar ist nicht wieder herzustellen. (...)
Auf der Tagesordnung steht heute als der entscheidende Punkt die Abschaffung der kapitalistischen Ausbeutung und die Überführung der Produktionsmittel aus der Hand der großen Besitzenden in gesellschaftliches Eigentum, die Lenkung der gesamten Wirtschaft nicht nach privaten Profitinteressen, sondern nach den Grundsätzen volkswirtschaftlich notwendiger Planung. Das Durcheinander kapitalistischer Unternehmerwirtschaft, deren Träger keine größere Sorgen kennen als die, morgen noch mehr Geld zu verdienen als heute, kann nicht ertragen werden. Planung und Lenkung sind noch nicht Sozialismus, sondern erst die Voraussetzung dazu. Der entscheidende Schritt ist erst in einschneidenden Sozialisierungsmaßnahmen zu sehen.
Deutschland ist zu arm, um sich den Luxus einer planlosen Gütererzeugung oder der Sondergewinne für den Monopolkapitalismus leisten

zu können. Das Sozialprodukt, selbst aus einer völlig in Gang gebrachten deutschen Wirtschaft, reicht bestenfalls dazu aus, die arbeitenden Menschen zu ernähren und den Bedürftigen Hilfe zu gewähren ...« (Rede in Kiel, 27.10.1945)

Die SPD in den Westzonen, von Kurt Schumacher geführt, schien aber nicht nur für die wirtschaftlichen Nöte der Zeit den einzigen Ausweg zu bieten; sie machte auch den Eindruck, daß sie die einzige Partei sei, die historisch fundierte, aber bisher gegensätzliche politische Strömungen in der Arbeitnehmerschaft miteinander versöhnen könnte. Verkörperte nicht Schumacher selbst diese Integration allzu lange getrennter Traditionen? Er war gestandener Antifaschist, mit langen Jahren der Haft hinter sich, – aber er war zugleich ein Mann, der sich auf nationale Ziele, auf Ideen von Fichte und Lassalle berief, der Kriegsfreiwilliger des Ersten Weltkriegs gewesen war. Er trat radikal gegen die Kapitalisten, gegen das Besitzbürgertum auf, – aber er warb für das Existenzrecht der Mittelschichten, der Handwerker und Gewerbetreibenden, der freien Berufe. Er berief sich auf die wissenschaftlichen Leistungen von Karl Marx wie auf die historischen Verdienste der französischen Aufklärung und des britischen Bürgerverstandes, – aber er scheute sich nicht, gegen den sowjetischen »Kolonialismus« und die westlichen »Demontageverbrecher« zu polemisieren.

So kam es, daß die SPD nicht nur die alten Sozialdemokraten wieder um sich scharen konnte, nicht nur viele ehemalige Kommunisten und Linkssozialisten für sich gewann, sondern auch einen erheblichen Teil gutwilliger, enttäuschter Anhänger des Nationalsozialismus an sich zog, inbesondere aus der jüngeren Generation. Hier, so meinten sie, könnten sich jene Hoffnungen auf einen unabhängigen, »nationalen« Sozialismus realisieren, in denen sie vom Faschismus enttäuscht worden waren.

Und auch viele Arbeiter in den westdeutschen Industriezentren, die nach dem Ende des Krieges »ihre« Betriebe ohne die Unternehmer und oft in harten Auseinandersetzungen mit den Besatzungsbehörden wieder in Gang gebracht hatten, setzten auf die SPD. Sie stellte sich als Partei dar, die gegenüber den Besatzungsmächten eine klare Sprache wagte, die – anders als die KPD – nicht an die Muster des sowjetischen Modells gebunden war und die dafür eintrat, die Macht der Kapitalisten nicht wieder zu restaurieren.

Kurz gesagt: In der Nachkriegs-SPD verkörperte sich scheinbar eine fast einheitliche, entschieden sozialistische und nach allen weltpolitischen Seiten hin unabhängige Organisation der deutschen Arbeiterbewegung.

Viele Dokumente dieser Zeit belegen den heute kaum mehr vorstellbaren Idealismus, mit dem in den Organisationseinheiten der SPD, bei Kundgebungen und Diskussionen diese Hoffnung auf einen »Dritten Weg«, auf eine Gesellschaft »jenseits von Faschismus und Kapitalismus« sich äußerte.

Die SPD, so klang es in den Deklarationen der Partei, hatte als einzige politische Kraft in Deutschland ihre Identität bewahrt und den Untergang der Republik wie die Zeit des NS-Systems innerlich unbeschadet überstanden; sie ließ sich auch nach 1945 nicht in eine Kollaboration mit diesen oder jenen fremden Interessen ein ...

Unrealistische Erwartungen – illusionäre Hoffnungen

Freilich – dieses Bild von der SPD hatte bei näherer Betrachtung schon damals brüchige, in vielem unrealistische Züge. Die Radikalität, mit der die SPD nach 1945 für antikapitalistische Politik eintrat, hing allzusehr von der Annahme ab, daß auf kapitalistischem Wege eine Rekonstruktion der Wirtschaft ohnehin nicht möglich sei. Diese Annahme erwies sich spätestens ab 1950 als falsch.

Unter der Obhut der amerikanischen Politik zeigte sich der westdeutsche Kapitalismus als durchaus lebensfähig, das beginnende »Wirtschaftswunder« setzte die Vorhersagen der SPD ins Unrecht.

Als unrealistisch stellte sich die Hoffnung der Nachkriegs-SPD heraus, sie werde rasch die Mehrheit der Wähler für sich gewinnen können. Die »bürgerlichen« Parteien hatten zwar der organisatorischen Stärke der SPD nichts entgegenzusetzen, aber sie gewannen schon im Durchschnitt der Wahlen in den Westzonen vor 1949 und dann bei der ersten Bundestagswahl die knappe Mehrheit der Wähler für sich, und Adenauer wurde Bundeskanzler.

Wählerpotentiale und Sitzverteilungen
in den Westzonen

Wählerverteilung in der Summe der Landtagswahlen in den Westzonen 1946/47:

SPD	KPD	FDP	CDU/CSU
35,0 %	9,4 %	9,3 %	37,6 %

SPD und KPD hatten ihre stärksten Positionen in der britischen Zone; schwächer waren sie in der US-Zone, noch schwächer in der französischen Zone. Für die CDU/CSU ergibt sich das umgekehrte Bild.

Wählerverteilung in Nordrhein-Westfalen: in %

	SPD	KPD	FDP	CDU	Zentrum
1946	30,2	6,7	2,3	49,1	5,3
1947	32,0	14,0	5,9	37,5	9,8

Zum Vergleich: Bei den Bundestagswahlen 1949 erhielt die KPD im Land Nordrhein-Westfalen nur noch 7,6 % der Stimmen.

Sitzverteilung im Wirtschaftsrat der Bi-Zone (Juni 1947):
SPD: 20, KPD: 3, Zentrum: 2, FDP: 4, CDU/CSU: 20, bürgerliche Kleinparteien: 3

Sitzverteilung im Parlamentarischen Rat (September 1948):
SPD: 27, KPD: 2, Zentrum: 2, FDP: 5, CDU/CSU: 27, Deutsche Partei: 2

Wählerverteilung bei der Wahl zum 1. Bundestag (August 1949):

SPD	KPD	Zentrum	FDP	CDU/CSU	bürgerl. Kleinparteien
29,2 %	5,7 %	3,1 %	11,9 %	31,0 %	12,9 %

Sitze im 1. Bundestag:

| 131 | 15 | 10 | 52 | 139 | 55 |

Auch der Eindruck, daß die SPD eine Politik unabhängig von den Besatzungsmächten, notfalls gegen diese machen könne, täuschte darüber hinweg, daß tatsächlich auch die SPD auf vielfältige Weise dem Willen zumindest der britischen und amerikanischen Besatzungspolitik unterworfen war.
Dies hing nicht nur mit der Tatsache zusammen, daß die politische Gewalt in Westdeutschland formell (bis 1949 und teilweise darüber

hinaus) und faktisch bei den Besatzungsmächten lag, wobei hier wiederum die amerikanische Besatzungsmacht den Ton angab, was auch alle Hoffnungen der Sozialdemokraten auf ein Zusammenspiel mit der britischen Besatzungsmacht (in Großbritannien regierte damals die Labour-Party) zunichte machte.

Auch in der Sozialdemokratischen Partei selbst gab es bei den Funktionärsgruppen mancherlei direkte oder indirekte Bindungen an die westlichen Besatzungsmächte; vor allem bei ehemaligen Emigranten. Hinzu kam, daß unter den machtpolitischen Bedingungen der Konfrontation von Weltmächten auf deutschem Boden die von der SPD reklamierte »Unabhängigkeit« eine völlig andere, fast schon »illegale« Vorgehensweise vorausgesetzt hätte, als die SPD sie tatsächlich praktizierte (und ihrer ganzen Tradition und Struktur nach praktizieren konnte); der von den Sozialdemokraten in den Westzonen mehrheitlich ohne Zweifel mitgetragene scharf antisowjetische Kurs Schumachers stützte sich, was den realen Rückhalt anging, auf die westlichen Besatzungsmächte. Diese wiederum gaben ihre Hilfe aber nicht bedingungslos.

Will man die politische Entwicklung der Nachkriegszeit in Deutschland richtig verstehen, so ist dies ein Schlüsselpunkt: In Wahrheit waren auch in Westdeutschland und für die SPD die Besatzungsmächte, hier vor allem Großbritannien und die USA, die letzthin bestimmenden Faktoren. Und die USA konnten am wenigsten Interesse daran haben, daß sich in Westdeutschland eine Organisation der Arbeiterbewegung so entwickelte und durchsetzte, daß sie fähig geworden wäre, die gesellschaftliche Struktur in Richtung Sozialismus zu verändern ...

Arbeitnehmerpolitik neben der SPD

Nicht so eindeutig, wie die Parteipropaganda es nach 1945 hinstellte, war die »historische Legitimation« der Sozialdemokratie in Deutschland. Im Eifer des programmatischen Gefechts gegen die Kommunisten wie gegen die »bürgerlichen« Parteien übersah die SPD der Nachkriegszeit oftmals Tatbestände, die sie zwischen 1933 und 1945 noch vielfach selbst reflektiert hatte: daß nämlich das Scheitern der Weimarer Republik wohl auch Fehlern der sozialdemokratischen Politik anzulasten war, – daß ferner der Abgang der SPD von der politischen Szene im Jahre 1933 nicht durchweg rühmlich, die Vorbereitung auf die illegale Auseinandersetzung mit dem Dritten Reich nicht unbedingt überzeugend war.

Schließlich war auch das Selbstverständnis der SPD nach 1945, demzufolge die Partei – von der Rest-KPD einmal abgesehen – die Gesamtheit der westdeutschen Arbeiterschaft repräsentierte, der Realität nicht angemessen. Erhebliche Teile der katholischen Industriearbeiterschaft und auch der katholischen »Unterschichten« auf dem Lande blieben der Sozialdemokratie fern und bildeten statt dessen eines der Fundamente der CDU/CSU; ohne diesen Rückhalt im »proletarischen« Katholizismus hätte diese Partei nicht die politische Dominanz in den Westzonen Deutschlands gewinnen können. In manchen Regionen war die Entscheidung für oder gegen die SPD bzw. für oder gegen die CDU/CSU weniger eine Frage der sozialen, sondern vielmehr eine der konfessionellen Aufgliederung, und die SPD tat damals kaum etwas, um dies zu verändern. Zwar hob Kurt Schumacher hervor, daß man auch über den Impuls der Bergpredigt zum Sozialismus stoßen könne; aber im Katholizismus mußten der polemische Antiklerikalismus Schumachers und sein »antirömischer« Affekt abschreckend wirken. Es war nicht der Antikapitalismus der damaligen SPD, der die katholischen Arbeiter der Partei fernhielt; eine Alternative zum kapitalistischen Wirtschaftssystem galt zu dieser Zeit auch den Katholiken aus der Tradition der Christlichen Gewerkschaften, den Mitgliedern der gutorganisierten katholischen Arbeitervereine und den jungen Leuten in den kirchlichen Verbänden als selbstverständlich. So ist auch zu erklären, daß die CDU/CSU in den Nachkriegsjahren vielfach der SPD an gemeinwirtschaftlichen Deklarationen nicht nachstand. Das bekannteste Dokument dieser Tendenz ist das Ahlener Wirtschaftsprogramm der CDU der britischen Zone aus dem Jahre 1947.

Die CDU bot damals – schon aufgrund ihrer lockeren, eher auf Repräsentation verschiedener Verbände eingestellten Struktur – den katholischen Arbeitern nicht etwa eine parteiliche »Subkultur«, wie dies bei der SPD noch oder wieder weitgehend der Fall war; ihr eigenes soziales Gruppenmilieu hatten die Katholiken aus den »Unterschichten« vielmehr in den kirchlichen Vereinen, vor allem den Arbeitervereinen, diese aber standen wiederum parteipolitisch der CDU/CSU zur Verfügung. Ihre soziale Interessenvertretung allerdings sah auch die katholische Arbeiterschaft in den Einheitsgewerkschaften des DGB; erst 1955 bildete sich wieder ein separater Christlicher Gewerkschaftsbund, der aber ohne größere Bedeutung blieb. Auf die politisch-programmatische Entwicklung der DGB-Gewerkschaften nahmen die christlichen Arbeiterfunktionäre nach 1945 erheblichen Einfluß; spezifische Elemente der katholischen Soziallehre fanden Eingang in den konzeptionellen Grundkonsens des DGB.

Eine Sonderstellung, begrenzt auf Nordrhein-Westfalen und Niedersachsen, nahm in der Nachkriegszeit die wiedergegründete Zentrumspartei ein. Gerade hier sammelten sich sozialpolitisch engagierte Katholiken, denen die gemeinwirtschaftlichen Programme der CDU/CSU als Ablenkungsmanöver von einem faktischen Rechtskurs, also einer auf das Bündnis mit dem großen Kapital und den traditionell Deutschnationalen setzenden Politik dieser Partei galten. Die Faszination einer »christlichen Einheitspartei« und die energische Stellungnahme der Amtskirche zugunsten der CDU/CSU standen einem Erfolg des neuen Zentrums im Wege. Die SPD ging mit dem Zentrum zeitweilige Koalitionen in den Ländern ein, machte aber keinerlei Versuche, sich als Partei und in ihrer Ideologie der Strömung zu öffnen, die sich hier im Katholizismus gegen die CDU/CSU gebildet hatte; erst in der zweiten Hälfte der 50er Jahre kamen dann einige übriggebliebene Repräsentanten des neuen Zentrums, zum Teil auf dem Umweg über Heinemanns Gesamtdeutsche Volkspartei, zur Sozialdemokratie.

Zur Entwicklung der katholisch-sozialen Bewegung (die eine intensivere Behandlung verdient hätte, als sie in diesem Buch möglich ist)[1] sei hier nur noch gesagt, daß die spezifische Konstellation in der westdeutschen Nachkriegspolitik eine wesentliche Ursache für den späteren Verfall dieser historisch interessanten und wichtigen Richtung innerhalb der Arbeiterbewegung in Deutschland war. Die SPD bot einer solchen Strömung keinen Raum; die CDU/CSU integrierte sie (und wurde gerade dadurch mächtigt), nahm ihr aber als »regierende Volkspartei« die Eigenständigkeit und soziale Identität.

Zwiespältigkeiten sozialdemokratischer Politik

Zurück zur Geschichte der Nachkriegs-Sozialdemokratie: Je mehr die politische Entwicklung in den Westzonen auf die Gründung der Bundesrepublik hindrängte – von den westlichen Besatzungsmächten auch dorthin gedrängt wurde – und je fester sich wieder soziale und wirtschaftliche Strukturen herausbildeten, desto deutlicher wurde, daß die SPD – wieder einmal – zwischen mehreren Stühlen saß. Das galt sowohl für die Außen- oder Deutschlandpolitik als auch für die Wirtschafts- und Gesellschaftspolitik.[2]

Nach außen hin hatte die SPD sich unter Schumacher sehr viel schärfer als die CDU/CSU und die FDP in eine Konfrontation mit der sowjetischen Deutschlandpolitik und eine auch emotional antikommunistische Position hineinbegeben, gleichzeitig aber strikt die Priorität der nationalen Einheit in der Rangskala politischer Zielsetzungen hervorgehoben und auch mit Polemik gegenüber den Westmächten nicht gespart. Da eine Neutralitätspolitik, die ja nur im begrenzten Konsens mit der UdSSR denkbar war, von der SPD nicht angestrebt wurde, blieb ihr unter den gegebenen Umständen nichts anderes übrig, als faktisch die Schritte zur Herausbildung einer »Weststaatlichkeit« in Deutschland bzw. in den westlichen Besatzungszonen mitzuvollziehen oder sie doch wenigstens hinzunehmen – den Marshall-Plan und die Gründung der Bi-Zone, die Währungsreform und die Einsetzung des Parlamentarischen Rates. Insofern unterschied sie sich nicht von den »bürgerlichen« Parteien, aber anders als diese war die SPD auf ihre eigene Parole festgenagelt, wonach jeder politische Akt die deutsche Einheit als unmittelbare Perspektive haben müsse. Diese Zwiespältigkeit hat der SPD noch Jahre nach Gründung der Bundesrepublik das Leben schwer gemacht und sie auch als eine in sich widersprüchliche, »unzuverlässige« Partei erscheinen lassen. Erst die neue Ostpolitik der sozial-liberalen Koalition in Bonn hat dieses unangenehme Erbe aus der Parteigeschichte hinter sich gelassen.

Innergesellschaftlich geriet die Politik der SPD in eine ähnliche Zwiespältigkeit:[3] Der von ihr proklamierte »Sozialismus als Tagesaufgabe« fand weder bei den westlichen Besatzungsmächten noch bei der parteipolitisch-parlamentarischen Mehrheit auf westdeutscher Seite Unterstützung. Immer auf den Wahlsieg bei der nächsten Gelegenheit hoffend, hielt die Partei programmatisch und auf der Ebene der politischen Gesamtrepräsentation an ihrer »linken« Linie fest und praktizierte eine Grundsatzopposition, dies im Wirtschaftsrat wie später im Bundestag. Unterhalb dieser Ebene aber, in den Ländern und Kommunen und zum Teil auch bei der Vorbereitung des Grundgesetzes, waren SPD-Politiker pragmatisch und fernab aller sozialistischen Alternativen an der Formung der westdeutschen Gesellschaft und ihres Staates in durchaus bürgerlicher Richtung beteiligt, woraus man ihnen auch kaum einen Vorwurf machen kann. Aber während und weil die SPD sich selbst und ihre Anhänger Jahre hindurch auf eine kommende »große« Lösung fixierte, wurden die unterdessen bestehenden Möglichkeiten, durch kräftige Druckentfaltung der organisierten Arbeiterschaft die realen Kräfteverhältnisse zu eigenen Gunsten zu verschieben, nicht genutzt, und die wirtschaftliche und soziale Entwicklung war der SPD schon bald davongelaufen. Ein »energischer Reformismus«, gestützt auf außerparlamentarische Aktivität, hätte unter den damaligen Umständen der westdeutschen Arbeiterschaft vermutlich mehr Erfolg eingebracht als die Mischung von Verbalradikalismus und tagespolitischer Anpassung, wie die SPD sie zu dieser Zeit praktizierte. Damit sollen nicht die Verdienste geschmälert werden, die in der Nachkriegszeit die Sozialdemokratie in Westdeutschland sich erwarb; diese lagen vor allem auf sozialpolitischem Gebiet und in der Eingewöhnung von Massen in eine demokratische Politikvorstellung. Aber zu fragen ist, ob nicht die Politik der SPD zwischen 1945 und 1952, von deren Ansprüchen sich die Partei in den folgenden Jahren nur mühsam und auf wenig überzeugende Weise wieder ablösen konnte, wesentlich dazu beigetragen hat, die noch verbliebene Identität der historischen Arbeiterbewegung in Deutschland bzw. Westdeutschland zerfallen zu lassen. Der Glaube an »ökonomische Zwangsläufigkeit«, in diesem Fall: an die Unfähigkeit der kapitalistischen Ökonomie, sich nach dem deutschen Zusammenbruch 1945 wieder zu regenerieren, spielte auch hier eine verhängnisvolle Rolle.

Paradoxerweise war es wohl gerade die sozialdemokratische Fiktion vom »Sozialismus als Tagesaufgabe«, die in der Entstehungszeit der Bundesrepublik gewissermaßen den Rücken freihielt für die erneute Befestigung einer kapitalistischen Gesellschaftsform, in der die organisierte Arbeitnehmerschaft nur über schwache Gegenmachtpositionen verfügt. Während die Sozialdemokraten eine »neue Gesellschaft« propagierten, konnten andere die alte Gesellschaft um so weniger gestört restaurieren.

Die Neuorganisation der Gewerkschaften

Entwicklung und gesellschaftspolitische Funktion der Gewerkschaften in Westdeutschland nach 1945 zeigen einige Parallelen zur Problematik der Sozialdemokratie, wie sie oben skizziert wurde; es liegen hier aber auch historische Unterschiede vor.[4] Die Rekonstruktion der organisierten Interessenvertretung der Arbeitnehmer auf wirtschaftlichem und sozialen Gebiet vollzog sich unmittelbar nach dem Zusammenbruch des deutschen Faschismus auf zwei Ebenen: Im lokalen Rahmen bildeten sich Betriebsausschüsse, Betriebsräte, kommunale Arbeiter- und Antifa-Komitees oder örtliche Gewerkschaftsgruppen, deren Aktivität vor allem darauf gerichtet war, die Produktion und Versorgung wieder in Gang zu setzen, Funktionäre des Dritten Reiches aus ihren Positionen zu verdrängen und Mitbestimmungsrechte der Arbeitnehmer in den Betrieben und Verwaltungen durchzusetzen. Oberhalb der lokalen Geschehnisse bemühten sich Funktionärskreise

der 1933 unterdrückten Gewerkschaften und emigrierte, nun zurückkehrende Gewerkschaftsrepräsentanten um die Reorganisation der Gewerkschaftsverbände, wobei es hier bereits einige konzeptionelle Vorarbeit aus Emigrations- oder illegalen Gesprächskreisen gab.
Erstaunlich ist die allgemeine und zügige Wiederherstellung betrieblich-gewerkschaftlicher Vertretungen in allen möglichen Varianten auf der lokalen Ebene. Hier zeigte sich, daß die Tradition der Arbeiterbewegung zumindest im Hinblick auf eine unmittelbar soziale Interessenorganisation den Faschismus sehr wohl überdauert hatte. Wir hatten schon darauf hingewiesen, daß die Besatzungsmächte bestrebt waren, die Aktivitäten betrieblicher und lokaler Arbeiterausschüsse rasch und nachhaltig unter ihre Kontrolle zu bringen und in Richtung auf die herkömmliche Trennung von betrieblicher, gewerkschaftlicher und parteipolitischer Vertretungsformen zu kanalisieren.
Lokale »Einheitsorganisationen« wurden aufgelöst oder auf reine Hilfsfunktionen für die politische Verwaltung reduziert.
Die Besatzungsmächte konnten sich schon bald nicht mehr der Notwendigkeit verschließen, dem Verlangen nach Betriebsvertretungen der Arbeiter und Angestellten Raum zu geben, die faktisch überall vorhandenen Betriebsräte zu legalisieren und dafür einen einheitlichen rechtlichen Rahmen zu schaffen. Im Frühjahr 1946 regelte der Alliierte Kontrollrat einheitlich für alle Besatzungszonen die Einrichtung von Betriebsräten auf der Basis demokratischer Wahlverfahren durch ein Gesetz, das sich in der Funktionszuschreibung der Betriebsräte deutlich von der harmonistischen Linie des Betriebsrätegesetzes der Weimarer Republik (und des späteren Betriebsverfassungsgesetzes der Bundesrepublik) unterschied und diese Organe klar an die Interessen der Arbeitnehmer band.
Komplizierter und weniger einheitlich war die Politik der Besatzungsmächte gegenüber der Neugründung der Gewerkschaften. Auf der deutschen Seite war ganz unbestritten, daß die Aufspaltung in weltanschaulich-politische Richtungsgewerkschaften, wie sie bis 1933 für die deutsche Gewerkschaftsbewegung kennzeichnend gewesen war, nicht wiederhergestellt werden, sondern einer Einheitsgewerkschaft weichen sollte, die als parteipolitisch und konfessionell-weltanschaulich unabhängig definiert wurde. Diesem Konzept folgte auch eine Direktive des Alliierten Kontrollrats vom 3.6.1946. Ansonsten aber gab es über die Struktur der Gewerkschaften und die Methode ihres organisatorischen Aufbaus Kontroversen unter den deutschen Gewerkschaftsgruppen und Differenzen zwischen den Besatzungsmächten. In der Sowjetischen Besatzungszone wurde die gewerkschaftliche

Organisation mit Hilfe der Besatzungsmacht rasch vorangetrieben; der dortige »Freie Deutsche Gewerkschaftsbund« (FDGB) war eindeutig nach dem Industrieverbandsprinzip gegliedert (d. h., »ein Betrieb – eine Gewerkschaft«, keine konkurrierenden Gewerkschaften in demselben Bereich und keine Sonderorganisationen für Angestellte oder Beamte) und hatte eine vergleichsweise zentralistische innerverbandliche Struktur. In den Westzonen intervenierten die Besatzungsmächte gegen einen schnellen Organisationsaufbau der Gewerkschaften und gegen eine zentralistische Organisationsstruktur; eine einheitliche Gewerkschaftsorganisation für das gesamte westdeutsche Gebiet kam erst im Oktober 1949 mit der Gründung des DGB zustande; bis dahin hatten im amerikanischen und französischen Besatzungsgebiet nicht einmal Zonenverbände der Gewerkschaften, sondern nur Landesverbände existiert. Das industrieverbandliche Organisationsprinzip konnte sich in den Westzonen nicht voll durchsetzen; in einigen Bereichen – so vor allem im Öffentlichen Dienst – konkurrierten verschiedene Einzelgewerkschaften miteinander, und mit der Deutschen Angestelltengewerkschaft (DAG) bildete sich die Organisation einer spezifischen sozialen Gruppe, zunächst im Verbund der DGB-Gewerkschaften, später unabhängig von ihnen. Für die Beamtenschaft wurden hier auch bald bereits wieder ständische Organisationen neben den Gewerkschaften (wie der Deutsche Beamtenbund) gegründet.
Zwischen den Gewerkschaften der Westzonen und dem FDGB in der Sowjetischen Besatzungszone bestanden lockere Formen der Kooperation, die sich um einiges länger aufrechterhalten ließen als die Kontakte zwischen den Linksparteien hüben und drüben.

Gewerkschaftliche Programmatik nach 1945

Im Jahre 1947 noch beschloß die Interzonenkonferenz der Gewerkschaften eine gemeinsame programmatische Erklärung zur »Neugestaltung der Wirtschaft« mit folgenden Forderungen:
»*1. Die Wiederherstellung der wirtschaftlichen Einheit Deutschlands, der baldigst die politische folgen muß.*
2. Aufbau eines Systems geplanter und gelenkter Wirtschaft. Vergesellschaftung der für die Lenkung der Gesamtwirtschaft wichtigen Schlüsselindustrien, Kredit- und Versicherungsinstitute.
3. Errichtung eines zentralen deutschen Amtes für Wirtschaftsplanung und -lenkung und Aufbau eines Systems von Organen der wirtschaftlichen Selbstverwaltung. In diesen Organen sowie bei der

Kontrolle des zentralen Amtes müssen die Gewerkschaften in voller Gleichberechtigung vertreten sein.
4. Die Erhöhung der Industrieproduktion Deutschlands für den friedlichen Bedarf über den vom Kontrollrat vorgesehenen Umfang hinaus, um die Versorgung des deutschen Volkes zu verbessern und die Wiedergutmachungsansprüche erfüllen zu können. Die Demontage von Industrieanlagen, die hierzu dienen können, muß eingestellt werden.
5. Die Aufstellung und Durchführung eines Export- und Importplanes sowie die Eingliederung Deutschlands in die Weltwirtschaft mit dem Ziele, die wirtschaftliche Selbständigkeit Deutschlands wieder herzustellen. Größere Auslandskredite für Rohstoffe und Lebensmittel sind auf absehbare Zeit dazu notwendig.
6. Die Durchführung einer Bodenreform in Verbindung mit der Aufstellung eines einheitlichen Landwirtschaftsplanes zur restlosen Bebauung und besseren Ausnützung der landwirtschaftlichen Nutzflächen. Die Mitwirkung von Selbstverwaltungsorganen der Landwirtschaft unter angemessener Beteiligung der Gewerkschaften ist dabei sicherzustellen. Die Erfassung der für die Volksernährung notwendigen Agrarprodukte muß nach einem einheitlichen Ablieferungsplan mit einer durchgreifenden Kontrolle der Durchführung gewährleistet werden.
7. Die Durchführung einer einheitlichen Währungs- und Finanzreform für ganz Deutschland nach erfolgter wirtschaftlicher Einheit. Mit der Reform muß ein gerechter Lastenausgleich unter besonderer Berücksichtigung der wirtschaftlich Schwachen sowie eine tiefgreifende progressive Vermögensabgabe verbunden werden. Sachwerte und Geldvermögen sind dabei gleichzustellen...«
(München, 8.5.1947)
Die Einigung auf solche Forderungen fiel damals den Gewerkschaften in allen Zonen des besetzten Deutschlands noch nicht schwer. Ein Jahr später zerbrach allerdings auch die Gewerkschaftseinheit; die 9. Interzonenkonferenz der Gewerkschaften im August 1948 blieb die letzte derartige Veranstaltung. Anlaß für die Trennung war die Frage, ob die »Unabhängige Gewerkschaftsopposition« (UGO), die sich in den Westsektoren Berlins als Alternative zum FDGB gebildet hatte, zur Konferenz zugelassen werden sollte. (Die UGO wurde später der Westberliner Landesverband des DGB.) Das erste Grundsatzprogramm der Gewerkschaftsbewegung in Westdeutschland, nämlich das Wirtschaftsprogramm des DGB-Gründungskongresses vom Oktober 1949, unterschied sich in den ökonomischen Vorstellungen kaum von

der zitierten Erklärung der Interzonenkonferenz 1947. Dieses DGB-Programm von 1949, obwohl formal erst nach Gründung der Bundesrepublik zustande gekommen, gibt einen Eindruck von den Konzeptionen, wie sie für die westdeutschen Gewerkschaften in den Jahren vor 1949 typisch waren; im Mittelpunkt standen Forderungen nach Mitbestimmung, Sozialisierung der Schlüsselindustrien und der Banken und nach gesamtwirtschaftlicher Planung. Begründet wurden diese Forderungen mit den sozialen Interessen der Arbeitnehmer und der historischen Erfahrung, daß die politische Demokratie nicht abgesichert sei, wenn sie nicht durch Demokratisierung der Wirtschaft ergänzt werde. Zusätzlich wurde – allerdings schwächer als in der damaligen Programmatik der SPD – das Argument herangezogen, daß die kapitalistische Marktwirtschaft die materiellen Bedürfnisse der Masse der Bevölkerung nicht befriedigen könne. Bis zur Gründung der Bundesrepublik hatten die westdeutschen Gewerkschaften von ihren zentralen Forderungen nur eine, und diese nur sehr begrenzt, realisieren können, nämlich die nach Mitbestimmung im Unternehmen. Das kam so:

Die Großunternehmen der Montanindustrie des Rhein-Ruhrgebiets galten der Arbeiterschaft wie der britischen Labour-Regierung als extreme Ausformungen einer kapitalistischen Machtkonzentration, geprägt durch Rüstungswirtschaft und enge Verbindungen zum Faschismus, wobei es sein kann, daß in Großbritannien auch weniger politische, sondern vielmehr wirtschaftliche Konkurrenz-Motive im Hintergrund mitspielten.

Die britische Besatzungspolitik hegte zeitweise den Gedanken, diese wirtschaftlichen Machtzentren an Rhein und Ruhr durch Demontagen zu zerschlagen; daran konnten auf deutscher Seite auch die Arbeiter nicht interessiert sein. In der Arbeiterschaft war die Forderung nach Sozialisierung dieser Großunternehmen populär; hier wären aber die Briten mit der amerikanischen Deutschlandpolitik in Konflikt gekommen, die eindeutig von dem Willen zur Erhaltung des privaten Großbesitzes bestimmt war. Die deutschen Unternehmer wiederum waren zu dieser Zeit geneigt, der Arbeiterschaft teilweise entgegenzukommen, um »Schlimmeres zu verhüten«. So kam als ein für alle Seiten einigermaßen tragbarer Kompromiß für die Montangroßunternehmen eine Lösung zustande, die eine Entflechtung der Konzerne mit der Mitbestimmung für Arbeitnehmervertreter in den Aufsichtsräten verband. Die eigentumsrechtlichen Verhältnisse blieben zunächst ungeklärt; 1950 wurde diese Frage endgültig zugunsten der Altbesitzer entschieden.

Unternehmersprecher begrüßten die Mitbestimmung der Arbeitnehmer in den Jahren 1947/48 noch als »Schritt zur Wirtschaftsdemokratie«; etliche Jahre später sahen sie die Dinge anders und erklärten, diese Mitbestimmungsrechte seien ihnen damals abgepreßt worden...
Über die Mitbestimmung in den Montangroßunternehmen hinaus konnten die Gewerkschaften keinen ihrer Programmpunkte politisch durchsetzen. Zwar kamen in etlichen Ländern der westlichen Besatzungszonen Verfassungsbestimmungen oder Landtagsbeschlüsse zustande, die eine Sozialisierung von Schlüsselindustrien oder eine generelle Mitbestimmung der Arbeitnehmervertreter in den Unternehmen vorsahen, aber praktische Schritte in diese Richtung scheiterten am Einspruch der Besatzungsmächte, wobei meist das formale Argument eingesetzt wurde, daß solch schwerwiegende Fragen nur von einer deutschen Regierung und nicht von einzelnen Ländern entschieden werden dürften. Faktisch bedeutete das eine Befestigung der alten wirtschaftlichen Herrschaftsverhältnisse. Die Politik des Wirtschaftsrats der Bi-Zone, der Marshall-Plan und die Währungsreform drängten ebenfalls auf die Rehabilitierung der kapitalistischen Wirtschaftsordnung hin. Die Gewerkschaften setzten dem keinen massiven Widerstand entgegen, sie sagten sogar ihr ausdrückliches Ja zum Marshall-Plan. Ausschlaggebend war dabei die Meinung, daß die wirtschaftliche Notlage nur durch Anpassung an die Vorstellungen der materiell mächtigen USA überwunden werden könne. Der damalige Repräsentant der Gewerkschaften in der britischen Zone und spätere Vorsitzende des DGB, Hans Böckler, nannte die Dinge beim Kongreß der Gewerkschaften der britischen Zone im Juni 1948 beim Namen: »Sollte aber das Leben unseres Volkes von amerikanischer Hilfe abhängen, dann wären wir bereit, die Sozialisierungsforderung vorerst zu vertagen.« Innergewerkschaftliche Kritiker wiesen darauf hin, daß durch ein solches Vorgehen die Arbeiterschaft »sich selbst entwaffne«, blieben aber klar in der Minderheit.
Die Gewerkschaften fanden in dieser für sie ungünstigen Lage Trost darin, daß die eigentlichen Strukturentscheidungen ohnehin erst später fallen würden – und daß dann die Sozialdemokratie, die ihre Forderungen am ehesten vertrat, die Mehrheit erobert haben würde.

Arbeitnehmerinteressen und verfassungspolitische Positionen

Die erneute Befestigung der alten ökonomischen Verhältnisse und die Verschiebungen in der Konstellation der gesellschaftlichen Kräfte zu-

ungunsten der Gewerkschaften fanden auch ihren verfassungspolitischen Ausdruck.
In der Nähe der gewerkschaftlichen Programmatik befanden sich noch die gesellschaftspolitischen Festlegungen der meisten Länderverfassungen in der Bundesrepublik, die – ausgenommen die Landesverfassung von Nordrhein-Westfalen – schon vor der Gründung des westdeutschen Staates beschlossen wurden und weitgehend noch die Reformstimmung der ersten Nachkriegsjahre widerspiegeln.
Viele dieser Verfassungen enthalten ausdrücklich die Anerkennung des wirtschaftlichen Mitbestimmungsrechts der Arbeitnehmer und ihrer Koalitionen; in etlichen Verfassungen wird übermäßige Konzentration von Kapitalmacht für unzulässig, Sozialisierungspolitik für ein geeignetes Gegenmittel erklärt.
Selbst die erst 1950 verabschiedete nordrhein-westfälische Landesverfassung bekennt sich zu einer gemeinwirtschaftlichen Politik. Artikel 26 bestimmt: »... wird das Recht der Arbeitnehmer auf gleichberechtigte Mitbestimmung bei der Gestaltung der wirtschaftlichen und sozialen Ordnung anerkannt und gewährleistet.«
Und in Art. 27 heißt es: »Großbetriebe der Grundstoffindustrie und Unternehmungen, die wegen ihrer monopolartigen Stellung besondere Bedeutung haben, sollen in Gemeineigentum überführt werden.«
Das Grundgesetz der Bundesrepublik ist bereits von anderen gesellschaftspolitischen Kräfteverhältnissen geprägt.
Bei den Beratungen des Parlamentarischen Rates über ein Grundgesetz der Bundesrepublik Deutschland zwischen September 1948 und Mai 1949 war eine Mitwirkung der Arbeitnehmerkoalitionen nicht gegeben. Der Gewerkschaftsrat der Westzonen verlangte in einer Stellungnahme zu den verfassungsgebenden Beratungen die Verankerung des Rechts auf Arbeit und des Streikrechts in der Verfassung. Der Parlamentarische Rat ist diesem Vorschlag jedoch nicht nachgekommen. Die Gewerkschaften verfolgten die Beratungen des Parlamentarischen Rates und auch die Ablehnung ihrer Vorschläge nicht mit besonderer Intensität; hierzu mag beigetragen haben, daß die dort beratene Verfassung ohnehin nur als ein relativ kurzfristiges Provisorium gewertet wurde.
Im übrigen hofften die Gewerkschaften auf eine parlamentarische Mehrheit der SPD nach den ersten Bundestagswahlen; dann – so meinten sie – könnte eine Veränderung der Wirtschafts- und Sozialstruktur im Sinne der gewerkschaftlichen Programmatik auf dem Wege der einfachen Gesetzgebung angebahnt werden.
Das Grundgesetz der Bundesrepublik Deutschland vom 23. Mai 1949

erbrachte nur wenig Festlegungen zur Sozial- und Wirtschaftsordnung. Es enthält in den Artikeln 20 und 28 eine Festlegung auf den »Sozialstaat« als Prinzip der Verfassungsordnung; da nähere Ausführungen zu diesem Leitbegriff fehlen, war und ist er Definitionsproblemen und höchst kontroversen Auslegungsmöglichkeiten ausgesetzt.
Im übrigen machen zwei Artikel des Grundgesetzes Aussagen zur Wirtschaftsordnung:
Artikel 14
»(1) Das Eigentum und das Erbrecht werden gewährleistet. Inhalt und Schranken werden durch die Gesetze bestimmt.
(2) Eigentum verpflichtet, sein Gebrauch soll zugleich dem Wohle der Allgemeinheit dienen.
(3) Eine Enteignung ist nur zum Wohle der Allgemeinheit zulässig. Sie darf nur durch Gesetze oder auf Grund eines Gesetzes erfolgen, das Art und Ausmaß der Entschädigung regelt. Die Entschädigung ist unter gerechter Abwägung der Interessen der Allgemeinheit und der Beteiligten zu bestimmen. Wegen der Höhe der Entschädigung steht im Streitfalle der Rechtsweg offen.«
Artikel 15
»Grund und Boden, Naturschätze und Produktionsmittel können zum Zwecke der Vergesellschaftung durch ein Gesetz, das Art und Ausmaß der Entschädigung regelt, in Gemeineigentum oder in andere Formen der Gemeinwirtschaft überführt werden. Für die Entschädigung gilt Artikel 14 Absatz 3, Satz 3 und 4 entsprechend.«
Auch diese Artikel sind sehr interpretationsfähig. Keinesfalls entsprachen sie den Vorstellungen der westdeutschen Gewerkschaften über eine Neuordnung von Wirtschaft und Gesellschaft.

Sieg und Niederlage – Mitbestimmung und Betriebsverfassung

Das Ergebnis der ersten Bundestagswahl enttäuschte die Erwartungen der Gewerkschaften. Die parlamentarische Mehrheit und die Regierungsbildung lag bei politischen Kräften, die nicht an die sozialen Interessen der Arbeitnehmerschaft gebunden waren. Zwar enthielt die erste Regierungserklärung des Bundeskanzlers Konrad Adenauer noch die Andeutung, daß »die sozial- und gesellschaftspolitische Anerkennung der Arbeitnehmerschaft eine Neuordnung der Besitzverhältnisse in den Grundstoffindustrien notwendig« mache. Aber dieser Satz war wohl als ein verbales Zugeständnis an den Arbeitnehmerflügel der CDU gedacht; faktisch enthielt er vermutlich den Hinweis auf die per-

sönliche Bereitschaft Adenauers, die bereits praktizierte Mitbestimmung in den Großunternehmen der Montanindustrie zu erhalten. Die Unternehmerschaft trat bald nach Gründung der Bundesrepublik offen gegen die Mitbestimmung von Arbeitnehmervertretern in den Aufsichtsräten auf. Durch die Androhung von Massenstreiks seitens der Gewerkschaften und das Verständigungsbemühen des Bundeskanzlers (der allerdings gleichzeitig die geplanten gewerkschaftlichen Kampfmaßnahmen als verfassungswidrig hinstellte), gelang es, die Montanmitbestimmung zu retten und durch das Mitbestimmungsgesetz vom 10. April 1951 auf eine Rechtsgrundlage zu stellen.
Wie wenig damit den Gewerkschaften »das Tor zur Verwirklichung einer neuen Sozialordnung« geöffnet war, wie mancher ihrer Repräsentanten damals euphorisch kundtat, zeigte sich schon bald. Das Betriebsverfassungsgesetz vom 11.8.1952, das die Arbeitnehmervertretung in allen Unternehmen außerhalb des Geltungsbereichs der Montanmitbestimmung regelte, kam gegen alle Proteste der Gewerkschaften zustande und widersprach in krasser Form den gewerkschaftlichen Forderungen und Hoffnungen. Die Gewerkschaften riskierten in der Schlußphase der Auseinandersetzungen um dieses Gesetz keine Kampfmaßnahmen; nach der Verabschiedung des Gesetzes begnügten sie sich mit dem Aufruf: »Wählt einen besseren Bundestag!«
Für die Gewerkschaften war dies die entscheidende Niederlage bei dem Versuch, das Wirtschafts- und Sozialsystem auf dem Wege über die staatlichen Ordnungsfunktionen zu verändern.
Weshalb hatten die westdeutschen Gewerkschaften trotz ihres starken Organisationspotentials und des für ihre Forderungen zeitweise günstigen Klimas in der öffentlichen Meinung zwischen 1946 und 1952 so wenig Erfolge zu verzeichnen? Weshalb mußten sie in der »Rekonstruktionsperiode« Strukturentscheidungen hinnehmen, die bis heute das wirtschaftliche und soziale Leben in der Bundesrepublik prägen? E. Schmidt meint, daß die Gewerkschaften die ihnen immerhin möglichen Handlungsschancen nicht voll wahrgenommen hätten, weil die Form, in der sie die Auseinandersetzungen führten, die Aktivität und Energie der Mitglieder eher eindämmte; am Beispiel des Konflikts um das Betriebsverfassungsgesetz charakterisiert er die gewerkschaftliche Vorgehensweise: Es war eine Kampfführung ... »ohne echte Beteiligung der Funktionäre auf den unteren Ebenen, geschweige denn der Mitgliedschaft an der Formulierung der Ziele des Kampfes und ohne Mitsprache über dessen Verlauf. Bloße Anordnungen von oben und willkürliches Abstoppen der Kampfmaßnahmen, wann immer ein kleines Gremium der Gewerkschaftsführung es für richtig hielt, ohne

gemeinsame Beschlußfassung über Urabstimmung oder ähnliche Willensbildungsformen lähmten die Kampfkraft der Organisation. Diese Taktik leistete der zunehmenden Entpolitisierung der Mitglieder Vorschub und verhinderte, daß die Spitzenfunktionäre einer Kontrolle ihrer Maßnahmen unterworfen wurden, die ihnen isolierte Entscheidungen erschwert hätte. Zwar waren große Massen der organisierten Arbeitnehmerschaft, wie sich gezeigt hatte, zur Demonstration ihrer Interessen noch zu veranlassen, aber der Erfolg der Aktionen beruhte mehr auf der traditionellen Disziplin der Gewerkschaftsmitglieder und dem teilweise noch vorhandenen geschärften politischen Bewußtsein kleiner Funktionärsgruppen, die sich nicht widerstandslos der restaurativen Entwicklung fügen wollten ...«[5]
Folgt man dieser Interpretation, so ist zu ergänzen, daß die Zurückhaltung der Gewerkschaftsführungen gegenüber mehr spontanen Formen der Auseinandersetzung sicherlich auch durch die Furcht bedingt war, die Kommunisten könnten im Verlauf solcher Bewegungen Boden gewinnen.

Die Erfolglosigkeit der Gewerkschaften bei der »Neuordnung von Wirtschaft und Gesellschaft« in Westdeutschland nach 1945 hatte aber noch andere und tieferliegende Gründe. Hier ist der Blick zu richten auf die ökonomischen Verhältnisse in den Westzonen Deutschlands, auf die wirtschaftliche Entwicklung in diesem Gebiet und auf die Lage und das Bewußtsein der Arbeiter und Angestellten.

XVIII Zur Entwicklung der Lebensverhältnisse und zur Struktur der Arbeitnehmerschaft 1945-1952

Zumindest in den Jahren 1945 bis 1948 konnte es den Gewerkschaftsfunktionären und auch den Arbeitnehmern selbst so erscheinen, als seien nicht mehr die Unternehmer oder Kapitaleigner, sondern Besatzungsmächte und deutsche Verwaltungen die Kontrahenten, mit denen sie es bei der Durchsetzung von Arbeitnehmerinteressen zu tun hatten. Die Besatzungsmächte entschieden über Demontagen, über Produktionsausmaß, über die Lohnhöhe, über betriebliche und gewerkschaftliche Vertretungsrechte; mit ihnen hatte man sich anzulegen, wenn man für die Arbeitnehmerschaft einigermaßen erträgliche Lebensbedingungen wiederherstellen wollte. Und die deutschen politischen Verwaltungen waren es, die im Rahmen der jeweiligen Besatzungspolitik Nahrungs- und Wohnungsversorgung zu regeln und soziale Ansprüche zu entscheiden hatten und die dann mit zunehmendem parlamentarischen Unterbau (Länderparlamente; Wirtschaftsrat) größeren politischen Spielraum erhielten; auch sie waren also als Adressaten gewerkschaftlicher Einflußnahmen oder Kampfmaßnahmen sowie spontaner Aktionen der Arbeiterschaft zu identifizieren. Nicht anzutreffen oder nicht auszumachen waren hingegen die Unternehmer. Viele von ihnen waren in Entnazifizierungsverfahren verwickelt, oder sie hatten sich angesichts der wirren Zeiten aus der Öffentlichkeit zurückgezogen und die Verwaltung der Betriebe unteren Chargen überlassen; andere Unternehmer schienen ebenso machtlos und der Besatzungspolitik unterworfen wie die Arbeitnehmer. Unternehmerverbände sammelten sich erst längere Zeit nach Gründung der Gewerkschaften wieder. So konnte man also in den ersten Jahren nach dem Zusammenbruch des Faschismus den Eindruck gewinnen, daß der Kapitalismus längst abgedankt habe, daß es von daher nicht schwierig sein werde, eine neue Wirtschafts- und Sozialordnung zu erreichen.

Aber dieser Eindruck war, wenn auch verständlich, so doch höchst oberflächlich und in den Folgen für die Gewerkschaftspolitik fatal. Nicht von ungefähr hatte Marx sein analytisches Hauptwerk nicht »Die Kapitalisten«, sondern »Das Kapital« benannt; in der Nachkriegszeit aber wurde vielfach die Abwesenheit von Unternehmern mit der Nichtexistenz des Kapitalprinzips verwechselt. Tatsächlich hatten Zusammenbruch des Faschismus und Besatzungsmacht in Westdeutschland an den Kapitalverhältnissen nichts verändert; in die Eigentumsrechte wurde überhaupt nicht, in die Verfügungsrechte nur partiell und zeitweilig mit den Entflechtungsmaßnahmen der Briten eingegriffen. Die Vorstellung in der Arbeitnehmerschaft und in den Gewerkschaften, daß Sozialisierung und Mitbestimmung den Besatzungsmächten abgerungen werden müßten, war also nur halb richtig; keinesfalls hatte das Kapital abgedankt. Der Kapitalismus hatte aber auch nicht, wie die Gewerkschaften und viele Arbeitnehmer ebenfalls glaubten, abgewirtschaftet. Die Startbedingungen für einen neuen Konjunkturlauf der kapitalistischen Ökonomie waren in den Westzonen Deutschlands nach 1945 weitaus besser, als es die gewerkschaftliche (und sozialdemokratische) Argumentation verkündete. Das spätere »Wirtschaftswunder«, das propagandistisch alle sozialistischen oder gemeinwirtschaftlichen Programme der Nachkriegszeit zu widerlegen schien, war gar nicht so verwunderlich; der wirtschaftliche Aufschwung war schon in den Bedingungen der unmittelbaren Nachkriegszeit angelegt. Auch durch die Fehleinschätzungen, von denen die gewerkschaftlich-sozialdemokratischen Konzeptionen der Jahre 1945-1949 in dieser Hinsicht bestimmt waren, ist nach 1952, als alles plötzlich anders aussah, das Zutrauen zur Arbeiterbewegung bei den westdeutschen Arbeitnehmern dahingeschwunden.

Erfolgsbedingungen der westdeutschen Wirtschaft

W. Abelshauser[1] hat die realen Bedingungen der wirtschaftlichen Rekonstruktion in den Westzonen Deutschlands beschrieben: Der industrielle Kapitalstock und die wirtschaftliche Infrastruktur in Westdeutschland waren 1945 infolge der Bombardierungen teilweise zerstört, und die verbliebenen Kapazitäten wurden durch Demontagen oder Produktionsbeschränkungen weiter reduziert. Aber die Minderungen des Produktivkapitals waren bei weitem nicht so umfangreich, wie vom Erscheinungsbild her angenommen wurde. Gemessen am Stand von 1936 machten die Demontagen nur wenige Prozente aus, und im Vergleich zu demselben Jahr war die Substanz des Anlagekapitals sogar ein gutes Stück größer, vor allem aufgrund hoher Investitionen zwischen 1937 und 1943. Auch im Hinblick auf den technologischen Stand und die Produktivität nahm sich das westdeutsche Anlagevermögen nach Kriegsende nicht schlecht aus. Noch günstiger sah es beim Arbeitskräftepotential aus. Trotz der Menschenverluste im Krieg standen nach 1945 in Westdeutschland mehr Personen im arbeitsfähigen Alter zur Verfügung als vor 1939, und im Verhältnis zur Arbeitsplatzstruktur handelte es sich um ein Überangebot an hochqualifizierten Arbeitskräften. Das Lohnniveau wurde durch administrativen Lohnstop niedrig gehalten. Schwieriger stellte sich für den kapitalistischen Aufschwung die Infrastruktur dar; das Transportsystem vor allem war durch Kriegseinwirkungen stark gestört. Nachdem die USA das Konzept einer qualitativen Senkung des westdeutschen Industriepotentials (Morgenthau-Plan) kurz nach der Kapitulation des Deutschen Reiches über Bord geworfen hatten (schon die Bombardierungen waren mehr auf die Wohngebiete als auf die industriellen Anlagen gezielt gewesen) und als durch eine großangelegte Aktion im Jahre 1947 das Schienennetz in Westdeutschland wieder funktionsfähig gemacht worden war, stiegen die Produktionsziffern rasch und kräftig an. Es blieb zunächst noch die Krise der Versorgung der Bevölkerung, die sich auch auf die Arbeitsproduktivität auswirken mußte; aber hier handelte es sich zumindest teilweise um einen künstlichen Engpaß, weil in Erwartung der kommenden Währungsreform planmäßig größere Gütermengen von den Erzeugern zurückgehalten wurden. Marshall-Plan, Übergang zur Marktwirtschaft und Währungsreform waren insofern nicht Ursachen, sondern höchstens stützende Faktoren des wirtschaftlichen Aufschwungs in Westdeutschland; entscheidend waren der günstige Stand und das vorteilhafte Verhältnis der beiden wichtigsten Produktionsfaktoren, des Anlagekapitals und des Arbeitsvermögens.

Die Währungsreform hatte allerdings auf einem anderen Gebiet massive Wirkungen; sie griff nachhaltig in die wirtschaftliche Machtverteilung zugunsten des Produktivkapitals und der Sachwertbesitzer ein. Barvermögen und Bankguthaben wurden durch die Währungsreform im Verhältnis 100:6,5, Schulden im Verhältnis 10:1 abgewertet. Die Sachwertsubstanz und die produktiven Besitztümer wurden durch diesen Schnitt überhaupt nicht negativ tangiert, im Gegenteil, relativ stieg ihr Wert durch diese Enteignung der Lohn- und Gehaltsempfänger und Sparer; die Sachwertbesitzer oder Eigner von Produktivvermögen wurden von vielen Verbindlichkeiten befreit, also sozusagen entschuldet, und die gleichzeitige Aufhebung der Preisbindung gab ihnen zusätzliche Möglichkeiten, gehortete Waren sehr vorteilhaft auf den Markt zu werfen. Hier lag eine der Quellen der Eigenfinanzierung unternehmerischer Investitionen, die dann für die Wirtschaftsentwicklung in der Bundesrepublik eine bis dahin unbekannte Bedeutung gewann. Die Arbeitnehmer hingegen, die in den Jahren zwischen 1945 und 1948 die Produktion oft für bloße Hungerrationen wieder in Gang und auf eine erstaunliche Höhe gebracht hatten, wurden bei der Währungsreform mit einem Kopfgeld von 40,– DM abgefunden.

Die Lage der Arbeitnehmerschaft in der Nachkriegszeit

Die soziale und wirtschaftliche Struktur der Arbeitnehmerschaft im Nachkriegsdeutschland bot für eine geschlossene Vertretung der eigenen Interessen keineswegs günstige Voraussetzungen.[2]
Nach der amtlichen Statistik lebten im Herbst 1946 in den westlichen Besatzungszonen rund 7 Millionen Flüchtlinge. Durch diesen Zustrom war trotz der Kriegsverluste die Einwohnerzahl im Gebiet der späteren Bundesrepublik zwischen 1939 und 1946 von 39,4 auf 43,7 Millionen angestiegen. Weil bei den Kriegsgefallenen und den immer noch Kriegsgefangenen (im März 1947 waren noch 2,2 Millionen in Kriegsgefangenschaft) der Anteil der jüngeren und mittleren Jahrgänge der Männer am höchsten war, hatte sich die Bevölkerungszusammensetzung zu einem sehr viel höheren Anteil von Versorgungsbedürftigen hin verschoben. Angestiegen war durch den Krieg der Anteil der erwerbstätigen Frauen. Durch den Zustrom der Vertriebenen und der Flüchtlinge lag trotz der eben genannten Veränderungen in der Bevölkerungszusammensetzung das Arbeitskräfteangebot hoch. Vertreibung und Flucht bedeuteten für einen Teil der Betroffenen auch den sozialen Abstieg in die Klasse der abhängig Arbeitenden; für andere brachten sie eine zeitweilige, sozusagen künstliche Selbständigkeit der wirtschaftlichen Existenz mit sich.

Entwicklung der Erwerbsstruktur

Kategorien	1939		1950	
	(Millionen)	(Prozent)	(Millionen)	(Prozent)
Selbstständige	2,9	14,4	3,3	14,7
Mithelfende Familienangehörige	3,6	17,8	3,2	14,4
Beamte (einschl. Soldaten)	1,7	8,2	0,9	4,0
Angestellte	2,6	12,8	3,5	16,0
Arbeiter	9,5	46,8	11,2	50,9

(Angaben nach J. Kuczynski)

Als sich um 1950 die räumliche Verteilung der Arbeitnehmer und deren Zuordnung zu den Wirtschaftsbereichen allmählich wieder normalisierten, ergab sich zunächst eine höhere Arbeitslosenquote. Die Konkurrenz um gute Arbeitsplätze, die nun um sich griff, war nicht gerade dazu angetan, die Kampfpositionen der Gewerkschaften zu verbessern. Die Entwicklung der Reallöhne in der Nachkriegszeit läßt ebenfalls die für die Arbeitnehmer ungünstige Kräftekonstellation erkennen. Im Juni 1948 lag der durchschnittliche Reallohnindex im Vergleich zu 1938 bei 65, im Dezember 1950 bei 88. Besser gestellt waren Arbeitergruppen in spezifischen Produktionsbereichen; im Bergbau z. B. hatte das Reallohnniveau Ende 1950 das von 1938 wieder erreicht. Ein besonders niedriges Lohnniveau lag bei großen Teilen der Vertriebenen bzw. Flüchtlingen und bei den meisten weiblichen Arbeitskräften vor. Von der Arbeitslosigkeit waren besonders Jugendliche betroffen. Die durchschnittliche Arbeitszeit der Beschäftigten hatte 1950 das Vorkriegsniveau überschritten, auch die Arbeitshetze war ab 1948 angestiegen, erkennbar an der Zunahme von Stücklohnbezahlung gegenüber dem Zeitlohn.

Daß Arbeitnehmer und Unternehmer von der wirtschaftlichen Rekonstruktion in Westdeutschland sehr unterschiedlich profitierten, geht aus dem Vergleich der Lohn- und Gehaltssummen (Bruttoangaben) einerseits, der Gewinnsummen andererseits hervor. Wenn man für beide Entwicklungen den Stand von 1936 gleich Hundert setzt, ergeben sich nach Berechnungen von J. Kuczynski folgende Trends:

Jahr und Monat		Lohn- und Gehaltssumme	Gewinnsumme
	1936	100	100
September	1948	134	187
Dezember	1948	158	217
Juni	1949	166	252
Dezember	1949	185	294
Juni	1950	191	320
September	1950	206	386

Gerade durch die Vertriebenen und Flüchtlinge stand in Westdeutschland dem Kapital eine preiswerte industrielle Reservearmee zur Verfügung, wobei die Arbeitslosigkeit zum Teil durch zeitweilige und wenig produktive Tätigkeiten in der Land- und Forstwirtschaft oder im Dienstleistungssektor verdeckt war.

Katastrophal war für weite Teile der Arbeitnehmerschaft in der Nachkriegszeit die Wohnungs- und Ernährungslage.
Für 1947 wurde im Gebiet der Westzonen ein Bedarf von 18,2 Millionen Wohnungen errechnet, dem lediglich 9,8 Millionen erhalten gebliebene Wohnungen (jeweils auf durchschnittliche Größenordnung hin berechnet) gegenüberstanden.
Die Versorgung mit Nahrungsmitteln verschlechterte sich gerade 1947/48 in extremer Weise, zumindest für diejenigen, die nicht »Selbstversorger« waren oder Sachgüter für den Äquivalententausch anzubieten hatten. Die Gründe dafür lagen auch im Wegfall von landwirtschaftlichen Nutzflächen in den früheren deutschen Ostgebieten, an mangelndem Wirtschaftsverkehr, an schlechten Ernten, aber auch an Hortungen und Verteilungsmängeln.
Im Jahre 1947 kam es wegen dieser Nahrungsmittelkrise zu großen Protestaktionen vor allem im Ruhrgebiet, die sich zusehends politisierten.[3]
Versammlungen der Belegschaften oder der Belegschaftsvertreter großer Betriebe verlangten Umbesetzungen in der Wirtschaftsverwaltung, Kontrollausschüsse der Arbeitnehmer und – um die eigene Position in den Tagesauseinandersetzungen zu stärken – Sozialisierung der Unternehmen, vor allem des Bergbaus. Die Parole »Die Gruben in des Volkes Hand« war damals im Ruhrgebiet weit verbreitet und keineswegs eine künstliche Kreation der KPD. Die Militärregierung drohte mit Truppeneinsatz und Kürzung der Nahrungsmittelrationen und versprach gleichzeitig eine Verbesserung der Rationen bei Wohlverhalten der Arbeiter. Die Gewerkschaften unterstützten die Protestbewegungen und Streiks nur zum Teil. Nach der Währungsreform kam es infolge der Preissteigerungen erneut zu einer Verschlechterung der Lebenslage der Arbeiterschaft. Nun riefen die Gewerkschaftsleitungen der britischen und der amerikanischen Besatzungszone zu einem eintägigen Proteststreik auf, an dem sich 11,7 Millionen Arbeitnehmer beteiligten.
Diese Bewegungen in der Arbeiterschaft trugen zu aktuellen Verbesserungen der sozialen Lage bei, und sie übten auch Druck aus auf die Verankerung der Mitbestimmung in den Montan-Großunternehmen sowie auf die arbeitnehmerfreundliche Ausgestaltung einiger Länderverfassungen. Aber eine Durchsetzung der wirtschaftspolitischen Programmatik der Gewerkschaften war von solchen vereinzelten oder momentanen Aktionen nicht zu erwarten. Wenn in der linken Literatur zu diesem Thema gelegentlich die These vertreten wird, nur durch die Passivität der Gewerkschaftsführungen seien die Möglichkeiten ei-

ner gesellschaftlichen Umwälzung, die in den Protestbewegungen gelegen hätten, versäumt worden, so steckt darin eine Überschätzung des »revolutionären« Potentials in der Arbeiterschaft. Zu bedenken ist, daß deren reale Lage und Bewußtsein damals durch vielfältige Aufspaltung und Ungleichzeitigkeiten bestimmt war.

Erfahrungen und gesellschaftliche Orientierungen

Um solche Differenzierungen wenigstens anzudeuten: Da gab es einen Stamm von älteren Industriearbeitern, die noch durch die Verhaltensmuster der traditionellen Arbeiterbewegung vor der Weltwirtschaftskrise geprägt, politisch geschult und organisatorisch geübt waren, – aber gerade diese Gruppe war durch die Verfolgung im Faschismus dezimiert und zum Teil auch durch die Fehler und Mißerfolge der alten Arbeiterorganisationen in Resignation getrieben; was hier an politischer Energie übrig geblieben war, konzentrierte sich oft auf unmittelbar betriebliche Aktivitäten. Da waren jüngere Arbeiter, die die Agonie der Weimarer Demokratie gerade noch mitbekommen hatten, damals arbeitslos waren, nationalsozialistisch oder kommunistisch gewählt hatten und dann erst im Dritten Reich dauerhaft in den Arbeitsprozeß eingegliedert worden waren; ihr politisches Denken schwankte vielfach zwischen einem Radikalismus, der nach 1945 zeitweise der KPD zugute kam, und Restbeständen nationalsozialistischer Volksgemeinschaftsideologie. Das galt insbesondere für diejenigen unter ihnen, die Jahre hindurch als Soldaten oder dann als Kriegsgefangene dem sozialen Zusammenhang des Arbeitslebens entrissen und in eine ganz andere Form des Zusammenlebens hineingezwängt waren, mit anderen Problemen, weitab von den Konflikterfahrungen der sozialen Klassen. Ferner gab es Jungarbeiter, die politisch bewußt nie etwas anderes kennengelernt hatten als den Faschismus, die Hitlerjugend, den Arbeitsdienst und das Militär. Für sie waren die politischen Orientierungen und die Aktionsformen der Arbeiterbewegung Neuland. In derselben Generation gab es auch sozial aufbegehrende, mit dem Faschismus spontan in Konflikt gekommene junge Leute; aber ihrer Mentalität entsprachen die ideologisch überhöhten und traditionell strukturierten Formen der Arbeiterorganisationen nach 1945 wohl wenig. Hinzu kam die Differenzierung, die in den spezifischen, sich auch politisch auswirkenden Erfahrungen von Kriegsgefangenschaft oder Vertreibung begründet lag; die verständlichen Fixierungen darauf, erst einmal die individuelle Existenz wieder zu konsolidieren; die

Konkurrenzen zwischen einheimischen und zugeströmten Arbeitnehmern. Schließlich gab es nicht nur die Ost-West-Wanderung, sondern durch Evakuierung in Kriegszeiten und Flucht aufs Land nach dem Kriege auch große »Binnenwanderungen« in Westdeutschland; eine solche geographische Mobilität brachte im allgemeinen auch die Auflösung bisheriger sozialer Zusammenhänge und kollektiver Handlungsformen mit sich.

Insofern sind Lage und Bewußtsein der Arbeitnehmerschaft nach 1945 durch eine ganz außergewöhnliche Zersplitterung, fast Atomisierung gekennzeichnet, die es ungeheuer erschwerte, gemeinsame Interessen der sozialen Klasse dauerhaft und solidarisch zu vertreten. Überdies war für das Bewußtsein der Arbeitnehmer der soziale Gegensatz von Lohnarbeit und Kapital, also die »Klassenfront«, vielfach durch ganz andere Frontbildungen überdeckt, so etwa durch den Gegensatz zur Besatzungspolitik, oder durch den Gegensatz zu der privilegierten ländlich-bäuerlichen Bevölkerung. Aufspaltung des Klassenbewußtseins verband sich dabei oft auf widerspruchsvolle Weise mit einer großen sozialen Hilfsbereitschaft im Einzelfall und mit dem Wunsch nach »Gerechtigkeit« (als »gerechter« Verteilung des materiellen Mangels) oder »wirklicher Volksgemeinschaft«, – ein Begriff, der damals weithin noch positiv besetzt war und in dem sich Sentiments in Richtung auf einen »besseren« Nationalsozialismus mit Erinnerungen an alte Formen der Arbeitersolidarität mischten. Im Resümee: Diese damalige Situation, letztlich beherrscht durch das Faktum, daß der deutsche Faschismus nicht von innen her an sein Ende gekommen war, machte es recht unwahrscheinlich, daß die Arbeitnehmerschaft in der Auseinandersetzung mit den Besatzungsmächten und gegenläufigen sozialökonomischen Kräften in der eigenen Gesellschaft so etwas wie eine »sozialistische Gesellschaft« hätte erreichen können. Die Alternativen zu der Entwicklung, die sich dann historisch in Westdeutschland durchsetzte, hätten vermutlich auf einer anderen Ebene gelegen, nämlich in der Herausbildung und zugleich Neuformung einer konsequenten, auf konkrete Ziele gerichteten Interessenvertretung der Arbeitnehmer, die sich nicht mit der »Stellvertretung« durch Parteienrepräsentation oder der Hoffnung auf gesetzgeberische Aktivitäten begnügt hätte.

XIX Das Verhältnis von Kapital und Lohnarbeit in der Gesellschaft der Bundesrepublik

Nachdem die Nachkriegskonzeptionen der Gewerkschaften für eine gesellschaftspolitische Neuordnung im allgemeinen ohne Erfolg geblieben waren und durch das Grundgesetz von 1949, das Montanmitbestimmungsgesetz von 1951 und das Betriebsverfassungsgesetz von 1952 die Strukturentscheidungen für das Verhältnis von Arbeit und Kapital auf der rechtlichen Ebene im wesentlichen vorgegeben waren, entwickelte sich in diesem Rahmen in den beiden folgenden Jahrzehnten ein System der Interessenvertretung der Arbeitnehmer, das hier in seinen wichtigsten Elementen vorgestellt werden soll.

Koalitionsfreiheit und Tarifautonomie

Die verfassungsrechtliche Grundlage der Tätigkeit der Gewerkschaften in der Bundesrepublik bietet der zu den Grundrechtsartikeln gehörende *Art. 9 Abs. 3 des Grundgesetzes*. In der Rechtsordnung der Bundesrepublik stellt dieser Artikel eine besondere Konkretisierung des in Art. 20 festgelegten Verfassungsprinzips der Sozialstaatlichkeit dar. Er ist das einzige ausdrücklich anerkannte soziale Grundrecht.
Der Art. 9 Abs. 3 GG legt fest: »Das Recht, zur Wahrung und Förderung der Arbeits- und Wirtschaftsbedingungen Vereinigungen zu bilden, ist für jedermann und für alle Berufe gewährleistet. Abreden, die dieses Recht einschränken oder zu behindern suchen, sind nichtig, hierauf gerichtete Maßnahmen sind rechtswidrig«. Auch dieses Grundrecht bindet gemäß Art. 1 Abs. 3 GG Gesetzgebung, vollziehende Gewalt und Rechtsprechung als unmittelbar geltendes Recht. Dieses Grundrecht wird als Koalitionsfreiheit bezeichnet.
Die *Tarifhoheit* als das *autonome* Recht der Wirtschaftsverbände, durch Tarifvertrag kollektive Regelungen für die Lohn- und Arbeitsbedingungen zu schaffen, gehört zum Inhalt der *Koalitionsfreiheit*. Das hat das Bundesverfassungsgericht eindeutig entschieden: »Mit dem Grundrecht der Koalitionsfreiheit gewährleistet das Grundgesetz zugleich die Institution eines gesetzlich geregelten und geschützten Tarifvertragssystems, dessen Partner frei gebildete Vereinigungen im Sinne des Art. 9 Abs. 3 GG sein müssen ...

... (Es gibt einen) verfassungsmäßig geschützten Kernbereich verbandsmäßiger Lohngestaltung«. (Urteil v. 18.11.54).
Die Tarifautonomie der Koalitionen ist in hundertjährigem Ringen »Schritt für Schritt dem Staat abgetrotzt« (Galperin) worden. Daß die Verbände heute als *»Grundrechtsträger«* anerkannt und geschützt sind, läßt die Tarifautonomie in neuem Licht erscheinen. *Die Grundlage der Autonomie kann daher nicht eine staatliche Delegation sein; denn eine solche »Ermächtigung« könnte jederzeit zurückgezogen werden.* Die Theorie der »Delegation« wäre auch eine den tatsächlichen Verhältnissen widersprechende Konstruktion, denn die Tarifpartner regeln die Lohn- und Arbeitsbedingungen nicht als Beauftragte des Staates, sondern als ihre eigene Angelegenheit.
Nach dem in der Bundesrepublik geltenden Tarifrecht können Tarifvertragsparteien sein: auf seiten der Arbeitgeberschaft ein einzelner Arbeitgeber (Haus- oder Firmentarif) oder ein Arbeitgeberverband (Verbandstarif); auf seiten der Arbeitnehmerschaft eine Gewerkschaft. Voraussetzung für die Tariffähigkeit einer Gewerkschaft oder eines Arbeitgeberverbandes ist in der Bundesrepublik nach geltendem Recht, daß die Koalition unabhängig ist, auf freiwilliger Mitgliedschaft gründet, überbetrieblich organisiert ist, sich die Regelung der Arbeitsbedingungen zum Ziel setzt und »gegnerfrei« ist (d. h. Arbeitnehmer und Arbeitgeber können nicht derselben Koalition angehören).
Die durch Tarifvertrag zustandegekommenen Normen gelten zwingend für die beiderseits *Tarifgebundenen;* auf nicht-organisierte Arbeitgeber oder Arbeitnehmer im Geltungsbereich eines Tarifvertrages werden die tarifvertraglichen Normen erst dann ausgedehnt, wenn eine staatliche Allgemeinverbindlichkeitserklärung erfolgt, die aber wiederum an die Mitwirkung der Tarifparteien gebunden ist.
Über den personellen, räumlichen und sachlichen Geltungsbereich des Tarifvertrages bestimmen die Tarifparteien nach freiem Ermessen; ebenso bleibt es ihnen überlassen, die Art des Tarifvertrages zu bestimmen. In der Tarifgestaltung der Bundesrepublik unterscheidet man vor allem »Lohn- und Gehaltstarifverträge« (die über Höhe und Bemessungsgrundsätze des Arbeitsentgelts bestimmen) und »Manteltarifverträge« (die allgemeine Arbeitsbedingungen wie u. a. Arbeitszeit, Urlaubsregelungen, Schlichtung von Streitfällen regeln).
Bei den Gewerkschaften besteht seit langem die Tendenz, tarifvertragliche Regelungen über das klassische Gebiet des Tarifvertrages, die Lohnpolitik, hinaus *auf neue Bereiche auszudehnen.* So sind von einigen Gewerkschaften tarifvertragliche Regelungen über Gesundheits-

förderung, Fortbildung und Schutz vor Rationalisierungsfolgen für Arbeitnehmer vorgeschlagen und z. T. realisiert worden. Umstritten bzw. von vielen Arbeitgeberrepräsentanten in Frage gestellt ist, ob durch Tarifverträge auch die Ausdehnung von Mitbestimmungsrechten der Arbeitnehmer geregelt werden kann. Für das zukünftige Verhältnis von Arbeitgebern, Arbeitnehmerkoalitionen und Staat in der Bundesrepublik ist es von entscheidender Bedeutung, ob die von den Gewerkschaften angestrebte Ausdehnung der tarifvertraglich zu regelnden Materie auf neue Bereiche jenseits der bloßen Lohngestaltung gelingt und damit weitere Bereiche des Arbeitslebens der autonomen Regelung durch die arbeitsrechtlichen Koalitionen freigehalten werden.

Wesentlich für das Arbeitsrecht in der Bundesrepublik ist, daß es grundsätzlich *keinen staatlichen Schlichtungszwang* gibt, eine formelle Einflußnahme des Staates auf den Inhalt und das Zustandekommen von Tarifverträgen also nicht gegeben ist, auch dann nicht, wenn der Abschluß neuer Tarifverträge auf Schwierigkeiten stößt und die Auseinandersetzung der sozialen Kontrahenten zu Arbeitskämpfen führt. Schlichtungsvereinbarungen liegen in der *Kompetenz der Tarifparteien* selbst.

Sofern Schlichtungsinstanzen der Tarifparteien nicht tätig werden, kann ein von Arbeitgebern und Arbeitnehmern paritätisch besetzter Schlichtungsausschuß unter Vorsitz eines von der staatlichen Arbeitsbehörde (Arbeitsminister des betr. Bundeslandes) benannten »Landesschlichters« hinzugezogen werden; Schiedssprüche dieser Schlichtungsstelle sind jedoch nur dann bindend, wenn beide Tarifparteien ihnen zustimmen.

In der Konsequenz der Tarifautonomie liegt auch das Recht auf den Arbeitskampf.

Arbeitskampfrecht

Da die sozialen Beziehungen in der Bundesrepublik – der deutschen Gesellschaftstradition entsprechend – in hohem Maße verrechtlicht sind, andererseits aber das Grundgesetz diese Materie näherhin nicht behandelt und auch die Gesetzgebung kein geschlossenes System des Arbeitsrechts entwickelt hat, haben Rechtsprechung und Rechtslehre einen ungewöhnlich intensiven Einfluß auf die Handlungsmöglichkeiten der Arbeitnehmer und ihre Koalitionen gewonnen. Was das Arbeitskampfrecht angeht, so überwiegt in der westdeutschen

Rechtslehre die Ansicht, daß mit der grundgesetzlichen Anerkennung der Koalitionsfreiheit auch das Mittel des Streiks legalisiert sei; im Unterschied zu vielen anderen kapitalistischen Ländern wird aber die Rechtmäßigkeit des Streiks im einzelnen, der herrschenden Rechtsprechung und Rechtslehre nach, von ganz bestimmten, restriktiven Voraussetzungen abhängig gemacht. Maßgeblich sind hier die Leitsätze von der »Sozialadäquanz« des Streiks und vom Arbeitskampf als »ultima ratio«, sie fanden ihren Niederschlag in der Rechtsprechung des Bundesarbeitsgerichts und gelten als herrschende Lehre. Das Bundesarbeitsgericht hat 1955 entschieden: »*Arbeitskämpfe sind im allgemeinen unerwünscht, da sie volkswirtschaftliche Schäden mit sich bringen und den im Interesse der Gesamtheit liegenden sozialen Frieden beeinträchtigen; aber sie sind in bestimmten Grenzen erlaubt, sie sind in der freiheitlichen, sozialen Grundordnung der Deutschen Bundesrepublik zugelassen. Unterbrechungen der betrieblichen Arbeitstätigkeit durch einen solchen Arbeitskampf sind sozialadäquat, da die beteiligten Arbeitnehmer und Arbeitgeber mit solchen kampfweisen Störungen auf Veranlassung und unter der Leitung der Sozialpartner von jeher rechnen müssen und die deutsche freiheitliche Rechtsordnung derartige Arbeitskämpfe als ultima ratio anerkennt«. (Urteil vom 28.1.1955)*
Nun ist allerdings der Begriff der »Sozialadäquanz« recht unpräzise und auslegungsfähig. Zu fragen ist, welchem Gesellschaftsbild er entstammt. Ein Kritiker der herrschenden Arbeitsrechtslehre, O. Radke, hat darauf aufmerksam gemacht, daß der Begriff der »Sozialadäquanz« vielfach aus der Hypothese einer »Gemeinschaft« von Arbeitgebern und Arbeitnehmern abgeleitet wird, die eine gewisse Verwandtschaft zur nationalsozialistischen Ideologie von »Volks«- und »Betriebsgemeinschaft« aufweise.[1] Die theoretische Leugnung des tatsächlich gegebenen Interessengegensatzes von Unternehmern und Arbeitnehmern und die sozial-ökonomische »Gemeinschaftsideologie« könnten nur zu leicht der Koalitions- und Tarifvertragsfreiheit den Boden entziehen. Im Hinblick auf die sozialen und ökonomischen Interessen sei Harmonie der Gesellschaft nicht vorgegeben, sondern erst die Austragung und der Ausgleich von Interessengegensätzen in freier Entscheidung der beteiligten Gruppen schaffe eine relative und temporäre Übereinstimmung im Sinne eines Kompromisses.
Harmonistisch sind auch die Interpretationen, die sich in der Arbeitsrechtsprechung der Bundesrepublik mit dem »ultima-ratio«-Prinzip verbinden.
Danach ist ein Arbeitskampf unzulässig, wenn nicht alle Verhandlungsmöglichkeiten ausgeschöpft sind. Dazu gehört – soweit tarifver-

traglich festgelegt – die Anrufung von Schlichtungsstellen. Weiterhin müssen Abkommen beachtet und eingehalten sein, aus denen sich die Verpflichtung zum Verhandeln in deutlicher Form ergibt. Das Bundesarbeitsgericht hat darüber hinaus den Standpunkt vertreten, daß eine Pflicht zum Verhandeln, die sich aus dem Sinn und Zweck eines Abkommens ergebe, Kampfmaßnahmen als einleitenden Schritt ausschließe (Urteil des BAG vom 14.11.1958).
Das »ultima-ratio«-Prinzip wurde vielfach so ausgelegt, daß es auf das »friedliche Miteinander« abstelle, »auf die Atmosphäre vertrauensvoller Partnerschaft mit dem sozialen Gegenspieler« und daher alles als Kampfmaßnahme definiere, »was diese friedliche Atmosphäre zwischen ihnen stört, dergestalt, daß sich der andere Teil nunmehr nicht mehr einem ›Sozialpartner‹ gegenübersieht, auf dessen ernstlichen Willen zu besonnener Verhandlungs- und Verständigungsbereitschaft er vertrauen darf, dem er daher mit der gleichen vertrauensvollen Offenheit eines Partners zu begegnen bereit ist, sondern daß er das Gefühl haben muß und darf, es jetzt mit einem ›Gegner‹ zu tun zu haben, der zum Angriff entschlossen ist, ›feindliche Maßnahmen‹ ergreifen will oder schon ergriffen hat.«[2]
Hier tritt das Postulat einer grundsätzlichen »Sozialfriedlichkeit« krass hervor und enthält als mögliche Konsequenz die Diffamierung des Streiks.
Als unzulässig gelten nach der herrschenden Arbeitsrechtsprechung in der Bundesrepublik der Streik zu politischen Zwecken und die »wilde«, nicht von den Gewerkschaften geführte Arbeitsniederlegung.
Zur Begründung eines entsprechenden Urteils (vom 20.12.1963) hat das Bundesarbeitsgericht ausgeführt:
»... Der Große Senat des BAG hat bereits betont, daß Arbeitskämpfe im allgemeinen unerwünscht sind. Zur Begründung hat er u. a. auf die mit ihnen zwangsläufig verbundenen volkswirtschaftlichen Schäden hingewiesen. Daraus ergibt sich – und das ist die vor allem entscheidende und schon für sich allein durchschlagende Erwägung gegenüber einer rechtlichen Anerkennung oder auch nur Tolerierung des wilden Streiks –, daß die Zulassung von Arbeitskämpfen nur in einem bestimmten Rahmen verantwortet werden kann. Dabei ist es wichtig, beim Ausbruch eines Streiks zu Kontrollzwecken Stellen einzuschalten, die wegen ihrer Stellung im Arbeitsleben, ihrer Bedeutung in wirtschaftlicher Hinsicht und ihrem Wissen auf dem Gebiet des Arbeitskampfrechts die Gewähr dafür bieten, daß nur in wirklich begründeten Fällen gestreikt wird und daß im Falle eines Streiks die im Allgemeininteresse erforderlichen Kampfregeln eingehalten werden. Als solche

Stellen kommen auf der Arbeitnehmerseite bei ihrer gesellschaftlichen Stellung nur die Gewerkschaften in Frage. Wegen des auch beim Arbeitskampf und damit beim Streik zu beachtenden Ordnungsmomentes ist ein wilder Streik um betriebliche Fragen schlechterdings unzulässig. Die Stellung der Gewerkschaften kann nicht ersetzt werden; im übrigen darf der Betriebsrat keinen Arbeitskampf gegen den Arbeitgeber führen (§ 49 Abs. 2 Satz 2 BetrVG).
Das Mittel des Streiks ist eine scharfe Waffe. Das verbietet es, das Streikrecht Personen oder Gruppen anzuvertrauen, bei denen nicht die Gewähr dafür besteht, daß sie nur in dem vertretbaren Umfang davon Gebrauch machen werden. Eine solche Gewähr ist bei den einzelnen Arbeitnehmern, Mitgliedern der Belegschaften als solchen oder nichtgewerkschaftlichen Gruppen von Arbeitnehmern nicht gegeben ...«

Verbot »wilder« Streiks?

Mit dieser Auffassung steht die westdeutsche Arbeitsrechtsprechung im demokratischen Teil der westlichen Welt weitgehend isoliert da. Der durchaus konservative Rechtswissenschaftler B. Rüthers hat nach der spontanen Streikbewegung des Jahres 1969 hierzu angemerkt: »... Der Ablauf der jüngsten »wilden« Streiks erweckt Zweifel an der bisher herrschenden Lehre im Arbeitsrecht, wonach solche nicht gewerkschaftlich organisierten Kampfmaßnahmen generell, also immer und überall unrechtmäßig sind.
Gegen diese Auffassung lassen sich mehrere Gründe ins Feld führen: Schon bei den Beratungen zum Koalitionsrecht des Grundgesetzes wurden im Parlamentarischen Rat Bedenken laut, ob es zweckmäßig sei, den Gewerkschaften ein absolutes Streikmonopol zuzusprechen. Das Grundgesetz kennt ein solches gewerkschaftliches Kampfmonopol nicht. Es wurde viel später im Wege der richterlichen Normsetzung von der Rechtsprechung, besonders der des Bundesarbeitsgerichts, entwickelt.
Rechtstatsächlich scheinen sich in den jüngsten Vorgängen die Zweifel an der totalen Verdammung des »wilden« Streiks zu bestätigen. Welche Bedeutung hat ein rechtliches Verbot, das im Ernstfall von allen Beteiligten, auch von den Arbeitgebern, wohlüberlegt mißachtet wird? Wenn das Arbeitsrecht ein Regelungssystem zur Steuerung des Arbeitslebens sein soll, dann ist das Verbot des wilden Streiks als Teilinstrument dieses Regelungssystems jedenfalls in bestimmten Lagen offen-

bar untauglich. Hier zeigt sich, daß das vom Bundesarbeitsgericht aufgestellte Verbot des wilden Streiks in seiner Totalität und Effektivität mindestens problematisch ist ...
Zutreffend an der bisherigen Lehre vom Verbot des wilden Streiks ist der Ausgangspunkt, daß die Tarifparteien primäre Ordnungsfaktoren der Arbeits- und Wirtschaftsverfassung sind. Was aber geschieht, wenn diese Faktoren in entscheidenden Spannungslagen untätig bleiben, versagen?
Gerade die herrschende Lehre im Arbeitsrecht hat stets betont, das Koalitionsrecht sei zuerst und vor allem ein Grund- und Freiheitsrecht der einzelnen Arbeitnehmer. Die Arbeitsrechtswissenschaft wird zu prüfen haben, ob das nicht im Grundsatz auch für die in Art. 9 Abs. 3 des Grundgesetzes mit garantierte Streikfreiheit gilt. Wenn die Gewerkschaften aus welchen Gründen immer notwendige Maßnahmen zur Behebung akuter Konfliktslagen versäumen, wird man den Arbeitnehmern – ihrer sozialen Repräsentation im Ergebnis beraubt – nicht jede eigene Initiative verwehren können ...«[3]

Umstrittene Aussperrung

Zulässig ist nach Auffassung der herrschenden Arbeitsrechtslehre und des Bundesarbeitsgerichts die Aussperrung; sie sei Teil der »Waffengleichheit« im Arbeitskampf. In einem Urteil des BAG vom 24. 4. 1971 heißt es hierzu:
»... Im Rahmen des Prinzips der Verhältnismäßigkeit sind nicht nur Streiks der Arbeitnehmer, sondern auch als Kampfmaßnahmen der Arbeitgeber Aussperrungen zulässig. Unsere Rechtsordnung geht davon aus, daß der Arbeitgeber derartige Maßnahmen – und zwar auch als den ersten Akt eines Arbeitskampfes – ergreifen kann. Denn andernfalls wäre nicht gewährleistet, daß es im Rahmen der Tarifautonomie durch Verhandlungen und notfalls durch Ausübung von Druck und Gegendruck zum Abschluß von Tarifverträgen und damit zu einer kollektiven Regelung von Arbeitsbedingungen kommt. Könnte die eine Seite, nämlich die Arbeitnehmerschaft, vertreten durch die Gewerkschaft, allein das Kampfgeschehen bestimmen und wäre der Arbeitgeber auf ein Dulden und Durchstehen des Arbeitskampfes beschränkt, so bestünde die Gefahr, daß die Regelung der Arbeitsbedingungen nicht mehr auf einem System freier Vereinbarungen beruht, das Voraussetzung für ein Funktionieren und innerer Grund des Tarifvertragssystems ist. Vorbehaltlich der konkreten, insbesondere auch

der wechselnden wirtschaftlichen Situation, die vorgegeben ist, muß im Prinzip sichergestellt sein, daß nicht eine Tarifvertragspartei der anderen von vornherein ihren Willen aufzwingen kann, sondern daß möglichst gleiche Verhandlungschancen bestehen. Auf andere Weise kann die Tarifautonomie unter Ausschluß der staatlichen Zwangsschlichtung nicht funktionieren ...«
Für die Gegenposition sei wieder O. Radke zitiert: »Streik und Aussperrung sind rechtlich nicht nur nicht gleich, also verschieden, sie sind auch nicht vergleichbar und nicht gleichwertig ... Die Unterscheidung von Streik und Aussperrung erklärt sich aus dem Verhältnis von Arbeit und Eigentum. Die Position des Arbeitgebers leitet sich direkt oder indirekt aus dem Eigentumsrecht ab. Der Arbeitgeber ›setzt‹ die Arbeitsbedingungen ... (Er) braucht weder kampfwillig noch kampffähig zu sein. Kampffähig ist er immer; ob er kampfwillig ist, ist seine Sache; tarifrechtlich ist das unerheblich. Die Arbeitnehmer sind im Gegensatz dazu erst in einer Koalition, die kampfwillig und kampffähig sein muß, tariffähig. Der Streik als Faktum stellt sich daher als *eine dem Eigentumsrecht adäquate Machtdemonstration der Arbeitnehmer* dar. Dem Herrschaftsrecht aus Eigentum an den Produktionsmitteln auf Arbeitgeberseite steht die Koalition auf Arbeitnehmerseite gegenüber. Der Streik ist die konkrete Auseinandersetzung zwischen diesen Gewalten; der Tarifvertrag ist das Friedensabkommen. Die Aussperrung kann daher niemals sozialadäquat sein, weil der Streik dem Eigentumsrecht adäquat ist. Die Aussperrung ist mehr«.[4]

Restriktive Bedingungen bei Arbeitskämpfen

Wenn auch nach der gegenwärtigen Rechtslage in der Bundesrepublik der Staat keine formelle Möglichkeit hat, in die Tarifauseinandersetzungen der Koalitionen einzugreifen, so ist doch eine praktische Einwirkung des Staates, und zwar auf Bundes- und Landesebene, gerade bei großräumigen und langfristigen Tarifstreitigkeiten und Arbeitskämpfen vielfach gegeben; es darf auch nicht verkannt werden, daß den formell nur vermittelnden und unverbindlichen Einwirkungen des Staates unter Umständen ein faktischer Druck innewohnen kann, der sich durch die vielfache Verflechtung von politischen Instanzen und Arbeitgeber- und Arbeitnehmervertretungen erklärt.
Nach Auffassung des Bundesarbeitsgerichts ist mit jeder Tarifvereinbarung die Verpflichtung verbunden, im sachlichen und räumlichen Geltungsbereich des Vertrags keine Arbeitskämpfe zu führen, kampf-

willige Mitglieder gegebenenfalls von Aktionen abzuhalten und auch keine Kampfmaßnahmen vorzubereiten (etwa die Urabstimmung darüber, ob gestreikt werden soll). Diese sogenannte »Friedenspflicht« macht die Festlegung der Laufzeit eines Tarifvertrags gerade für die Gewerkschaften zu einer heiklen Frage. Die Stärke oder Schwäche der Arbeitnehmerkoalition bei einer Tarifauseinandersetzung hängt ja wesentlich auch von der jeweiligen Wirtschaftskonjunktur und der Lage auf dem Arbeitsmarkt ab, und bei Verhandlungen über einen neuen Tarifvertrag läßt sich meist nicht vorauskalkulieren, ob kürzere oder längere Laufzeiten im Interesse der Arbeitnehmer liegen und wie die wirtschaftliche und soziale Lage bei Auslaufen des Vertrags sich darstellen wird. Die Unternehmer sind in dieser Sache besser daran: Sie können für die Laufzeit des Vertrags die Lohnkosten fest kalkulieren und sicher sein, daß sie nicht mit Forderungen oder Kampfmaßnahmen der Gewerkschaften konfrontiert sind; kommt es zu einer wirtschaftlichen Rezession, so haben sie meist dennoch Spielraum, um Lohnkosten abzubauen, nämlich beim übertariflichen Lohnanteil. Die Tarifverträge orientieren sich in der Regel an sogenannten »Grenzbetrieben« (wirtschaftlich schwachen oder kleinen Unternehmen), die die vereinbarten Löhne gerade noch aufbringen können; für die Masse der Arbeiter und Angestellten in der privaten Unternehmenswirtschaft sind ausschlaggebend die Effektivlöhne, die den übertariflichen Lohnteil einschließen. Vom wirtschaftlichen Abschwung ist demnach die Masse der Arbeitnehmer trotz tariflicher Mindestlohngarantie durch Kürzung der Effektivlöhne betroffen; beim Aufschwung hingegen haben während der Laufzeit von Tarifverträgen die Gewerkschaften keine Möglichkeit, Lohnerhöhungen zu fordern oder durchzusetzen. (Hier lag auch der Entstehungskontext der großen spontanen Streikbewegung im September 1969.) Durch die Kombination von »Friedenspflicht« während der Tarifzeiten und arbeitsrechtlicher Illegalisierung »wilder« Streiks sind den Vertretungsmöglichkeiten der Arbeitnehmer in dieser Hinsicht in der Bundesrepublik engere Grenzen gesetzt, als dies in den meisten vergleichbaren Ländern der Fall ist.
Die Satzungen der Gewerkschaften in der Bundesrepublik sind durchweg weniger »streikfreundlich« als die Verfahrensweisen oder Statuten der Gewerkschaften in anderen kapitalistischen Ländern. So ist z. B. die Möglichkeit, einen Streik durchzuführen, durchweg an eine Zustimmung von 75 % der Gewerkschaftsmitglieder bei einer Urabstimmung in dem entsprechenden Tarifgebiet gebunden; eine Minderheit von 25,1 % der Mitglieder genügt also, um einen gewerkschaftlichen Streik unmöglich zu machen. Ein positiver Ausgang der Urab-

stimmung verpflichtet die Gewerkschaftsvorstände aber nicht zum Streik; sie können es auch mit weiterem Verhandeln versuchen. Ein dabei erzieltes Ergebnis – durchweg also ein Kompromiß – gilt nur dann als abgelehnt, wenn bei der erneuten Urabstimmung mehr als 75 % der Mitglieder ablehnend stimmen. Ungeklärt ist allerdings, ob die Gewerkschaftsvorstände zu einer »Mitgliederbefragung« bei Arbeitskämpfen verpflichtet sind; die Satzungen der einzelnen Gewerkschaften sind in dieser Hinsicht unterschiedlich.

Die Streikquote liegt in der Bundesrepublik in der Regel niedrig – im Vergleich zu anderen kapitalistischen Ländern mit demokratischer Verfassung. Das hängt einerseits sicherlich mit dem allgemeinen, eher »wirtschaftsfriedlichen« Charakter der Konfliktaustragung zwischen Arbeit und Kapital in Westdeutschland zusammen; andererseits ist es auch eine Folge des für die Arbeitnehmerseite recht restriktiven Arbeitskampfrechts in der Bundesrepublik. Die Gewerkschaften werden hier zur Vorsicht schon deshalb neigen, weil die Aussperrung in der Bundesrepublik als erlaubt gilt und auch von den Unternehmern zum Teil massiv eingesetzt wird (während sie in fast allen anderen Ländern Westeuropas entweder als nicht legal gilt oder gewohnheitsmäßig kaum praktiziert wird); die Unternehmer sind zumindest in Zeiten, zu denen sie ohne wirtschaftliche Nachteile für sich selbst aussperren können, in der Lage, gegen die Gewerkschaften (und deren Streikkassen ...) nahezu vernichtende Schläge zu führen.

Insgesamt läßt sich feststellen, daß den Arbeitnehmern und den Gewerkschaften in der Bundesrepublik bei der Vertretung ihrer Interessen gegenüber der Kapitalseite durch Mittel des Arbeitskampfes, also der kollektiven Arbeitsverweigerung, durch das Arbeitsrecht oder die Arbeitsrechtsprechung nur ein sehr enger Handlungsraum zugebilligt ist; relativ umfangreich ist hingegen die rechtliche und faktische Einbeziehung von Arbeitnehmervertretern oder Gewerkschaften in die betriebliche oder Unternehmens-Verwaltung bzw. in die »vorstaatliche« öffentliche Sozialverwaltung, also die institutionalisierte Beteiligung von Arbeitnehmerrepräsentanten an Organen des Arbeits- und Wirtschaftslebens.

Mitbestimmungsrechte für Gewerkschaften und Arbeitnehmervertreter

Der Tradition der deutschen Sozialpolitik und des Sozialrechts entsprechend finden wir in der Bundesrepublik eine Fülle von Institutio-

AUFRUF
des Deutschen Gewerkschaftsbundes!

Arbeiter, Angestellte, Beamte!

1945 lag die deutsche Wirtschaft in Trümmern.
Während Ihr in Fabriken, Kontoren und Verwaltungen am Wiederaufbau Deutschlands unter größten Entbehrungen gearbeitet habt, waren diejenigen, die den Zusammenbruch Deutschlands verschuldeten, von der Bildfläche verschwunden.

Ihr allein habt das vollbracht, was andere als das „deutsche Wirtschaftswunder" bezeichnen.

Eure Leistung wurde damals anerkannt und in höchsten Tönen gepriesen. Maßgebliche Unternehmer, Vertreter der Verwaltungen und aller politischen Parteien bekannten sich einmütig zu einer neuen Wirtschaftsordnung auf der Grundlage der völligen **Gleichberechtigung der Arbeitnehmer**.
Aus dieser Erkenntnis geschichtlicher Notwendigkeiten entstanden neben den wirtschaftspolitischen Grundsätzen des Deutschen Gewerkschaftsbundes das Ahlener Programm, zustimmende Erklärungen der Regierungen und verantwortlicher Persönlichkeiten in Wirtschaft und Staat.

Was aber geschieht heute?

Man sperrt sich immer mehr dagegen, diese Versprechen einzulösen! In der Montanindustrie konnte das Mitbestimmungsrecht nur unter größten Schwierigkeiten durchgesetzt werden.
Seitdem ist der Widerstand noch mehr gewachsen.

Die echte Mitbestimmung der Arbeitnehmerschaft in der übrigen Wirtschaft und in der Verwaltung soll verhindert werden.

Das zeigt besonders das beabsichtigte Betriebsverfassungsgesetz.
Es beweist die klare Absicht, ein wirkliches Mitbestimmungsrecht der Arbeitnehmerschaft zu vereiteln.
Es bestätigt die überlebten Vorrechte der Arbeitgeber!
Es beläßt die Arbeitnehmer in ihrer Stellung als Wirtschaftsuntertan!
Darüber hinaus nimmt der Entwurf des Betriebsverfassungsgesetzes Euch Rechte, die Ihr vor 1933 gehabt habt, die Euch nach 1945 durch Länderverfassungen, Ländergesetze oder betriebliche Vereinbarungen gesichert waren und in der schwierigen Zeit des Wiederaufbaues ihre Bewährungsprobe bestanden haben.
Dazu kommt die Absicht, die gewerkschaftliche Einheit von Arbeitern, Angestellten und Beamten zu untergraben und durch ein Ausnahmerecht für den öffentlichen Dienst die verschiedenen Gruppen gegeneinander auszuspielen.
Der Deutsche Gewerkschaftsbund vermag die Verantwortung für diese Entwicklung nicht mehr zu tragen!

Dieser Entwurf darf nicht Gesetz werden!

Der Deutsche Gewerkschaftsbund und die ihm angeschlossenen Gewerkschaften rufen Euch auf zum Kampf für ein fortschrittliches Betriebsverfassungsrecht als Grundlage der demokratischen Ordnung in Wirtschaft und Verwaltung.

- Es geht hier nicht um gewerkschaftliches „Machtstreben".
- Es geht um eine gerechte Ordnung.
- Es geht um den Bestand der Demokratie.
- Es geht um die Stabilität der Wirtschaft.
- Es geht um die Sicherung Deines Arbeitsplatzes.
- Es geht um das Wohl der gesamten Nation.

Haltet Euch bereit! Übt Disziplin!
Folgt den Weisungen Eurer Gewerkschaften!

DEUTSCHER GEWERKSCHAFTSBUND
DER BUNDESVORSTAND
Christian Fette, Vorsitzender

Düsseldorf, den 12. Mai 1952

Protest des DGB gegen das Betriebsverfassungsgesetz 1952

nen der »Sozialen Selbstverwaltung«, in denen die Arbeitnehmer bzw. die Gewerkschaften in irgendeiner Form vertreten sind. Dabei handelt es sich im einzelnen um recht unterschiedliche Konstruktionen sowohl im Hinblick auf den Grad der Selbständigkeit solcher Einrichtungen gegenüber dem Staat (insofern trifft der Begriff »Selbstverwaltung« hier überwiegend nicht exakt zu) als auch unter dem Aspekt der Verteilung der Repräsentationsrechte auf verschiedene soziale Gruppen und deren jeweilige Anteile. Durchgängig sind diese Institutionen aber, soweit kapitalorientierte und arbeitsorientierte Interessen vertreten sind, durch das Konzept einer »partnerschaftlichen« Zusammenarbeit beider Faktoren bestimmt.

Ungleich gewichtiger als die Beteiligung der Gewerkschaften oder Arbeitnehmerrepräsentanten an Organen der sozialen »Selbstverwaltung« oder an anderen öffentlichen oder staatlichen Institutionen sind für die Arbeitnehmerschaft die Vertretungsrechte in den Betrieben und Unternehmen.

Für die überwiegende Majorität der Betriebe in der Bundesrepublik gelten hier die Regelungen des Betriebsverfassungsgesetzes von 1972, das in seinen Grundlinien jenem Gesetz entspricht, das 1952 gegen den erklärten Willen der Gewerkschaften zustandegekommen war. Der Leitgedanke des Betriebsverfassungsrechts der Bundesrepublik – ganz im Unterschied zur Auffassung des Betriebsrätegesetzes des Alliierten Kontrollrats, das bis 1952 galt – liegt darin, die Arbeitnehmervertreter auf eine »vertrauensvolle Zusammenarbeit« mit den Arbeitgebern »zum Wohle des Betriebs und seiner Unternehmer und unter Berücksichtigung des Gemeinwohls« zu verpflichten. Darin liegt eine schwerwiegende Einschränkung der Handlungsmöglichkeiten der Betriebsräte. Der Betriebszweck ist ja, vom Unternehmerinteresse her ganz selbstverständlich, auf einen möglichst hohen Gewinn gerichtet. Das Interesse der Arbeitnehmer hingegen ist auf möglichst hohen Lohn und möglichst günstige Arbeitsbedingungen gerichtet. Beide Interessen liegen notwendigerweise in Konflikt miteinander. Das Gesetz aber überdeckt diesen Konflikt durch die Bezugnahme auf das »Wohl des Betriebes« und das »Gemeinwohl«; es geht offenbar von einem harmonistischen Verständnis der industriellen Beziehungen aus. Der Betriebsrat, der die Interessen der Arbeiter und Angestellten vertreten soll, wird durch das Gesetz gleichzeitig an die Interessen der Unternehmer gebunden, – eine Regelung, die wir in Westeuropa sonst nirgendwo finden.

Problematisch sind auch einige weitere Vorschriften des Betriebsverfassungsgesetzes: Der Betriebsrat darf keine Arbeitskämpfe führen, sondern unterliegt in dieser Hinsicht einer »Friedenspflicht«; »parteipolitische Betätigung« (ein dehnbarer Begriff...) ist im Betrieb verboten; die Betriebsräte können vom Arbeitgeber zur Geheimhaltung wirtschaftlicher Informationen gegenüber der Belegschaft verpflichtet werden.

Das Betriebsverfassungsgesetz räumt den Betriebsräten als Arbeitnehmervertretungen Mitbestimmungs-, Mitwirkungs- und Informationsrechte in einem abgestuften System auf der Betriebs- und zum Teil auch auf der Unternehmensebene ein.

Für Unternehmen in der Form von Kapitalgesellschaften, soweit diese nicht dem Mitbestimmungsgesetz unterliegen, gibt das Betriebsverfassungsgesetz den Arbeitnehmern auch in den Aufsichtsräten Vertretungsrechte, dies allerdings nur zu einem Drittel der Aufsichtsratssitze. Hierin liegt also eine Mitwirkungs-, aber keine Mitbestimmungschance, da die Vertreter der Arbeiter und Angestellten ja ohne Schwierigkeiten von den Anteilseignern überstimmt werden können. Den Mitbestimmungsrechten im Betrieb sind dadurch wiederum enge Grenzen gezogen, denn betriebliche Probleme sind vielfach durch Entscheidungen auf der Ebene der Unternehmen (etwa über Investitionen oder technische Umstellungen) bedingt und auch nur auf dieser Ebene lösbar.

Fragt man nach der Reichweite der Vertretungsrechte der Arbeitnehmer auf der betrieblichen Ebene, so ist zu bedenken, daß zu Fragen der Gestaltung des Arbeitsplatzes, des Arbeitsablaufs und der strukturellen Veränderung im Betrieb nur begrenzte Mitwirkungschancen bestehen, und daß bei den Mitbestimmungsmöglichkeiten in Konfliktfällen eine Kompetenzabtretung an Einigungsstellen oder Arbeitsgerichte vorgeschrieben ist. Die Vertretung der Beschäftigten in den Betrieben der öffentlichen Hand und in den öffentlichen Verwaltungen ist, mit Sonderregelungen für die hier tätigen Beamten, durch das Personalvertretungsprinzip weitgehend ähnlich wie im Betriebsverfassungsgesetz geregelt. In einigen Kommunen und öffentlichen Betrieben konnten vertraglich Mitbestimmungsrechte durchgesetzt werden, die über den Stand der gesetzlichen Regelungen hinausreichen.

In den Gewerkschaften wird diskutiert, ob solche Möglichkeiten nicht auch in der privaten Unternehmenswirtschaft erschlossen werden könnten. Ausgangspunkt ist dabei, daß durch das Betriebsverfassungsgesetz tarifvertragliche Vereinbarungen über eine weitergehende betriebliche Mitbestimmung nicht ausgeschlossen sind. Der Gedanke einer Ausdehnung der Mitbestimmung durch Tarifvertrag liegt vor allem dann nahe, wenn angesichts der im Parlament vorherrschenden

Meinung eine gesetzliche Erweiterung der Mitbestimmungsrechte als unwahrscheinlich gelten muß; allerdings dürften sich die Arbeitgeber zu einer tarifvertraglichen Regelung einer erweiterten Mitbestimmung – wenn überhaupt – wohl nur in einer für sie äußerst ungünstigen Arbeitsmarktsituation verstehen.

Beim Betriebsverfassungsgesetz von 1972 ist es den Gewerkschaften gelungen, gegenüber dem Gesetz von 1952 eine bessere Präsenz der gewerkschaftlichen Organisationen in den Betrieben zu erreichen. Die Gewerkschaften haben ein Zutrittsrecht zu den Betrieben – allerdings: nach vorheriger Unterrichtung des Arbeitgebers und soweit dem nicht »unumgängliche Notwendigkeiten des Betriebsablaufs«, zwingende Sicherheitsvorschriften u. a. entgegenstehen. Außerdem ist das Teilnahmerecht von Gewerkschaftsbeauftragten an Betriebsratssitzungen sowie ihr Initiativrecht bei der Bildung von Betriebsräten – die notfalls gegen den Willen uneinsichtiger Arbeitgeber erzwungen werden können – verstärkt worden. Darüber hinaus kann der Betriebsrat bei der Durchführung seiner Aufgaben nach Vereinbarung mit dem Arbeitgeber Sachverständige (Fachleute der Gewerkschaften) hinzuziehen.

An dieser Stelle ist darauf hinzuweisen, daß es zumindest in den größeren Betrieben neben den Betriebsräten, die ja Vertreter aller Beschäftigten sind, noch »Vertrauensleute« gibt, die vielfach nur von den gewerkschaftlich organisierten Arbeitnehmern gewählt sind. Die Funktionen und die rechtliche und gewerkschaftlich-satzungsmäßige Position der Vertrauensleute sind uneinheitlich. Teilweise wirken diese mehr als Verbindungsleute zwischen der Gewerkschaftsorganisation und den Belegschaften; teilweise stellen die Vertrauensleute eher eine Kontrollinstanz der betrieblichen »Basis« gegenüber den Betriebsräten dar, die in Großbetrieben oft den Sorgen und Wünschen der einzelnen Arbeitnehmer schon relativ weit entrückt sein können.

Für die Gewerkschaften in der Bundesrepublik stand seit dem Scheitern ihrer Neuordnungs-Konzeption die Durchsetzung einer paritätischen Mitbestimmung in den Großunternehmen im Mittelpunkt ihrer Reformbemühungen.

Ein erster Schritt war hier die rechtliche Absicherung der Arbeitnehmervertretung in den Organen der Montan-Großunternehmen durch das Montan-Mitbestimmungsgesetz von 1951.

Sein Geltungsbereich ist auf solche Großunternehmen beschränkt, die in der Form von Kapitalgesellschaften überwiegend in der Montanindustrie (Bergbau, Kohle- und Stahlerzeugung) tätig sind. Dieses Mitbestimmungsgesetz, als erstes Gesetz zu Fragen der Betriebsverfassung noch unter dem Eindruck der vergleichsweise starken Position der Gewerkschaften in der Nachkriegszeit zustande gekommen, schreibt für die Kapitalgesellschaften der Montanindustrie vor, daß die Arbeitnehmerschaft im Aufsichtsrat paritätisch zu den Vertretern der Kapitaleigner vertreten sein muß und daß ein Arbeitsdirektor im Vorstand bestellt wird, der nicht gegen die Stimmen der Arbeitnehmervertreter im Aufsichtsrat gewählt werden kann. Die Arbeitnehmervertreter im Aufsichtsrat müssen zum Teil Betriebsangehörige sein, zum anderen Teil werden sie von den Gewerkschaften vorgeschlagen. Dieses Mitbestimmungsgesetz entsprach weitgehend den Forderungen der Gewerkschaften, die es als Beginn einer Strukturreform mit dem Ziel der »Gleichberechtigung von Kapital und Arbeit« werteten.

Nach 1951 ergaben sich freilich wirtschaftliche Entwicklungen, die den faktischen Geltungsbereich dieser Mitbestimmungsregelung wie auch die relative gesamtwirtschaftliche Bedeutung derselben mehr und mehr abbauten. Die zunehmende Konzernierung von Grundstoffindustrien des Montanbereiches mit weiterverarbeitenden Unternehmen oder Unternehmen anderer Branchen machte Stück um Stück die gesetzliche Grundlage für die Mitbestimmungsrechte hinfällig. Zusätzlich wurde die Montanmitbestimmung durch supranationale Konzernierung, wie sie sich im Rahmen der EWG abzeichnete, in Frage gestellt. Hinzu kommt, daß der Anteil der Montanindustrie an der Gesamtwirtschaft stetig abnahm, der Montanbereich konnte längst nicht mehr als Schlüssel zum Zentrum wirtschaftlicher Macht angesehen werden. Unter diesen Umständen wurde, wenn die Gewerkschaften nicht neue Regelungen durchsetzen konnten, die qualifizierte Mitbestimmung, die immer noch den Angelpunkt ganzer Sozialtheorien abgab, in der Realität zu einem wirtschaftspolitisch nicht allzu relevanten Randphänomen.

Der Deutsche Gewerkschaftsbund forderte daher stets die Ausdehnung der Mitbestimmung über die Kapitalgesellschaften der Montanindustrie hinaus auf alle Großunternehmen gleich welcher Rechtsform und gleich welches Wirtschaftszweiges.

Nach langen Auseinandersetzungen zwischen den Parteien und innerhalb der Regierungskoalition kam im Frühjahr 1976 ein neues Mitbestimmungsgesetz zustande, das für Kapitalgesellschaften mit mindestens 2000 Beschäftigten gilt und nicht mehr auf einen bestimmten Wirtschaftszweig beschränkt ist. Das Montan-Mitbestimmungsgesetz blieb daneben für seinen Geltungsbereich bestehen. Die wichtigsten Unterschiede gegenüber der Montanmitbestimmung liegen in folgenden Punkten: Das neue Mitbestimmungsgesetz schreibt im Aufsichtsrat, der paritätisch durch Kapitalvertreter und Arbeitnehmervertreter besetzt wird, auf der Arbeitnehmerseite zwingend mindestens einen Repräsentanten der leitenden Angestellten vor – also einen »Arbeitnehmer«, der laut Bundesarbeitsgericht eher unternehmerische Aufgaben wahrnimmt. Kommt bei der Wahl des Aufsichtsratsvorsitzenden die vom Gesetz vorgesehene Zweidrittelmehrheit nicht zustande, so wählen im nächsten Gang die Kapitalvertreter allein den Vorsitzenden. Den Arbeitnehmervertretern bleibt dann nur der Posten des Stellvertreters. Ergeben Abstimmungen im Aufsichtsrat ein Patt, so hat der Aufsichtsratsvorsitzende bei der endgültigen Abstimmung zwei Stimmen und setzt damit die Entscheidung. Ein Arbeitsdirektor im Unternehmensvorstand ist bei seiner Bestellung nicht zwingend auf die Stimmen der Arbeitnehmervertreter im Aufsichtsrat angewiesen.

Von seiten der Gewerkschaften werden gerade diese Bestimmungen mit dem Argument kritisiert, auf diese Weise sei eine wirkliche Parität von Kapital und Arbeit unterlaufen worden. Kritik üben die Gewerkschaften ferner an den vorgesehenen Wahlverfahren für die Arbeitnehmervertreter (Gruppenwahl), durch die eine Aufspaltung der Arbeitnehmerschaft begünstigt werde. Zum Teil monieren die Gewerkschaften auch, daß sie für die in den Aufsichtsräten auf der Arbeitnehmerseite vorgesehenen Gewerkschaftsvertreter nur ein Vorschlagsrecht haben.

Von der Arbeitgeberseite her wurde das neue Mitbestimmungsgesetz, in dessen Geltungsbereich rund 500 Unternehmen fallen, als schwerwiegender Eingriff in das unternehmerische »Recht am Gewerbebetrieb« und als unvereinbar mit dem Grundsatz der Tarifautonomie (weil die Arbeitgeberseite nun nicht mehr »gegnerfrei« sei) angesehen; eine Reihe von Arbeitgeberverbänden reichte Verfassungsklage gegen das Gesetz ein, die aber vom Bundesverfassungsgericht zurückgewiesen wurde.

Gewerkschaften und wirtschaftliche Entscheidungsstrukturen

Resümiert man die Argumentation der Unternehmer gegen die Mitbestimmungsforderungen, so steht ein Bild unserer Gesellschaft dahinter, in dem Wirtschaft und Politik, Unternehmermacht und politische Macht in völlig getrennten Sphären liegen, in dem die auf Eigentum gegründete Unternehmerfunktion die einzig antreibende Kraft des wirtschaftlichen Fortschritts ist und in dem Verbraucherwille und freier Wettbewerb der Unternehmen die wirtschaftlichen Entscheidungen bestimmen. In einer so strukturierten Wirtschaft müßte Mitbestimmung der Arbeitnehmer in der Tat als Fremdkörper wirken. Nun trifft aber jenes idyllische Bild, wenn es je Realität besaß, auf die Wirklichkeit der westdeutschen Wirtschaftsgesellschaft heute keineswegs zu. Wenn einst der Eigentümer zugleich Unternehmer war, so hat spätestens die Durchsetzung der großen Aktiengesellschaften diese für das industrielle Privateigentum konstitutive Einheit von Eigentum und Verfügungsmacht durchbrochen; in den meisten großen Unternehmen hat sich die Verfügungsmacht mehr und mehr gegenüber dem – vielfach gestreuten oder vermittelten – Kapitaleigentum verselbständigt. Dies bedeutet unter den bei uns gegebenen Eigentumsverhältnissen nicht, daß die Schicht der manageriellen Unternehmer in reinlicher Trennung oder gar im Widerspruch zum Kapitalbesitz existiert, wohl aber hat sich die Unternehmertätigkeit funktionell vom Eigentum geschieden.

Gewandelt hat sich aber nicht nur das Verhältnis zwischen Kapital und Verfügungsmacht bzw. Unternehmerfunktion, sondern auch die Beziehung zwischen Eigentum und Haftung und zwischen Unternehmen und im Staat repräsentierter Öffentlichkeit. So gern die Großunternehmen gelegentlich ihre Autonomie betonen, so sehr – und notwendigerweise – appellieren sie unter anderen Umständen an die Intervention der Öffentlichkeit bzw. des Staates. Die Bedeutung der Großunternehmen für die wirtschaftliche Situation ganzer Regionen bzw. des ganzen Landes läßt das Prinzip des »privaten Risikos« zu einer Leerformel werden. Heute gilt es als Selbstverständlichkeit, daß über die Haushalte der öffentlichen Hand, die etwa ein Drittel des Sozialprodukts umfassen, mittels steuerpolitischer Maßnahmen, öffentlicher Aufträge, sozialer Investitionen und direkter oder indirekter Subventionen jene Bedingungen und infrastrukturellen Voraussetzungen geschaffen werden, unter denen der Erfolg »privater« Unternehmen erst möglich wird. Angesichts dieser, hier nur kurz angedeuteten Realitäten der wirtschaftspolitischen Abläufe in unserer Gesellschaft erweist sich die Alternative von »privaten Unternehmen« oder »Staatswirtschaft«, von »sich selbst regulierender Wirtschaft« oder »kollektivierter Planwirtschaft« als absolut unangemessen. Die Unternehmenswirtschaft in der Bundesrepublik stellt in Wahrheit ein System dar, in dem auf höchst komplizierte Weise eine Pluralität von Faktoren wirksam wird, die von der privaten bis zur staatlichen Sphäre reichen. Unter diesen Umständen kann die Frage der Gewerkschaften, ob denn heute Verfügungsgewalt in den Großunternehmen noch allein durch Eigentumstitel bzw. Kapitalanteil legitimiert werden könne, keineswegs als »systemfremd« angesehen werden.

Auf der anderen Seite muß jedoch auch der Anspruch der gewerkschaftlichen Programmatik, die qualifizierte betriebliche Mitbestimmung könne so etwas wie »Wirtschaftsdemokratie« zustande bringen, skeptisch betrachtet werden. Hier ist zunächst von der Vorstellung Abschied zu nehmen, als sei Mitbestimmung der Beginn einer betrieblichen »Urdemokratie« oder zumindest einer Arbeiterselbstverwaltung. Tatsächlich geht diese Form der Mitbestimmung, wie auch immer man sie ausbauen mag, vom Delegationsprinzip aus, das heißt: sie richtet sich auf Machtkontrolle durch Machtverteilung und öffentliche Verantwortlichkeit. Sieht man dies als reale Möglichkeit der Mitbestimmung an, so erweist sich allerdings die gegenwärtige Praxis der Mitbestimmung als unzulänglich und recht problematisch; sie scheint eher Mittel der Integration ins bestehende System als Ansatz einer Reform dieses Systems zu sein. Die bisher gesetzlich zugestandene Mitbestimmung ist auf einer nicht allzu günstigen Zwischenebene angesiedelt. Einerseits ist sie, obwohl »betriebliche Mitbestimmung« benannt, auf den Unternehmensrahmen abgestellt und insofern nicht betriebsnah genug, um Mitspracherechte der Arbeitnehmervertreter auf der überschaubaren Ebene des unmittelbaren Produktionszusammenhanges zu intensivieren; von daher wird erklärlich, weshalb die Montanmitbestimmung dem Bewußtsein des Arbeitnehmers immer einigermaßen fremd bleib. Andererseits reicht diese Mitbestimmung nicht auf jene Ebene hinauf, auf der die eigentlichen wirtschaftspolitischen Entscheidungen fallen. Wenn die Idee der Mitbestimmung der Arbeitnehmer nicht zum bloßen sozialreformerischen Alibi absinken soll, dann wird sie entschiedener als bisher dorthin vorangetrieben werden müssen, wo gesamtwirtschaftliche Willensbildung sich vollzieht.
Die Gewerkschaften können sich wohl kaum auf ihre Rolle als Arbeitsmarktpartei oder auf die Hoffnung, allein durch tarifpolitische Regelungen ihre Position zu verbessern, beschränken. Dies verbietet sich auch im Hinblick auf die heute gegebene Struktur des wirtschaftspolitischen Entscheidungsprozesses. Der Faktor Lohn ist keineswegs eine wirtschaftspolitisch dominierende, von anderen Faktoren einigermaßen unabhängige Größe, sondern vielmehr eine Variable in einer Gesamtrechnung, in der Preise, unternehmerische Investitions- und Gewinnpolitik, staatliche Wirtschaftsinterventionen und anderes mehr mitwirken. Der in der Verfassung (Art. 9 Abs. 3 GG) legitimierte Auftrag der Koalitionen zur »Wahrung und Förderung der Arbeits- und Wirtschaftsbedingungen« kann, angesichts der wirtschaftlichen Konzentration, der zunehmenden Monopolisierung der Marktstrukturen und der sich notwendig ausweitenden wirtschaftlichen Funktio-

nen des Staates, von den Gewerkschaften nicht mehr allein über den traditionellen Gegenstand der Tarifvereinbarungen, also die Lohnpolitik, realisiert werden. Die Gewerkschaften können auf die Verteilung des Sozialproduktes, auf Arbeitsbedingungen und Vollbeschäftigung nachhaltigen Einfluß nur dann nehmen, wenn sie am Prozeß der großunternehmerischen und der staatlichen wirtschaftlichen Entscheidungen teilhaben. Der Anstoß hierzu wird um so stärker, je mehr die Wirtschaftspolitik auch in der Bundesrepublik zur Programmierung übergeht. Die Teilnahme der Gewerkschaften an der wirtschaftlichen Willensbildung setzt allerdings Öffentlichkeit dieses Prozesses voraus, diese wiederum ist nur durch institutionalisierte und formelle Verfahren zu erreichen. Von hierher betrachtet gewinnen die Vorschläge für die Einrichtung einer Institution »überbetrieblicher« Mitbestimmung neue Aktualität.

Nun ist gerade gegen die überbetriebliche Mitbestimmung der Einwand vorgebracht worden (so etwa von R. Dahrendorf), hier werde eine »totale Verunklärung der Fronten«, eine »Verstaatlichung der freien Arbeitsmarktparteien« herbeigeführt. Mitbestimmungskritikern wie Dahrendorf ist gewiß dort recht zu geben, wo sie auch am Verständnis der Mitbestimmung wieder die spezifische Konfliktfeindschaft der deutschen Gesellschaft nachweisen. Auch der kritische Hinweis auf die spezifische Staatsbezogenheit der deutschen Arbeiterbewegung ist zweifellos richtig – nur hatte diese Staatsbezogenheit ja eben nicht Mitbestimmung, sondern Unterordnung zum Inhalt. Unrealistisch aber ist die Vorstellung, als könne durch institutionelle Abstinenz der heutigen Gewerkschaften ein idealtypisch liberaler Zustand wiederhergestellt werden. Was auch immer die Gewerkschaften tun oder unterlassen, – der Staat ist nicht mehr in die Rolle eines wirtschaftlich neutralen Garanten der Rechtssicherheit gegenüber einer freien, sich selbst regulierenden Marktwirtschaft zu bringen, die Großunternehmen sind nicht mehr in den Status der freien Konkurrenz, der Unabhängigkeit von öffentlichen Interventionen und des privaten Risikos zurückzuversetzen.

Für die Gewerkschaften in der Bundesrepublik stellt sich die Frage, ob in der Fortentwicklung der hier bestehenden Ansätze eine Form der Mitbestimmung politisch durchgesetzt und von der Aktivität der Arbeitnehmerschaft her getragen werden kann, die nicht die realen Gegensätze zwischen Kapital und Arbeit verdeckt, sondern wirtschaftspolitische und soziale Alternativen öffentlich erkennbar und demokratisch konfliktfähig macht.

XX Arbeitnehmerpolitik zwischen Kooperation und Konflikt

Die in der Grundtendenz eher »wirtschaftsfriedliche« Verlaufsform und Institutionalisierung des Interessengegensatzes von Kapital und Arbeit in der Bundesrepublik nach 1952, die in der Arbeitnehmerschaft dominierenden sozialen und politischen Orientierungen und die Entwicklung der Sozialdemokratie sowie der Gewerkschaften haben ihren realen Grund vor allem in dem ungewöhnlich raschen und breitangelegten wirtschaftlichen Aufschwung Westdeutschlands, in jenem »Wirtschaftswunder« also, dessen durchaus nicht mysteriösen Bedingungen bereits skizziert wurden, dessen Auswirkungen auch auf die Lage der Arbeitnehmerschaft aber ohne Zweifel imponierend waren. Das Bruttosozialprodukt in der Bundesrepublik stieg von 98 Milliarden DM im Jahre 1950 auf 384 Milliarden DM im Jahre 1963 an, der Index der industriellen Nettoproduktion im gleichen Zeitraum von 36,4 auf 108,5; der Index des Produktionsergebnisses je Beschäftigtenstunde steigerte sich von 51,0 im Jahre 1950 auf 119,6 im Jahre 1965. An diesem Jahre hindurch nahezu stetigen Zuwachs von Produktivität und Sozialprodukt partizipierte auch die Masse der Arbeitnehmer. Der durchschnittliche Monatsverdienst des Arbeitnehmers in der Bundesrepublik stieg von 243 DM im Jahre 1950 auf 653 DM im Jahre 1963 an; nimmt man den Zeitraum von 1950 bis 1971, so steigerten sich die Bruttolöhne der Arbeitnehmer in diesen Jahren auf nahezu das Fünffache; die Reallohnerhöhung im gleichen Zeitraum weist immerhin das Dreifache aus, und selbst wenn man die Steigerung der Steuern, der Sozialversicherungsbeiträge und ähnlicher Aufwendungen, die ja auch zu besserer sozialer Versorgung führten, in die Rechnung miteinbezieht, bleibt eine Steigerung der dem Arbeitnehmer durchschnittlich zur Verfügung stehenden Mittel um das Zweieinhalbfache. Dieser Aufschwung auch der Arbeitnehmereinkommen ging übrigens nicht mit einem Anstieg des Anteils der Löhne insgesamt am Volkseinkommen einher. Der Anteil der abhängig Arbeitenden in der Bundesrepublik hat von 1950 bis 1970 um 16,5 % zugenommen, der Anteil derselben Gruppe am Volkseinkommen hat sich in demselben Zeitraum nur um 11,4 % erhöht. Der wirtschaftliche Erfolg der Arbeitnehmerschaft war also insofern nicht einer anderen Verteilung des Sozialprodukts zuzuschreiben, sondern Resultat der Steigerung von Produktion und Produktivität. Dabei konnte gleichzeitig die durchschnittliche tarifliche Wochenarbeitszeit des Arbeitnehmers von 48 Stunden im Jahre 1953 auf 41 Stunden im Jahre 1970 herabgesetzt werden. Wenn oben das Verhältnis von Kapital und Arbeit in der Bundesrepublik in den Zeiten des wirtschaftlichen Aufschwungs als vergleichsweise »wirtschaftsfriedlich« beschrieben wurde, so ist dies nicht so zu verstehen, als sei die Arbeitnehmerschaft völlig ohne das Mittel des Streiks ausgekommen. So gab es z. B. 1957 und 1963 große Streikbewegungen in der Metallindustrie. Im Vergleich zu anderen industriell-kapitalistischen Demokratien lag die Streikaktivität in der Bundesrepublik jedoch extrem niedrig; man kann wohl annehmen, daß dies der Wettbewerbsfähigkeit des westdeutschen Kapitals auf dem Weltmarkt noch zusätzliche Vorteile verschafft hat, insofern also wiederum zum »Wirtschaftswunder« beigetragen hat.

»Wirtschaftswunder« und Arbeitnehmerbewußtsein

Der zügige und unerwartete Anstieg des Lebensstandards und der sozialen Versorgung der Majorität der Arbeitnehmerschaft in den Jahren nach Gründung der Bundesrepublik blieb selbstverständlich nicht ohne Folgen für das Gesellschaftsbewußtsein der Arbeiter und Angestellten. Die Warnungen von Sozialdemokratie und Gewerkschaften vor einem Desaster der »Marktwirtschaft« waren durch die reale Entwicklung widerlegt; jeder Forderung nach einer »grundsätzlichen Umgestaltung von Wirtschaft und Gesellschaft« im gemeinwirtschaftlichen oder sozialistischen Sinne war nun vorerst der Antrieb aus der unmittelbaren wirtschaftlichen und sozialen Lage heraus entzogen. Die große Masse der Arbeitnehmer konzentrierte sich darauf, im Zuge der allgemeinen wirtschaftlichen Konjunktur auch die eigene materielle Situation zu verbessern. Das bedeutete übrigens nicht, wie oft interpretiert wird, die völlige »Privatisierung« der gesellschaftlichen Perspektiven der Arbeitnehmer; die Entwicklung der Gewerkschaftsorganisationen und der stetige Anstieg der Stimmenanteile der Sozialdemokratie bis 1972, und zwar schon vor dem Godesberger Programm, (von dem einmaligen Abfall bei den Wahlen 1953 hier abgesehen) deuten darauf hin, daß große Teile der Arbeitnehmerschaft sehr wohl von der Notwendigkeit kollektiver Interessenvertretung auch weiterhin überzeugt waren, also davon ausgingen, daß die Beteiligung der Arbeiter und Angestellten an den Früchten der Wirtschaftskonjunktur den Druck organisierter Interessen zur Voraussetzung hatte.

Allerdings schwand in diesem Zeitraum und unter den spezifischen historisch-politischen und wirtschaftlichen Bedingungen, die schon geschildert wurden, das Interesse an einer gegen den Kapitalismus gerichteten sozialen Utopie in der Arbeitnehmerschaft rapide dahin; die tradierte und organisierte Sonderkultur der Arbeiterbewegung war nicht mehr imstande, sich gegen die Faszination des Wirtschaftswunders aufrecht zu erhalten. Sie existierte freilich, wie bereits dargelegt, ohnehin nur noch in diffusen, in sich brüchigen Reststrukturen. Soweit es um die Sozialdemokratie geht, lösten traditionelle Orientierungen sich auch deshalb auf, weil die Partei darauf verzichtete, die früheren »Freizeitorganisationen« neben sich wieder aufleben zu lassen; von den alten sozialdemokratischen Sport- und Kulturorganisationen wurde lediglich der Sozialistische Jugendverband rekonstituiert.

In den Jahren ab 1952 wurde für die Anhänger der SPD deutlich, daß die gesellschaftliche Entwicklung in der Bundesrepublik im Sinne der kapitalistischen Ordnung verlief, entgegen den Sozialismus-Forderungen der Partei.

Die unmittelbaren Folgen kapitalistischer Restauration, nämlich die angenehmen Seiten des »Wirtschaftswunders«, ließen auch politisch aktive Sozialdemokraten nicht unbeeindruckt. Man hatte keine Erklärung dafür, daß der Kapitalismus sich so leicht wieder behaupten konnte, – und man hatte keine Vorstellung davon, wo die längerfristige Problematik dieses Wirtschaftssystems sich zeigen könnte. Man hatte auch kein Konzept der Auseinandersetzung zwischen Klassen und der Formen ihrer Austragung; der Horizont der SPD war nun vollends auf den Wahlerfolg als einzig denkbares Mittel gesellschaftlicher Veränderung beschränkt.

Die SPD auf dem Weg nach Godesberg

Als mit dem Ergebnis der Bundestagswahl 1949 die SPD entgegen ihrer eigenen Erwartung von der Regierungsmacht ausgeschlossen blieb, breiteten sich in der Partei teils Resignation, teils eine pragmatische Orientierung auf sozialpolitische Erfolge in der Landes- und Kommunalpolitik aus; die letztere war unter der Oberfläche des von Schumacher repräsentierten Rigorismus ohnehin der eigentliche Kern der sozialdemokratischen Nachkriegspolitik.[1]

Nun gab es in den folgenden Jahren aber Auseinandersetzungen um den weiteren Weg Westdeutschlands, die noch einmal mobilisierend wirkten und eine echte Verbindung zu politischen Motiven und Ak-

tionen von Massen herstellten, dort nämlich, wo es um die Remilitarisierung, um die Einbindung der Bundesrepublik in das westliche Paktsystem und schließlich um die atomare Bewaffnung ging.
Hier trat die SPD als prinzipielle Opposition auf, und sie band damit die Hoffnungen derer an sich, die nach den Erfahrungen mit Militarismus und Krieg »Ohne mich!« sagten.
Sie weckte aber auch Erwartungen bei jenen Minderheiten, die eine Chance für die deutsche Einheit durch Verweigerung der endgültigen Westintegration offen halten wollten und die hierin auch die einzige Möglichkeit sahen, gesellschaftspolitischen Alternativen zum Zuge zu verhelfen.
Die Vorgänge in der DDR, so vor allem der von Arbeitern getragene Aufstand vom 17. Juni 1953, bestärkten sie darin; das dortige System hatte sich offensichtlich nicht konsolidieren können, die Arbeiterschaft in der DDR wünschte, so schien es, nicht den Kapitalismus wieder herbei, wohl aber einen anderen Sozialismus, als er dort praktiziert wurde.
Hier schien sich die Linie einer »gesamtdeutschen Arbeiterpolitik«, die sich gleichermaßen gegen die kapitalistische Westintegration wie gegen die Ostintegration durch die SED richtete, als Möglichkeit anzudeuten. Dahinter stand die Hoffnung, durch »Wiedervereinigung zum Sozialismus« zu kommen, d. h. durch schrittweise Wiederherstellung der deutschen Einheit und Ablösung aus den jeweiligen Blockbindungen eine Situation erreichen zu können, in der eine eigenständige sozialistische Politik der SPD eine Mehrheitsbasis finden könnte.
So verband sich in der SPD die Forderung nach Schritten zur Wiedervereinigung mit der Erwartung, daß auf diesem Wege ein sozialistisches Konzept im Sinne der SPD noch einmal eine Realisierungschance erhalten könne.
Dem entsprach die Opposition gegen die Ratifizierung der Pariser Verträge, mit denen die Bundesrepublik – nachdem das EVG-Konzept an Frankreich gescheitert war – nun über die NATO militärisch in den Westen eingebunden wurde.
Dem entsprachen auch die Proteste gegen jeden weiteren Schritt der Westintegration, – so die Ablehnung des Eintritts der Bundesrepublik in die NATO und die Warnung vor einer Einbeziehung der Bundesrepublik in das atomare westliche Militärsystem. Die Parole »Kampf dem Atomtod« knüpfte an die frühere »Ohne-mich«-Bewegung an und fand, wie diese, ihre Basis in einer spontanen Bewegung in der Bevölkerung.
Diese Linie fand ihren deutlichsten und zugleich letzten Ausdruck im

Deutschlandplan der SPD vom März 1959, der im wesentlichen die Handschrift H. Wehners trug. Die Hauptelemente dieses Planes: Auseinanderrücken von NATO und Warschauer Pakt in Mitteleuropa, Ausscheiden der mitteleuropäischen Staaten aus den Blocksystemen, politische und wirtschaftliche Zusammenführung der deutschen Teilstaaten, Bildung einer gesamtdeutschen Nationalversammlung, Beschluß über eine neue gesamtdeutsche Verfassung.
Für die aktivistischen Gruppen in der Sozialdemokratie erschien dieses Konzept noch einmal als Konsequenz der »Tradition« der Partei.
Der Parteiapparat ließ es aber um diesen Plan in kürzester Frist wieder still werden. Statt dessen wurde auf dem Godesberger Parteitag im Oktober 1959, schon seit längerem vorbereitet, ein neues Parteiprogramm beschlossen. Merkwürdigerweise enthielt es keine Erklärung mehr zu dem Thema, das Jahre hindurch im Mittelpunkt der Parteiargumentation gestanden hatte, nämlich der Wiedervereinigungskonzeption. Gesellschaftspolitisch bedeutete das Godesberger Programm einen klaren Bruch mit der programmatischen Tradition der Partei, die – bei allen Wandlungen – sich doch immer als antikapitalistisch verstanden hatte. Mit dem Godesberger Programm wurde erstmals in der Parteigeschichte die Frage der Wirtschaftsordnung zum bloßen Zweckmäßigkeitsproblem erklärt, und man unternahm erfolgreich den Versuch, die Reste marxistischer Begrifflichkeit aus dem Parteivokabular zu verdrängen.
Die Annahme des Programms ging innerparteilich nicht ohne Widerstreben über die Bühne. Die Linke in der Partei ließ sich allerdings fast restlos auf eine Stillhaltetaktik ein.
Ein wesentlicher Grund: Man wollte die Einigkeit der Partei in der Opposition gegen die NATO-Politik, gegen Rüstung und Atombewaffnung und im Eintreten für Schritte zur Wiedervereinigung nicht durch gesellschaftstheoretische Kontroversen gefährden.
Die scheinbar noch vorhandene Gemeinsamkeit in der Opposition gegen die »Adenauer-Politik« schien aktuell wichtiger als der Streit um ökonomische Programmpunkte.
Insofern zeigte sich der Kurswechsel, den das Godesberger Programm für die SPD bedeutete, in seiner Eindeutigkeit erst, als im Juni 1960 Herbert Wehner im Deutschen Bundestag auch die außenpolitische Oppositionsrolle abwarf und damit noch vor der Bundestagswahl 1961 zur Möglichkeit der Großen Koalition überleitete.
Die Vorstellung von einem »gesamtdeutschen Sozialismus«, der gesellschaftspolitisch sowohl den »CDU-Staat« als auch das »SED-Regime« hinter sich lassen könnte, war ohne nähere Begründung aufgegeben;

die SPD stellte sich auf den Boden der von Adenauer geschaffenen Tatsachen (d. h. der Westbindung der Bundesrepublik) ...

Innerparteiliche Veränderungen

Folgenschwer war an alledem nicht so sehr die Tatsache, daß die reale politische Entwicklung der Bundesrepublik sich in anderer Richtung vollzog, als die SPD es damals proklamierte. Bewegungen und Organisationen der Arbeiterbewegung haben im Laufe ihrer Geschichte auch in anderen Ländern Niederlagen hinnehmen müssen. Fatal war vielmehr, daß die deutsche Sozialdemokratie soziale Bewegungen an sich band, ihnen politisch Ausdruck gab, um sie dann ohne Diskussion und ohne Verarbeitung solcher Erfahrungen fallen zu lassen.
Zwischen der SPD-Programmatik »Sozialismus als Tagesaufgabe« und dem Godesberger Programm der SPD, das auf die traditionellen Parolen der Arbeiterbewegungen als »Bürgerschreck« verzichtete, lagen kaum zehn Jahre, und es wäre falsch, wollte man diesen Kurswechsel als Ergebnis einer intensiven innerparteilichen Diskussion interpretieren.
Nicht anders die Kursveränderungen in der Militär- und Außenpolitik. Kaum ein Jahr, nachdem der SPD-Parteivorstand mit dem Deutschlandplan noch ein Konzept vorgelegt hatte, das die aktiven Parteimitglieder als Programm für »Sozialismus durch Wiedervereinigung« verstehen mußten, verkündete Herbert Wehner im Bundestag in Verleugnung seines eigenen Deutschland-Planes die vorbehaltlose Anpassung der SPD an die Politik der Westintegration.
Die »Überzeugung« entschiedener Sozialisten in der SPD verlief taktisch; sozusagen hinter vorgehaltener Hand wurde ihnen zu verstehen gegeben, man brauche solcherart programmatische Anpassung, um in die bürgerlichen Wählerschichten eindringen zu können und auf diese Weise nun endlich mehrheitsfähig zu werden.
Schon bald nach dem programmatischen Übergang zur »Volkspartei« wurde dann aber linke Kritik innerhalb der SPD diszipliniert oder aus der Partei verdrängt; Zeichen dafür waren die Unvereinbarkeitserklärungen 1960/61 gegenüber dem Sozialistischen Studentenbund (SDS) und der SDS-Förderergesellschaft. Reste der SPD-Linken, ob innerhalb oder außerhalb der Partei, hielten in den Jahren darauf Verbindung zu Gruppierungen in einigen Gewerkschaften, die sich am Konzept der Klassenauseinandersetzung und nicht der Sozialpartnerschaft orientierten; von hier wie vom weiterbestehenden SDS gingen auch

Initiativen aus für politische Bewegungen in den 60er Jahren gegen die atomare Rüstung und gegen die Notstandsgesetzgebung, die teilweise in die außerparlamentarische Opposition (APO) der Studenten und Schüler einmündeten. Diese Oppositionsbewegungen waren für die politische Entwicklung in der Bundesrepublik nicht ohne Bedeutung; sie stellten aber keine Fortführung der traditionellen und keine Initiierung einer neuen Arbeiterbewegung dar und verfügten nicht über Rückhalt in den Massen der Arbeitnehmerschaft. Aus diesem Grunde soll auf diese neue Form von gesellschaftlicher Opposition hier auch nicht weiter eingegangen werden.

Zur Entwicklung der SPD bis 1959/60 muß angemerkt werden, daß die Ablösung von der Tradition der Arbeiterbewegung, die in dieser Zeit von der Partei vollzogen wurde, nicht etwa als Manipulation der Parteiführung interpretiert werden sollte. Die Sozialismus-Vorstellungen, die sich in den 50er Jahren in der Partei noch fanden, waren alles andere als konkret; bezeichnend war ja, daß man eine Chance zu innergesellschaftlicher Strukturveränderung eigentlich nur noch in einem außenpolitischen Konstellationswechsel sah, – eine politische Hoffnung, die mit den internationalen Machtverhältnissen wenig zu tun hatte. Die Linke in der SPD, gar die »marxistische«, war schwach, in sich zerstritten und wenig handlungsfähig. Alle Versuche, in oder neben der SPD wenigstens publizistische Konzentrationspunkte für Sozialisten zu schaffen, hatten wenig Erfolg, zum Teil auch deshalb, weil sie in den Verdacht einer »Kontaktschuld« zur KPD oder SED gerieten. Insofern war das Godesberger Programm Ausdruck politischer Realitäten in der Sozialdemokratie.

Kritik an der Parteiführung der SPD ist aber wohl angebracht, wenn es um die Formen geht, in denen der Prozeß der politischen Anpassung sich vollzog. Kaum irgendwo wurde versucht, die diversen Kursveränderungen mit einer innerparteilichen Diskussion zu verbinden, das Scheitern der außerparlamentarischen Aktionen sich selbst und anderen zu erklären oder überhaupt die historischen Erfahrungen der Sozialdemokratie nach 1945 aufzugreifen und aufzuarbeiten. Die SPD nahm Ende der 50er Jahre endgültig Abschied von der traditionellen Arbeiterbewegung und damit auch von ihrer eigenen Herkunft, und dieser Abschied geschah gewissermaßen bewußtlos, jedenfalls für die Masse der Mitglieder und Anhänger der Partei. Hierin unterscheidet sich die Sozialdemokratie der Bundesrepublik von den meisten anderen sozialdemokratischen Parteien Westeuropas. Dies sagt noch nichts aus über die Inhalte der Politik, die dann von der SPD praktiziert wurde, es besagt auch nicht, daß diese Partei jeder spezifischen Vertretung von Arbeitnehmerinteressen entrückt wäre. Aber die SPD bietet seitdem nicht mehr den selbstverständlichen Raum für Diskussionen, Konzepte und Hoffnungen in der historischen Folge der Arbeiterbewegung, wie sie dies seit ihrer Entstehung bis in die 50er Jahre hinein getan hatte; wenn es zu Erschütterungen des wirtschaftlichen Systems der Bundesrepublik und zu neuen sozialen Bewegungen in der Arbeitnehmerschaft kommt, so wird die SPD vermutlich nicht mehr auf selbstverständliche Weise als politisch-organisatorischer Bezugspunkt solcher Bewegungen verstanden werden. Mit anderen Worten: es stellt sich die Frage, wie haltbar die »neue« SPD in gesellschaftlichen Krisenzeiten sein wird ...

Die SPD als Regierungspartei

Im Rahmen aktueller politischer Möglichkeiten war der Weg der SPD nach Godesberg durchaus ein Erfolg. Bei den Bundestagswahlen von 1961 bis 1972 konnte die Partei ihr Wählerpotential erheblich ausweiten und dabei teilweise auch herkömmliche Barrieren sozialstruktureller und konfessioneller Art abbauen. Es gelang ihr, über den Einzug in die Große Koalition (1966) zur Führung einer sozial-liberalen Regierungskoalition in der Bundespolitik vorzustoßen (1969); die Verluste bei der Bundestagswahl 1976 hielten sich für eine Partei in der Regierung in erträglichen Grenzen.

Stimmenanteil bei den Bundestagswahlen 1949-1976 in %

Partei	1949	1953	1957	1961	1965	1969	1972	1976
CDU/CSU	31,0	45,2	50,2	45,4	47,6	46,1	44,9	48,6
FDP	11,9	9,5	7,7	12,8	9,5	5,8	8,4	7,9
SPD	29,2	28,8	31,8	36,2	39,3	42,7	45,8	42,6
KPD/DKP	5,7	2,2	—	—	—	—	0,3	0,2

Die Mitgliederstruktur der SPD hat sich nach parteieigenen Repräsentativuntersuchungen seit Mitte der 60er Jahre stärker verändert als in den 100 Jahren zuvor. Die SPD ist heute in dem Sinne »Volkspartei«, daß sie in ihrer Zusammensetzung weitgehend der sozialen Aufgliederung der Gesamtbevölkerung entspricht, abgesehen davon, daß in der

Partei – wie bei allen anderen Parteien auch – Frauen immer noch bei weitem unterrepräsentiert sind. Überrepräsentiert sind – vor allem auf der Ebene der aktiven Mitglieder und der Mandats- und Funktionsträger der Partei – die Beschäftigten im Öffentlichen Dienst; die sozialdemokratische Parteiarbeit ist inzwischen weitgehend eine Domäne der Beamten und der staatlichen und kommunalen Angestellten. Daß der Anteil der Angestellten im Laufe der Jahre an den der Arbeiter in der Partei herangerückt ist, entspricht den allgemeinen Veränderungen in der Arbeitnehmerschaft; unabhängig davon ist aber der Anteil der einkommensstärkeren und durch Abitur oder Hochschulabschluß besser qualifizierten Mitglieder in der SPD höher als der Anteil dieser Gruppen an der Gesamtbevölkerung. Geringer als früher ist der Anteil der gewerkschaftlich organisierten Parteimitglieder heute (etwa 47 %); bei CDU/CSU und FDP liegt er allerdings noch weitaus niedriger.

Berufliche Aufgliederung der SPD-Mitglieder in Prozenten[2]

	1930	1952	1956/ 1957/	1966	1968	1973	1975
Arbeiter	59,48	45	40	32	34,5	26,43	27,64
Angestellte	10,02	17	—	19	20,6	21,93	23,69
Beamte	3,95	5	(14)	8	9,9	8,96	9,53
Selbständige	4,57	12	6	5	5,2	4,83	4,67
Landwirte	—	2	1	—	—	0,36	0,24
Rentner	4,64	12	25	18	24,2	13,35	11,25
Hausfrauen	17,13	7	14	16	4,3	9,92	9,85
in Ausbildung	0,20	—	—	1	0,9	6,84	7,97

Was ihre Wählerschaft angeht, so hat die SPD nach wie vor – wenn auch nicht mehr so eindeutig wie früher – ihre Schwerpunkte bei der Arbeitnehmerschaft und hier wiederum Vorteile bei den Arbeitern; die politisch-personellen Querverbindungen zu den Gewerkschaften sind ohne Zweifel enger als bei den anderen Bundestagsparteien.

Allerdings ist es nicht so, als bestünde zwischen den Zielen der Gewerkschaften und der Politik der SPD in allen Punkten und in jeder Lage restlose Übereinstimmung; anzumerken ist ferner, daß auch die CDU/CSU Wähler in der Arbeiterschaft hat und dieses Potential in bestimmten politisch-wirtschaftlichen Situationen offenbar auch auszuweiten vermag. Arbeitnehmer stellen angesichts der sozialstrukturellen Zusammensetzung der Bevölkerung ohnehin das Gros der Wählerschaft aller »Volksparteien«.

Eine programmatische Bezugnahme auf die Tradition der sozialistischen Arbeiterbewegung ist innerhalb der Sozialdemokratie in der Bundesrepublik seit Ende der 60er Jahre am ehesten bei den Jungsozialisten zu finden, die zeitweise stark von der außerparlamentarischen Bewegung der Studenten und Schüler beeinflußt wurden. Besonders schwach ist freilich gerade hier die Verbindung zur Industriearbeiterschaft und zu politisch aktiven Gewerkschaftern. Eine gewerkschaftliche oder sozialistische linke »Fraktion« existiert in der SPD, anders als in den meisten sozialdemokratischen Parteien des Auslandes, nicht in nennenswertem Umfange; die westdeutsche Sozialdemokratie ist nie von einer Abspaltung nach links hin bedroht gewesen. Ein Grund dafür liegt sicher darin, daß die Kommunistische Partei (heute DKP) hierzulande aufgrund ihrer Politik und Struktur ohne Anziehungskraft ist, insofern also keine etablierte linke Konkurrenz zur SPD besteht; ein zweiter Grund ist wohl in der Parteienkonstellation allgemein zu suchen. Der Abstand zwischen SPD und CDU/CSU in der Wählergunst ist so knapp, daß jede linke Partei neben der SPD leicht der CDU/CSU zum Wahlsieg verhelfen könnte, eine Zwangslage, die sehr zur innerparteilichen Integration der SPD beiträgt und vor linken Parteigründungen oder Wahlauftritten zurückschrecken läßt. Erst eine Mobilität in der parteipolitischen Entwicklung auf der rechten Seite würde unter Umständen auch links die Parteienlandschaft verändern. Ohne Bedeutung für die soziale Bewegung, insbesondere für die Arbeiterschaft in der Bundesrepublik blieben kommunistische Parteineugründungen dogmatischer Art, die sich neben der DKP ansiedelten. Für die Geschichte der deutschen Arbeiterbewegung haben sie nur den Tragödien von einst die Farcen von heute hinzugefügt. Die »Grünen« wiederum bewegen sich außerhalb der Traditionslinie der Arbeiterbewegung.

Am Ende der Arbeiterbewegung?

Die Schwierigkeiten eines Versuchs, die Position der Sozialdemokratie heute in der Bundesrepublik »klassenspezifisch« zu bestimmen, aber auch die nostalgischen Züge, die den Bemühungen studentisch geprägter linker Gruppen um Wiederbelebung der »Arbeiterbewegung« innewohnen, hängen mit Veränderungen in der Sozialstruktur der Bundesrepublik zusammen, die im folgenden kurz skizziert werden sollen.[3]

Der Anteil der abhängig Arbeitenden an der Gesamtheit der Erwerbsbevölkerung hat gerade nach der wirtschaftlichen Rekonstruktion in Westdeutschland weiterhin und in beschleunigtem Tempo zugenommen; während 1950 in der Bundesrepublik noch fast 30 % der Erwerbsbevölkerung »wirtschaftlich selbständig« (oder in selbständigen Familienbetrieben tätig) waren, beträgt dieser Anteil heute nur noch rund 10 %. Lohn- oder Gehaltsabhängigkeit ist insofern zum wirtschaftlichen und sozialen Bestimmungsmerkmal der weitaus überwiegenden Mehrheit der Bevölkerung geworden: unsere Gesellschaft ist dem durchschnittlichen sozialen Verhältnis nach eine »Arbeitnehmergesellschaft«. Der Rückgang wirtschaftlicher Selbständigkeit resultiert dabei vor allem aus dem Abbau von Arbeitspotential und Existenzmöglichkeiten in der Landwirtschaft und in der Kleinproduktion. Bei der Verteilung der abhängig Arbeitenden auf die Kategorien »Arbeiter«, »Angestellte« und »Beamte« ist aber ein wachsender Anteil der Angestellten und Beamten und ein deutliches Abnehmen des Anteils der Arbeiter feststellbar. Auch wenn man einberechnet, daß die arbeitsrechtliche Unterscheidung von Arbeitern und Angestellten nicht in jedem Falle eine Abstufung im Hinblick auf Qualifikation, Arbeitssituation und Einkommensniveau bedeutet (niedrig bezahlte Frauen befinden sich z. B. oft in einem Angestelltenarbeitsverhältnis), so ist die sozialstrukturelle Entwicklung insgesamt doch ganz offensichtlich durch einen Bedeutungsverlust der Gruppe der »klassischen« Industriearbeiterschaft und einen Bedeutungsgewinn jener Gruppen von abhängig Arbeitenden geprägt, die man gemeinhin als »neue Mittelschichten« bezeichnet. Bei der Aufgliederung der abhängig Arbeitenden nach Wirtschaftsbereichen entspricht diese Tendenz dem prozentualen Rückgang im produzierenden Gewerbe zugunsten eines Anstiegs im Bereich Dienstleistungen, Handel und Verkehr, wobei hier vor allem die Ausweitung der im Öffentlichen Dienst Beschäftigten wirksam wird.

Stellt man nun, einem gängigen Interpretationsmuster folgend, das Gros der Angestellten und die Beamten als »Mittelschichten« den Arbeitern als »Unterschichten« gegenüber, wobei ungeklärt bleibt, ob es sich hier um zwei »Fraktionen« ein und derselben sozialen Klasse oder um zwei getrennte soziale Klassen handelt, so ergibt sich bei näherer Betrachtung ein recht widersprüchliches Bild der Entwicklung: Einerseits sind deutliche Unterschiede im Hinblick auf soziale Herkunft, Charakter der Arbeit, Einkommenshöhe und soziale Mentalität nach wie vor erkennbar, zumindest bei »Kerngruppen« der beiden Schichten oder Klassen. Andererseits findet sich in dieser Gegenüberstellung die soziale Realität keineswegs vollständig wieder, und gerade dem Entwicklungstrend nach bilden sich neue soziale Abstufungen heraus. So ist z. B. ein Teil der Angestelltenschaft durch Einführung von technischen Neuerungen und Rationalisierung in zunehmendem Umfange ähnlich »fremdbestimmten« Arbeitssituationen unterworfen, wie sie für die Arbeiterschaft überwiegend schon seit langem bestehen; bei der Arbeiterschaft wiederum ist im Hinblick auf Bewußtsein und Lebensgewohnheiten gerade seit der Nachkriegszeit eine Tendenz zur Angleichung an die neuen Mittelschichten unverkennbar. Für die Angestellten wie für die Arbeiter gilt inzwischen, daß die wirtschaftliche Entwicklung keine Beschäftigungsgarantie mehr hergibt und einmal erworbene Qualifikationen der Gefahr ausgesetzt sind, noch während des Arbeitslebens ihren Wert zu verlieren.

Bedeutet dies, daß insofern die These von der »nivellierten Mittelstandsgesellschaft« zwar nicht für die gesellschaftliche Gesamtheit (in der es ja sehr wohl »Oberschichten« gibt), aber doch für die große Mehrheit, die abhängig Arbeitenden zutrifft? Dieser Annahme ist zunächst kritisch entgegenzuhalten, daß der Begriff »Nivellierung« leicht in das Mißverständnis hineinführt, als seien durch Angleichung von Lebensverhältnissen auch bereits die in diesen liegenden Probleme verschwunden. Aber davon einmal abgesehen, ist zu prüfen, ob sich nicht auch unter den abhängig Arbeitenden neue Formen sozialer Ungleichheit herausbilden, so etwa eine qualitative Differenz zwischen einheimischen Arbeitern und Gastarbeitern, eine spezifische Benachteiligung von jugendlichen Erwerbstätigen (oder Erwerbsuchenden), eine andauernde Benachteiligung berufstätiger Frauen und schließlich – auf längere Sicht – eine krasse soziale Ungleichheit zwischen Beschäftigten und Nichtbeschäftigten.

Ferner ist zu untersuchen, ob möglicherweise die Entwicklung der Qualifikations- bzw. Berufsstruktur dahin führt, daß zwar die »obere« Lage der Arbeiterschaft und die »untere« Lage der Mittelschicht sich angleichen, gleichzeitig aber andere Teile der Arbeiterschaft nach unten absinken und Teile der Mittelschicht nach oben aufsteigen, so daß am Ende eine neue Hierarchie der sozialen Chancen innerhalb der abhängig arbeitenden Bevölkerung sich herausbildet.

Festzuhalten bleibt hier, daß die Sozialstruktur unserer Gesellschaft nicht nur durch das Gegenüber von Kapital und »Lohnarbeit« (im Sinne abhängiger Erwerbstätigkeit), sondern zugleich durch Differenzen der materiellen Lage und der Interessen innerhalb der Arbeitnehmerschaft bestimmt ist, die zum Teil aus neueren sozialökonomischen Entwicklungen resultieren, auf die sich die traditionellen kollektiven

Organisationen und Vertretungsformen der abhängig Arbeitenden noch kaum eingestellt haben. Zugleich aber ist diese Gesellschaft im ökonomischen Sinne, der übergroßen Majorität nach, »Lohnarbeitergesellschaft«.

Gewerkschaftspolitik nach 1952

Die Gewerkschaften in der Bundesrepublik waren in den Jahren nach 1952 zu den traditionellen Schwerpunkten gewerkschaftlicher Aktivität zurückgekehrt, also zur Lohn- und Tarifpolitik und zur Beeinflussung der sozialpolitischen Maßnahmen des Staates.[4] Das Scheitern der gewerkschaftlichen Konzeption von der »Neuordnung« der Gesellschaft und des Wirtschaftssystems, mit dem Betriebsverfassungsgesetz von 1952 endgültig offenbar geworden, hatte das Interesse der gewerkschaftlichen Organisationen wieder auf die unmittelbare Vertretung von Arbeitnehmerinteressen im Kapitalismus gerichtet. Zugleich bot aber auch die langandauernde Prosperität der westdeutschen Wirtschaft nach 1952 die Chance, dem allgemeinen Produktivitätsanstieg materielle Verbesserungen für die große Mehrheit der Arbeitnehmerschaft abzugewinnen. Auf dem DGB-Kongreß 1954 enthielt diese pragmatische Wende der Gewerkschaftspolitik noch Anklänge an gesellschaftsreformerische Hoffnungen; das Konzept der »expansiven Lohnpolitik«, das dort unter maßgeblichem Einfluß des linken Gewerkschaftstheoretikers Viktor Agartz propagiert wurde, stellte den Anspruch, über lohnpolitische Fortschritte die gesellschaftspolitischen Kräfteverhältnisse zu verändern. Das DGB-Aktionsprogramm von 1955 nahm diesen Gedanken aber schon nicht mehr auf, sondern konzentrierte sich auf Forderungen nach kürzerer Arbeitszeit, nach höheren Löhnen und Gehältern, nach Ausbau der sozialen Sicherungen und verbessertem Arbeitsschutz. Das DGB-Aktionsprogramm wurde in den Jahren 1965, 1972 und 1979 erneuert; der Katalog der Forderungen blieb im Kern der von 1955, neu hinzu kamen Zielsetzungen zur Vermögenspolitik, zur Ausbildung, zur Reform des Arbeits- und Dienstrechts und zum Umweltschutz. Diese Aktionsprogramme entsprachen im wesentlichen durchaus den jeweiligen aktuellen Interessen der Arbeitnehmer im Bereich der Wirtschafts- und Sozialpolitik; Kritiker merkten allerdings zu Recht an, daß die gewerkschaftlichen Zielsetzungen nicht mit Aussagen oder Vorstellungen darüber verknüpft wurden, auf welchen politischen Wegen, durch welche gesellschaftlichen Kräfte und mit welchen gewerkschaftlichen

Aktivitäten die jeweiligen Programmpunkte einer Realisierung nähergebracht werden sollen. Im Jahre 1963 beschloß der DGB auf einem Kongreß in Düsseldorf ein neues Grundsatzprogramm, das die wirtschaftspolitischen Leitsätze von 1949 ablöste. In der Präambel dieses Programms, das bis heute gültig ist, finden sich Sätze, die an den »systemverändernden« Tenor der gewerkschaftlichen Konzeptionen vor und um 1949 erinnern:

»... *Zwar hat die allgemeine Anhebung des Lebensstandards, die vor allem der Schaffenkraft und dem Fleiß der Arbeitnehmer und nicht zuletzt dem ständigen Drängen der Gewerkschaften zu verdanken ist, vielen Arbeitnehmern neue Möglichkeiten der Lebensgestaltung eröffnet. Aber die Ungerechtigkeit der Einkommens- und Vermögensverteilung, die Abhängigkeit vom Marktgeschehen, von privater Wirtschaftsmacht und die Ungleichheit der Bildungschancen sind nicht überwunden.*

Die Entwicklung in der Bundesrepublik hat zu einer Wiederherstellung alter Besitz- und Machtverhältnisse geführt. Die Großunternehmen sind erstarkt, die Konzentration des Kapitals schreitet ständig fort. Die Kleinunternehmen werden zurückgedrängt oder den Großunternehmen wirtschaftlich untergeordnet. Die Arbeitnehmer, d. h. die übergroße Mehrheit der Bevölkerung, sind nach wie vor von der Verfügungsgewalt über die Produktionsmittel ausgeschlossen. Ihre Arbeitskraft ist auch heute noch ihre einzige Einkommensquelle ...

Die Gewerkschaften kämpfen um die Ausweitung der Mitbestimmung der Arbeitnehmer. Damit wollen sie eine Umgestaltung von Wirtschaft und Gesellschaft einleiten, die darauf abzielt, alle Bürger an der wirtschaftlichen, kulturellen und politischen Willensbildung gleichberechtigt teilnehmen zu lassen ...«

In seinem konkreten Gehalt zielt das DGB-Grundsatzprogramm von 1963 aber nicht mehr, wie die Leitsätze von 1949, eine grundlegend neue, zum Kapitalismus alternative Wirtschaftsverfassung an, sondern es zeichnet das Bild einer Wirtschaftsstruktur, in der Kapitalinteressen und arbeitnehmerorientierte Faktoren gewissermaßen ausbalanciert sind. Der »Wettbewerb« wird als regulierendes Prinzip der Wirtschaft grundsätzlich akzeptiert; »Planung« soll die Wettbewerbswirtschaft ergänzen oder sozial korrigieren. Als Ziele der Wirtschaftspolitik werden definiert: Vollbeschäftigung und stetiges Wirtschaftswachstum; Stabilität des Geldwertes; »gerechte« Einkommens- und Vermögensverteilung; Verhinderung des »Mißbrauchs wirtschaftlicher Macht«. Als Mittel der Korrektur privatwirtschaftlicher oder wettbewerbswirtschaftlicher Vorgänge (also nicht als deren Ersetzung) werden aufgeführt: Volkswirtschaftliche Gesamtrechnung und Rahmenplanung; staatliche Investitionssteuerung; Ausbau öffentlicher oder freier gemeinwirtschaftlicher Unternehmen; betriebliche und überbetriebliche Mitbestimmungsrechte der Arbeitnehmer. Dieses DGB-Grundsatzprogramm von 1963 hat in mehrfacher Hinsicht Kompromißcharakter. Zunächst einmal bot dieses Dokument eine Möglichkeit, die Unterschiede und zum Teil Gegensätze zwischen verschiedenen »Flügeln« im DGB zu überbrücken; damals vertrat z. B. die Industriegewerkschaft Bau-Steine-Erden eine Politik der Kooperation, die Industriegewerkschaft Metall hingegen ein Konzept der Konfliktbereitschaft gegenüber den Unternehmern. Zum anderen bedeutete das Programm eine Art Kompromiß mit dem bestehenden Wirtschaftssystem; es legitimierte einen gewerkschaftspolitischen Kurs der Begrenzung auf materielle Tagesinteressen im leistungsfähigen, prosperierenden Kapitalismus, aber es verzichtete nicht auf grundsätzliche Vorbehalte und hielt für den Fall krisenhafter Entwicklungen auch andere wirtschaftspolitische Methoden programmatisch in Reserve.

In der Auffassung von den wirtschaftspolitischen Möglichkeiten des Staates orientierte sich das DGB-Grundsatzprogramm von 1963 offensichtlich an der Theorie von Keynes; es stand damit im Gegensatz zu den neoliberalen Formeln der Erhardschen Wirtschaftspolitik und nahm den »interventionistischen« Schwenk konzeptionell vorweg, den einige Jahre später Schiller als SPD-Wirtschaftspolitiker und Bundeswirtschaftsminister vollzog. Mitte der 60er Jahre nahm sich die Bilanz der gewerkschaftlichen Lohn- und Sozialpolitik und der Interessenvertretung der Arbeitnehmer in der Bundesrepublik recht erfreulich aus: Seit Gründung der Bundesrepublik lag der reale durchschnittliche Einkommenszuwachs der Arbeitnehmer in der langfristigen Tendenz bei etwa 5 % jährlich; die Arbeitszeit hatte stetig verkürzt werden können; in der Renten- und Krankenversicherung waren Leistungsverbesserungen und die Gleichstellung der Arbeiter gegenüber den Angestellten erreicht worden; die durchschnittliche Ausbildungszeit der nachwachsenden Arbeitnehmergeneration war ausgedehnt, der Ausbildungsstand angehoben worden. Im Hinblick auf Lebensstandard und soziale Absicherung waren die Arbeitnehmer der Bundesrepublik an die Spitze der Durchschnittswerte in Westeuropa gerückt. Dies alles war unter den Bedingungen einer kapitalistischen Wirtschaft zustandegekommen und unter der Regierungsführung der CDU/CSU; Konflikte der Gewerkschaften mit der damaligen staatlichen Politik ergaben sich nach 1952 am ehesten auf der allgemein-politischen Ebene, dort etwa, wo Teile der Gewerkschaftsbewegung –

wenn auch nur zeitweise und rasch wieder nachgebend – in Opposition zur Wehrpolitik der Bundesregierung gingen (Bewegungen gegen die Bewaffnung der Bundesrepublik und später gegen die atomare Rüstung). Lohn- und tarifpolitisch gab es in dieser Schönwetterperiode der westdeutschen Wirtschaft keine massiven Reibungen mit der Regierungspolitik.

Ökonomische Entwicklung und soziale Konflikte seit 1966

Erst 1966/67 trat eine wirtschaftliche Rezession ein, die Beschäftigungsprobleme in einigen Sektoren der Industrie (Bergbau vor allem) und eine erste Schmälerung des Einkommenszuwachses der Arbeitnehmer mit sich brachte. Die Krise konnte relativ rasch wieder aufgefangen werden. Immerhin war die Selbstgewißheit der westdeutschen Wirtschaftsentwicklung ein wenig lädiert; die SPD trat zu dieser Zeit in die Regierung ein, und die staatliche Wirtschaftspolitik wurde stärker zur Stabilisierung der privaten Unternehmenswirtschaft und der Wirtschaftskonjunktur herangezogen. Zur Seite der Gewerkschaften hin fand dies seinen Ausdruck in dem Bemühen der Regierung, die gewerkschaftliche Lohnpolitik in staatlich arrangierte Leitlinien einzubinden (»Konzertierte Aktion«). Zugleich standen die Gewerkschaften nun vor dem Problem, wie frei sie sich gegenüber einer Regierungspolitik verhalten könnten, die von der ihnen traditionell nahestehenden Sozialdemokratie mitverantwortet oder mitbestimmt wurde. Auch abseits der Wirtschaftspolitik spielte dieses Problem eine Rolle, nämlich bei der Stellungnahme der Gewerkschaften zur Notstandsgesetzgebung.

Auf massive Weise in Frage gestellt wurde das Konzept der gewerkschaftlichen Politik dann durch die spontanen Massenstreiks im Herbst 1969, deren Schwerpunkte in der Metallindustrie und im Bergbau lagen. Durch die Unbeweglichkeit der gewerkschaftlichen Tarifstrategie, verursacht durch die »Friedenspflicht« in der Laufzeit der Tarifverträge, war eine allzu krasse Distanz zwischen der Gewinnlage der Unternehmen und dem Lohnniveau der Arbeitnehmer entstanden. Die Belegschaften etlicher Großunternehmen reagierten darauf mit selbstorganisierten Arbeitsverweigerungen und mit Lohnforderungen, woraus sich schnell eine größere und von den Gewerkschaften unabhängige Streikbewegung entwickelte.

Über den konkreten Anlaß und Ablauf hinaus signalisierten diese Streiks einen Wandel im Verhalten und in der Einstellung der Arbeit-

nehmerschaft, den ein Rundschreiben des Vorstandes der Industriegewerkschaft Metall recht interessant erörterte:
»... Der heutige Durchschnitt der Belegschaften war 1945 erst 13 Jahre alt. In den Betrieben haben wir es nunmehr mit einer Generation im mittleren Mannesalter zu tun, die weder geprägt ist durch die demoralisierend kampflose Niederlage der deutschen Arbeiterbewegung vor 1933 noch durch den nazistischen Erfolgstaumel bis zum Kriegsbeginn. Eine neue und im guten wie im weniger guten von all diesen Erfahrungen nicht mehr gezeichnete Generation ist heute im Betrieb sozialpsychologisch bestimmend oder ist im Begriff, es zu werden. Der Arbeitnehmertyp, der die Nazizeit miterlebt hat und als Erwachsener durch den Zweiten Weltkrieg gegangen ist und der schon aus einem gewissen Gefühl der Mitschuld heraus dem Schweigen und der Passivität zuneigte, rückt in Altersjahrgänge auf, die das Verhalten der Arbeitnehmer nicht mehr so stark prägen wie zuvor. Es kann zwar keine Rede davon sein, daß eine Politisierung im studentischen Sinne diese Arbeitergeneration erfaßt hat. Aber man sollte ... beobachten, ob breitere Arbeitnehmerschichten initiativ und forderungsfreudig werden ...«

(Aus einem Rundschreiben des Vorstandes der IG Metall vom 9.7.1970)

Gewiß wäre es völlig unrealistisch, die spontanen Streiks des Jahres 1969 als eine Art Erneuerung »revolutionärer« Strömungen in der Arbeiterschaft zu interpretieren, wie dies manche radikalen Studentengruppen taten; auch die Position der Gewerkschaften innerhalb der Arbeitnehmerschaft und ihrer Interessenvertretung war und blieb trotz solcher selbständiger und in gewissem Sinne gewerkschaftskritischer Bewegungen unerschüttert. Aber die Streiks 1969 waren ein wichtiges Zeichen einer »Klimaveränderung«, die seitdem immer mehr spürbar geworden ist und die es nahelegt, die »Arbeitnehmerpolitik im Wirtschaftswunder« als eine abgeschlossene Phase der westdeutschen Sozialgeschichte zu betrachten. Der Wandel der industriellen Beziehungen in der Bundesrepublik macht sich seitdem auf mehreren Ebenen bemerkbar: Die Arbeitnehmer machen die Erfahrung, daß auch der westdeutsche Kapitalismus nicht krisenfrei ist; der Konflikt zwischen Unternehmern und Gewerkschaften verschärft sich und dehnt sich auf neue Bereiche aus; auch das Verhältnis von Gewerkschaften und Arbeitnehmerschaft, von zentraler Gewerkschaftspolitik und Interessen der Belegschaften ist nicht mehr konfliktlos.
Diese Tendenzveränderungen haben ihren wesentlichen Grund darin,

daß die Unternehmenswirtschaft auch in der Bundesrepublik zunehmend vor strukturellen Schwierigkeiten steht, obwohl die wirtschaftliche Position Westdeutschlands im internationalen Vergleich sich nach wie vor günstig ausnimmt und von daher auch die Arbeitnehmerschaft in der Bundesrepublik einen relativ guten materiellen Standard halten kann. Aber die Lage auf dem Weltmarkt, die Schwierigkeiten, die vorhandenen industriellen Kapazitäten profitabel zu nutzen und der Zwang, unter verschärften Konkurrenzbedingungen die Kapitalverwertung möglichst günstig in Gang zu halten, also die Kosten für menschliche Arbeitskraft zu senken, – all diese spätestens seit 1974 auch die Wirtschaft der Bundesrepublik anhaltend bedrängenden Probleme haben soziale Widersprüche auftreten lassen, die der Arbeitnehmerschaft unseres Landes lange Jahre hindurch kaum noch als existent galten. Seit 1973 haben sich die realen Nettoeinkommen je abhängig Beschäftigten nur noch geringfügig erhöht.

Alte Fragen – neu gestellt

Die Arbeiter und Angestellten in der Bundesrepublik können heute, im Durchschnitt betrachtet, nicht mehr damit rechnen, daß es mit ihrem materiellen Lebensniveau stetig aufwärts gehen wird. Die deutliche Abstufung der Einkommensverhältnisse und damit die Hierarchie der materiellen Chancen, die in der Gesellschaft der Bundesrepublik trotz aller Rede von der »nivellierten Mittelstandsgesellschaft« nie wesentlich reduziert war, die aber in Zeiten des materiellen Aufschwungs weniger schmerzhaft wirkte, tritt unter diesen veränderten konjunkturellen Bedingungen als Problem wieder schärfer hervor. Die Wegrationalisierung von Arbeitsplätzen in fast allen Bereichen der Produktion, die inzwischen auch durch die Erweiterung von Arbeitsmöglichkeiten im Dienstleistungssektor nicht mehr aufgefangen werden kann, ferner der in einigen Wirtschaftsbereichen jetzt periodisch auftretende Mangel an Auslastung der vorhandenen Produktionskapazitäten, schließlich der Rückgang der Erweiterungsinvestitionen in fast allen produktiven Wirtschaftssektoren haben Gefahren wieder heraufbeschworen, die für einen Arbeitnehmer die strikteste Existenzbedrohung darstellen und die aus der Arbeitswelt der Bundesrepublik völlig verschwunden schienen, nämlich strukturelle und langandauernde Nichtbeschäftigung und erzwungene Kurzarbeit. Zwar trifft der Begriff »Massenarbeitslosigkeit« nicht den derzeit immerhin noch einigermaßen begrenzten quantitativen Umfang der Unterbeschäftigung in der Bundesrepublik; aber es kann kein Zweifel daran sein, daß Vollbeschäftigung und Arbeit für jedermann auch in der westdeutschen Wirtschaft nicht mehr ohne weiteres garantiert sind. Für die Interessenvertretung der Arbeitnehmer und die Politik der Gewerkschaften stellen sich damit ganz andere Aufgaben als zu Zeiten des »Wirtschaftswunders«. Es geht heute nicht mehr in erster Linie darum, für die Arbeitnehmer den Anteil am stetig wachsenden gesellschaftlichen Reichtum zu sichern und insofern Forderungen zu vertreten, die bei der Kapitalseite auf relativ leichtes Entgegenkommen rechnen können, sondern die Arbeitnehmervertretungen müssen jetzt ihre Aktivitäten darauf konzentrieren, den erreichten materiellen Stand zu verteidigen, Arbeitsplätze zu erhalten, negative Folgen der Rationalisierung für die Arbeiter und Angestellten abzuwehren, Betriebsstillegungen zu verhindern. Tarifauseinandersetzungen und Streiks hatten seit 1973/74 kaum noch höhere Reallöhne zum Ziel oder zum Resultat, sondern es ging zumeist um die Verteidigung des realen Lohnniveaus, um Absicherung von Arbeitsplätzen (wie in der Druckindustrie), um Schutz vor Abgruppierungen und schließlich 1978/79 bei Eisen und Stahl um den Einstieg in die 35-Stundenwoche als Mittel gegen Arbeitslosigkeit. Nicht nur bei dem zuletzt genannten Konflikt zeigte sich, daß die Arbeitgeber kaum auf Zugeständnisse eingestellt waren, sondern harte und geschlossene Gegenstrategien einsetzten, vor allem die Drohung mit großräumigen Aussperrungen. Das Klima zwischen Arbeit und Kapital ist ohne Zweifel auch in der Bundesrepublik seit etlichen Jahren kälter geworden; es liegt auf der Hand, daß der Gegensatz dieser Interessen erst in Zeiten wirtschaftlicher Schwierigkeiten wirklich offenbar wird. Weil in dieser Situation jeder Arbeitskampf auch für die Gewerkschaftsorganisation zu einem Risiko wird, die bisher dominierende sozialpartnerschaftliche Gewerkschaftspolitik an Grenzen stößt und der Staat – auch unter der Regierungsführung der SPD – nicht Partei für die Interessen der Lohnarbeit ergreifen kann (womit die Loyalität der DGB-Gewerkschaften gegenüber der SPD zusätzlich zum Problem wird), wird zugleich auch der mögliche Konfliktstoff zwischen Gewerkschaftsführungen und der Basis der Gewerkschaften größer. Von daher erklärt es sich, daß Auseinandersetzungen um die Willensbildung in der eigenen Organisation seit Mitte der 70er Jahre in den Gewerkschaften zugenommen haben, daß vermehrt Forderungen nach stärkerem Einfluß der Mitgliederschaft auf die Besetzung der innerverbandlichen Funktionen (z. B. Wahl der Bezirksleiter) und auf die Entscheidungen der Tarifkommissionen auftreten. Auch das Tauziehen um die Position der betrieblichen Vertrauensleute hat hier sei-

nen realen Grund: sollen die Vertrauenskörper eher ausführende Organe der Gewerkschaftsleitungen oder sollen sie mehr Vertretungsorgane der betrieblichen Basis gegenüber den »Hauptamtlichen« sein? Seitdem der Interessengegensatz zwischen Kapital und Lohnarbeit auch in der Bundesrepublik auf ganz alltägliche Weise wieder erfahrbar ist, wird unter den Arbeitnehmern eine Frage neu gestellt, die lange Zeit hindurch fast vergessen schien und die nur durch die materielle Entwicklung selbst, nicht aber durch die Agitation linksintellektueller Gruppen aktualisiert werden konnte, nämlich die Frage nach der sozialen Perspektive dieser unserer Gesellschaft. Als der Streik in der westdeutschen Stahlindustrie Ende 1978/Anfang 1979 die selbst gesetzten Ziele nicht erreichen konnten, schrieben die Vertrauensleute einiger Großbetriebe im Ruhrgebiet dem Vorstand der IG Metall einen Brief, in dem es u. a. heißt:
»Deshalb fragen wir danach, in welche Zielperspektive unsere tägliche Auseinandersetzung eingebunden sein muß, wenn wir nicht noch ein Leben lang immer wieder aufs neue den Strategien der Kapitaleigner und ihren unmenschlichen Auswirkungen hinterherlaufen sollen.
• Müssen wir nicht endlich sogenannte Naturgesetzlichkeiten in Frage stellen? Sinkendes Einkommen, geringe Bildung, Nachtarbeit, hohe Unfallraten, Krebs, Frühinvalidität, Arbeit bis zum Umfallen, sinkende Lebenserwartung, muß das sein? Ist das unser natürliches Arbeitsleben?
• Müssen wir nicht wieder wie schon eine Generation vor uns die Frage stellen, wer produziert zu wessen Nutzen, und daraus den Schluß ziehen, daß wir die Diskussion über die Sozialisierung der großen Industrie auf die Tagesordnung setzen?
• Müssen wir nicht gegen die uneingeschränkte Verfügung der Kapitaleigner über den technischen Fortschritt, Investition, Produktion, ihr Tempo, ihre Richtung, Strategien und Forderungen entwickeln, die darauf zielen, daß wir Herr über die Produktion werden? ...«

Probleme, wie sie hier angedeutet werden, sind gewiß nicht lösbar, indem man einfach auf die Antworten zurückgreift, die in der Geschichte des Kapitalismus und der Arbeiterbewegung schon einmal angeboten wurden. Aber daß die Antworten von einst nicht hinreichen, besagt nicht, daß die ihnen zugrundeliegenden Fragen nicht mehr existent sind ...

Schlußbemerkungen

Es liegt nicht in der Absicht des Verfassers, dem Leser dieses Buches abschließend »Lehren aus der Entwicklung der deutschen Arbeiterbewegung« zu offerieren. Es seien aber einige Besorgnisse mitgeteilt, die sich nach dem Eindruck des Verfassers im Blick auf die Gesellschaft der Bundesrepublik ergeben:
Anders als zu Zeiten der historischen Arbeiterbewegung blieb in der Geschichte der Bundesrepublik die sozialökonomische Problematik bisher gedämpft, aus Gründen, die in diesem Buch dargestellt wurden. Es ist jedoch keineswegs eine Garantie dafür gegeben, daß dieser Zustand anhält. Wie wird die westdeutsche Gesellschaft auf einen zunehmenden Problemdruck, auf mögliche massive Interessengegensätze reagieren? Stabilität eines demokratischen Systems darf nicht mit Starrheit, mit Alternativlosigkeit verwechselt werden. Es sind Situationen denkbar, in denen die Aufrechterhaltung von Demokratie geradezu davon abhängt, ob ökonomische und soziale Probleme offenen Ausdruck in Bewegungen finden können, die sich auf Veränderung der gesellschaftlichen Strukturen richten. Der Verlust an Tradition der Arbeiterbewegung, den manch einer nach 1945 als »Ideologieverzicht« positiv gewertet hat, würde sich in einer solchen Lage dann wohl eher als fragwürdiger Verzicht auf Orientierungsmöglichkeiten, auf Lernchancen bewußtgemachter Geschichte herausstellen.
Der Konflikt der Klassen, das Gegenüber von Kapitalinteressen und arbeitsorientierten Interessen, hat in der westdeutschen Gesellschaft heute gewiß andere Formen und Bedingungen als in den Zeiten der alten Arbeiterbewegung, ist damit aber nicht verschwunden. Dem deutschen politischen Denken wohnt seit langem die gefährliche Neigung inne, Konflikte nicht wahrhaben zu wollen, Gesellschaft als »Gemeinschaft« mißzuverstehen. Treten aber soziale Gegensätze massiv hervor, so wird der Ausweg allzu leicht in der vermeintlichen Wiederherstellung der verlorenen »Konfliktlosigkeit« durch eine »starke Hand« gesucht, – Harmonieglaube schlägt dann um in Gewaltanbetung.
Die kritische Vergegenwärtigung der Entwicklung der Arbeiterbewegung in Deutschland kann dazu beitragen, sich auf Konflikte und rationale Austragung von Konflikten einzustellen. Ob man aus der Geschichte lernen kann? Vielleicht. Hoffentlich.

ZEITTAFEL

1848 Revolutionäre Bewegung im deutschen Bürgertum gegen die Feudalsysteme – erste Ansätze der sozialen Organisation von Arbeitern. Erscheinen des »Kommunistischen Manifests«.

1849 Scheitern der Revolution – Erneute Herrschaft der Obrigkeitsstaaten; in den folgenden Jahren Unterdrückung aller Arbeitervereine.

1863 Gründung des Allgemeinen Deutschen Arbeitervereins unter F. Lassalle: erste Form sozialdemokratischer politischer Organisation in Deutschland.

1866 Durchsetzung der politischen und ökonomischen Vorherrschaft Preußens in Deutschland, nach dem Sieg über Österreich. Herausbildung gewerkschaftlicher Berufsverbände – Ansätze einer breiteren Gewerkschaftsbewegung.

1867 Gründung des Norddeutschen Bundes (unter Führung Preußens) – erste Stufe der ökonomisch-politischen Einheit Deutschlands.

1869 Aufhebung der strengen Koalitionsverbote im Bereich des Norddeutschen Bundes – Erweiterung des Handlungsraums für gewerkschaftliche Organisationen. Gründung der Sozialdemokratischen Arbeiterpartei (Eisenacher) unter A. Bebel und W. Liebknecht.

1870-71 Krieg und Sieg Deutschlands gegen Frankreich – Gründung des Deutschen Reiches als Obrigkeitsstaat unter Dominanz Preußens.

1875 Einigung der Lassalleaner und Eisenacher: Sozialdemokratie als einheitliche parteipolitische Vertretung der sozialistischen Arbeiterbewegung.
Herausbildung selbständiger christlicher Arbeitervereine in Distanz zur Sozialdemokratie – langfristige Trennung von sozialistischer und christl. Arbeiterbewegung in Deutschland.

1878 Sozialistengesetz – Unterdrückung der Organisationstätigkeit und Agitation der Sozialdemokratie; restriktive Auswirkungen auch auf gewerkschaftliche und andere Arbeitervereinigungen.

1883-89 Einführung staatlicher Sozialversicherungswerke.

1889 Streikwellen in den Industriezentren.

1890 Fall des Sozialistengesetzes.

1891 Erfurter Programm der Sozialdemokratie; diese wird zur Massenpartei der Arbeiterschaft in Deutschland.

1892 Organisatorische Zentralisierung der (sozialdemokratisch orientierten) Freien Gewerkschaften.

1899 Erster Kongreß der christlichen Gewerkschaften.

1912 Wähleranteil der Sozialdemokratie bei den Reichstagswahlen erstmals über 35 %. Sozialdemokratische Partei und Freie Gewerkschaften Deutschlands zahlenmäßig stärkste Organisationen der internationalen Arbeiterbewegung, im Deutschen Reich jedoch ohne Einfluß auf Staatsmacht.

1914 Ausbruch des 1. Weltkriegs. Sozialdemokratie und Freie Gewerkschaften schlie-

ßen »Burgfrieden« mit Staat und Unternehmern. Hinwendung zum Konzept des »Kriegssozialismus«.
1916 Gesetz über den »Vaterländischen Hilfsdienst«; staatliche Anerkennung der Gewerkschaften. Andererseits: Ausweitung der Opposition gegen die Burgfriedenspolitik in der Arbeiterschaft.
1917 Gründung der (kriegsgegnerischen) »Unabhängigen Sozialdemokratie« (USPD). Streikbewegungen in der Arbeiterschaft.
1918 Massenstreiks gegen den Krieg. Parlamentarisierung »von oben«; revolutionäre Bewegung von unten. Zusammenbruch des Obrigkeitsstaates, Kriegsende. Rätebewegung; Deutschland wird Republik. Politische Führungsrolle bei der Sozialdemokratie.
Zentrale Arbeitsgemeinschaft zwischen Gewerkschaften und Unternehmern. Auseinandersetzungen innerhalb der Arbeiterbewegung – Gründung der Kommunistischen Partei (KPD). Beginn einer langfristigen Aufspaltung der sozialistischen Bewegung.
1919 Parlamentarismus löst Rätebewegung ab. F. Ebert (SPD) erster Reichspräsident. Weimarer Reichsverfassung. Oppositionsbewegungen in Teilen der Arbeiterschaft mit sozialistischer Zielsetzung, kritisch gegenüber dem bürgerlich-demokratischen Charakter des Weimarer Staates.
1920 Betriebsrätegesetz als Konzession an Rätetendenzen.
Putschversuch von rechts (Kapp) – erfolglos durch Generalstreik. Forderungen aus der Arbeiterschaft und den Gewerkschaften nach »Arbeiterregierung« ohne Ergebnis. Aufstände von links.
Vereinigung der Mehrheit der USPD mit der KPD; diese wird damit zur Massenpartei.
1923 Reichsregierung geht gegen linke Länderregierungen in Sachsen und Thüringen vor.
Höhepunkt und Ende der Inflation.
Ausscheiden der SPD aus Reichsregierung.
Scheitern des Hitler-Putsches in München.
»Bürgerliche« Stabilisierung der Weimarer Republik.
1925 Der Rechtskonservative v. Hindenburg wird Reichspräsident.
1928 SPD beteiligt sich an einer Großen Koalition.
1929 Beginn einer tiefgreifenden wirtschaftlichen Krise.
1930 Sturz der Koalitionsregierung – Ende der Beteiligung der SPD an Weimarer Reichsregierungen.
Übergang zu Präsidialkabinetten ohne parlamentarische Legitimation. Bei der Reichstagswahl spektakulärer Erfolg der NSDAP.
Ausbreitung der Massenarbeitslosigkeit.
1932 Bei der Reichstagswahl im Juli: NSDAP stärkste Partei. Gewinne der KPD auf Kosten der SPD. Staatsstreich der rechtskonservativen Reichsregierung gegen die (SPD-geführte) Landesregierung in Preußen.
1933 Hitler wird Reichskanzler. Übergang zum faschistischen Staat. Unterdrückung aller politischen Parteien außer der NSDAP; Unterdrückung der Gewerkschaften. Terror gegen jede Fortführung der Arbeiterbewegung.

1939 Beginn des 2. Weltkriegs.
1945 Militärische Niederlage des deutschen Faschismus, Kapitulation. In den vier Besatzungszonen Deutschlands Wiedergründung von SPD und KPD und Neugründung der CDU/CSU; letztere nimmt in sich Traditionen der christlichen Arbeiterbewegung auf.
Neugründung der Gewerkschaften als Einheitsverband, während parteipolitisch die Dreiteilung der Arbeiterbewegung bleibt.
1946 In der Sowjet. Besatzungszone: SPD und KPD werden zur SED zusammengefaßt. In den westl. Besatzungszonen: Polarisierung zwischen SPD und KPD. Einbeziehung der Arbeiterbewegung in den Kalten Krieg.
1948 Währungsreform in den westl. Besatzungszonen Deutschlands – Befestigung der überkommenen wirtschaftlichen Strukturen.
1949 Gründung der Bundesrepublik. Grundgesetz-Festlegung auf parlamentarische Demokratie und Sozialstaatlichkeit.
Die erste Regierung der Bundesrepublik unter Führung der CDU/CSU. SPD geht in Opposition.
Gesellschaftsreformerisches Programm des DGB (Gründungskongreß in München).
1951 Mitbestimmung in der Montanindustrie gesetzlich gesichert.
1952 Betriebsverfassungsgesetz gegen die Forderungen des DGB beschlossen.
Beginn einer langanhaltenden wirtschaftl. Konjunktur (»Wirtschaftswunder«). Vollbeschäftigung.
1956 Verbot der KPD durch das Bundesverfassungsgericht; dieses trifft eine zur Sekte gewordene Partei.
1959 Godesberger Programm der SPD – die Sozialdemokratie begreift sich als »Volkspartei«.
1963 Neues Grundsatzprogramm des DGB – Reduzierung der gesellschaftspolitischen Reformziele.
1966 Eintritt der SPD in eine Regierung der Großen Koalition. Erste wirtschaftliche Rezessionserscheinungen.
1969 Große Welle spontaner Streiks mit ökonomischer Zielsetzung.
Sozialliberale Regierungskoalition unter Führung der SPD.
1973-74 Erneute spontane Streiks.
Ende der ökonomischen »Schönwetterperiode« der Bundesrepublik.

ANMERKUNGEN

Kapitel I

1. E. Bernstein, Die Geschichte der Berliner Arbeiter-Bewegung; Bd. 1, Berlin 1907, S. 21 f.
2. Hierzu Näheres bei: F. Balser, Social-Demokratie 1848-1863; 2 Bde, Stuttgart 1962. K. Obermann, Die deutschen Arbeiter in der Revolution von 1848; Berlin-Ost 1953. M. Quark, Die erste deutsche Arbeiterbewegung; Leipzig 1924. W. Schieder in: W. Klötzer (Hrsg), Ideen und Strukturen der deutschen Revolution 1848; Frankfurt 1974.
3. K. Marx und F. Engels, Das Kommunistische Manifest; zuerst veröffentlicht Februar 1848. Zum Zusammenhang vgl. A. Brandenburg, Theoriebildungsprozesse in der deutschen Arbeiterbewegung 1835-1850; Hannover 1978.
4. Siehe hierzu R. Stadelmann, Soziale und politische Geschichte der Revolution von 1848; München 1970. Allgemein zur Revolution 1848 u. a.: V. Valentin, Geschichte der deutschen Revolution 1848/49; 2 Bde, Köln 1970. Autorenkollektiv, Illustrierte Geschichte der deutschen Revolution 1848/49; Berlin-Ost 1973. 1848 – Ein Lesebuch; Nachdruck Berlin 1979.

Kapitel II

1. Vgl. H. Böhme, Prolegomena zu einer Sozial- und Wirtschaftsgeschichte Deutschlands im 19. und 20. Jahrhundert; Frankfurt 1972.
2. G. Mayer, Bismarck und Lassalle; Berlin 1928. Derselbe, Demokratische Arbeiterbewegung und Obrigkeitsstaat; neu hrsgg. von H. U. Wehler; Bonn 1972.
3. K. Marx und F. Engels, Werke; Bd. 33, Berlin-Ost 1966, S. 5 ff.
4. K. Marx, Randglossen zum Programm der deutschen Arbeiterpartei; geschrieben 1875, zuerst veröffentlicht im Jahresband 1890/91 der »Neuen Zeit«. Im Zusammenhang vgl. C. Stephan, Genossen – wir dürfen uns nicht von der Geduld hinreißen lassen; Frankfurt 1977.

Kapitel III

1. Autorenkollektiv, Geschichte der deutschen Arbeiterbewegung; Kap. III, Berlin-Ost 1966, S. 120.
2. K. Brandis, Der Anfang vom Ende der Sozialdemokratie; Berlin 1975 (zuerst: Leipzig 1931).
3. Material zum Sozialistengesetz u. a. bei: P. Kampffmeyer, Unter dem Sozialistengesetz; Berlin 1928. I. Auer, Nach zehn Jahren – Material und Glossen zur Geschichte des Sozialistengesetzes; Nürnberg 1913.

Kapitel IV

[1] W. Schröder, Die Gewerkschaftsbewegung in der Konzeption der revolutionären Sozialdemokratie; Berlin-Ost 1970. Derselbe, Partei und Gewerkschaften 1868-1893; Berlin-Ost 1975. Zu diesem Abschnitt allgemein: B. Klaus, Zur Entwicklung von Organisation und Konzeption der freien Gewerkschaften 1875 bis 1893; Offenbach 1976.

[2] F. Opel und D. Schneider, 75 Jahre Industriegewerkschaft Metall; Frankfurt 1966, S. 83.

[3] Zitiert bei A. Förster, Zur Geschichte der deutschen Gewerkschaftsbewegung 1871-1891; Berlin-Ost 1960, S. 70.

[4] E. Niekisch, Deutsche Daseinsverfehlung; Berlin 1946, S. 59 f.

[5] W. Schröder, Klassenkämpfe und Gewerkschaftseinheit; Berlin-Ost 1965, S. 31.

[6] W. Schröder, a. a. O., S. 40 f.

[7] G. A. Ritter, Die Arbeiterbewegung im Wilhelminischen Reich; Berlin 1963, S. 110.

[8] Interessantes Material zur Maibewegung enthält H. Bürger, Die Hamburger Gewerkschaften und deren Kämpfe von 1865 bis 1890; Hamburg 1899.

[9] Hier und im folgenden nach P. Umbreit, 25 Jahre deutsche Gewerkschaftsbewegung 1890-1915; Berlin 1915, S. 8 ff.

[10] »Correspondenzblatt«, Nr. 29/1901.

[11] Vgl. N. Auerbach, Marx und die Gewerkschaften; Berlin 1922, S. 114.

[12] K. Zwing, Die Geschichte der deutschen freien Gewerkschaften; Jena 1922, S. 85.

[13] A. Staffelberg im Vorwort zum Neudruck von H. Müller, Der Klassenkampf und die Sozialdemokratische Partei; Heidelberg 1969.

Kapitel V

[1] A. Levenstein, Die Arbeiterfrage; München 1912.

[2] Vgl. hierzu nähere Angaben bei J. Kuczynski, Die Geschichte der Lage der Arbeiter in Deutschland 1800-1932; Berlin 1947.

[3] Näheres hierzu bei P. Umbreit, K. Zwing, W. Schröder, G. A. Ritter; jeweils a. a. O., Ferner: A. Braun, Die Gewerkschaften vor dem Kriege; Berlin 1921. J. Reindl, Die deutsche Gewerkschaftsbewegung; Altenburg 1922.

[4] Siehe A. Grunenberg (Hrsg.), Die Massenstreikdebatte; Frankfurt 1970.

[5] vgl. hierzu »Correspondenzblatt«, Jahrgg. 1905.

Kapitel VI

[1] Viele Informationen zu dieser Phase bei D. Fricke, Die deutsche Arbeiterbewegung 1869-1914; Berlin-Ost 1976.

[2] E. Bernstein, Die Voraussetzungen des Sozialismus und die Aufgaben der Sozialdemokratie; Stuttgart 1899.

[3] J. Plenge, Marx und Hegel; Tübingen 1911, S. 181.

[4] Vgl. zu diesem Problem die weitgehend unbekannt gebliebene Schrift von A. Siemens, Preußen – die Gefahr Europas; Paris 1937.

Kapitel VII
[1] »Deutsche Metallarbeiter-Zeitung«, Ausgabe vom 27.5.1916.
[2] Ebenda, Ausgabe vom 7.11.1914.
[3] J. Kocka, Klassengesellschaft im Krieg; Göttingen 1973, S. 122.
[4] R. Müller, Vom Kaiserreich zur Republik; Wien 1924, S. 172.
[5] P. v. Oertzen, Betriebsräte in der Novemberrevolution; Berlin 1976, S. 275.
[6] G. Feldman, E. Kolb und R. Rürup, Die Massenbewegungen der Arbeiterschaft in Deutschland am Ende des 1. Weltkrieges; in: »Politische Vierteljahresschrift«, Jahrgg. 1972, S. 84 f.
[7] Vgl. zum folgenden den wichtigen und wenig bekannten Aufsatz von W. Huhn, Etatismus, Kriegssozialismus und National-Sozialismus in der Literatur der deutschen Sozialdemokratie; in: »Aufklärung«, II. Jahrgg. (1952), Hefte 3 und 4. Ferner W. Wette, Kriegstheorien deutscher Sozialisten; Stuttgart 1971. Aufschlußreich auch die Dissertation Kurt Schumachers, Der Kampf um den Staatsgedanken in der deutschen Sozialdemokratie; München 1926.

Kapitel VIII
[1] H. Krause, Die USPD; Frankfurt 1975, S. 267.
[2] R. Müller, a. a. O., S. 96.
[3] A. Rosenberg, Entstehung der Weimarer Republik; Frankfurt 1955, S. 193.
[4] R. Müller, a. a. O., S. 110.
[5] Zu diesem und dem folgenden Kapitel insgesamt K. T. Stiller, Gewerkschaftspolitik und Bewegungen in der Arbeiterschaft 1914-1920; Offenbach 1977.

Kapitel IX
[1] A. Rosenberg, a. a. O., S. 229 ff.
[2] G. Feldman u. a., a. a. O., S. 85.
[3] R. Müller, Die Novemberrevolution; Wien 1924, S. 34.
[4] F. Opel, Der Metallarbeiterverband während des 1. Weltkrieges und der Revolution; Hannover 1962, S. 75.
[5] H. Krause, a. a. O., S. 113 ff.
[6] P. Broué, Die deutsche Revolution 1918-1923; Berlin 1973, S. 30 f.
[7] Vgl. hierzu und zum folgenden A. Rosenberg, a. a. O., S. 294 ff.
[8] Ebenda, S. 307.
[9] P. v. Oertzen, a. a. O., S. 65.
[10] R. Hilferding in der USPD-Zeitung »Die Freiheit«, 22.2.1919.

Kapitel X
[1] R. Müller, Die Novemberrevolution, S. 39.
[2] Hier und im folgenden zitiert nach dem Protokoll des Allgemeinen Kongresses der Arbeiter- und Soldatenräte Deutschlands vom 16.-21.12.1918; Berlin 1919.
[3] R. Müller, Bürgerkrieg in Deutschland; Berlin 1925, S. 127.
[4] Derselbe, Die Novemberrevolution, S. 107.
[5] A. Rosenberg, a. a. O., S. 302.
[6] Hier und im folgenden zitiert nach dem Protokoll des II. Kongresses der Arbeiter-, Bauern- und Soldatenräte Deutschlands vom 8.-14.4.1919; Berlin 1919.

Kapitel XI
[1] Zitiert bei T. Blanke u. a., Kollektives Arbeitsrecht; Bd. 1, Reinbek 1975, S. 217.
[2] Protokoll der Verhandlungen des 11. Kongresses der Gewerkschaften Deutschlands; Leipzig 1922.
[3] Zitiert nach T. Blanke, a. a. O., S. 185.
[4] F. Opel, Der Metallarbeiterverband, S. 85.
[5] Hierzu und zum folgenden Zitat J. Kocka, a. a. O., S. 75 ff.
[6] Zum deutschen Syndikalismus, dessen anregende Gedankenwelt hier leider nicht näher behandelt werden kann, vgl.: A. Vogel, Der deutsche Anarchosyndikalismus; Berlin 1977. H. M. Bock, Syndikalismus und Linkskommunismus von 1918 bis 1923; Meisenheim 1969.
[7] H. U. Wehler, Das deutsche Kaiserreich 1871-1918; Göttingen 1973, S. 222.
[8] A. Rosenberg, a. a. O., S. 361. Zu den Arbeitskämpfen im Ruhrgebiet 1920 vgl. E. Lucas, Märzrevolution 1920; 3 Bde, Frankfurt 1970, 1973, 1978.

Kapitel XII
[1] Siehe hierzu: O. K. Flechtheim, Die KPD in der Weimarer Republik; Frankfurt 1969. H. Weber, Die Wandlung des deutschen Kommunismus – Die Stalinisierung der KPD in der Weimarer Republik; 2 Bde, Frankfurt 1969.
[2] Hierzu K. H. Tjaden, Struktur und Funktion der KPD-O; Meisenheim 1964. T. Bergmann, 50 Jahre KPD-Opposition; Hannover 1978.
[3] Zum Konzept des »Sozialfaschismus« in der Politik der Kommunistischen Parteien vgl.: T. Pirker, Kommunismus und Faschismus 1920-1940; Stuttgart 1965. G. Schäfer, Die Kommunistische Internationale und der Faschismus; Offenbach 1973.
[4] W. Abendroth, Sozialgeschichte der europäischen Arbeiterbewegung; Frankfurt 1969, S. 101.
[5] Zur SAP vgl. H. Drechsler, Die SAP; Meisenheim 1965.
[6] R. Hilferding in »Die Gesellschaft«, Heft 1/1924.

Kapitel XIII
1. Vgl. hierzu F. Sternberg, Der Faschismus an der Macht; Amsterdam 1935.
2. Einen Überblick zur sozialwissenschaftlichen Diskussion über das Verhältnis von Faschismus und Bürgertum gibt E. Hennig, Bürgerliche Gesellschaft und Faschismus in Deutschland; Frankfurt 1977.
3. Interessante Hinweise zum Verhältnis von NSDAP und bestimmten Gruppen der Arbeiterschaft in einem Artikel von H. Jaeger (damals KPD) aus dem Jahre 1932, wiederabgedruckt bei T. Pirker, a. a. O., S. 158.
4. Vgl. hierzu: G. Hardach und R. Kühnl (Hrsg.), Die Zerstörung der Weimarer Republik; Köln 1977. R. Kühnl (Hrsg.), Der deutsche Faschismus in Quellen und Dokumenten; Köln 1975.
5. Zu den antikapitalistischen Strömungen in der NSDAP vgl. R. Kühnl, Die nationalsozialistische Linke 1925-1930; Meisenheim 1966.

Kapitel XIV
1. Vgl. hierzu u. a. W. Hoegner, Flucht vor Hitler; München 1977. E. Matthias u. R. Morsey, Das Ende der Parteien 1933; Düsseldorf 1979.
2. Dokumente zur Politik des SPD-Vorstandes 1933 bei H. Schulze (Hrsg.), Anpassung oder Widerstand; Bonn 1975.
3. Das Verhältnis von Freien Gewerkschaften und NS ist dokumentierend dargestellt bei H. G. Schumann, Nationalsozialismus und Gewerkschaftsbewegung; Hannover 1958.
4. Zur Kritik an der antifaschistischen Strategie von KPD und SPD siehe u. a.: F. Sternberg, a. a. O. S. Bahne, Die KPD und das Ende von Weimar; Frankfurt 1976. B. Hebel-Kunze, SPD und Faschismus; Frankfurt 1977.

Kapitel XV
1. Vgl. H. G. Schumann, a. a. O.
2. T. Mason, Arbeiterklasse und Volksgemeinschaft; Opladen 1975.
3. Eine realistische Sicht der Integration weiter Teile der Arbeiterschaft in den NS-Staat bei J. Kuczynski, Das Große Geschäft; Berlin-Ost 1967, S. 142 ff.
4. Ein Überblick zum Widerstand im NS-System: G. v. Roon, Widerstand im Dritten Reich; München 1979.
5. G. Weisenborn, Der lautlose Aufstand; Frankfurt 1978.
6. Vgl. hierzu: D. Peukert, Die Edelweißpiraten – Protestbewegungen jugendlicher Arbeiter im Dritten Reich; Köln 1980. Ferner J. Beck u. a. (Hrsg.), Terror und Hoffnung in Deutschland 1933-1945; Reinbek 1980.

Kapitel XVI
1 U. Borsdorf u. a., Arbeiterinitiative 1945 – Antifaschistische Ausschüsse und Reorganisation der Arbeiterbewegung; Wuppertal 1976.
2 P. Brandt, Antifaschismus und Arbeiterbewegung – Aufbau, Ausprägung, Politik in Bremen 1945/46; Hamburg 1976.
3 H. Christier, Sozialdemokratie und Kommunismus – Die Politik der SPD und der KPD in Hamburg 1945-49; Hamburg 1975.
4 Vgl. hierzu W. Müller, Die KPD und die Einheit der Arbeiterklasse; Frankfurt 1979.
5 Über die linken Strömungen bei der Herausbildung der CDU/CSU berichtet F. Focke, Sozialismus aus christlicher Verantwortung; Wuppertal 1978.
6/7 Siehe hierzu U. Hauth, Die Politik von KPD und SED gegenüber der westdeutschen Sozialdemokratie 1945-48; Frankfurt 1978.

Kapitel XVII
1 F. Focke, a. a. O.
2 Vgl. hierzu: E. U. Huster, Die Politik der SPD 1945-50; Frankfurt 1978. T. Pirker, Die verordnete Demokratie; Berlin 1977.
3 Näheres bei E. Ott, Die Wirtschaftskonzeption der SPD nach 1945; Marburg 1978.
4 Hierzu und zum folgenden: E. Schmidt, Die verhinderte Neuordnung; Frankfurt 1970.
5 E. Schmidt, a. a. O., S. 222.

Kapitel XVIII
1 W. Abelshauser, Wirtschaft in Westdeutschland 1945-1948; Stuttgart 1975.
2 Vgl. dazu auch G. Stolper, Die deutsche Wirklichkeit; Hamburg 1949.
3 Näheres hierzu bei C. Kleßmann und P. Friedemann, Streiks und Hungermärsche im Ruhrgebiet 1946-1948; Frankfurt 1977.

Kapitel IXX
1 O. Radke, in: »Frankfurter Hefte«, Heft 3/1966.
2 Siehe E. Benda, Notstandsverfassung und Arbeiterkampf; Berlin 1963.
3 B. Rüthers, in: »Die Zeit«, 26. 9. 1969.
4 O. Radke, in: »Arbeit und Recht«, Heft 2/1964. Zur Gesamtproblematik: W. Däubler, Das Arbeitsrecht; Reinbek 1976.

Kapitel XX

[1] T. Pirker, Die SPD nach Hitler; Berlin 1977.
[2] Näheres dazu bei H. W. Schmollinger und R. Stöss, in: D. Staritz (Hrsg.), Das Parteiensystem der Bundesrepublik; Opladen 1976.
[3] Vgl. hierzu D. Claessens, A. Klönne und A. Tschoepe, Sozialkunde der Bundesrepublik; Düsseldorf 1980. Ferner J. Handl u. a., Klassenlage und Sozialstruktur; Frankfurt 1977.
[4] Näheres zur Entwicklung und Struktur der Gewerkschaften in der Bundesrepublik bei: T. Pirker, Die blinde Macht; 2 Bde; Berlin 1979. J. Bergmann u. a., Gewerkschaften in der Bundesrepublik; Frankfurt 1979. S. Herkommer u. J. Bischoff, Gesellschaftsbewußtsein und Gewerkschaften; Hamburg 1979.

LITERATURHINWEISE

Bibliographien
Dowe, D., Bibliographie zur Geschichte der deutschen Arbeiterbewegung, sozialistischen und kommunistischen Bewegungen von den Anfängen bis 1863, Bonn 1977
Tenfelde, K. und Ritter, G. A., Bibliographie zur Geschichte der deutschen Arbeiterbewegung 1863 bis 1914; Bonn 1980
Steinberg, H. J., Die deutsche sozialistische Arbeiterbewegung bis 1914 – Eine bibliographische Einführung, Frankfurt 1979
Klotzbach, K., Bibliographie zur Geschichte der deutschen Arbeiterbewegung 1914-1945, Bonn 1974
Günter K., und Schmitz, K. T., SPD, KPD/DKP, DGB in den Westzonen und in der Bundesrepublik Deutschland 1945-1973 – Eine Bibliographie, Bonn 1976

Periodika
Archiv für Sozialgeschichte, jährlich, seit 1961, hrsgg. von der Friedrich-Ebert-Stiftung, Bonn
Jahrbuch Arbeiterbewegung – Theorie und Geschichte, von 1973 bis 1979, hrsgg. von C. Pozzoli, Frankfurt
Reihe zur Geschichte der Arbeiterbewegung, seit 1976, hrsgg. von A. Klönne und K. Vack, Offenbach
Internationale wissenschaftliche Korrespondenz zur Geschichte der Arbeiterbewegung (IWK), viermal im Jahr, seit 1965, hrsgg. im Auftrage der Historischen Kommission Berlin von H. Skrzypczak, Berlin

Allgemeine Literatur zum Thema oder zu einzelnen Aspekten, historisch übergreifend
Abendroth, W., Sozialgeschichte der europäischen Arbeiterbewegung, Frankfurt 1975
Anderson, E. Hammer oder Amboß – Zur Geschichte der deutschen Arbeiterbewegung, Nürnberg 1948
Grebing, H., Geschichte der deutschen Arbeiterbewegung, München 1976

Institut für Marxismus/Leninismus beim ZK der SED, Geschichte der deutschen Arbeiterbewegung, 8 Bde, Berlin-Ost 1966
Roth, K. H., Die andere Arbeiterbewegung, München 1974

Sozial- und wirtschaftsgeschichtliche Aspekte
Bajor, S., Die Hälfte der Fabrik – Geschichte der Frauenarbeit in Deutschland 1914-1945, Marburg 1979
Engelsing, R., Zur Sozialgeschichte deutscher Mittel- und Unterschichten, Göttingen 1978
Hardach, G., Deutschland in der Weltwirtschaft 1870-1970, Berlin 1977
Hoffmann W. G., Das Wachstum der deutschen Wirtschaft seit der Mitte des 19. Jahrhunderts, Berlin 1965
Kuczynski, J., Die Geschichte der Lage der Arbeiter unter dem Kapitalismus; 21 Bde, Berlin-Ost 1960-1972
Niess, F., Geschichte der Arbeitslosigkeit – ein Kapitel deutscher Sozialgeschichte, Köln 1979
Reck, S., Arbeiter nach der Arbeit, Gießen 1977
Reulecke, J., und *Weber, W.*, Fabrik – Familie – Feierabend – Beiträge zur Sozialgeschichte des Alltags im Industriezeitalter, Wuppertal 1978

Arbeitsrechtliche Aspekte
Blanke T., u. a. (Hrsg), Kollektives Arbeitsrecht – Quellentexte zur Geschichte des Arbeitsrechts in Deutschland, 2 Bde, Reinbek 1975
Däubler, W., Das Arbeitsrecht, 2 Bde, Reinbek 1976 u. 1979

Geschichte der Sozialdemokratie
Dowe D., und *Klotzbach, K.*, Programmatische Dokumente der deutschen Sozialdemokratie, Berlin 1973
Freyberg, J. v., u. a., Geschichte der deutschen Sozialdemokratie 1863-1975, Köln 1977
Mommsen, H., (Hrsg)., Sozialdemokratie zwischen Klassenbewegung und Volkspartei, Frankfurt 1974
Osterroth F., und *Schuster, D.*, Chronik der deutschen Sozialdemokratie, 3 Bde, Berlin 1975
Ritter, G. A., Staat, Arbeiterschaft und Arbeiterbewegung in Deutschland; Bonn 1980

Geschichte der KPD
Berthold L., und *Diehl, E.*, Revolutionäre deutsche Parteiprogramme, Berlin-Ost 1967
Flechtheim, O. K., Die KPD in der Weimarer Republik, Frankfurt 1969
Weber, H., Die Wandlung des deutschen Kommunismus, Frankfurt 1969

Geschichte der christlichen Arbeiterbewegung
Focke, F., Sozialismus aus christlicher Verantwortung, Wuppertal 1978

Geschichte der Gewerkschaften
Abendroth, W., Die deutschen Gewerkschaften – ihre Geschichte und ihre politische Funktion, Berlin 1972
Deppe F., u. a., Geschichte der deutschen Gewerkschaftsbewegung, Köln 1977
Loseff-Tillmanns, G., Frauenemanzipation und Gewerkschaften 1890-1975, Wuppertal 1978
Otto, B., Gewerkschaftsbewegung in Deutschland, Köln 1975
Schuster, D., Die deutsche Gewerkschaftsbewegung, Düsseldorf 1976
Vetter, H. O., (Hrsg.), Vom Sozialistengesetz zur Mitbestimmung, Köln 1975

Zusätzliche Literatur zu einzelnen historischen Phasen
Bis 1871
Engelhardt, U., Nur vereinigt sind wir stark – die Anfänge der deutschen Gewerkschaftsbewegung 1862-1870, Stuttgart 1977
Fricke, D., Die deutsche Arbeiterbewegung 1869-1914 – Organisation und Tätigkeit, Berlin-Ost 1976
Mehring, F., Geschichte der deutschen Sozialdemokratie, in: Gesammelte Schriften, Bd. 1 und 2, Berlin-Ost 1960
Pöls, W., Deutsche Sozialgeschichte – Dokumente und Skizzen, Bd. 1, 1815-1870, München 1976
Pohl, H., (Hrsg.), Forschungen zur Lage der Arbeiter im Industrialisierungsprozeß, Stuttgart 1978
Schröder, W. H., Arbeitergeschichte und Arbeiterbewegung – Industriearbeit und Organisationsverhalten im 19. und frühen 20. Jahrhundert, Frankfurt 1978
Stephan, C., Genossen, wir dürfen uns nicht von der Geduld hinreißen lassen – Sozialdemokratie 1862-1878, Frankfurt 1977

Bis 1914

Fricke, D., a. a. O.

Friedemann, P., (Hrsg.), Materialien zum politischen Richtungsstreit in der deutschen Sozialdemokratie 1890-1917, 2 Bde, Frankfurt 1978

Fülberth G., und *Harrer, J.*, Die deutsche Sozialdemokratie 1890-1933, Neuwied 1974

Groh, D., Negative Integration und revolutionärer Attentismus, Frankfurt 1973

Hohorst, G., Kocka, J., und *Ritter, G. A.*, Sozialgeschichtliches Arbeitsbuch II – 1870-1914, München 1975

Ritter, G. A. und *Kocka, J.*, Deutsche Sozialgeschichte, Bd. 2, 1871-1914, München 1977

Ritter, G. A., Die Arbeiterbewegung im Wilhelminischen Reich 1890-1900, Berlin 1963

Saul, K., Staat, Industrie und Arbeiterbewegung im Kaiserreich – 1903-1914, Düsseldorf 1974

Schorske, C. E., Die große Spaltung – Die deutsche Sozialdemokratie von 1905-1917, Berlin 1979

Schröder, W. H., a. a. O.

Steinberg, H. J., Sozialismus und deutsche Sozialdemokratie, Berlin 1979

Bis 1923

Angress, W., Die Kampfzeit der KPD 1921-1923, Düsseldorf 1973

Arnold, V., Rätebewegungen in der Novemberrevolution, Hannover 1978

Derselbe, Rätetheorien in der Novemberrevolution, Hannover 1978

Kolb, E., Die Arbeiterräte in der dt. Innenpolitik, Berlin 1978

Lucas, E., Märzrevolution 1920, 3 Bde, Frankfurt 1970, 1973, 1978

Miller, S., Burgfrieden und Klassenkampf, Düsseldorf 1975

Dieselbe, Die Bürde der Macht – Die deutsche Sozialdemokratie 1918-1920, Düsseldorf 1978

Müller, R., Vom Kaiserreich zur Republik, Wien 1924

Derselbe, Die Novemberrevolution, Wien 1924

Derselbe, Bürgerkrieg in Deutschland, Berlin 1925

(Alle drei Bände neugedruckt Berlin 1979)

Oertzen, P. v., Betriebsräte in der Novemberrevolution, Berlin 1976

Rosenberg, A., Entstehung und Geschichte der Weimarer Republik, Frankfurt 1955

Winkler, H. A., Die deutsche Sozialdemokratie und die Revolution 1918/19, Berlin 1979

Bis 1933

Bahne, S., Die KPD und das Ende von Weimar, Frankfurt 1976
Heer, H., Burgfrieden oder Klassenkampf – Zur Politik der sozialdemokratischen Gewerkschaften 1930-1933, Neuwied 1971
Hebel-Kunze, B., SPD und Faschismus, Frankfurt 1977
Luthardt, W., (Hrsg.), Sozialdemokratische Arbeiterbewegung und Weimarer Republik 1927-1933, 2 Bde, Frankfurt 1978
Schulze, H., Anpassung oder Widerstand, Bonn 1975
Schumann, H. G., Nationalsozialismus und Gewerkschaftsbewegung, Hannover 1958
Wieszt, J., KPD-Politik in der Krise 1928-1932, Frankfurt 1976

Bis 1945

Altmann, P., u. a. (Hrsg.), Der deutsche antifaschistische Widerstand 1933-1945, Frankfurt 1975
Duhnke, H., Die KPD von 1933 bis 1945, Köln 1972
Edinger, L. J., Sozialdemokratie und Nationalsozialismus, Hannover 1960
Mason, T., Arbeiterklasse und Volksgemeinschaft, Opladen 1975
Derselbe, Sozialpolitik im Dritten Reich, Opladen 1977
Roon, G. v., Widerstand im Dritten Reich – Ein Überblick, München 1979
Sternberg, F., Der Faschismus an der Macht, Amsterdam 1935

Nach 1945

Abelshauser, W., Wirtschaft in Westdeutschland 1945-1948, Stuttgart 1975
Bergmann, J., u. a., Gewerkschaften in der Bundesrepublik, Frankfurt 1979
Borsdorf, U., u. a., Arbeiterinitiative 1945, Wuppertal 1976
Huster, E. U., Die Politik der SPD 1945-1950, Frankfurt 1978
Moraw, F., Die Parole der Einheit und die SPD, Bonn 1973
Müller, W., Die KPD und die Einheit der Arbeiterklasse, Frankfurt 1979
Ott, E., Die Wirtschaftskonzeption der SPD nach 1945, Marburg 1978
Pirker, T., Die SPD nach Hitler, Berlin 1977
Derselbe, Die blinde Macht, 2 Bde, Berlin 1979
Schuster, D., Die deutschen Gewerkschaften seit 1945, Stuttgart 1973

Register

Adenauer, Konrad 295, 313
Agartz, Viktor 357
Ahlener Programm 303
Allgemeiner Deutscher Arbeiter-Verein (ADAV) 44
Allgemeiner Deutscher Gewerkschafts-Bund (ADGB) siehe Freie Gewerkschaften
Anarcho-Syndikalismus siehe Syndikalismus
Angestellte 98, 196, 226, 236, 355
Antifaschistische Ausschüsse 281, 306
Arbeiterbewußtsein 39, 90, 104, 116, 123, 135, 159, 178, 217, 266, 272, 276, 323, 346, 363
Arbeiterräte 148, 154, 168, 171, 181
Arbeitgeber 104, 108, 131, 150, 192, 223, 328, 333
Arbeitsbedingungen 19, 37, 189, 224, 263
Arbeitskampfrecht 326, 332
Arbeitslosigkeit 98, 130, 224, 231, 265, 362
Arbeitsszeit 19, 23, 37, 167, 223, 265, 346
Auer, Ignaz 121
Außerparlamentarische Opposition - APO 351
Aussperrung 108, 229, 331

Bebel, August -44, 47, 71, 88, 110, 119, 123
Bernstein, Eduard 117, 143
Berufsstruktur 23, 37, 40, 97, 224, 320, 355
Beriebsverfassung - betriebl. Vertretung 132, 188, 190, 263, 307, 313, 334
Bevökerungsentwicklung 18, 93, 95, 320
Bismarck, Otto v. 45, 59
Böckler, Hans 311
Born, Stephan 24
Brüning, Heinrich 232, 243
Brüsseler Konferenz 271
Bundesarbeitsgericht (BAG) 328, 331
Burgfriedenspolitik 128, 132

Christlich-Demokratische Union (CDU) 284, 291, 300, 303, 354
Christliche Gewerkschaften 86, 100, 197, 226, 252, 303

Däumig, Ernst 154, 174, 184
Deutsche Arbeits-Front (DAF) 261, 271
Deutsche Angestelltengewerkschaft (DAG) 308
Deutscher Gewerkschaftsbund (DGB) 306, 308, 338, 357, 363

Ebert, Friedrich 169, 208
Eiserne Front 242, 245, 248, 250
Emigranten 269, 286
Engels, Friedrich 25, 50, 52, 64, 72, 117

Faschismus 232, 235, 237, 243, 246, 250, 258, 261
Frauenarbeit 19, 97, 134, 185, 267, 272, 355
Freie Gewerkschaften 69, 73, 76, 82, 87, 100, 109, 130, 187, 190, 195, 202, 222, 246, 250
Freikorps 181

Genossenschaften 40, 72, 105
Grotewohl, Otto 290

Haenisch, Konrad 137
Harzburger Front 239
Hilferding, Rudolf 170, 176, 228
Hilfsdienst, vaterländischer 132
Hirsch-Duncker'sche Gewerkschaften 69, 86, 197, 226

Industrialisierung 18, 30, 36, 53, 93
Inflation 207, 235
Internationale Arbeiter-Association 44, 49
Internationale, kommunistische 143, 211, 215, 238, 259, 270
Internationale, sozialistische 119, 127, 246

Jaures, Jean 119
Justiz, politische 29, 39, 73, 219, 274

Kapp-Putsch 202
Kautsky, Karl 88, 120, 121, 124, 143, 182, 221
Kirchen, kirchl. Bindungen 116, 284, 303
Klassenstrukturen 18, 40, 82, 95, 225, 235, 267, 320, 355
Koalitionsrecht 38, 107, 262, 325
Kommunistische Arbeiter-Partei Deutschlands (KAPD) 211
Kommunistische Partei Deutschlands (KPD) 162, 165, 169, 204, 208, 213, 238, 241, 253, 256, 268, 274, 284, 288, 293, 300
Kommunistische Partei – Opposition (KPO) 215, 268
Kommunistische Partei der Sowjetunion (KPdSU) 211, 216, 296
Kommunistisches Manifest 25
Konzentration, wirtschaftliche 96, 223, 267, 341
Korsch, Karl 165
Krieg 49, 127, 272

Lassalle, Ferdinand 44, 69
Legien, Carl 84, 112, 203
Levi, Paul 165, 213
Ley, Robert 262
Liberalismus 22, 31, 42, 51, 60, 121, 234, 245
Liebknecht, Karl 122, 139, 143, 163
Liebknecht, Wilhelm 47, 49, 64
Lohnniveau 99, 265, 319, 321, 345, 363
Lokalisten 85
Luxemburg, Rosa 118, 122, 142, 162, 211

Maifeiertag 83, 251, 262
Marshall-Plan 311
Marx, Karl 25, 50, 52, 64
Militär 130, 149, 153, 167, 178, 183, 199, 272
Mitbestimmung 103, 179, 189, 228, 308, 311, 313, 334, 338, 343
Mobilität 54, 95, 320
Mühsam, Erich 125
Münzenberg, Willi 143
Müller, Hermann 222, 229, 243

Naphtali, Fritz 184, 229

Nationalismus 125, 137, 207, 253, 256, 294
Nationalsozialismus, Nationalsozialistische Deutsche Arbeiter-Partei (NSDAP) siehe Faschismus
Nationalversammlung 28, 173, 178
Noske, Gustav 169

Obleute, revolutionäre 154, 163

Papen, Franz v. 244, 248
Pieck, Wilhelm 270
Plenge, Johann 125, 139
Prager Manifest 268
Produktivität 53, 225, 319, 345
Programme der Parteien und Gewerkschaften 49, 52, 113, 163, 220, 295, 308, 349, 358

Räte 148, 154, 168, 171, 181, 189
Rationalisierung 36, 96, 223, 356, 362
Revisionismusstreit 117
Revolution 25, 147, 153, 210, 259,
Revolutionäre Gewerkschafts-Opposition (RGO) 215, 252, 254
Rüstung 133, 266, 348

Scheidemann, Philipp 161
Schleicher, Kurt v. 249
Schumacher, Kurt 283, 298, 303, 304
Schweitzer, Jean Baptist v. 47, 69
Sombart, Werner 139
Sozialdemokratische Arbeiterpartei Deutschlands (SDAP) siehe Sozialdemokratische Partei Deutschlands
Sozialdemokratische Partei Deutschlands (SPD) 44, 47, 49, 52, 56, 62, 66, 69, 109, 113, 119, 122, 127, 135, 141, 153, 160, 165, 181, 199, 217, 220, 241, 284, 290, 297, 347
Sozialfaschismus 253
Sozialgesetzgebung 58, 75, 227, 357
Sozialisierung 176, 181, 185, 195, 310, 318
Sozialistengesetz 56, 65, 73
Sozialistische Arbeiterpartei (SAP) 221, 243, 268, 297
Sozialistische Einheitspartei Deutschlands (SED) 282, 289, 294, 348

Sozialistischer Deutscher Studentenbund (SDS) 350
Sozialpolitik 58, 74, 101, 104, 167, 227, 262, 358
Spartakusbund 141, 143, 161, 210
Strasser, Gregor 249
Streik, Streikrecht 39, 56, 64, 71, 78, 80, 87, 108, 145, 148, 180, 322, 330, 332, 346, 360
Syndikalismus 85, 113, 198, 211

Tarifvertragssystem 71, 102, 193, 227, 232, 262, 325, 333
Thälmann, Ernst 217, 238, 255

Unabhängige Sozialdemokratische Partei (USPD) 143, 160, 165, 176, 183, 203, 211
Unternehmerpolitk 31, 81, 104, 107, 130, 192, 223, 229, 239, 310, 340

Verband Deutscher Arbeiter-Vereine (VDAV) 47

Verfassungen, Verfassungspolitik 187, 311, 325

Währungsreform 319
Wahlen, Wahlverhalten 58, 63, 114, 178, 204, 213f., 232, 234, 253, 291, 300, 352
Wandel, wirtschaftl. und sozialer 18, 30, 35, 53, 93, 98, 225, 264, 320, 360
Wehner, Herbert 349, 350
Wels, Otto 245
Wirtschaftsdemokratie 228, 308, 311, 340
Wirtschaftsstruktur 18, 35, 53, 96, 134, 222, 235, 264, 318, 340

Zentralarbeitsgemeinschaft (ZAG) 150, 192, 223
Zentrumspartei 56, 121, 157, 168, 202, 229, 234, 237, 243, 245, 304
Zetkin, Clara 88, 142